Gesellschaftsrecht

Hemmer/Wüst

ASSESSORKURSORTE IM ÜBERBLICK

BAYERN
WÜRZBURG/MÜNCHEN/NÜRNBERG/REGENSBURG/POSTVERSAND

RA I. Gold
Mergentheimer Str. 44
97082 Würzburg
Tel.: (0931) 79 78 2-50
Fax: (0931) 79 78 2-51
Mail: assessor@hemmer.de

BADEN-WÜRTTEMBERG
KONSTANZ/TÜBINGEN/STUTTGART/POSTVERSAND

Rae F. Guldin/B. Kaiser
Hindenburgstr. 15
78467 Konstanz
Tel.: (07531) 69 63 63
Fax: (07531) 69 63 64
Mail: konstanz@hemmer.de

HEIDELBERG/FREIBURG

RAe Behler/Rausch
Rohrbacherstr. 3
69115 Heidelberg
Tel.: (06221) 65 33 66
Fax: (06221) 65 33 30
Mail: heidelberg@hemmer.de

BERLIN/POTSDAM/BRANDENBURG
BERLIN

RA L. Gast
Schumannstr. 18
10117 Berlin
Tel.: (030) 24 04 57 38
Fax: (030) 24 04 76 71
Mail: mitte@hemmer-berlin.de

BREMEN/HAMBURG
HAMBURG/POSTVERSAND

Rae M. Sperl/Clobes/Dr.Schlömer
Kirchhofgärten 22
74635 Kupferzell
Tel.: (07944) 94 11 05
Fax: (07944) 94 11 08
Mail: assessor-nord@hemmer.de

HESSEN
FRANKFURT

RA A. Geron
Dreifaltigkeitsweg 49
53489 Sinzig
Tel.: (02642) 61 44
Fax: (02642) 61 44
Mail: frankfurt.main@hemmer.de

MECKLENBURG-VORPOMMERN
POSTVERSAND

Ludger Burke/Johannes Lück
Buchbinderstr. 17
18055 Rostock
Tel.: (0381) 37 77 40 0
Fax: (0381) 37 77 40 1
Mail: rostock@hemmer.de

RHEINLAND-PFALZ
POSTVERSAND

RA A. Geron
Dreifaltigkeitsweg 49
53489 Sinzig
Tel.: (02642) 61 44
Fax: (02642) 61 44
Mail: trier@hemmer.de

NIEDERSACHSEN
HANNOVER

RAe M. Sperl/Dr. Schlömer
Steinhöft 5 - 7
20459 Hamburg
Tel.: (040) 317 669 17
Fax: (040) 317 669 20
Mail: assessor-nord@hemmer.de

HANNOVER POSTVERSAND

RAe M. Sperl/Clobes/Dr. Schlömer
Kirchhofgärten 22
74635 Kupferzell
Tel.: (07944) 94 11 05
Fax: (07944) 94 11 08
Mail: assessor-nord@hemmer.de

NORDRHEIN-WESTFALEN
KÖLN/BONN/DORTMUND/DÜSSELDORF/POSTVERSAND

Dr. A. Ronneberg
Simrockstr. 5
53113 Bonn
Tel.: (0228) 91 14 125
Fax: (0228) 91 14 141
Mail: koeln@hemmer.de

SCHLESWIG-HOLSTEIN
POSTVERSAND

RAe M. Sperl/Clobes/Dr. Schlömer
Kirchhofgärten 22
74635 Kupferzell
Tel.: (07944) 94 11 05
Fax: (07944) 94 11 08
Mail: assessor-nord@hemmer.de

THÜRINGEN
POSTVERSAND

RA Stock, RA Hunger & Kollegen
Zweinaundorfer Str. 2
04318 Leipzig
Tel.: (0341) 6 88 44 90 oder -93
Fax: (0341) 6 88 44 96
Mail: dresden@hemmer.de

SACHSEN
DRESDEN/LEIPZIG/POSTVERSAND

RA Stock, RA Hunger & Kollegen
Zweinaundorfer Str. 2
04318 Leipzig
Tel.: (0341) 6 88 44 90 oder -93
Fax: (0341) 6 88 44 96
Mail: dresden@hemmer.de

SACHSEN-ANHALT
POSTVERSAND

RA Stock, RA Hunger & Kollegen
Zweinaundorfer Str. 2
04318 Leipzig
Tel.: (0341) 6 88 44 90 oder -93
Fax: (0341) 6 88 44 96
Mail: dresden@hemmer.de

Gesellschaftsrecht

Hemmer/Wüst

Hemmer/Wüst Verlagsgesellschaft
Hemmer/Wüst, Gesellschaftsrecht

ISBN 978-3-86193-579-7

14. Auflage 2017

gedruckt auf chlorfrei gebleichtem Papier
von Schleunungdruck GmbH, Marktheidenfeld

Vorwort

Gesellschaftsrecht mit der hemmer-Methode

Wer in vier Jahren sein Studium abschließen will, kann sich einen Irrtum in Bezug auf Stoffauswahl und -aneignung nicht leisten. Hoffen Sie nicht auf leichte Rezepte und den einfachen Rechtsprechungsfall. Hüten Sie sich vor Übervereinfachung beim Lernen. Stellen Sie deswegen frühzeitig die Weichen richtig.

Schließen sich mehrere Personen zusammen, um gemeinschaftlich Geschäfte zu tätigen, so treten dabei typische Problemfelder auf: Rechtliche Einordnung der gegründeten Gesellschaft, Abgrenzung von Personengesellschaften und Körpergesellschaften, Beitragszahlung, Fragen der Geschäftsführung und des gesellschaftlichen Vertretungsrechts, fehlerhafte Gesellschaft, Gesellschafts- und Gesellschafterhaftung, Geltendmachung von Einwendungen durch Gesellschafter und Gesellschaft sowie Kollision von Gesellschafts- und Erbrecht sind nur einige dieser Problemfelder. In der Klausur werden sie meist mit typischen Problemstellungen des allgemeinen Zivilrechts verknüpft sein, z.B. mit Vertragsschluss, Anfechtung und Schadensersatz. Meist kommt es dann auf die Zurechnung von Verschulden und Wissen der Gesellschafter an. Das Skript **Gesellschaftsrecht** vermittelt in gewohnt klausurtypischer Art die zentralen Probleme dieser komplexen Rechtsmaterie, auch unter Verwendung zahlreicher Übersichten, die die richtige Einordnung erleichtern helfen.

Die **hemmer-Methode** vermittelt Ihnen die **erste richtige Einordnung** und das **Problembewusstsein**, welches Sie brauchen, um an einer Klausur bzw. dem Ersteller nicht vorbeizuschreiben. Häufig ist dem Studenten nicht klar, warum er schlechte Klausuren schreibt. Wir geben Ihnen **gezielte Tipps**! Vertrauen Sie auf unsere **Expertenkniffe**.

Durch die ständige Diskussion mit unseren Kursteilnehmern ist uns als erfahrenen Repetitoren klar geworden, welche **Probleme** der Student hat, sein **Wissen anzuwenden**. Wir haben aber auch von unseren Kursteilnehmern profitiert und von ihnen erfahren, welche **Argumentationsketten** in der Prüfung zum Erfolg geführt haben.

Die **hemmer-Methode** gibt **jahrelange Erfahrung** weiter, erspart Ihnen viele schmerzliche Irrtümer, setzt richtungsweisende Maßstäbe und begleitet Sie als **Gebrauchsanweisung** in Ihrer Ausbildung:

1. Grundwissen:

Die **Grundwissenskripten** sind für den Studenten in den ersten Semestern gedacht. In den Theoriebänden Grundwissen werden leicht verständlich und kurz die wichtigsten Rechtsinstitute vorgestellt und das notwendige Grundwissen vermittelt. Die Skripten werden durch den jeweiligen Band unserer **Reihe „Die wichtigsten Fälle“** ergänzt.

2. Basics:

Das Grundwerk für Studium und Examen. Es schafft schnell **Einordnungswissen** und mittels der hemmer-Methode richtiges Problembewusstsein für Klausur und Hausarbeit. Wichtig ist, **wann und wie** Wissen in der Klausur angewendet wird.

3. Skriptenreihe:

Vertiefendes Prüfungswissen: Über 1.000 Klausuren wurden auf ihre „essentials" abgeklopft.

Anwendungsorientiert werden die für die Prüfung nötigen Zusammenhänge umfassend aufgezeigt und wiederkehrende Argumentationsketten eingeübt.

Gleichzeitig wird durch die **hemmer-Methode** auf **anspruchsvollem Niveau** vermittelt, nach welchen Kriterien Prüfungsfälle beurteilt werden. Mit dem Verstehen wächst die Zustimmung zu Ihrem Studium. Spaß und Motivation beim Lernen entstehen erst durch Verständnis.

Lernen Sie, durch Verstehen am juristischen Sprachspiel teilzunehmen. Wir schaffen den „background“, mit dem Sie die innere Struktur von Klausur und Hausarbeit erkennen: **„Problem erkannt, Gefahr gebannt“**. Profitieren Sie von unserem **strategischen Wissen**. Wir werden Sie mit unserem know-how auf das Anforderungsprofil einstimmen, das Sie in Klausur und Hausarbeit erwartet. Die Theoriebände Grundwissen, die Basics, die Skriptenreihe und der Hauptkurs sind als **modernes, offenes und flexibles Lernsystem** aufeinander abgestimmt und ergänzen sich ideal. Die **studentenfreundliche Preisgestaltung** ermöglicht den **Erwerb als Gesamtwerk**.

4. Hauptkurs:

Schulung am examenstypischen Fall mit der Assoziationsmethode. Trainieren Sie unter professioneller Anleitung, was Sie im Examen erwartet und wie Sie bestmöglich mit dem Examensfall umgehen.

Nur wer die Dramaturgie eines Falles verstanden hat, ist in Klausur und Hausarbeit auf der sicheren Seite! Häufig hören wir von unseren Kursteilnehmern: **„Erst jetzt hat Jura richtig Spaß gemacht“**.

Die Ergebnisse unserer Kursteilnehmer geben uns Recht. Maßstab ist der Erfolg. Die Examensergebnisse zeigen, dass unsere Kursteilnehmer überdurchschnittlich abschneiden.

Die Examensergebnisse unserer Kursteilnehmer können auch Ansporn für Sie sein, intelligent zu lernen: Wer nur auf vier Punkte lernt, landet leicht bei drei.
Lassen Sie sich aber nicht von diesen Supernoten verschrecken, sehen Sie dieses Niveau als Ansporn für Ihre Ausbildung.

Wir hoffen, als Repetitoren mit unserem Gesamtangebot bei der Konkretisierung des Rechts mitzuwirken und wünschen Ihnen **viel Spaß beim Durcharbeiten** unserer Skripten.

Wir würden uns freuen, mit Ihnen als Hauptkursteilnehmer mit der **hemmer-Methode** gemeinsam Verständnis an der Juristerei zu trainieren. Nur wer erlernt, was ihn im Examen erwartet, lernt richtig!

So leicht ist es, uns kennenzulernen: Probehören ist jederzeit in den jeweiligen Kursorten möglich.

Karl-Edmund Hemmer & Achim Wüst

In fünf Stunden
zum Erfolg:
Die neue hemmer app
Das Frage-Antwort-System der hemmer-Skripten jetzt auch als app im Apple App Store und im Google Play Store erhältlich! Oder als webapp für andere mobile Betriebssysteme und PCs unter: www.webapp.hemmer.de
Einfach testen: Sie erhalten 33 Quizfragen und 33 Lernfragen aus dem Rechtsgebiet BGB AT I kostenlos.
So macht Jura Spaß!
Alle Karteikartensets zum Einführungspreis von je nur 6,99 €.

Kommentare:

Baumbach/Hopt	Handelsgesetzbuch
Baumbach/Hueck	Kurzkommentar zum GmbH-Gesetz
Erman	Bürgerliches Gesetzbuch
Großkommentar	Handelsgesetzbuch Band I, §§ 1-7; 38-47a; 84-104; §§ 8-37; 48-83 Band III, §§ 343-351; §§ 352-357 und Anhang: Bankvertragsrecht Band IV, §§ 373-376; §§ 377-382 Band V, §§ 383-406; §§ 407-415; §§ 416-424
Heymann	Handelsgesetzbuch (ohne Seerecht), Band I, §§ 1-104 Band III, §§ 238-342 Band IV, §§ 343-460; Anhang
Münchener Kommentar	Kommentar zum Bürgerlichen Gesetzbuch
Palandt	Bürgerliches Gesetzbuch
RGRK	Kommentar zum Bürgerlichen Gesetzbuch, herausgegeben von Mitgliedern des Bundesgerichtshofs, früher Kommentar der Reichsgerichtsräte
Rowedder	GmbH-Gesetz, Kommentar
Schlegelberger	Handelsgesetzbuch, Kommentar
Scholz	Kommentar zum GmbH-Gesetz
Soergel	Kommentar zum Bürgerlichen Gesetzbuch
Staub	Großkommentar zum Handelsgesetzbuch
Staudinger	Kommentar zum Bürgerlichen Gesetzbuch
Stein/Jonas	Zivilprozessordnung
Thomas/Putzo	Zivilprozeßordnung

Lehrbücher:

Flume	Allgemeiner Teil des Bürgerlichen Rechts, Erster Band, Erster Teil (= I/1), Die Personengesellschaft, 1977
ders.	Allgemeiner Teil des Bürgerlichen Rechts, Erster Band, Zweiter Teil (= I/2), Die juristische Person, 1983
Hopt/Hehl	Gesellschaftsrecht
Hopt/Mössle/Schmitt	Handelsrecht
Kraft/Kreutz	Gesellschaftsrecht
Kübler	Gesellschaftsrecht
Müller-Laube	20 Probleme aus dem Handels-, Gesellschafts- und Wirtschaftsrecht
Raiser	Recht der Kapitalgesellschaften
Roth	Handels- und Gesellschaftsrecht
Schmidt	Gesellschaftsrecht
Schmidt	Handelsrecht
Wiedemann	Gesellschaftsrecht

Weitere Nachweise (insbesondere auf Aufsätze) in den Fußnoten.

§ 1 EINFÜHRUNG

A) Gesellschaftsrecht als Pflichtfach

Zur Examensbedeutung

Gesellschaftsrecht ist bei vielen Studenten unbeliebt, weil es als schwierig und kompliziert gilt. Dies mag zum einen daran liegen, dass man bereits fundierte Kenntnisse des allgemeinen Zivilrechts benötigt, um ein Verständnis für gesellschaftsrechtliche Fragestellungen zu entwickeln. Zum anderen sind an einer Gesellschaft – jedenfalls im Recht der Personengesellschaften – immer mehrere Personen beteiligt, sodass sich hier die typischen Probleme der Mehr-Personen-Verhältnisse stellen (Zurechnung, Gesamtschuld, Ausgleichsansprüche etc.). Den Luxus, sich mit diesem juristischen Fachgebiet in der Examensvorbereitung nicht zu befassen, sollte man sich trotzdem auch als Pflichtfachstudent nicht leisten. Das Gesellschaftsrecht ist nun einmal Pflichtfach der beiden Staatsexamina und darf in dieser Hinsicht nicht unterschätzt werden: Gesellschaftsrechtliche Fragen spielen nicht nur im verwandten Handelsrecht, sondern auch im allgemeinen Zivil- und Zivilprozessrecht eine nicht unwesentliche Rolle. Diese „Schnittstellen" zu den anderen Zivilrechtsgebieten ermöglichen es dem Klausurersteller, gesellschaftsrechtliche Probleme ohne großen Arbeitsaufwand in seine Klausur einzubauen und die Klausur so zu erweitern. 1

hemmer-Methode: Die „exotische Gesellschaftsrechtsklausur" wird Ihnen im Pflichtfachbereich kaum jemals begegnen, schließlich will man die Studenten der entsprechenden Wahlfachgruppe nicht bevorteilen. Dass aber im Examensfall der A dem B ein Auto verkauft, wird eher selten vorkommen, da dies dem einfachen Grundfall entspricht. Viel wahrscheinlicher ist dagegen das Auftreten z.B. einer KG und einer GmbH. In den meisten Fällen geht es dann darum, ob ein Anspruch geltend gemacht werden kann, wie die Vertretung erfolgt und wer für den Anspruch haftet. Ferner können sich - eine Gesellschaft als solche kann keine rechtserheblichen Handlungen vornehmen, sondern muss sich hierfür ihrer Organe bedienen - zusätzliche Probleme der Wissens- oder der Verschuldenszurechnung stellen. Auch prozessuale Probleme können in einer Zusatzfrage abgefragt werden. Diese Probleme können Sie aber nicht ohne gesellschaftsrechtliche Grundkenntnisse lösen. Diese Grundkenntnisse werden Ihnen in diesem Skriptum umfassend vermittelt, wobei immer wieder die Verbindungen zum allgemeinen Zivil- und Zivilprozessrecht hergestellt werden. Mit dem richtigen Lernmaterial macht auch Gesellschaftsrecht Spaß!

Inhalt

Der Pflichtfachbereich umfasst das Recht der Personengesellschaften, das Recht der Gesellschaft mit beschränkter Haftung und das Vereinsrecht (Organhaftung).[1] Der Schwerpunkt für die Examensvorbereitung liegt ganz klar im Personengesellschaftsrecht, welches im ersten Teil dieses Skripts ausführlich dargestellt wird. Das Recht der Gesellschaft mit beschränkter Haftung sowie das Vereinsrecht müssen dagegen nur in den Grundzügen beherrscht werden. Über das Recht der Körperschaften erfolgt demgemäß nur ein Überblick im zweiten Teil dieses Skriptums.

B) Der Gesellschaftsbegriff

Gegenstand des Gesellschaftsrechts ist das Recht der Gesellschaften. Es fragt sich also, was man unter einer Gesellschaft versteht. 2

1 Vgl. § 18 II Nr. 1, 2 b, c BayJAPO.

Anmerkung: Die folgenden Grafiken im Skript sind ein Auszug aus den Minikarteikarten Shorties zum Kennenlernen.

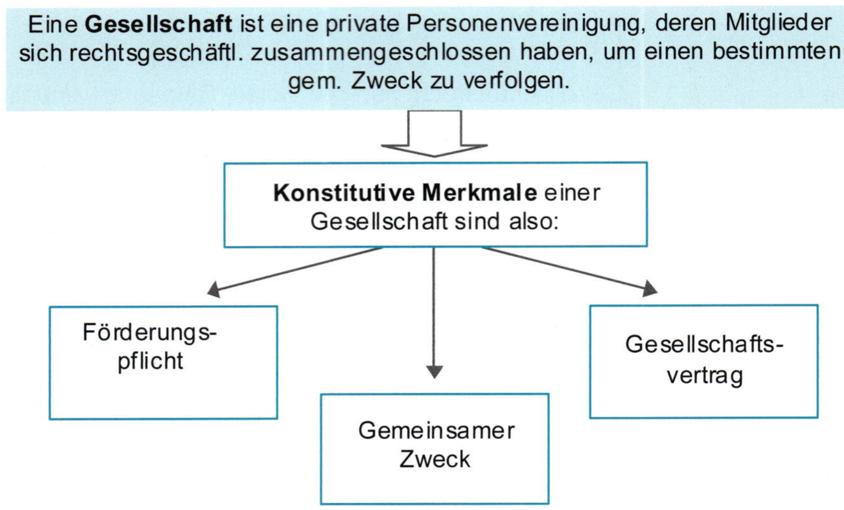

Gesellschaftsbegriff i.w.S.

Eine Gesellschaft ist eine private Personenvereinigung, deren Mitglieder sich rechtsgeschäftlich zusammengeschlossen haben, um einen bestimmten gemeinsamen Zweck zu verfolgen (Gesellschaftsbegriff im weiten Sinn). Folgende „Organisationen“ bzw. rechtlichen Verbindungen sind daher keine Gesellschaften:

Gemeinden, Körperschaften, Anstalten und Stiftungen des öffentlichen Rechts

a) Gemeinden und Körperschaften des öffentlichen Rechts sind keine privaten Personenvereinigungen und zudem nicht rechtsgeschäftlich, sondern durch staatlichen Hoheitsakt oder öffentlich-rechtlichen Vertrag begründet. Anstalten und Stiftungen sind außerdem keine Personenvereinigungen. 3

Stiftung, §§ 80 ff. BGB

b) Die Stiftung, §§ 80 ff. BGB, entsteht zwar durch Rechtsgeschäft unter Lebenden (§ 80 BGB) oder von Todes wegen (§ 83 BGB), doch handelt es sich bei ihr nicht um eine Personenvereinigung, sondern um ein rechtsfähiges Sondervermögen. Sie hat keine Mitglieder, sondern allenfalls sog. Destinatäre (= Empfänger der Stiftungsleistungen).[2] 4

hemmer-Methode: Von der selbstständigen Stiftung i.S.d. §§ 80 ff. BGB ist die sog. unselbstständige Stiftung zu unterscheiden, die keine eigene Rechtspersönlichkeit besitzt. Träger des Stiftungsvermögens ist ein Treuhänder.[3] Lesen Sie hierzu die hemmer-Methode in Hemmer/Wüst, BGB-AT I, Rn. 22.

Eheliche und nichteheliche Lebensgemeinschaft

c) Die eheliche Lebensgemeinschaft verfolgt keinen bestimmten Zweck, sondern dient der Herstellung einer umfassenden Lebensgemeinschaft, § 1353 I S. 2 BGB. Auch bei der nichtehelichen Lebensgemeinschaft fehlt es an einem bestimmten gemeinsamen Zweck, da bei ihr die persönlichen Beziehungen derart im Vordergrund stehen, dass im Regelfall nicht von einer auf wirtschaftlichen Beziehungen beruhenden Rechtsgemeinschaft gesprochen werden kann. 5

hemmer-Methode: Auch Ehegatten und die Partner einer nichtehelichen Lebensgemeinschaft können – selbstverständlich – eine Gesellschaft gründen, wenn sie die entsprechenden Normativbestimmungen erfüllen, insbesondere, wenn sie durch gemeinsame Leistungen einen über den typischen Rahmen („Tisch und Bett“) einer ehelichen/nichtehelichen Lebensgemeinschaft hinausgehenden Zweck verfolgen.

2 Palandt, Vorbem v § 80 BGB, Rn. 8.

3 Palandt, a.a.O., Rn. 10.

Wird ein Gesellschaftsvertrag ausdrücklich geschlossen, ist die Anwendung des Gesellschaftsrechts neben dem Familienrecht unproblematisch. Daran wird es häufig fehlen, so dass im Trennungsfall oft versucht wird, durch Annahme eines konkludenten Gesellschaftsvertragsschlusses eine Art Ersatzgüterstand in Form einer Innengesellschaft herbeizuführen. Seit BGHZ 84, 265 ff. wird teilweise bzgl. gemeinschaftlich geschaffener Werte auf gesellschaftsrechtliche Abwicklungsvorschriften zurückgegriffen, ohne dass strenge Anforderungen an das Vorliegen eines Gesellschaftsvertrages und somit einer Gesellschaft gestellt wurden. Mittlerweile hat die Rechtsprechung die Anforderungen auf Tatbestandsseite angepasst.[4] Lesen Sie allgemein zur Abwicklung der Ehe und der nichtehelichen Lebensgemeinschaft Hemmer/Wüst, Familienrecht, Rn. 219 ff. und Rn. 323 ff.!

Erbengemeinschaft, §§ 2032 ff. BGB

d) Die Erbengemeinschaft, §§ 2032 ff. BGB, entsteht – unabhängig vom Willen der Erben – kraft Gesetzes und nicht durch Rechtsgeschäft. 6

Bruchteilsgemeinschaft, §§ 741 ff. BGB

e) Bruchteilsgemeinschaften, §§ 741 ff. BGB, entstehen entweder durch Rechtsgeschäft oder kraft Gesetzes. Soweit sie kraft Gesetzes entstehen, vgl. z.B. §§ 947 f., 984 BGB, fehlt es an einer rechtsgeschäftlichen Begründung. Aber auch im Falle einer Entstehung durch Rechtsgeschäft fehlt es jedenfalls regelmäßig an einer gemeinsamen Zweckverfolgung. 7

hemmer-Methode: Klausurrelevant wird die Abgrenzung Bruchteilsgemeinschaft/Gesellschaft, wenn sich mehrere Personen gemeinsam eine Sache anschaffen. In der Klausur muss dann geprüft werden, ob eine BGB-Gesellschaft oder eine Bruchteilsgemeinschaft entstanden ist. Abgrenzungskriterium ist der gemeinsame Zweck.

C) Überblick über die Gesellschaftsformen

I. Die Gesellschaftsformen und ihre gesetzliche Regelung 8

Kein einheitliches Gesetzeswerk

Die verschiedenen Gesellschaftsformen sind nicht in einem einheitlichen Gesetzeswerk kodifiziert, sondern zum Teil im BGB, im HGB und in Sondergesetzen geregelt. Folgende Gesellschaftsformen sollten Sie als Pflichtfachstudent kennen:[5]

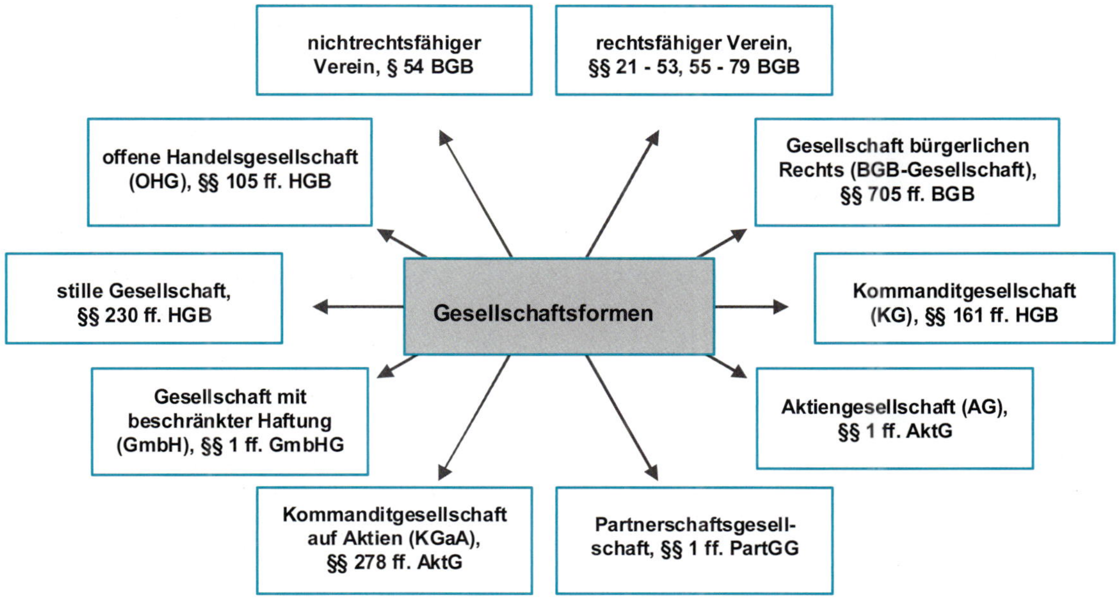

4 Vgl. die Fälle in Rn. 335 ff. in diesem Skript.

5 Ansonsten gibt es noch die Reederei, §§ 489 ff. HGB, die eingetragene Genossenschaft (eG), §§ 1 ff. GenG, den Versicherungsverein auf Gegenseitigkeit (VVaG), §§ 7, 15 - 53 VAG. Die Europäische Wirtschaftliche Interessenvereinigung (EWIV) ist eine supranationale Rechtsform. Sie ist in der VO über die Schaffung einer EWIV vom 25.07.1985 und dem EWIV-AusfG geregelt.

II. Allgemeine Grundsätze

Grundsatz der freien Rechtsformenwahl und des numerus clausus

Wenn mehrere Personen eine Gesellschaft gründen wollen, weil sie gemeinsam einen bestimmten Zweck verfolgen wollen, haben sie grundsätzlich die Wahl zwischen den verschiedenen Gesellschaftsformen, die ihnen das Gesellschaftsrecht zur Verfügung stellt (Grundsatz der freien Rechtsformenwahl).[6] 9

Die Gesellschafter können also nach ihren persönlichen Bedürfnissen und Wünschen z.B. eine OHG, eine GmbH oder eine AG gründen.[7] Andererseits müssen sich die Gesellschafter einer dieser gesetzlich vorgegebenen Formen bedienen, da es ihnen nicht freisteht, privatautonom neue Gesellschaftsformen zu schaffen (numerus clausus der Gesellschaftsformen).[8]

hemmer-Methode: Denken Sie in Zusammenhängen! Die Normen, die die Gesellschaftsformen festlegen, greifen nicht in Art. 9 I GG ein. Sie erschweren nicht die Möglichkeit, eine Vereinigung zu bilden, sondern normieren lediglich die Voraussetzungen für die Inanspruchnahme bestimmter Rechtsformen, die in ihrer einfach-gesetzlichen Ausprägung nicht vom Schutzbereich umfasst werden. Insoweit ermöglichen sie erst die Ausübung der Vereinigungsfreiheit (deshalb werden sie auch als Ordnungsvorschriften bezeichnet).[9]

Grundsatz der Vertragsfreiheit/Typenfreiheit

Das Prinzip der Vertragsfreiheit ist durch den Grundsatz des numerus clausus im Gesellschaftsrecht nicht außer Kraft gesetzt, da die meisten Rechtsnormen, welche die innere Organisation der Gesellschaft regeln, in den Grenzen der §§ 134, 138 BGB dispositiv sind,[10] sodass die Gesellschafter die gewählte Gesellschaftsform ihren individuellen Bedürfnissen anpassen können (Typenfreiheit[11]). 10

Rechtsformzwang

Der numerus clausus führt zu einem Rechtsformzwang,[12] d.h. wenn die Gesellschafter die tatbestandlichen Voraussetzungen einer bestimmten Gesellschaftsform erfüllen, dann entsteht, unabhängig von ihrem Willen, eine Gesellschaft dieser Rechtsform. Relevant wird der Rechtsformzwang in den Fällen der Rechtsformverfehlung: Eine Rechtsformverfehlung liegt vor, wenn die Gesellschafter eine bestimmte Gesellschaft zu gründen versuchen, obwohl sie die Voraussetzungen für diese besondere Rechtsform nicht erfüllen. Den Gesellschaftern wird dann kraft objektiven Rechts - auch wenn dies nicht ihrem Willen entspricht[13] - die zulässige Gesellschaftsform (die Grundform[14]) zugewiesen. 11

> **Bsp.:** *Gründen die Gesellschafter eine „BGB-Gesellschaft", obwohl der Gesellschaftszweck der Betrieb eines Handelsgewerbes ist, so entsteht kraft Gesetzes eine OHG, vgl. §§ 105 I, 1 HGB (anfänglicher Rechtsformzwang). Stellt die Gesellschaft ihren Gewerbebetrieb ein und widmet sich fortan der Ausübung eines freien Berufes, wandelt sich die OHG kraft Gesetzes in ein BGB-Gesellschaft um, vgl. §§ 705 BGB, 105 I, 1 HGB (nachträglicher Rechtsformzwang, Rechtsformumwandlung).*[15]

---

6 In bestimmten Fällen schreibt der Gesetzgeber aus Gründen des Gläubiger- bzw. Anlegerschutzes die Wahl einer bestimmten Rechtsform vor, vgl. z.B. § 1 II KAGG. Man kann insoweit von einem Rechtsformzwang sprechen. Dies ist für den Pflichtfachbereich aber nicht relevant.

7 Einen großen Einfluss auf die Rechtsformwahl hat in der Praxis das Steuerrecht, das auch zur großen Beliebtheit der GmbH & Co KG beigetragen hat.

8 Anders im Schuldrecht: Dort steht es den Parteien frei, privatautonom gesetzlich nicht geregelte Vertragstypen zu schaffen.

9 Pieroth/Schlink, Staatsrecht II/ Grundrechte, Rn. 830.

10 Für besonders Interessierte: Eine Ausnahme bildet die Aktiengesellschaft, vgl. § 23 V AktG.

11 Anders im Sachenrecht: Dort gilt, neben dem Grundsatz des numerus clausus, das Prinzip der Typenfixierung, d.h. die dinglichen Rechte müssen Inhaltlich so hingenommen werden, wie der Gesetzgeber sie fixiert hat.

12 Der Rechtsformzwang wird nur bei den Personengesellschaften relevant.

13 Da der Parteiwille kraft Gesetzes unbeachtlich ist, kann der Gesellschaftsvertrag nicht gem. § 119 I BGB angefochten werden.

14 Grundform für Gesellschaften, deren Zweck darin besteht, ein vollkaufmännisches Handelsgewerbe zu betreiben, ist die OHG. Liegt der Zweck nicht im Betrieb eines vollkaufmännischen Handelsgewerbes, ist die BGB-Gesellschaft die Grundform.

15 BGH, NZG 2016, 517 = **juris**byhemmer.

Rechtsformumwandlungen kraft Gesetzes

Der nachträgliche Rechtsformzwang bewirkt einen Formwechsel kraft Gesetzes außerhalb des Umwandlungsgesetzes. Am wichtigsten ist der Rechtsformwechsel zwischen der BGB-Gesellschaft auf der einen Seite und der OHG auf der anderen Seite, wenn das Gesellschaftsunternehmen den kaufmännischen Status erlangt oder verliert.[16]

Auf den Umfang des Gewerbebetriebes kommt es dabei nur an, wenn die Gesellschaft nicht eingetragen ist, da § 105 II HGB auch kleingewerblichen Unternehmen die Eintragung als Handelsgesellschaft erlaubt. Dieser Rechtsformwechsel berührt nicht die Identität der Gesellschaft, sodass keine Übertragungsakte hinsichtlich des Gesellschaftsvermögens erforderlich werden.

Bsp.: *Wandelt sich eine OHG in eine BGB-Gesellschaft um (und umgekehrt), muss ein zum Gesellschaftsvermögen gehörendes Grundstück nicht gem. §§ 873, 925 BGB auf die BGB-Gesellschaft übertragen werden, es steht vielmehr im Eigentum der BGB-Gesellschaft[17] (allerdings ist eine Grundbuchberichtigung im Sinne von § 894 BGB durchzuführen). Gleiches gilt (selbstverständlich) für die Gesellschaftsverbindlichkeiten: Eine Kaufpreisschuld der OHG ist nach der Umwandlung eine Kaufpreisschuld der BGB-Gesellschaft.*

hemmer-Methode: Betreibt eine Personengesellschaft ein Gewerbe und ist keine Eintragung im Handelsregister erfolgt, so müssen Sie genau auf Sachverhaltsangaben achten, die Art und Umfang des Geschäftsbetriebes betreffen, da hiervon die Rechtsform gem. § 1 II HGB abhängt. Bei kaufmännischem Umfang liegt ein Handelsgewerbe und somit i.V.m. § 105 I HGB eine Personenhandelsgesellschaft vor.
Ist die Gesellschaft eingetragen, so kann auch bei kleingewerblichem Umfang eine OHG bestehen, § 105 II Alt.1 HGB. Auch bei kleingewerblichem Umfang besteht die Eintragung zu Recht. Auf § 5 HGB kommt es daher hier nicht an.
Achtung Klausurfalle: Stellt die Gesellschaft den Gewerbebetrieb ein, greift § 5 HGB gerade nicht, sodass sich die Gesellschaft in eine BGB-Gesellschaft umwandelt. In diesem Fall wird das Vertrauen von Gesellschaftsgläubigern in die eingetragene Rechtsform gem. § 15 I HGB geschützt.
Die Ausführungen zum Rechtsformzwang und zur Rechtsformumwandlung sind für den Anfänger wahrscheinlich nur schwer bis kaum verständlich. Zur Beruhigung: Diese Mechanismen werden in diesem Skript noch an verschiedenen Stellen wiederholt und vertieft!

D) Personengesellschaften und Körperschaften

Einteilung nach der Gesellschaftsorganisation

Die Gesellschaftsformen können nach gemeinsamen Merkmalen in Gruppen eingeteilt werden. Ein wichtiger Einteilungsgesichtspunkt ist die Art der Gesellschaftsorganisation. Danach unterscheidet man zwischen Personengesellschaften (= Gesellschaften im engeren Sinn) und Körperschaften (Vereine).[18] 12

16 Die daraus folgenden Klausurprobleme werden im Laufe dieses Skriptes dargestellt.

17 Zur Grundbuchfähigkeit der GbR vgl. unten Rn. 71c.

18 Die Begriffe Körperschaft und Verein sind Synonyme, so sprach man früher auch vom „Aktienverein“ statt von der Aktiengesellschaft.

Gesellschafts-formen	**Personengesellschaften** (= Ges. im engeren Sinne)	⟺	**Körperschaften** (= Vereine)
Grundtyp	BGB-Gesellschaft i.S.d. § 705 BGB (sog. GbR)	⟺	Rechtsfähiger Verein i.S.d. § 21 BGB
grundsätzl. Unterschied	• auf kleine Mitgliederzahl angelegt • Zusammenschluss beruht auf persönl. Vertrauen der Gesellschafter	⟺	• auf große Mitgliederzahl angelegt • Zusammenschluss beruht nicht auf persönl. Vertrauen

Beachten: Wg. der **Vertragsfreiheit** im gesellschaftsrechtl. Bereich sind auch Personengesellschaften mit kapitalistischer Struktur und umgekehrt denkbar! (vgl. die sog. Publikums-KG!)

BGB-Gesellschaft ist Grundtyp der Personengesellschaft

Die BGB-Gesellschaft ist der Grundtyp der Personengesellschaften. Zu den Personengesellschaften zählen noch die OHG, die KG, die stille Gesellschaft, die Partenreederei, die EWIV und die Partnerschaftsgesellschaft.

Rechtsfähiger Verein ist Grundtyp der Körperschaft

Der rechtsfähige Verein ist der Grundtyp der Körperschaften. Zu den Körperschaften zählen noch der nichtrechtsfähige Verein, die AG, die KGaA, die Genossenschaft, der VVaG und die GmbH.

hemmer-Methode: Die Zuordnung einer Gesellschaft zu einem Grundtyp hat nicht nur theoretische Bedeutung, sondern ist auch für die Rechtsanwendung wichtig: Fehlt es an einer gesetzlichen Regelung im Recht einer Gesellschaftsform, so ist an eine Analogie zu einer Vorschrift des betreffenden Grundtyps zu denken. Bei der OHG und KG ist das Recht der BGB-Gesellschaft bereits kraft ausdrücklicher Verweisung anwendbar, vgl. §§ 105 III, 161 II HGB.

Exkurs: Kapitalgesellschaften und Handelsgesellschaften

Kapitalgesellschaften

Eine besondere Gruppe unter den Körperschaften bilden die sog. 13
Kapitalgesellschaften (AG, KGaA, GmbH). So werden die Gesellschaften genannt, deren Organisationsgefüge auf dem Erfordernis eines im Gesetz festgelegten und durch Gesellschaftsvertrag lediglich erhöhbaren Mindestkapitals beruht (vgl. §§ 1 II, 7 AktG; §§ 3 I Nr. 3, 5 I GmbHG). Die Höhe der eingezahlten Kapitalbeträge bildet regelmäßig die Grundlage für die Entscheidungsverhältnisse und die Gewinnverteilung in der Gesellschaft.

Handelsgesellschaften

Handelsgesellschaften sind die OHG und KG (vgl. die Überschrift des zweiten Buches des HGB). Sie sind Kaufleute kraft Handelsgewerbes, weil ihr Zweck auf den Betrieb eines Handelsgewerbes unter gemeinschaftlicher Firma gerichtet ist, vgl. §§ 105 I, 161 I HGB (Ausnahme: § 105 II Alt.2 HGB). Gem. §§ 3, 278 III AktG, § 13 III GmbHG gelten die AG, die KGaA und die GmbH als Handelsgesellschaften, unabhängig davon, ob ihr Zweck im Betrieb eines Handelsgewerbes liegt. Sie sind Kaufleute kraft Rechtsform. Gem. § 6 I HGB findet das Kaufmannsrecht auch bezüglich der Handelsgesellschaften Anwendung.

Exkurs Ende

Organisationsstruktur der Personengesellschaft: kleine Mitgliederzahl, Zusammenschluss beruht auf persönlichem Vertrauen

Personengesellschaften sind auf eine kleine Mitgliederzahl hin angelegt und der Zusammenschluss beruht auf dem persönlichen Vertrauen der Gesellschafter. Daraus ergeben sich folgende Konsequenzen: 14

- das Ausscheiden eines Mitglieds führt bei Personengesellschaften grundsätzlich zur Auflösung der Gesellschaft, vgl. §§ 723 ff. BGB; bei Personenhandelsgesellschaften vgl. aber § 131 III HGB
- die Willensbildung folgt grundsätzlich dem Prinzip der Einstimmigkeit, § 709 I BGB
- es gilt der Grundsatz der Selbstorganschaft, d.h. die Gesellschaft hat in ihren Mitgliedern „geborene" Organe, eine Bestellung Dritter als Organe ist unzulässig
- die Gesellschafter haften für die Gesellschaftsverbindlichkeiten regelmäßig mit ihrem Privatvermögen
- für die Entstehung der Gesellschaft genügt der Vertragsschluss

Organisationsstruktur der Körperschaft: große Mitgliederzahl

Körperschaften (Vereine) sind dagegen auf eine große Mitgliederzahl angelegt und der Zusammenschluss beruht nicht auf dem persönlichen Vertrauen der Mitglieder. Daraus ergeben sich die, im Vergleich zu oben, spiegelverkehrten Konsequenzen: 15

Zusammenschluss beruht nicht auf persönlichem Vertrauen

- der Bestand der Gesellschaft ist unabhängig vom Ausscheiden einzelner Mitglieder, vgl. §§ 39 I, 41 BGB
- die Willensbildung folgt dem Mehrheitsprinzip, § 32 I S. 3 BGB
- es gilt der Grundsatz der Drittorganschaft, d.h. die zu bestellenden Gesellschaftsorgane müssen nicht Mitglieder sein
- für Verbindlichkeiten haftet grundsätzlich nur das Gesellschaftsvermögen (sog. Trennungsprinzip) und nicht die einzelnen Mitglieder mit ihrem jeweiligen Privatvermögen
- für die Entstehung der Gesellschaft ist neben dem Vertragsschluss noch die Eintragung in ein öffentliches Register, vgl. § 21 BGB, erforderlich (System der Normativbestimmungen)

Idealstruktur und Realstruktur

Die vorgenannten Eigenschaften der Körperschaften bzw. Personengesellschaften bestimmen die gesetzliche Idealstruktur der jeweiligen Gesellschaftsform. Da die Vorschriften, welche die innere Organisation regeln, weitgehend dispositiv sind (Vertragsfreiheit), können die Gesellschafter von dieser Idealstruktur derart abweichen, dass sie z.B. eine kapitalistische Personengesellschaft[19] oder eine personalistische Kapitalgesellschaft bilden. Die Realstruktur einer Gesellschaft muss also nicht mit der Idealstruktur übereinstimmen. 16

hemmer-Methode: Wenn die Realstruktur einer Gesellschaft von der gesetzlichen Idealstruktur abweicht, kann dies auch Folgen für die Rechtsanwendung haben. Bsp.: Eine Publikums-KG ist eine KG mit einer Vielzahl nur kapitalistisch beteiligter Kommanditisten, deren Rechte als Gesellschafter stark beschnitten sind. Sie weist dieselben Eigenschaften wie eine AG (Körperschaft) auf.

19 = eine Personengesellschaft, die die Organisationsmerkmale einer Körperschaft aufweist.

Verletzt nun der geschäftsführende Gesellschafter der Publikums-KG eine gesellschaftsvertragliche Pflicht, findet der Haftungsmaßstab des § 708 BGB (grundsätzlich anwendbar über die §§ 161 II, 105 III HGB) keine Anwendung. § 708 BGB beruht nämlich auf dem Gedanken, dass bei der typischen engen Zusammenarbeit jeder Gesellschafter seinen Partner so nehmen muss, wie er ihn kennt. Dieser Gedanke trifft bei der Publikums-KG, deren Gesellschafterzahl in die Hunderte gehen kann, gerade nicht zu, deshalb ist der Anwendungsbereich des § 708 BGB insoweit teleologisch zu reduzieren.[20]

E) Die Unterscheidung Innen- und Außenverhältnis

Innen- und Außenverhältnis

Im Gesellschaftsrecht - und in der Klausur - grundlegend ist die Unterscheidung zwischen dem Innen- und dem Außenverhältnis. Das Innenverhältnis betrifft die auf dem Gesellschaftsvertrag beruhenden Rechtsbeziehungen der Gesellschafter untereinander und zur Gesellschaft, das Außenverhältnis die Rechtsbeziehungen der Gesellschafter und der Gesellschaft zu außenstehenden Dritten. *17*

hemmer-Methode: Steht ein Gesellschafter seiner Gesellschaft wie ein Dritter gegenüber, gewährt er z.B. der Gesellschaft ein Darlehen, so ist das Außenverhältnis und nicht das Innenverhältnis betroffen, weil dieses Rechtsverhältnis auf dem Darlehens- und nicht dem Gesellschaftsvertrag beruht.[21] Im Übrigen dürfen Sie die Begriffe Innen- und Außenverhältnis nicht mit den Begriffen Innen- und Außengesellschaft verwechseln!

Geschäftsführung und Vertretung

Der Unterschied zwischen Innen- und Außenverhältnis wird besonders deutlich im Gegensatz zwischen Geschäftsführung und Vertretung.

Geschäftsführung ist tatsächliches und rechtsgeschäftliches Handeln, das den Gesellschaftszweck fördern soll, im Innenverhältnis. Vertretung ist rechtsgeschäftliches (nicht tatsächliches) Handeln für die Gesellschaft bzw. die Gesellschafter im Außenverhältnis.

Bsp.: *Schließt der Gesellschafter einer offenen Handelsgesellschaft (OHG) mit einem Dritten im Namen der Gesellschaft (§ 164 I BGB) einen Vertrag, so ist es eine Frage des* ***Außenverhältnisses****, ob der Gesellschafter* ***Vertretungsmacht*** *hat und der Vertrag wirksam ist (vgl. §§ 125 ff. HGB). Eine Frage des* ***Innenverhältnisses*** *ist hingegen, ob der Gesellschafter den Vertrag überhaupt schließen durfte, also die* ***Geschäftsführungsbefugnis*** *hierzu besaß (vgl. §§ 114 ff. HGB).*

Bedeutung der Unterscheidung: Wirksamkeit einer Handlung für Innen- und Außenverhältnis gesondert zu prüfen

Ein und dieselbe Handlung kann - wie Sie sehen - sowohl Geschäftsführungs- als auch Vertretungsmaßnahme sein, wirkt also im Innen- wie im Außenverhältnis. Da die Geschäftsführung auch tatsächliches Handeln erfasst, gibt es Handlungen, die nur Geschäftsführungsmaßnahmen sind und sich nur im Innenverhältnis auswirken (z.B. Aufstellung der Bilanz, § 242 HGB). Die grundlegende Bedeutung der Unterscheidung Innen-/Außenverhältnis liegt nun darin, dass die rechtliche Wirksamkeit einer Handlung für die beiden Verhältnisse gesondert zu prüfen ist. So kann eine Maßnahme zwar im Außenverhältnis wirksam sein, im Innenverhältnis jedoch eine Vertragsverletzung darstellen.

---

20 Vgl. auch Pal., § 708, Rn. 2 a.E. für die Publikums-GbR.

21 Das Innenverhältnis spielt aber insofern eine Rolle, als die Geltendmachung des Darlehensanspruchs durch die gesellschafterliche Treuepflicht eingeschränkt sein kann. Anders, wenn der Gesellschaftsvertrag zur Darlehenshingabe verpflichtet, dann ist das Innenverhältnis betroffen.

Bsp.: Der vom Gesellschafter geschlossene Vertrag ist im Außenverhältnis wirksam, weil er Vertretungsmacht hatte (vgl. §§ 125 I, 126 I HGB). Im Innenverhältnis besaß er aber keine Geschäftsführungsbefugnis, z.B. weil ein anderer geschäftsführender Gesellschafter der Vornahme der Handlung widersprochen hat (vgl. § 115 I HGB). Es liegt dann im Innenverhältnis eine Verletzung des Gesellschaftsvertrages vor.

hemmer-Methode: Merke: Die Geschäftsführung regelt, ob ein Gesellschafter die Maßnahme im Innenverhältnis vornehmen darf, die Vertretung, ob er die Handlung im Außenverhältnis wirksam vornehmen kann. Bestehen Diskrepanzen zwischen dem rechtlichen Können und dem rechtlichen Dürfen, eröffnen sich für die Klausur klassische Problemfelder: Bleibt das rechtliche Dürfen hinter dem rechtlichen Können zurück, ist immer an einen möglichen Missbrauch der Vertretungsmacht zu denken. Da das Innen- vom Außenverhältnis grds. unabhängig ist, schlägt das Innenverhältnis nach den Grundsätzen vom Missbrauch der Vertretungsmacht nur in den Ausnahmefällen der Kollusion und Evidenz auf das Außenverhältnis durch. Im Innenverhältnis kommen Schadensersatzansprüche gegen den Gesellschafter in Betracht. Liegt ein Fall der Evidenz oder der Kollusion vor, entfällt aber regelmäßig der Schaden. Lesen Sie zum Missbrauch der Vertretungsmacht Hemmer/Wüst, BGB-AT I, Rn. 284 ff.

F) Innengesellschaften und Außengesellschaften

Zusammenhang mit Unterscheidung Innen- und Außenverhältnis

Der Gegensatz zwischen Innen- und Außengesellschaften hängt eng mit der Unterscheidung zwischen dem Innen- und dem Außenverhältnis zusammen. 18

Begriff Außen- und Innengesellschaft

Außengesellschaften entfalten gesellschaftsrechtliche Wirkungen im Außenverhältnis, weil die Gesellschaft als solche im Rechtsverkehr in Erscheinung tritt. Reine Innengesellschaften wirken dagegen nur im Innenverhältnis, weil die Gesellschaft als solche nicht nach außen in Erscheinung tritt.

Sie sind dadurch gekennzeichnet, dass eine gemeinsame Vertretung fehlt und dass die Geschäfte im Namen eines Gesellschafters, aber gesellschaftsintern für Rechnung aller Gesellschafter, geschlossen werden.[22] Es wird folglich auch kein Gesellschaftsvermögen gebildet.

Reine Innengesellschaften sind daher keine Gesamthandsgemeinschaften.

Exkurs: Gesamthandsgemeinschaften

Gesamthandsgemeinschaften des Gesellschaftsrechts sind die BGB-Gesellschaft - sofern diese nicht als reine Innengesellschaft ausgestaltet ist -, die OHG und die KG. Der Begriff der Gesamthandsgemeinschaft meint ein bestimmtes Prinzip der Vermögenszuordnung. Die Streitfrage, wie das Gesamthandsvermögen zugeordnet wird, wirkt sich auch auf die Frage der Teilrechtsfähigkeit der Gesamthandsgemeinschaften aus.[23] Spricht man im Gesellschaftsrecht von der Gesamthandsgemeinschaft, meint man damit die jeweilige(n) Personengesellschaft(en), wobei der Aspekt der Vermögenszuordnung betont wird.[24] 19

Exkurs Ende

22 BGHZ 12, 308, 314; diese Formulierung ist etwas ungenau = **juris**byhemmer (Wenn dieses Logo hinter einer Fundstelle abgedruckt wird, finden Sie die Entscheidung online unter „juris by hemmer“: www.hemmer.de).

23 Vgl. Rn. 67 ff.

24 Genaueres zum Gesamthandsprinzip, vgl. Rn. 272 ff.

Reine Außengesellschaften nicht möglich

Reine Außengesellschaften sind dagegen nicht möglich. Sie sind immer auch Innengesellschaften, da sich eine Gesellschaft nicht nur in Außenwirkungen erschöpfen kann. Das folgt bereits aus der Notwendigkeit einer Einigung der Gesellschafter über die Verfolgung des gemeinsamen Zwecks, da sonst keine Gesellschaft vorläge.

Außengesellschaften

Außengesellschaften sind: 20

Körperschaften

➲ alle Körperschaften: Ihre Rechtswirkungen lassen sich nicht auf das Innenverhältnis beschränken, da alle Körperschaften die Fähigkeit besitzen, Träger von Rechten und Pflichten zu sein.[25]

Personenhandelsgesellschaften

➲ die Personenhandelsgesellschaften: Ihr Gesellschaftszweck ist auf den Betrieb eines Handelsgewerbes unter gemeinschaftlicher Firma gerichtet.

BGB-Gesellschaft

➲ die BGB-Gesellschaft: Sie ist Außengesellschaft, wenn sie als Gesamthandsgemeinschaft, wie gesetzlich vorgesehen, ausgestaltet wurde.

Innengesellschaften

Reine Innengesellschaften sind: 21

stille Gesellschaft

➲ die stille Gesellschaft: Die stille Gesellschaft ist reine Innengesellschaft, da die Geschäfte im Namen des Geschäftsinhabers geschlossen werden, vgl. § 230 II HGB.

BGB-Innengesellschaft

➲ die BGB-Innengesellschaft: Die BGB-Gesellschaft kann als reine Innengesellschaft ausgestaltet werden, da der Gesetzgeber die Form der Außengesellschaft nicht zwingend vorschreibt (Grundsatz der Typenfreiheit).

hemmer-Methode: Bei der nun folgenden Darstellung des Rechts der Personengesellschaften und des Rechts der Körperschaften wird - der grundlegenden Bedeutung für das Gesellschaftsrecht und die Klausur entsprechend - zwischen dem Innen- und dem Außenverhältnis getrennt. Demgemäß werden die reinen Innengesellschaften im Abschnitt über das Innenverhältnis behandelt. Innerhalb der beiden Abschnitte werden die typischerweise vorkommenden Probleme an der Stelle behandelt, wo sie im Klausuraufbau zu prüfen sind. Die hemmer-Methode weist Sie dabei immer wieder auf zusammenhängende Problemkreise hin und gibt Ihnen Tipps für die Klausur.
Wiederholen Sie an dieser Stelle die Wiederholungs- und Vertiefungsfragen Nr. 1 - 13.

25 Dies gilt auch für den - so paradox dies für den Gesellschaftsrechtsanfänger klingen mag – nicht rechtsfähigen Verein, vgl. unten, Rn. 373 ff.

1. TEIL: RECHT DER PERSONENGESELLSCHAFTEN

hemmer-Methode: Gesellschaftsrechtliche Strukturen erfassen! Die BGB-Gesellschaft ist der Grundtyp der Personengesellschaften. Soweit spezielle Regelungen für die OHG, die KG und die stille Gesellschaft fehlen, finden deswegen die §§ 705 ff. BGB subsidiär Anwendung. Dies ordnet § 105 III HGB für die OHG ausdrücklich an. Bei der KG folgt die Anwendbarkeit der §§ 705 ff. BGB aus dem Verweis des § 161 II HGB auf § 105 III HGB. Die stille Gesellschaft verweist in einzelnen Vorschriften, vgl. z.B. §§ 233 II, 234 I S. 2 HGB, auf das Recht der BGB-Gesellschaft, wobei diese Verweisungen nicht abschließend sind. Ausführungen die in diesem Teil des Skriptes zur BGB-Gesellschaft gemacht werden, gelten daher grundsätzlich auch für die OHG, die KG und die stille Gesellschaft. Auf Abweichungen und Besonderheiten der OHG, der KG und der stillen Gesellschaft wird entweder bei der BGB-Gesellschaft oder in einem eigenen Abschnitt hingewiesen. Die KG ist wiederum eine Sonderform der OHG, deren einziger Unterschied zur OHG darin besteht, dass es zwei Gruppen von Gesellschaftern gibt, nämlich Komplementäre und Kommanditisten. Komplementäre haften - wie die Gesellschafter einer OHG - für die Gesellschaftsverbindlichkeiten unbeschränkt, Kommanditisten haften dagegen grundsätzlich beschränkt auf den Betrag einer Vermögenseinlage, vgl. § 161 I HGB. Die §§ 161 ff. HGB regeln infolgedessen nur die Stellung des/der Kommanditisten und § 161 II HGB verweist ansonsten auf das Recht der OHG. Die Ausführungen zur OHG gelten aus diesem Grund auch für die KG, rechtliche Unterschiede betreffen allein den/die Kommanditisten. 22

§ 2 DAS AUSSENVERHÄLTNIS

Ansprüche Dritter ⇨ Gesellschaft/ Gesellschafter oder Ansprüche Gesellschaft/ Gesellschafter ⇨ Dritte

Das Außenverhältnis ist betroffen, wenn Dritte Ansprüche gegen die Gesellschaft bzw. die Gesellschafter erheben oder wenn die Gesellschaft bzw. die Gesellschafter Ansprüche gegen Dritte geltend machen. 23

Zwei Haftungsobjekte: Gesellschaftsvermögen und Privatvermögen

Soweit es um Ansprüche Dritter gegen die Gesellschaft bzw. die Gesellschafter geht, sind zwei Haftungsobjekte zu unterscheiden: Haftungsobjekt für die Ansprüche gegen die Gesellschaft ist das Gesellschaftsvermögen, Haftungsobjekt für die Ansprüche gegen die Gesellschafter ist deren jeweiliges Privatvermögen.

hemmer-Methode: Ansprüche Dritter gegen die Gesellschafter als solche kommen nur in Betracht, wenn Ansprüche gegen die Gesellschaft bestehen, da die Gesellschafter nur für die Verbindlichkeiten der Gesellschaft aufgrund ihrer Gesellschafterstellung haften.

Ausgangsfall

Ausgangsfall:[26] *Die Heimwerker Tim und Al betreiben eine Kfz-Reparatur-Werkstatt. Bundy, der schon mehrmals die Mülltonnen der Darcys mit seinem alten 70er-Jahre Dodge umgefahren hat, lässt in der Werkstatt nunmehr die Bremsen dieses Wunderwerkes amerikanischer Technik reparieren. Tim repariert die Bremsanlage des Dodge jedoch mangelhaft. Auf der Heimfahrt gerät Bundy deshalb ins Schleudern und durchbricht den Gartenzaun der Darcys. Dabei wird Marcy vom Dodge erfasst und ebenso wie Bundy erheblich verletzt. Auch der Dodge wird stark beschädigt. Bundy und Marcy verlangen von der Werkstatt Schadensersatz.*

hemmer-Methode: In einer zivilrechtlichen Klausur geht es um die Beantwortung der Frage „Wer verlangt Was von Wem Woraus?“. Als „Wer“ (Gläubiger) bzw. „Wem“ (Schuldner) kommt nur eine bestehende Gesellschaft in Betracht. Die Gesellschaft muss folglich wirksam entstanden sein (I.) und im Zeitpunkt der Geltendmachung des Anspruchs fortbestehen (II.). Ist die zunächst wirksam entstandene Gesellschaft durch Auseinandersetzung (Liquidation) erloschen, sind nur noch Ansprüche gegen die Gesellschafter möglich. Sodann muss geprüft bzw. festgestellt werden, ob die betreffende Gesellschaft als solche überhaupt Gläubigerin oder Schuldnerin sein kann (Teilrechtsfähigkeit, III.). Das „Woraus“ (Anspruchsgrundlage) und „Was“ (Anspruchsinhalt) richten sich nach den Vorschriften des allgemeinen Zivilrechts. Anders als eine natürliche Person ist eine Gesellschaft als solche aber nicht fähig, einen rechtserheblichen Willen zu bilden oder rechtserheblich zu handeln. Sie muss sich deshalb ihrer Organe bedienen, um am Rechtsverkehr in zurechenbarer Weise teilnehmen zu können. Organe sind bei den Personengesellschaften immer die Gesellschafter (Grundsatz der Selbstorganschaft). 24
Das Wissen, Wollen und Handeln der Organe wird der Gesellschaft unter bestimmten Voraussetzungen als eigenes Wissen, Wollen und Handeln zugerechnet. I.R.d. Prüfung, ob die Voraussetzungen der jeweiligen Anspruchsgrundlage erfüllt sind, muss daher zusätzlich geprüft werden, ob das Wissen, Wollen oder Handeln des Organs der Gesellschaft zuzurechnen ist. Die Zurechnungsvoraussetzungen bzw. Zurechnungsnormen sind für vertragliche Erfüllungsansprüche (IV.), vertragliche Schadensersatzansprüche (V.), dingliche Ansprüche (VI.) und Ansprüche aus unerlaubter Handlung (VII.) verschieden.

26 Dieser Fall ist zum Teil einer Examensklausur (97/I) des Wahlfachs nachgebildet, enthält aber keine wahlfachspezifischen Probleme, siehe auch BGHZ 45, 311 ff. = **juris**byhemmer. Arbeiten Sie die folgenden Seiten zunächst durch. Die Lösung finden Sie bei Rn. 123.

I. Die Entstehung der Gesellschaft

1. Die BGB-Gesellschaft

Exkurs: Praktische Bedeutung der BGB-Gesellschaft

§§ 705 ff. BGB größtenteils dispositiv

Die §§ 705 ff. BGB enthalten nur wenig zwingendes Recht,[27] deshalb kann die BGB-Gesellschaft im Vergleich zu anderen Gesellschaftsformen den jeweiligen praktischen Bedürfnissen der Gesellschafter besonders genau angepasst werden. Dementsprechend vielfältig sind die rechtstatsächlichen Gestaltungen der BGB-Gesellschaft: 25

Zusammenschlüsse von Freiberuflern

- Zusammenschlüsse von Freiberuflern: Freiberufler (z.B. Ärzte, Rechtsanwälte und Wirtschaftsprüfer) betreiben kein Gewerbe.[28] Der Zugang zur Rechtsform der OHG und der KG ist ihnen deswegen versperrt, da diese i.d.R. den Betrieb eines Handelsgewerbes als gemeinsamen Zweck voraussetzen, § 105 I HGB.

§ 105 II HGB könnte nach einer Auffassung[29] eine Möglichkeit für Freiberufler zur OHG bilden, sofern „Vermögensverwaltung“ lediglich „nichtgewerblich“ bedeuten und so zu „gewerblich“ abgrenzen soll. Diese Auffassung, die aber nicht der h.M. entspricht, wird damit begründet, dass es „reine Vermögensverwaltung“ wohl kaum gibt.

hemmer-Methode: Um auch den Freiberuflern den Zugang zu einer der OHG ähnlichen Gesellschaftsform zu verschaffen, hat der Gesetzgeber mit Wirkung zum 01.07.1995 die Rechtsform der Partnerschaftsgesellschaft geschaffen. Das PartGG berücksichtigt in seinen Regelungen den besonderen Status der freien Berufe,[30] welche angeblich einem höheren wissenschaftlichen und künstlerischen Interesse dienen und nicht in erster Linie die Erzielung von Gewinn beabsichtigen. Es enthält weitgehende Verweisungen auf das Recht der OHG[31] und verweist in § 1 IV PartGG subsidiär auf das Recht der BGB-Gesellschaft. Sollte in einer Klausur eine Partnerschaftsgesellschaft auftauchen, so dient dies nur als ungewohnter „Aufhänger“ für bekannte Probleme aus dem Recht der OHG und der BGB-Gesellschaft. 26

Mitunternehmergesellschaften

- Gesellschaften zwischen Kleingewerbetreibenden: Der Zweck einer OHG und einer KG muss i.d.R. auf den Betrieb eines Handelsgewerbes gerichtet sein, § 105 I S. 1 HGB. Auch ein kleingewerbliches Unternehmen kann jedoch statt als BGB-Gesellschaft gem. § 105 II HGB durch Eintragung als OHG bzw. KG betrieben werden.

Gelegenheitsgesellschaften des täglichen Lebens

- Gelegenheitsgesellschaften des täglichen Lebens:[32] Gelegenheitsgesellschaften kommen in der Praxis am häufigsten vor, wobei die Beteiligten meistens gar nicht wissen, dass sie ihre Beziehungen dem Gesellschaftsrecht unterstellt haben. Bsp.: Tippgemeinschaften, gemeinsame Ferienreise.[33]

---

27 So sind z.B. die §§ 717 - 719 BGB zwingend, sofern keine reine Innengesellschaft vorliegt.

28 Vgl. Hemmer/Wüst, Handelsrecht, Rn. 18 ff.

29 Vgl. K. Schmidt, DB 1998, Heft 1.

30 Vgl. z.B. §§ 3, 6 I, II, 8 II, III PartGG.

31 Vgl. z.B. §§ 6 III, 7 II, III, 8 I, 9 I PartGG.

32 Gegenbegriff ist die Dauergesellschaft, die, wie schon der Name sagt, einen dauernden Zweck, z.B. den Betrieb eines Gewerbes, verfolgt.

33 Gelegenheitsgesellschaften sind in der Regel reine Innengesellschaften.

Arbeitsgemeinschaften („ArGe")

- Arbeitsgemeinschaften („ArGe"): Die Arbeitsgemeinschaft ist der Zusammenschluss rechtlich selbstständiger Unternehmen zur Erbringung einer einzigen oder begrenzten Zahl von Werkleistungen. Bsp.: U-Bahn-Bau, Brückenbau oder Straßenbau.

Vorgründungsgesellschaften

- Vorgründungsgesellschaften: Vereinbaren die Beteiligten, eine OHG, GmbH oder AG etc. zu gründen, so besteht bis zum Abschluss des Gesellschaftsvertrages grds.[34] eine BGB-Gesellschaft, die im Zeitpunkt des Vertragsschlusses infolge Zweckerreichung, § 726 BGB, aufgelöst wird.[35]

Exkurs Ende

a) Übersicht

Voraussetzungen (§ 705 BGB): Vertrag, gemeinsamer Zweck und Förderungspflicht

Die drei konstitutiven Merkmale der BGB-Gesellschaft lassen sich aus § 705 BGB entnehmen: ein Vertrag, ein gemeinsamer Zweck und eine Förderungspflicht. Es müssen demnach mehrere Personen (mindestens zwei[36]) einen Vertrag schließen, der auf die Erreichung eines gemeinsamen Zweckes gerichtet ist und es müssen sich die Beteiligten verpflichten, diesen Zweck zu fördern. 27

Die Zweckförderung erfolgt vor allem durch die Leistung der vereinbarten Beiträge. Mit Abschluss des Gesellschaftsvertrages bzw. dem darin vereinbarten Zeitpunkt ist die BGB-Gesellschaft entstanden.

b) Der Vertrag

hemmer-Methode: Auf jeden zivilrechtlichen Vertrag finden die Vorschriften des Allgemeinen Teils über Rechtsgeschäfte Anwendung. Dies gilt grundsätzlich auch für den Gesellschaftsvertrag.[37] In der Klausur können Ihnen an dieser Stelle daher die aus den Skripten Hemmer/Wüst, BGB-AT I - III, bekannten Probleme begegnen.

aa) Die Gesellschafter

Gesellschafter

Gesellschafter einer BGB-Gesellschaft können sein: 28

natürliche Personen

- **natürliche Personen:** Auch geschäftsunfähige oder beschränkt geschäftsfähige Personen können Gesellschafter sein, § 1 BGB.

hemmer-Methode: Sind an einer Gesellschaft nicht voll geschäftsfähige Personen beteiligt, ist zu prüfen, ob sie bei Vertragsschluss durch ihren gesetzlichen Vertreter (vgl. §§ 1629, 1705, 1793, 1902, 1915 BGB) wirksam vertreten worden sind.
Bei Erwerbsgesellschaften ist zudem an die gem. § 1822 Nr. 3 BGB erforderliche Genehmigung des Vormundschaftsgerichts zu denken. Diese Vorschrift des Vormundschaftsrechts gilt über die Verweisungsnormen der §§ 1643 (in diesem Fall ist das Familiengericht zuständig), 1705, 1908i I S. 1, 1915 BGB auch für die elterliche Sorge, die Betreuung unter Einwilligungsvorbehalt und die Pflegschaft.

---

34 Unter den Voraussetzungen des § 105 I HGB kann bereits hier eine OHG vorliegen, vgl. Rn. 392.

35 Probleme der Vorgründungsgesellschaft werden bei der Gründung einer GmbH relevant. Näheres hierzu in Rn. 369 ff.

36 Ein-Mann-Gesellschaften gibt es im Recht der Personengesellschaften nicht, anders im Recht der Körperschaften, vgl. § 2 AktG, § 1 GmbHG.

37 Einschränkungen erfährt dieser Grundsatz durch die Lehre von der fehlerhaften Gesellschaft, vgl. unten Rn. 31.

juristische Personen

➲ **juristische Personen:** Die §§ 19 II, 125a, 130a HGB setzen voraus, dass juristische Personen Gesellschafter einer Personengesellschaft sein können.[38]

Personenhandelsgesellschaften

➲ **Personenhandelsgesellschaften:** Personenhandelsgesellschaften können gem. § 124 I HGB bzw. §§ 161 II, 124 I HGB Gesellschafter einer BGB-Gesellschaft sein.

BGB-Gesellschaften und nicht rechtsfähige Vereine

➲ **BGB-Gesellschaften und nicht rechtsfähige Vereine:** Nach wohl h.L. und der neuesten Rechtsprechung des BGH können die BGB-Gesellschaft und der nicht rechtsfähige Verein Gesellschafter einer BGB-Gesellschaft sein (str.).[39]

Exkurs: GbR als Kommanditistin einer KG

BayObLG

Lange Zeit hat man angenommen, dass eine BGB-Gesellschaft oder ein nicht rechtsfähiger Verein nicht Gesellschafter einer Personenhandelsgesellschaft sein können: Da zwar die BGB-Gesellschaft bzw. der nicht rechtsfähige Verein selbst einzutragen sind, nicht aber die Mitglieder derselben, sei die gem. § 106 I Nr. 1 HGB bzw. §§ 162 I, 161 II, 106 II Nr. 1 HGB notwendige Registerpublizität nicht gewährleistet. Dem ist zunächst das BayObLG ausdrücklich entgegengetreten: In der Entscheidung[40] stellt das BayObLG klar, dass die BGB-Gesellschaft Kommanditistin einer KG sein kann.

hemmer-Methode: In seinen Entscheidungsgründen nimmt das BayObLG Bezug auf die neuere Rechtsprechung des BGH, wonach die BGB-Gesellschaft grundsätzlich jede Rechtsposition einnehmen kann, es sei denn, es stehen spezielle Rechtsvorschriften entgegen.[41] Die Registerpublizität des § 162 II HGB sei dabei nicht so streng, dass sie einer Kommanditistenstellung der GbR entgegenstünde.[42] Vor dem Hintergrund der BGH-Entscheidung zur Rechtsfähigkeit der GbR (vgl. ausführlich unten Rn. 67 ff.) ist es wahrscheinlich, dass die Rechtsprechung die GbR auch als mögliche Komplementärin (persönlich haftende Gesellschafterin) zulässt.

Beschluss des BGH v. 16.07.2001

Die Ansicht des BayObLG hat der BGH in einem Beschluss vom 16.07.2001[43] ausdrücklich bestätigt. Allerdings stellt der BGH als Bedingung auf, dass neben der GbR als solcher auch die ihr angehörenden Gesellschafter sowie spätere Wechsel in der Zusammensetzung der Gesellschafter entsprechend §§ 162 I S.2, 106 II HGB zur Eintragung ins Handelsregister angemeldet werden müssen.

Änderung des § 106 II HGB durch das ERJuKoG

Im Gesetz über elektronische Register und Justizkosten für Telekommunikation (ERJuKoG), verkündet am 14.12.2001, hat der Gesetzgeber noch im parlamentarischen Verfahren auf den Beschluss des BGH reagiert: Nach § 162 I S. 2 HGB-E sind bei Anmeldung einer GbR als Kommanditistin deren Gesellschafter sowie Änderungen im Gesellschafterbestand entsprechend § 106 II HGB-E anzumelden.

---

38 Dies ist nicht selbstverständlich: Die Zulässigkeit der GmbH & Co KG war lange Zeit heftigst umstritten, da bei dieser Kombinationsform eine juristische Person, die nur beschränkt auf ihr Gesellschaftsvermögen haftet, vgl. § 13 II GmbHG, möglicherweise der einzige unbeschränkt persönlich haftende Gesellschafter (Komplementär) ist.

39 Als Begründung lässt sich anführen, dass die BGB-Gesellschaft und der nicht rechtsfähige Verein Träger von Rechten und Pflichten sein können. Die Mitgliedschaft einer BGB-Innengesellschaft kommt daher nicht in Betracht. Vgl. zum Ganzen K. Schmidt, § 45 I 2a, BGH, ZIP 1997, 2120 ff. = **juris**byhemmer.

40 BayObLG, ZIP 2000, 2165 = **Life&Law 03/2001, 163** = **juris**byhemmer. **Unser Service-Angebot an Sie: kostenlos hemmer-club-Mitglied werden (www.hemmer-club.de) und Entscheidungen der Life&Law lesen und downloaden.**

41 BGHZ 136, 254 (257) = **juris**byhemmer.

42 BayObLG, ZIP 2000, 2165 = **Life&Law 03/2001, 163 (164)** = **juris**byhemmer.

43 BGH, Beschl. v. 16.07.2001 – II ZB 23/00 = **juris**byhemmer – BayObLG München, LG Aschaffenburg = **Life&Law 12/2001, 837 ff.**

Darüber hinaus müssen zukünftig gem. § 106 II Nr. 4 HGB die Vertretungsverhältnisse der Gesellschafter der Personenhandelsgesellschaft durch Eintragung im Handelsregister offengelegt werden.

Exkurs Ende

Erbengemeinschaft

➲ **Erbengemeinschaft:** Eine Erbengemeinschaft kann nicht Gesellschafterin einer werbenden[44] Personengesellschaft sein, da sie nicht hinreichend rechtlich verselbstständigt ist, um im Rechtsverkehr als handlungs- und haftungsfähige Einheit aufzutreten, vgl. §§ 2038 ff. BGB und die Möglichkeit der Haftungsbeschränkung gem. §§ 1975 ff., 2059 f. BGB.

bb) Die Form des Gesellschaftsvertrages

Gesellschaftsvertrag grds. formfrei, Ausnahme: formbedürftiges Leistungsversprechen

Der Gesellschaftsvertrag ist grundsätzlich formfrei, kann folglich auch konkludent zwischen den Gesellschaftern geschlossen werden. Eine Ausnahme gilt nur dann, wenn der Vertrag ein formbedürftiges Leistungsversprechen enthält. Der ganze Vertrag bedarf dann der für das Leistungsversprechen vorgeschriebenen gesetzlichen Form. 29

Bsp.: Ein Gesellschafter verpflichtet sich, der Gesellschaft ein Grundstück zu übereignen. Der ganze Vertrag bedarf dann der notariellen Form des § 311b I S. 1 BGB. Beachten Sie auch folgende Formvorschriften: §§ 311b III, 518 I BGB.

hemmer-Methode: Wird die gesetzlich vorgeschriebene Form nicht eingehalten, ist der Gesellschaftsvertrag gem. § 125 S. 1 BGB nichtig. Es sind dann die Voraussetzungen der sog. fehlerhaften Gesellschaft[45] zu prüfen. Beachten Sie aber die Wertungen der Formvorschriften! Das unwirksame Leistungsversprechen darf auch bei Vorliegen einer fehlerhaften Gesellschaft nicht als wirksam behandelt werden. 30
Denken Sie daneben an die Möglichkeit der Heilung der Formnichtigkeit gem. §§ 311b I S.2, 518 II BGB: Im oben genannten Beispiel würde der Gesellschaftsvertrag ex nunc wirksam, wenn der Gesellschafter der Gesellschaft das Grundstück gem. §§ 873, 925 BGB überträgt. Ob eine Heilung erfolgt ist oder eine fehlerhafte Gesellschaft besteht, muss in der Klausur entschieden werden, da die Rechtsfolgen unterschiedlich sind. Rechtsfolge der fehlerhaften Gesellschaft ist deren Behandlung als wirksam, bis der Grund der Nichtigkeit nach gesellschaftsrechtlichen Regeln geltend gemacht wird und zu ihrer Liquidation führt. Bei der Heilung wird der Vertrag ex nunc wirksam.

cc) Die fehlerhafte Gesellschaft

(1) Die Begründung der Lehre von der fehlerhaften Gesellschaft

Auf den Gesellschaftsvertrag finden grundsätzlich die Vorschriften des Allgemeinen Teils des BGB über Rechtsgeschäfte Anwendung, also auch die Vorschriften über die Anfechtbarkeit und die Nichtigkeit von Rechtsgeschäften, vgl. §§ 105, 125, 134, 138, 142, 155 BGB. 31

---

44 Dagegen kann eine Erbengemeinschaft Mitglied einer Liquidations-Gesellschaft sein, vgl. für die OHG § 146 I S. 2 HGB. Näheres dazu in Rn. 65.

45 Die fehlerhafte Gesellschaft wird sogleich behandelt.

Allgemeine Vorschriften über Rechtsgeschäfte grds. auf Gesellschaftsvertrag anwendbar, führen aber nicht zu sachgerechten Ergebnissen

Nach allgemeinen Grundsätzen des Zivilrechts wäre eine bereits tätig gewordene Gesellschaft, deren Gesellschaftsvertrag aufgrund einer dieser Vorschriften anfänglich oder rückwirkend nichtig ist, als nicht existent zu betrachten. Die Folge wäre, dass Dritte, die mit der Gesellschaft in rechtsgeschäftlichen Kontakt getreten sind, nur in den Grenzen der §§ 5, 15 HGB (bei Gründung einer OHG oder KG) und der allgemeinen Rechtsscheinhaftung in ihrem Vertrauen auf die Wirksamkeit der Gesellschaft geschützt wären. Im Innenverhältnis wären die Rechtsverhältnisse der Gesellschafter nach den allgemeinen Vorschriften der §§ 741 ff., 987 ff., 812 ff., 823 ff. BGB rückabzuwickeln.

Haben die Gesellschafter aber längere Zeit im Vertrauen auf die Wirksamkeit des Gesellschaftsvertrages Geschäfte geführt, Vermögen eingebracht, umgesetzt und neu erworben, so wäre es praktisch unmöglich, alle diese Vorgänge ex post nach den allgemeinen Vorschriften rückabzuwickeln (insbesondere wegen § 818 III BGB).

Auch enthalten die allgemeinen Vorschriften keine passende Regelung für die Verteilung erwirtschafteter Gewinne oder angefallener Verluste.

> ***Bsp.:*** *Der Vertrag einer Grundstücksverwaltungsgesellschaft ist gem. §§ 125 S. 1, 311b I S. 1 BGB nichtig. Bis zur Geltendmachung der Nichtigkeit haben die Gesellschafter Büroräume angemietet, Personal eingestellt, Büromöbel gekauft, die vereinbarten Beiträge geleistet und die Grundstücke verwaltet. Durch jeden dieser einzeln rückabzuwickelnden Vorgänge wurde das Gesellschaftsvermögen umgestaltet. Es liegt auf der Hand, dass eine Rückabwicklung nach den allgemeinen Vorschriften praktisch unlösbare Probleme bereiten würde.*

Lehre von der fehlerhaften Gesellschaft: Gesellschaft ist für die Vergangenheit unter bestimmten Voraussetzungen als wirksam zu behandeln, aber vernichtbar

Diese Konsequenzen zeigen, dass die unmodifizierte Anwendung der allgemeinen Vorschriften über die Anfechtbarkeit und die Nichtigkeit im Gesellschaftsrecht nicht sachgerecht wäre. Aus diesem Grund hat die höchstrichterliche Rechtsprechung die Lehre von der fehlerhaften Gesellschaft im Wege der Rechtsfortbildung entwickelt. Gesetzlich findet diese Lehre ihren Niederschlag in den §§ 275 ff. AktG, §§ 75 ff. GmbHG. Danach ist auch eine Gesellschaft auf fehlerhafter Vertragsgrundlage (Nichtigkeit, Anfechtung) unter bestimmten Voraussetzungen für die Vergangenheit als wirksam zu behandeln, aber für die Zukunft vernichtbar. *32*

Grund: Bestandsschutz der Gesellschaft im Innenverhältnis und Verkehrsschutz im Außenverhältnis

Das Reichsgericht stellte anfangs allein auf den Verkehrsschutz ab und schränkte die Nichtigkeitsfolgen nur im Außenverhältnis ein, indem die Gesellschafter sich gegenüber Dritten nicht auf die Nichtigkeit berufen konnten.[46] Die heutige Argumentation[47] betont dagegen die Unpraktikabilität der Rückabwicklung ex tunc im Innenverhältnis (Bestandsschutz) und kommt zum Schutz des Rechtsverkehrs (Verkehrsschutz) unter denselben Voraussetzungen durch einen „Erst-recht"-Schluss zur generellen Geltung der Grundsätze. Da die Nichtigkeitsfolgen auch im Innenverhältnis eingeschränkt werden, ist die Lehre von der fehlerhaften Gesellschaft kein Fall der Rechtsscheinhaftung.

hemmer-Methode: Denken in Zusammenhängen! Da die Rechtsfolge der Nichtigkeit im Gesellschaftsrecht nicht sachgerecht ist, werden die allgemeinen Nichtigkeitsregeln durch die Lehre von der fehlerhaften Gesellschaft unter bestimmten Voraussetzungen eingeschränkt (teleologische Reduktion).

---

46 RGZ 40, 146; 51, 33 (37); 149, 25 (28).
47 Vgl. Palandt, § 705, Rn. 18b.

Auch im Arbeitsrecht ist die Nichtigkeit keine angemessene Rechtsfolge, da bei der Rückabwicklung eines Arbeitsverhältnisses ähnliche, unbillige Schwierigkeiten entstünden.
Deshalb gibt es dort das Rechtsinstitut des fehlerhaften Arbeitsverhältnisses. Die Voraussetzungen und die Rechtsfolgen beider Rechtsinstitute entsprechen einander. Einen allgemeinen Rechtsgrundsatz, wonach die Rechtsfolge der Nichtigkeit bei Dauerschuldverhältnissen einzuschränken ist, gibt es jedoch nicht. Von gewöhnlichen Dauerschuldverhältnissen unterscheiden sich Gesellschafts- und Arbeitsverhältnis durch das von den Vertragsparteien gegenseitig entgegengebrachte besondere Vertrauen. Lesen Sie zum fehlerhaften Arbeitsverhältnis Hemmer/Wüst, Arbeitsrecht, Rn. 301 ff.!

(2) Die Rechtsfolgen der fehlerhaften Gesellschaft[48]

hemmer-Methode: Die Rechtsfolgen der fehlerhaften Gesellschaft werden zusammenhängend - also nicht nach Außen- und Innenverhältnis getrennt - dargestellt, um das Verständnis für dieses Rechtsinstitut zu erleichtern.

(a) Gesellschaft gilt für die Vergangenheit als wirksam

Erste Rechtsfolge: Gesellschaft gilt für die Vergangenheit als wirksam

Rechtsfolge der fehlerhaften Gesellschaft ist zunächst, dass die Gesellschaft, entgegen allgemeiner Grundsätze, für die Vergangenheit sowohl im Innen- als auch im Außenverhältnis grundsätzlich als wirksam zu behandeln ist.[49] 33

Außenverhältnis

Im Außenverhältnis sind die Regeln über die Vertretungsmacht und über die Haftung der Gesellschafter für die Gesellschaftsschulden der jeweiligen Gesellschaftsform anzuwenden. Da die Lehre von der fehlerhaften Gesellschaft kein Fall der Rechtsscheinhaftung ist, kommt es auf die Gut- oder Bösgläubigkeit der Gesellschaftsgläubiger nicht an. Im Unterschied zur Scheingesellschaft ist die fehlerhafte Gesellschaft nicht nur Zurechnungsfigur, sondern auch Träger von Rechten und Pflichten.[50] 34

Innenverhältnis

Im Innenverhältnis gelten für die Beitragspflichten, die Geschäftsführungsbefugnisse, die Gewinn- und Verlustbeteiligungen sowie für die allgemeine Treuepflicht der Gesellschafter die Vorschriften des Gesellschaftsvertrages und subsidiär die gesetzlichen Regeln der jeweiligen Gesellschaftsform. Eine Bestimmung des Vertrages, die selbst fehlerhaft ist, kann aber gerade nicht zur Beurteilung der Rechtslage zwischen den Gesellschaftern herangezogen werden. Stattdessen ist nach einer angemessenen Regelung zu suchen, die entweder im dispositiven Gesetzesrecht oder im Wege der ergänzenden Vertragsauslegung, § 157 BGB, zu finden ist. 35

48 Vgl. ausführlich mit Beispielen auch Tyroller/Müller, Life&Law 01/2014, 54 ff. Zur Anwendbarkeit dieser Grundsätze auf reine Innengesellschaften vgl. Rn. 336.

49 BGHZ 3, 285; 55, 5 (8) („gesicherter Bestandteil des Gesellschaftsrechts") = **juris**byhemmer; a.A. Canaris, Die Vertrauenshaftung im deutschen Privatrecht, 1971, 120 ff., 167 ff., 447 ff.

50 Zur Scheingesellschaft vgl. Rn. 75.

(b) Die Gesellschaft ist für die Zukunft vernichtbar

Zweite Rechtsfolge: Gesellschaft mit Wirkung für die Zukunft vernichtbar

Die Grundsätze der fehlerhaften Gesellschaft sollen nur eine sachgemäße Abwicklung des Gesellschaftsverhältnisses nach den dafür vorgesehenen Regeln ermöglichen, nicht aber den Mangel des Vertrages gänzlich unberücksichtigt lassen. Demgemäß ist die Gesellschaft mit Wirkung für die Zukunft (ex nunc) vernichtbar. *36*

Die Geltendmachung des Nichtigkeitsgrundes muss in der Form geschehen, die das Gesetz für die Auflösung der Gesellschaft aus wichtigem Grund vorsieht.

Bei der BGB-Gesellschaft geschieht dies also durch eine Kündigungserklärung gem. § 723 BGB und bei der OHG bzw. der KG durch Erhebung der Auflösungsklage gem. § 133 HGB bzw. §§ 133, 161 II HGB, sofern der Gesellschaftsvertrag der OHG bzw. der KG keine abweichende Regelung enthält.[51] Im Fall der Auflösungsklage - es handelt sich um eine Gestaltungsklage - ist die Gesellschaft mit Rechtskraft des Urteils aufgelöst.

Ein wichtiger Grund i.S.d. Auflösungsvorschriften muss jedoch nicht vorliegen, sondern es genügt jeder Nichtigkeits- oder Anfechtungsgrund,[52] sofern dieser noch aktuell fortwirkt. Zu beachten ist daher, dass im Einzelfall die Geltendmachung des Fehlers nach längerer Zeit rechtsmissbräuchlich sein kann oder gegen die gesellschafterliche Treuepflicht verstoßen kann.

> **Bsp.:** *Ein Gesellschafter hat sich über eine verkehrswesentliche Eigenschaft eines Mitgesellschafters geirrt (§§ 142 I, 119 II BGB). Stirbt nun dieser Mitgesellschafter zwischenzeitlich und folgt ihm sein Sohn im Wege der Sondererbfolge in die Gesellschafterstellung nach,[53] so besteht seitens des Irrenden kein aktuelles Interesse an der Auflösung mehr. Die Geltendmachung des Nichtigkeitsgrundes wäre daher rechtsmissbräuchlich bzw. verstieße gegen die gesellschafterliche Treuepflicht.*

hemmer-Methode: Die Anwendung der Grundsätze der fehlerhaften Gesellschaft darf den Anfechtungsberechtigten jedoch nicht besser stellen. Der Anfechtungsgrund muss deshalb, auch im Fall der Klageerhebung, innerhalb der Fristen der §§ 121, 124 BGB geltend gemacht werden und § 122 BGB bleibt anwendbar. Die Geltendmachung des Anfechtungsgrundes ist aber ausgeschlossen, wenn eine Bestätigung gem. § 144 I BGB vorliegt. Auch eine Haftung nach § 280 I BGB i.V.m. §§ 311 II, 241 II BGB (c.i.c.) kann in Betracht kommen, wenn ein Beteiligter den Irrtum verursacht hat. Zu diskutieren ist dann die Anwendbarkeit der § 280 I BGB i.V.m. §§ 311 II, 241 II BGB neben den §§ 119 ff. BGB.[54]

(3) Die Voraussetzungen der fehlerhaften Gesellschaft

hemmer-Methode: Merken Sie sich schon jetzt: Die Grundsätze der fehlerhaften Gesellschaft gelten nicht nur bei einer Gesellschaftsgründung, sondern sind bei jeder fehlerhaften Vertragsänderung einer bestehenden Gesellschaft anwendbar.

---

51 Die Vertragsklausel einer BGB-Gesellschaft, wonach eine gerichtliche Auflösung zu erfolgen hat, ist wegen des numerus clausus der Gestaltungsklagen dagegen nichtig.

52 BGHZ 3, 285 (291 f.) = **juris**byhemmer; G. Hueck, § 10 II.

53 Zur Nachfolgeklausel vgl. Rn. 213 ff.

54 An der Problematik hat sich auch durch die Schuldrechtsreform nichts geändert, vgl. zu dem streitigen Verhältnis nach neuem und altem Recht: hemmer-background in **Life&Law 02/2002, 83 (87 f.)**.

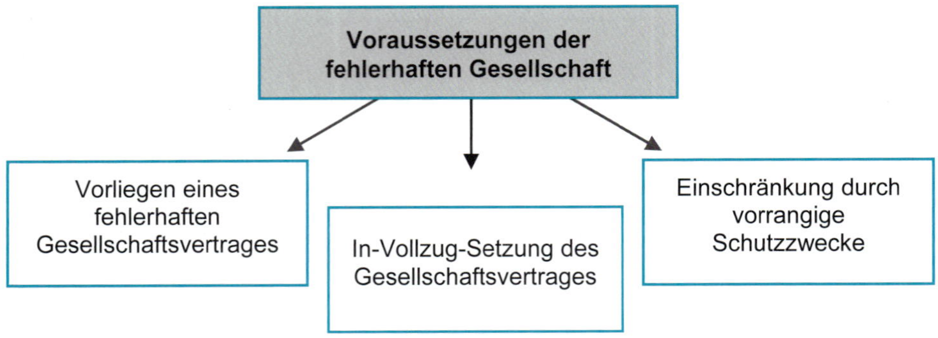

(a) Vorliegen eines fehlerhaften Gesellschaftsvertrages

Fehlerhafter Gesellschaftsvertrag

Es muss ein fehlerhafter Gesellschaftsvertrag vorliegen.[55] Gemeint 37
ist, dass von den Beteiligten tatsächliche, auf den Abschluss eines Gesellschaftsvertrages gerichtete Willenserklärungen abgegeben wurden, von denen die Willenserklärung eines Gründers von Anfang an oder nach Anfechtung nichtig ist. Betätigen sich „die Gesellschafter“ dagegen rein faktisch, ohne vertragliche Grundlage, liegt keine fehlerhafte Gesellschaft vor.[56]

Gutgläubige Dritte werden in diesem Fall nur nach den Regeln der Scheingesellschaft bzw. der allgemeinen Rechtsscheinhaftung geschützt.

hemmer-Methode: Wurde ein „Gesellschaftsvertrag“ zum Schein (§ 117 BGB) abgeschlossen, liegt keine fehlerhafte Gesellschaft vor, da die „Gesellschafter“ die Wirksamkeit des Vertrages gerade nicht wollten. Die Beteiligten sind in diesem Fall auch nicht schutzwürdig, da sie nicht auf die Wirksamkeit des Vertrages vertrauen. Im Innenverhältnis gilt dann gem. § 117 II BGB das Gewollte. Anders, wenn die Gesellschafter zu Tarnungszwecken eine Strohmanngesellschaft gründen. Diese ist wirksam, weil deren Gründung rechtlich gewollt ist. Lesen Sie allgemein zur Abgrenzung Scheingeschäft und Strohmanngeschäft Hemmer/Wüst, BGB-AT II, Rn. 62.

(b) Involizugsetzung des Gesellschaftsvertrages

Invollzugsetzung (+), wenn Gesellschaft Rechtsbeziehungen zu Dritten aufgenommen hat; (+/-) bei Bildung von Gesellschaftsvermögen

Der Gesellschaftsvertrag muss in Vollzug gesetzt sein, da sonst 38
nicht die besonderen Rückabwicklungsschwierigkeiten bestehen und Dritte in ihrem Vertrauen auf die Wirksamkeit der Gesellschaft nicht schutzwürdig sind. Im Detail umstritten ist, wann dieses Erfordernis erfüllt ist. In Vollzug gesetzt ist die Gesellschaft jedenfalls dann, wenn sie Rechtsbeziehungen zu Dritten aufgenommen hat, z.B. Kontoeröffnung, Anmietung von Geschäftsräumen. Str. ist, ob die Bildung eines Gesellschaftsvermögens (durch Beitragsleistung) genügt.[57] Richtig erscheint es, darauf abzustellen, ob bereits eine Situation entstanden ist, die bei rückwirkender Nichtigkeit erhebliche Schwierigkeiten der Rückabwicklung aufwirft.[58]

55 Palandt, § 705, Rn. 17.

56 Palandt, § 705, Rn. 18.

57 So BGHZ 13, 321 = jurisbyhemmer; WM 2007, 1117.

58 Palandt, § 705, Rn. 18.

hemmer-Methode: Ist der Gesellschaftsvertrag gem. § 117 I BGB nichtig, könnte in der Invollzugsetzung der Gesellschaft eine Bestätigung des nichtigen Vertrages gem. § 141 I BGB liegen. Dies ist der Fall, wenn die Beteiligten einen konkludenten Gesellschaftsvertrag abgeschlossen haben, was durch Auslegung gem. §§ 133, 157 BGB zu ermitteln ist. Entscheiden Sie sich im Zweifel klausurtaktisch!

(c) Einschränkung durch vorrangige Schutzzwecke

Jede Rechtsnorm, die für eine Willenserklärung oder ein Rechtsgeschäft die Rechtsfolge der Nichtigkeit anordnet, erfüllt einen bestimmten gesetzlichen Schutzzweck. 39

Grundsätze über fehlerhafte Gesellschaft nicht anwendbar, wenn der Vertragsmangel mit vorrangigen Interessen in Widerspruch tritt

So schützt § 105 I BGB Personen, die keinen rechtsgeschäftlich bedeutsamen Willen bilden können, vor den Folgen ihres rechtsgeschäftlichen Handelns. Der Schutzzweck der Lehre von der fehlerhaften Gesellschaft muss aus diesem Grund mit den Schutzzwecken der Nichtigkeitsregeln in Ausgleich gebracht werden. Mit anderen Worten: Die Lehre von der fehlerhaften Gesellschaft kann nicht schrankenlos gelten. Sie muss dort zurücktreten, wo ein anderer Schutzzweck vorrangig ist. Merken Sie sich deshalb als dritte Voraussetzung: Es dürfen die Mängel des Vertrages nicht so schwerwiegend sein, dass ihre Nichtbeachtung mit gewichtigen Interessen der Allgemeinheit oder einzelner schutzwürdiger Personen in Widerspruch tritt.[59]

(-), wenn Gesellschaftszweck gegen gesetzliches Verbot (§ 134 BGB) verstößt oder in besonders grobem Maße sittenwidrig ist (§ 138 I BGB)

Keine fehlerhafte Gesellschaft liegt deshalb vor, wenn der Zweck der Gesellschaft gegen ein gesetzliches Verbot verstößt (§ 134 BGB) - z.B. geschäftsmäßige Rechtsberatung durch Jurastudenten (Verstoß gegen § 1 RBeratG[60] - heute: RDLG) - oder in einem besonders groben Maße sittenwidrig ist (§ 138 I BGB). 40

Besonders grobe Sittenwidrigkeit[61] liegt nur dann vor, wenn Belange der Allgemeinheit berührt werden, z.B. gewerbsmäßiger Schmuggel oder Waffenhandel, nicht aber, wenn es um den Schutz einzelner Beteiligter geht. Demnach liegt eine fehlerhafte Gesellschaft vor, wenn ein Ehemann mit seiner Geliebten eine Gesellschaft gründet, um deren wirtschaftliche Versorgung zu Lasten seiner Ehefrau sicherzustellen. In den meisten Fällen der besonders groben Sittenwidrigkeit wird der Gesellschaftsvertrag bereits gem. § 134 BGB nichtig sein.

(-) zu Lasten von nicht geschäftsfähigen Personen, §§ 104 ff. BGB

Auch im Gesellschaftsrecht gilt der allgemeine Rechtsgrundsatz, dass der Schutz beschränkt geschäftsfähiger oder geschäftsunfähiger Personen unbedingten Vorrang hat. Die Lehre von der fehlerhaften Gesellschaft ist deshalb bei einem Verstoß gegen die §§ 104 ff. BGB jedenfalls nicht zu Lasten dieser Personen anwendbar.[62] 41

***Fall:** Der siebzehnjährige Arnold will - gem. seinem Motto „Jeder hat das Recht, fit zu sein!" - die Fitness- und Gesundheitswelle, die derzeit in den USA herrscht, auch auf Deutschland überschwappen lassen. Zu diesem Zweck eröffnet er mit seinem besten Freund Sylvester und seinem Vater ein Fitness-Studio. Kaufmännische Einrichtungen sind nicht erforderlich. Beim Vertragsabschluss wurde er von seinem Vater vertreten. Jeder soll einen Beitrag in Höhe von 20.000,- € leisten. Infolge der Anschaffung der modernsten Trainingsmaschinen steht das Fitness-Studio mit 500.000,- € in der Kreide. Besteht zwischen Arnold, seinem Vater und Sylvester eine Gesellschaft?*

---

59 BGHZ 3, 285 (288); 55, 5 (8) = **juris**byhemmer; Palandt, § 705, Rn. 18a.

60 BGHZ 62, 234 = **juris**byhemmer.

61 Ein Verstoß gegen das Konzessionserfordernis (Einschaltung eines Strohmanns) für den Betrieb einer Spielhalle begründet nicht die Nichtigkeit eines zum Zwecke des Erwerbs und des Betriebs der Spielhalle abgeschlossenen Gesellschaftsvertrages, BGH, **Life&Law 01/2004, 1 ff.**

62 Vgl. zusammenfassend auch Maultzsch, JuS 2003, 544 ff.

Eine OHG kommt nicht in Betracht, da kein Handelsgewerbe gem. § 1 II HGB betrieben wird und eine Eintragung im Handelsregister nicht erfolgt ist, § 123 II HGB. Zwischen den Beteiligten könnte aber eine BGB-Gesellschaft i.S.v. § 705 BGB bestehen. Voraussetzung hierfür wäre ein wirksamer Gesellschaftsvertrag.

Fraglich ist allein, ob A beim Abschluss des Gesellschaftsvertrages von seinem Vater wirksam vertreten wurde. Die Vertretung des A war notwendig, da ein Gesellschaftsvertrag jedenfalls die Verpflichtung, den vereinbarten Beitrag zu leisten, begründet und folglich nicht lediglich rechtlich vorteilhaft ist, § 107 BGB.

Grundsätzlich müsste sich A von seinen Eltern als Gesamtvertretungsberechtigten vertreten lassen, §§ 1626 I, 1629 I S. 2 BGB. Im Fall besteht allerdings die Besonderheit, dass der Vater des A Vertragspartner ist. Gem. §§ 181 Alt.1, 1795 II, 1629 II S. 1 BGB kann der Vater den A daher nicht vertreten. Eine Gestattung ist nicht ersichtlich, sie wäre insbesondere nicht in einer etwa erteilten vormundschaftsgerichtlichen Genehmigung zu sehen. Dies hat aber nicht zur Folge, dass nun die Mutter Alleinvertretungsmacht hat. Vielmehr ist auch die Mutter gem. §§ 1795, 181 BGB von der Vertretung ausgeschlossen, gleichgültig, ob § 1795 BGB auf sie zutrifft oder nicht.[63] Auch § 1678 BGB ist nicht anwendbar, da eine rechtliche und nicht tatsächliche Verhinderung vorliegt. Der Gesellschaftsvertrag ist daher analog § 177 BGB schwebend unwirksam. Selbstverständlich können nicht die Eltern den Vertrag genehmigen. Die Genehmigung des Vertrages gem. § 184 I BGB könnte nur ein gem. § 1909 I BGB zu bestellender Ergänzungspfleger erteilen.

hemmer-Methode: Über die §§ 1908i I S. 1, 1915 I BGB gelten die §§ 1795 II, 181 BGB auch für den Betreuer und den Pfleger. Sollen mehrere minderjährige Geschwister an der Gesellschaft beteiligt werden, ist deshalb für jedes von ihnen die Bestellung eines Ergänzungspflegers notwendig, weil diese nicht nur mit den Eltern bzw. dem Elternteil, sondern auch untereinander die Förderung des Gesellschaftszwecks vereinbaren, § 181 Alt. 2 BGB.[64]

Aber auch die Bestellung eines Ergänzungspflegers ersetzt nicht die - für das Erwerbsgeschäft - gem. §§ 1822 Nr. 3, 1915 BGB erforderliche Genehmigung des Vormundschaftsgerichts. Nach Sachlage - hohe Verschuldung - wird eine Genehmigung wohl nicht erteilt werden, sodass von der Nichtigkeit der von V für A abgegebenen Willenserklärung auszugehen ist. Die Beteiligung des A ist daher unwirksam.

hemmer-Methode: Die Genehmigung i.S.d. §§ 1812 ff. BGB umfasst sowohl die Einwilligung, § 183 BGB, als auch die Genehmigung, § 184 BGB. Um diesen terminologischen Unterschied deutlich zu machen, spricht man i.R.d. §§ 1812 ff. BGB von der Vorgenehmigung und der Nachgenehmigung. Lesen Sie allgemein zu den §§ 1812 ff. BGB Hemmer/Wüst, Familienrecht, Rn. 387 ff.
Beachten Sie bei gesellschaftsrechtlicher Haftung eines Minderjährigen auch § 1629a BGB, der die Haftung des Minderjährigen auf das bei Volljährigkeit vorhandene Vermögen begrenzt. § 1629a BGB greift dort ein, wo der Minderjährige wirksam Gesellschafter wird und erfasst dabei dem Schutzzweck folgend auch vormundschaftlich genehmigte Rechtsgeschäfte, die zu Verbindlichkeiten führen.

Auch eine fehlerhafte Gesellschaft ist zwischen A, V und B nicht entstanden, da A als Minderjähriger zum Kreis der schutzwürdigen Personen gehört, deren Interessen vorrangig schutzwürdig sind. A ist daher nicht Gesellschafter einer BGB-Gesellschaft geworden. Bereits geleistete Einlagen kann er gem. §§ 985 ff. BGB bzw. §§ 812 ff. BGB zurückfordern. Eine Beteiligung am Gewinn, sofern angefallen, hätte A dagegen gem. §§ 812 ff. BGB herauszugeben - die Saldotheorie ist im Übrigen zu Lasten Minderjähriger nicht anwendbar.

63 Palandt, § 1629 BGB, Rn. 21.

64 Str., weil bei der Vertretung mehrerer Geschwister durch einen Pfleger kein Interessenkonflikt besteht.

hemmer-Methode: Nach anderer Ansicht soll die fehlerhaft vollzogene Beteiligung des Minderjährigen wirksam sein, aber keine Haftungsfolgen oder sonstigen Nachteile für diesen auslösen. Innerhalb dieser Auffassung wurde sogar vertreten, dass der Minderjährige zwar am Gewinn, nicht aber am Verlust beteiligt sein soll. 42
Dem steht entgegen, dass das geltende Recht solche sog. hinkenden Rechtsgeschäfte nicht kennt.[65]
Sollen nach dem Willen des gesetzlichen Vertreters dem Minderjährigen die Vorteile des Gesellschaftsverhältnisses zugutekommen, kann er den Beitritt gem. § 184 I BGB genehmigen (nicht aber, sofern Ergänzungspflegschaft - wie hier - notwendig wäre) und die ggf. erforderliche Nachgenehmigung des Vormundschaftsgerichts (§ 1829 I BGB) einholen. Wiederholen Sie zu diesem Problemkreis Hemmer/Wüst, BGB-AT II, Rn. 54.
Ein weiteres Problem stellt sich, wenn der Minderjährige als Vertreter der Gesellschaft aufgetreten ist. Aufgrund der Unwirksamkeit seiner Beteiligung kann sich eine (organschaftliche) Vertretungsmacht nicht aus dem Gesellschaftsvertrag ergeben. Es greifen aber regelmäßig die Grundsätze über die Duldungs- und Anscheinsvollmacht ein. Bei einer OHG bzw. KG ist zudem vorrangig an § 15 III HGB zu denken. Die Minderjährigkeit steht der Vertretung gem. § 165 BGB nicht entgegen. Verpflichtet werden die Gesellschaft und die anderen Gesellschafter, nicht aber der Minderjährige, § 107 BGB. Im Fall einer OHG bzw. KG richtet sich die Haftung des Minderjährigen nach §§ 128, 15 III HGB. Der Minderjährige haftet folglich nur, wenn sein gesetzlicher Vertreter der Eintragung ins Handelsregister zugestimmt hat (Gedanke der zurechenbaren Veranlassung in § 15 III HGB).

Es könnte aber eine fehlerfreie Gesellschaft nur zwischen V und S zustande gekommen sein, was sich nach dem Rechtsgedanken des § 139 BGB beurteilt. Dies ist dann der Fall, wenn V und S den Gesellschaftsvertrag auch ohne Beteiligung des A abgeschlossen hätten. Da die Initiative zur Gründung des Fitness-Studios von A ausging und sein finanzieller Beitrag nicht gerade gering sein sollte, bestehen daran zumindest Zweifel i.S.d. § 139 BGB. Für eine andere Beurteilung sprechende Indizien, wie z.B. eine im Gesellschaftsvertrag vereinbarte Fortsetzungsklausel oder die tatsächliche Fortführung durch die anderen Gesellschafter nach der Geltendmachung der Nichtigkeit, sind dem Sachverhalt nicht zu entnehmen. Gem. § 139 BGB ist daher der gesamte Gesellschaftsvertrag nichtig.

Zwischen V und S ist aber eine fehlerhafte Gesellschaft entstanden, da ein gem. § 139 BGB nichtiger Gesellschaftsvertrag vorliegt, der jedenfalls durch den Kauf der Trainingsgeräte in Vollzug gesetzt wurde. Auch vorrangige Interessen stehen der Anwendung dieser Grundsätze nicht entgegen, da der Minderjährige nicht Gesellschafter der fehlerhaften Gesellschaft wird.

hemmer-Methode: Anders, wenn der Gesellschaftsvertrag nur zwischen Arnold und seinem Vater geschlossen worden wäre. Da es eine Ein-Mann-Personengesellschaft nicht gibt, kommt in diesem Fall auch keine fehlerhafte Gesellschaft zur Entstehung.

(+) zu Lasten arglistig Getäuschter und sittenwidrig Übervorteilter

Unter den Kreis der schutzwürdigen Personen fallen hingegen nicht arglistig Getäuschte[66] (§ 123 BGB) oder sittenwidrig Übervorteilte[67] (§ 138 BGB).[68] 43

hemmer-Methode: Greifen die Grundsätze der fehlerhaften Gesellschaft nicht ein, werden gutgläubige Dritte nach den Grundsätzen der Scheingesellschaft geschützt. Personen, die nicht voll geschäftsfähig sind, haften jedoch nicht als Scheingesellschafter, da sie keinen zurechenbaren Rechtsschein setzen können. Es wäre auch sinnwidrig, zwar die Grundsätze der fehlerhaften Gesellschaft zum Schutz dieses Personenkreises nicht anzuwenden, dafür aber die Grundsätze der Scheingesellschaft.

65 Vgl. auch Maultzsch, JuS 2003, 544 (550).

66 Jedenfalls dann nicht, wenn das Außenverhältnis betroffen ist, zu Ausnahmen vgl. Rn. 309 ff.

67 Dann liegt keine grobe Sittenwidrigkeit vor!

68 BGHZ 26, 330 (335) = jurisbyhemmer.

c) Der gemeinsame Zweck

Gemeinsamer Zweck: jeder erlaubte Zweck

Zweites konstitutives Merkmal der BGB-Gesellschaft ist der gemeinsame Zweck. Bis auf den Betrieb eines Handelsgewerbes - dann ist die Gesellschaft kraft Gesetzes OHG bzw. KG (Rechtsformzwang!) - kommt jeder erlaubte Zweck in Betracht. 44

Exkurs: Ideelle und wirtschaftliche Gesellschaften

Ideelle und wirtschaftliche Gesellschaften

Nach der Art des verfolgten Zwecks unterscheidet man ideelle und wirtschaftliche Gesellschaften. Ideelle Gesellschaften sind z.B. Gesellschaften zur Förderung weltanschaulicher, politischer, kultureller oder sportlicher Bestrebungen. Wirtschaftliche Gesellschaften sind z.B. Gesellschaften zur Ausübung eines freien Berufes, eines kleinen Gewerbes oder Arbeitsgemeinschaften. 45

Exkurs Ende

aa) Abgrenzung zur Bruchteilsgemeinschaft

Zweck muss grds. über das bloße Halten und Verwalten der Sache hinausgehen

Schaffen sich mehrere Personen gemeinsam eine Sache an, bestehen zwei Möglichkeiten für die rechtliche Einordnung des zwischen ihnen entstehenden Rechtsverhältnisses. Entweder die Personen bilden hinsichtlich der Sache eine Bruchteilsgemeinschaft, §§ 741 ff., 1008 ff. BGB (sog. Bruchteilseigentum), oder sie bilden eine BGB-Gesellschaft. Abgrenzungskriterium ist, ob die Beteiligten einen gemeinsamen Zweck verfolgen. Grundsätzlich stellt das bloße Halten und Verwalten von Sachen in Rechtsgemeinschaft keinen ausreichenden Gesellschaftszweck dar. 46

Nach h.M. können die Personen aber Gesamthandseigentum statt Bruchteilseigentum schaffen, wenn sie eine BGB-Gesellschaft mit dem Zweck des Haltens und Verwaltens von Eigentum begründen. Dieser Zweck muss aber ausdrücklich zwischen den Beteiligten vereinbart werden.[69] In der Regel entsteht aber eine BGB-Gesellschaft nur dann, wenn der Zweck über das bloße Halten und Verwalten der Sache hinausgeht.

hemmer-Methode: Das Problem der Abgrenzung der BGB-Gesellschaft von der Bruchteilsgemeinschaft kann Ihnen auch im Sachenrecht begegnen, wenn ein Beteiligter „seinen Anteil" an der Sache veräußert. Steht die Sache im Bruchteilseigentum der Beteiligten, kann der Veräußerer gem. § 747 S. 1 BGB über seinen Anteil am Bruchteilseigentum verfügen. Anders, wenn die Beteiligten eine BGB-Gesellschaft (keine Innengesellschaft!) bilden. Es besteht dann Gesamthandseigentum an der Sache. Dem Veräußerer fehlt in diesem Fall jedenfalls gem. § 719 I Alt. 1 BGB[70] die Verfügungsbefugnis. Ein gutgläubiger Erwerb kommt nur in Betracht, wenn der Beteiligte als Alleineigentümer auftritt.

Fall: *Michael und Ralf, zwei begeisterte Formel-1 Fans, vereinbaren die gemeinsame Anschaffung eines echten Formel-1 Rennwagens, um endlich an den großen Rennen dieser Welt teilnehmen zu können. Jeder soll die Hälfte der Anschaffungs- und Erhaltungskosten übernehmen.*

---

69 Vgl. dazu Palandt, § 705, Rn. 20.

70 Nach der Lehre von der Teilrechtsfähigkeit geht § 719 I BGB ins Leere, da es dem einzelnen Gesellschafter von vornherein an der Verfügungsbefugnis fehlt. Es gibt daher weder einen Vermögensanteil, noch einen Anteil an den verschiedenen Gegenständen (str.). Näheres dazu unter Rn. 67 ff.

Abwandlung: *Die beiden kaufen sich einen Ferrari. Sie vereinbaren nur, in welchem Verhältnis die Anschaffungs- und Erhaltungskosten aufgeteilt werden und wie die Nutzung geregelt werden soll.*

Haben Michael und Ralf eine ideelle BGB-Gesellschaft gegründet?

Lösung:

Eine BGB-Gesellschaft liegt vor, wenn sich M und R in einem Vertrag zur Verfolgung eines gemeinsamen Zwecks und zu dessen Förderung verpflichtet haben, vgl. § 705 BGB.

Der Vertragsschluss - ein entsprechender Rechtsbindungswille ist schon wegen des finanziellen Aspekts anzunehmen - ist in der Abrede zu sehen, sich gemeinsam den Rennwagen anzuschaffen.

Der gemeinsame Zweck besteht darin, an Formel-1 Rennen teilzunehmen. Er geht folglich über die Verteilung der Anschaffungs- und Erhaltungskosten und damit über das bloße Halten und Verwalten des Rennwagens hinaus. Eine entsprechende Förderungspflicht wurde durch die Verpflichtung zur anteilsmäßigen Übernahme der Kosten festgelegt. Zwischen M und R besteht daher eine BGB-Gesellschaft.

Lösung Abwandlung:

Es fehlt die Vereinbarung eines gemeinsamen Zwecks. Zwar könnte der gemeinsame Zweck in der Anschaffung des Ferrari liegen, doch ist dieser Zweck jedenfalls mit dem Eigentumserwerb erreicht, sodass die insoweit kurzzeitig bestehende BGB-Gesellschaft infolge Zweckerreichung wieder aufgelöst und beendet wurde, § 726 BGB. Die Vereinbarung über die Verteilung der Kosten genügt in der Regel nicht für die Annahme einer gemeinsamen Zweckverfolgung, da diese Abrede nur das bloße Halten und Verwalten des Ferrari betrifft. Sie ist nur eine Konsequenz, die ohnehin mit dem Bruchteilseigentum verbunden ist und zum Wesen der Bruchteilsgemeinschaft gehört, vgl. z.B. § 748 BGB. Ansonsten verfolgt jeder seinen eigenen Zweck mit dem Ferrari. Es besteht daher keine BGB-Gesellschaft zwischen M und R.

bb) Sonderproblem: societas leonina[71] (Löwengesellschaft)

Fall: *Die drei Schüler Tick, Trick und Track wollen gemeinsam Zeitungen austragen. Sie vereinbaren, dass Tick den Trägerlohn allein behalten darf, weil er der Ärmste von allen ist. Haben die drei Schüler eine BGB-Gesellschaft gegründet?* 47

Die drei Schüler haben eine BGB-Gesellschaft gegründet, wenn sie einen Gesellschaftsvertrag i.S.d. § 705 BGB geschlossen haben. Ein Vertrag, in dem auch eine Förderungspflicht - das Austragen der Zeitungen - vereinbart wurde, liegt vor. Fraglich ist allein, ob ein gemeinsamer Zweck verfolgt wird. Der Zweck ist auf ein wirtschaftliches Ziel, den Trägerlohn, gerichtet, aber nur Tick, der den Trägerlohn erhalten soll, hat ein unmittelbares materielles Interesse an dieser Zielsetzung. Die anderen verfolgen ein rein altruistisches Ziel. Problematisch ist, ob die Gemeinsamkeit des Zwecks eine einheitliche Motivation der Beteiligten und demgemäß eine Beteiligung am Gewinn erfordert.[72]

Nach einer Auffassung müssen bei einer wirtschaftlichen Zielsetzung alle Gesellschafter ein unmittelbares materielles Interesse an der Zielsetzung haben und am Gewinn beteiligt sein. Eine sog. societas leonina, bei der ein Gesellschafter den ganzen Gewinn als Löwenanteil erhält, ist demnach mangels Gemeinsamkeit des Zwecks keine Gesellschaft. Vielmehr liegt ein Austauschvertrag vor. Nach dieser Ansicht besteht vorliegend keine BGB-Gesellschaft, da die beiden anderen Beteiligten nicht am Gewinn beteiligt sind.

71 Die Bezeichnung societas leonina geht auf eine Fabel zurück, in der eine Jagdgesellschaft, bestehend aus Löwe, Kuh, Ziege und Schaf, geschildert wird. Der Löwe erhält natürlich den Löwenanteil. Näher dazu K. Schmidt.

72 Vgl. dazu Palandt, § 705, Rn. 21. m.w. N.

Nach zutreffender Ansicht muss - jedenfalls bei der BGB-Gesellschaft - der Zweck kein Erwerbszweck sein, kann vielmehr auch auf den Vorteil dritter Personen gerichtet sein. Die Gewinnbeteiligung ist folglich kein Wesensmerkmal der Gesellschaft[73] und nicht unbedingt notwendig, sofern nur ein sonstiges Interesse am Gesellschaftszweck besteht und von allen Gesellschaftern Beitragspflichten übernommen werden.

Da Trick und Track ein altruistisches Interesse am Gesellschaftszweck, die Unterstützung des Tick, haben und sich auch zum Austragen der Zeitungen verpflichtet haben, ist infolgedessen eine BGB-Gesellschaft entstanden.

hemmer-Methode: Dagegen handelt es sich unstreitig um eine BGB-Gesellschaft, wenn sich ein Unternehmer mit seinem Lieferanten und seinem Gläubiger zu einer gemeinsamen Werbeaktion zu seinen Gunsten (des Unternehmers) verabredet. Gemeinsamer Zweck ist die Werbung, an deren Erfolg alle Beteiligten zumindest ein mittelbares Interesse (Umsatzsteigerung, Forderungsbefriedigung) haben.

d) Die Förderungspflicht

Förderungspflicht: Pflicht zur gemeinsamen Zweckverfolgung

Drittes konstitutives Merkmal der BGB-Gesellschaft ist die Verpflichtung zur Förderung des gemeinsamen Zwecks, also zur Erreichung des Gesellschaftszwecks zusammenzuwirken. Die Verpflichtung zur gemeinsamen Zweckverfolgung wird grundsätzlich dadurch konkretisiert, dass die Gesellschafter die vertraglich vereinbarten Beiträge leisten, vgl. § 705 BGB a.E. Eine pflichtenlose Gesellschaftsbeteiligung ist mit dem Schuldrechtscharakter der BGB-Gesellschaft nicht vereinbar. Mit anderen Worten: Beitragsfreie Gesellschaften gibt es nicht. Fehlt es also an einer Förderungspflicht, liegt kein Gesellschaftsvertrag, sondern möglicherweise ein Austauschvertrag vor.[74] 48

2. Die Personenhandelsgesellschaften (OHG und KG)

a) Der qualifizierte Zweck

Betrieb eines Handelsgewerbes unter gemeinschaftlicher Firma

Die Personenhandelsgesellschaften sind handelsrechtliche Sonderformen des Grundtyps BGB-Gesellschaft, die auf die besonderen Bedürfnisse des Handelsverkehrs zugeschnitten sind. 49

Daraus folgt zunächst, dass für die Entstehung einer OHG oder KG zunächst die drei konstitutiven Merkmale Vertrag, gemeinsamer Zweck und die Förderungspflicht vorliegen müssen, weshalb § 105 III HGB subsidiär auf die §§ 705 ff. BGB verweist. Als handelsrechtliche Sonderformen erfordern OHG und KG einen qualifizierten Zweck, nämlich den Betrieb eines Handelsgewerbes unter gemeinschaftlicher Firma, §§ 105 I, 1 II HGB bzw. §§ 161 I, 1 II HGB.

ARGE als OHG?

Die Abgrenzung kann mitunter schwierig sein. In jüngster Zeit wird hier insbesondere diskutiert, ob der Zusammenschluss mehrerer Unternehmen zu einer sog. ARGE gewerblich tätig wird. Problematisch ist daran, dass der Zusammenschluss i.d.R. nur vorübergehend und eben nicht auf Dauer angelegt ist.

Problem: auf Dauer angelegt?

Das kann allerdings bei Großprojekten anders sein. So hat z.B. das OLG Frankfurt für eine ARGE bei einem Bauprojekt über 5 Mio. €, welches sich über vier Jahre hinzog, die OHG-Eigenschaft bejaht.[75]

73 Palandt, § 705, Rn. 21.

74 Näheres zur Rechtsnatur des Gesellschaftsvertrages und zu den Beiträgen, Rn. 295 ff.

75 OLG Frankfurt, 24 U 121/04 = **juris**byhemmer, NJOZ 2005, 2583.

Aufgrund der sich anschließenden mehrjährigen Mängelhaftung ist die Dauerhaftigkeit wohl zu bejahen. Auch im Übrigen wird die ARGE i.d.R. mit einer eigenen Buchhaltung und einem kompletten Bürobetrieb ausgestattet.

Jedenfalls bei Großprojekten zu bejahen

Maßgeblich ist jedenfalls nicht die Bezeichnung als GbR im Gesellschaftsvertrag. Auch wenn also bislang eine Einordnung in die §§ 705 ff. BGB erfolgte, kann die Beurteilung bei Großprojekten daher anders vorzunehmen sein.[76]

Nach § 105 II HGB kann aber auch beim Betrieb eines Kleingewerbes, das nicht Handelsgewerbe gem. § 1 HGB ist, eine Eintragung als Personenhandelsgesellschaft erfolgen. Hier entsteht nach § 123 I HGB die Gesellschaft erst mit Eintragung, bei § 1 HGB gem. § 123 II HGB mit Aufnahme des Geschäftsbetriebes. Wollen Kleingewerbetreibende also die BGB-Gesellschaft meiden und streben eine OHG oder KG an, ist der Umfang des Gewerbes somit nur noch für den Entstehungszeitpunkt von Bedeutung. Ein Zwang zur Handelsgesellschaft und damit zur Eintragung besteht aber für die Kleinunternehmer nicht. Sie haben vielmehr die Wahl, ob sie ihre Gesellschaft als GbR oder OHG/ KG führen wollen. Dementsprechend kann die Gesellschaft nach Wahl ihrer Mitglieder auf deren Antrag hin aus dem Handelsregister auch wieder gestrichen werden, solange sie noch kleingewerblich tätig ist, § 105 II S. 2 HGB i.V.m. § 2 S. 3 HGB. Die Entscheidung für die OHG/ KG ist also nicht endgültig bindend.

hemmer-Methode: Lernen durch Wiederholung! Betreibt eine Gesellschaft ein Handelsgewerbe nach § 1 HGB, ist sie kraft Gesetzes und unabhängig vom Willen der Gesellschafter OHG bzw. KG (Grundsatz des Rechtsformzwangs). Eine Vertragsbestimmung, wonach eine BGB-Gesellschaft gegründet werden soll, ist unbeachtlich.

Exkurs: Kaufmannseigenschaft der Gesellschafter

Problem: Kaufmannseigenschaft der Gesellschafter einer Personenhandelsgesellschaft

Die Personenhandelsgesellschaften sind gem. § 6 I HGB Kaufleute kraft Handelsgewerbes (Ausnahme § 105 II S. 1 Alt.2 HGB), da ihr Zweck auf den Betrieb eines Handelsgewerbes i.S.d. §§ 1 - 3 HGB gerichtet ist.[77] Fraglich ist, ob auch die Gesellschafter Kaufleute sind.[78] 50

Gesellschafter einer OHG und Komplementäre (+), Kommanditisten (-)

Aufgrund der rechtlichen Verselbstständigung von OHG und KG gem. § 124 I HGB ließe sich argumentieren, nur die OHG bzw. KG betreibe das Handelsgewerbe und sei demzufolge allein Kaufmann. Diese Begründung erscheint jedoch allzu formalistisch und bewegt sich bedenklich nahe an einem Zirkelschluss. Die Wirkungen der von der Gesellschaft eingegangenen Geschäfte treffen nämlich wegen ihrer persönlichen Haftung gem. § 128 HGB auch die Gesellschafter. Im Hinblick auf diese Risikoverteilung erscheint es angemessen, die persönlich haftenden Gesellschafter als „Betreiber" des Handelsgewerbes anzusehen und folglich ihre Kaufmannseigenschaft anzuerkennen (str.). Dies gilt auch für Gesellschafter, die von der Geschäftsführung ausgeschlossen sind. Sie verdienen keinen stärkeren Schutz als ein Einzelkaufmann, der die Wahrnehmung seiner Geschäfte einem Generalbevollmächtigten überlässt.

76 Vgl. dazu OLG Dresden, **Life&Law 06/2003, 381 ff.** = **juris**byhemmer.

77 Vgl. bereits Rn. 11, 44 ff.

78 Vgl. zum Ganzen Hemmer/Wüst, Handelsrecht, Rn. 24.

Die Kaufmannseigenschaft der Kommanditisten ist dagegen konsequenterweise abzulehnen, da sie zum einen gem. §§ 171 ff. HGB nur beschränkt haften und zum anderen generell von der Geschäftsführung und der organschaftlichen Vertretung gem. §§ 164, 170 HGB ausgeschlossen sind. Sie können daher nicht als „Betreiber" des Gewerbes angesehen werden.

aber: Kaufmannseigenschaft setzt Auftreten und Handeln als Unternehmensträger voraus

Die persönlich haftenden Gesellschafter sind nach richtiger Ansicht aber nur Kaufleute, soweit sie als Träger des Unternehmens auftreten und handeln.[79] Grund: Die Vorschriften über Handelsgeschäfte gelten gem. § 343 HGB nur, wenn das betreffende Geschäft einen Bezug zum Handelsgewerbe hat. Dies ist nicht der Fall, wenn die Gesellschafter als Privatleute auftreten. 51

Bsp.: *Verbürgt sich ein Komplementär mündlich für die Mietschulden seines Neffen, handelt er nicht als Träger des Unternehmens, da ein Bezug der Bürgschaft zum Gewerbebetrieb der Gesellschaft fehlt. Es liegt daher kein Handelsgeschäft gem. § 343 HGB vor, sodass mangels Eingreifens des § 350 HGB die Bürgschaftserklärung gem. §§ 125 S. 1, 766 S. 1 BGB nichtig ist. Die Vermutung des § 344 HGB gilt im Übrigen nur für die aus dem Gesellschaftsvertrag folgenden Rechtsbeziehungen. Anders, wenn sich der Komplementär für eine Gesellschaftsschuld verbürgt (str.).*

Exkurs Ende

aa) Der Betrieb eines Handelsgewerbes

Betrieb eines Handelsgewerbes gem. § 1 II HGB oder Erfüllung der Voraussetzungen der §§ 2, 3 HGB

Der Betrieb eines Handelsgewerbes liegt vor, wenn das Gewerbe einen kaufmännischen Zuschnitt gem. § 1 II HGB hat oder die Voraussetzungen der §§ 2, 3 HGB erfüllt sind. §§ 2, 105 II HGB ermöglichen beim Betrieb eines Kleingewerbes die Eintragung ins Handelsregister und somit die Schaffung einer Personenhandelsgesellschaft. 52

Für die Prüfung, ob der Gewerbebetrieb nach Art und Umfang einen in kaufmännischer Weise eingerichteten Gewerbebetrieb erfordert und die Gesellschaft deshalb bereits nach §§ 105 I S. 1 HGB OHG oder KG ist, ist auch der Zeitpunkt zu berücksichtigen. In der Gründungsphase sind naturgemäß andere Maßstäbe anzulegen, als bei Betreiben des Gewerbes über einen schon längeren Zeitraum. Deshalb sind in der Anfangsphase eines Gewerbebetriebes die Anforderungen an ein kaufmännisches Gewerbe dahingehend zu modifizieren, ob das Gewerbe von Anfang an auf einen kaufmännischen Betrieb angelegt ist und die alsbaldige Entfaltung zum Großbetrieb bevorsteht.[80]

Bsp.: *Bei der Gründung einer Elektro-Großhandelsgesellschaft, die Einzelhändler im süddeutschen Raum beliefern soll, entspricht es der Anlage eines solchen Unternehmens, dass es in Kürze eine kaufmännische Ausgestaltung und Einrichtung erfahren wird.*

Es liegt ein Handelsgewerbe gem. § 1 II HGB vor, auch wenn der Gewerbebetrieb in der Anfangsphase tatsächlich keine kaufmännische Einrichtung erfordert. Stellt sich später heraus, dass ein großgewerblicher Betrieb doch nicht der Anlage des Unternehmens entspricht, wandelt sich die Personenhandelsgesellschaft kraft des nachträglichen Rechtsformzwangs in eine BGB-Gesellschaft um. Fraglich ist jedoch die Rechtslage, wenn die Gesellschaft zu diesem Zeitpunkt bereits in das Handelsregister eingetragen ist. Nach einer Ansicht bleibt sie dann OHG, da sie die Voraussetzungen des § 105 II S. 1 Alt.1 HGB erfüllt.

Nach anderer Ansicht ist sie zunächst zu Unrecht eingetragen.

---

79 Vgl. hierzu z.B. BGH, **Life&Law 01/1998, 11 ff.**

80 BGHZ 10, 91 = **juris**byhemmer.

Wird deswegen nach §§ 395, 393 FamFG ein Löschungsverfahren eingeleitet, können die Gesellschafter dem unter Hinweis auf § 105 II S. 1 Alt.1 HGB widersprechen. Ab diesem Zeitpunkt ist die Gesellschaft dann (wieder) OHG. Für die Zwischenzeit bleibt der Rückgriff auf §§ 5, 15 HGB.

Gegen letztere Ansicht spricht jedoch, dass das Gesetz und das Handelsregister nicht zwischen einer Eintragung „nach §§ 105 I, 1, 29 HGB" bzw. „nach §§ 105 II, 2, 3 HGB" unterscheiden, sodass es nur auf das Faktum der Eintragung selbst ankommen kann. Dies liegt aber während der gesamten Zeit vor. Solange die Eintragung fortbesteht und das Gewerbe betrieben wird, bleibt die Gesellschaft also OHG.[81]

Ausnahme: § 105 II S. 1 Alt.2 HGB, vermögensverwaltende Gesellschaften

Gem. § 105 II S. 1 Alt.2 HGB kann auch eine Gesellschaft, die lediglich eigenes Vermögen verwaltet, durch Eintragung ins Handelsregister den Status einer OHG/ KG erlangen. Diese Regelung zielt in erster Linie auf die Vermögensverwaltungsgesellschaften wie Immobilienverwaltungs-, Objekt-, Besitz- und Holdinggesellschaften.

Nach einer Ansicht ist damit aber jede nicht gewerblich tätige Gesellschaft erfasst, insbesondere auch eine Gesellschaft von Freiberuflern.[82] Begründet wird dies damit, dass es rein vermögensverwaltende Gesellschaften kaum geben könne und der Gesetzgeber mit dieser Formulierung nur die gewerbetreibenden von den nicht gewerblich tätigen Gesellschaften habe abgrenzen wollen. Die Materialien zum Gesetzgebungsverfahren stützen diese Auffassung jedoch nicht.[83]

hemmer-Methode: I.R.d. Prüfung, ob eine Personenhandelsgesellschaft oder eine BGB-Gesellschaft vorliegt, kann inzident der Kaufmannsbegriff abgeprüft werden. Lesen Sie zum Kaufmannsbegriff Hemmer/Wüst, Handelsrecht, Rn. 6 ff.

bb) Die gemeinschaftliche Firma

Gesellschafter müssen im Handelsverkehr unter einheitlichem Namen auftreten, vgl. § 17 HGB

Das Gewerbe wird unter gemeinsamer Firma betrieben, wenn die Gesellschafter im Handelsverkehr unter einem einheitlichen Namen, vgl. § 17 HGB, auftreten. Die zulässige Firmenbezeichnung richtet sich nach den §§ 19 ff. HGB. 53

Darauf, ob der gewählte Firmenname auch rechtlich zulässig ist, kommt es nicht an. Ein firmenrechtlich unzulässiger Name führt vielmehr nur zum Einschreiten des Registergerichts gem. § 37 I HGB.

Exkurs: Name einer BGB-Gesellschaft

Eine BGB-Gesellschaft kann - eine dem § 124 I HGB entsprechende Regelung fehlt - keine Firma i.S.d. §§ 17 ff. HGB führen. Gleichwohl kann sie einen Namen führen (sog. Geschäftsbezeichnung), der auch unter dem Schutz des § 12 BGB stehen kann.[84] Die Gesellschafter können entweder die Namen der Gesellschafter, ggf. in Verbindung mit einer nicht willkürlichen Sachbezeichnung, oder nur eine Sachbezeichnung verwenden. 54

81 Vgl. zum Ganzen B/H § 2, Rn. 6.

82 So K. Schmidt, Das Handelsrechtsreformgesetz, NJW 1998, 2161, 2165; vgl. Sie allgemein zur HGB-Novelle Ettlich in **Life&Law 07/1998, 483 ff. und 08/1998, 550 ff.**

83 Begr. RegE, BT- Dr 13/ 8444, 40.

84 Palandt, § 12, Rn. 9.

Die Wahlfreiheit der Gesellschafter findet aber ihre Grenze im handelsrechtlichen Firmenrecht (z.B. Notwendigkeit der Unterscheidbarkeit, § 30 HGB analog). Ändert sich der Gesellschafterbestand der GbR, so kann analog § 24 I HGB der bisherige sog. „Gesamtname" fortgeführt werden.[85]

Ist ein ausscheidender Gesellschafter mit der Namensfortführung nicht einverstanden, gilt § 24 II HGB analog.[86]

hemmer-Methode: Sofern die Namensbildung den Anschein einer Personenhandelsgesellschaft erweckt, kann die Haftung nach den Grundsätzen der Scheingesellschaft eingreifen.[87]

Exkurs Ende

b) Das negative Begriffsmerkmal der OHG

OHG: Keine Haftungsbeschränkung der Gesellschafter gegenüber Gesellschaftsgläubigern

§ 105 I HGB verlangt für die OHG, dass bei keinem der Gesellschafter die Haftung gegenüber den Gesellschaftsgläubigern beschränkt ist. Dabei handelt es sich nicht um eine Tatbestandsvoraussetzung, sondern um ein sog. negatives Begriffsmerkmal. Es weist darauf hin, dass bei Vorliegen der Voraussetzungen einer OHG - unabhängig vom Willen der Gesellschafter - kraft Rechtsformzwangs eine OHG entsteht und infolgedessen die unbeschränkte persönliche Haftung der Gesellschafter gem. § 128 HGB zwingend eintritt. 55

c) Beschränkte Haftung eines Gesellschafters bei der KG

KG: Haftung eines oder einiger Gesellschafter gegenüber Gesellschaftsgläubigern auf Haftsumme beschränkt

Der einzige Unterschied der KG zur OHG besteht darin, dass bei einem oder einigen (nicht allen!) Gesellschaftern die Haftung gegenüber den Gesellschaftsgläubigern auf den Betrag einer bestimmten Vermögenseinlage (sog. Haftsumme) beschränkt ist, § 161 I HGB. Voraussetzung für das Entstehen einer KG ist demnach die Haftungsbeschränkung eines oder mehrerer Gesellschafter. 56

hemmer-Methode: Eine KG entsteht außer im Fall der Neugründung auch dann, wenn ein nur beschränkt haftender Gesellschafter einer OHG beitritt (beachte aber § 176 II HGB) oder wenn durch Änderung des Gesellschaftsvertrages einem OHG-Gesellschafter die Kommanditistenstellung eingeräumt wird. Letzteres wird vor allem in den Fällen des § 139 HGB relevant.[88]

d) Entstehung der Gesellschaft

Differenzierung zwischen Innen- und Außenverhältnis notwendig

Die Personenhandelsgesellschaften entstehen, anders als die BGB-Gesellschaft, nicht automatisch mit Wirksamwerden des Gesellschaftsvertrages bzw. mit dem im Vertrag vereinbarten Zeitpunkt. Vielmehr ist zwischen der Entstehung im Innenverhältnis und im Außenverhältnis zu differenzieren. Der Zeitpunkt der Entstehung im Außenverhältnis richtet sich grundsätzlich nach § 123 HGB bzw. §§ 123, 161 II HGB. 57

---

85 OLG Nürnberg, NJW-RR 2000, 700 = **Life&Law 08/2000, 546** = **juris**byhemmer.

86 OLG Nürnberg, a.a.O.

87 Vgl. dazu Rn. 75.

88 Vgl. dazu Rn. 205 ff.

hemmer-Methode: Der Wortlaut des § 123 I, II HGB ist missverständlich. Gemeint ist nicht die Wirksamkeit des Gesellschaftsvertrages, sondern die Wirksamkeit der Gesellschaft als Handelsgesellschaft. Liegen die Voraussetzungen des § 123 I, II HGB nicht vor, entsteht folglich sehr wohl eine Gesellschaft, nur eben eine BGB-Gesellschaft. Sobald die Voraussetzungen des § 123 I, II HGB erfüllt sind, wandelt sich die BGB-Gesellschaft kraft Gesetzes in eine OHG bzw. KG um.

Zwei Entstehungszeitpunkte: § 123 I HGB und § 123 II HGB

Gem. § 123 I, II HGB sind zwei Entstehungszeitpunkte zu unterscheiden: Die Gesellschaft entsteht spätestens mit der Eintragung im Handelsregister (§§ 123 I, 106 HGB).

Vor diesem Zeitpunkt entsteht die Gesellschaft frühestens mit der Aufnahme des Geschäftsbetriebes, soweit sich nicht aus den §§ 2, 3 HGB - die Nichterwähnung des § 3 HGB beruht auf einem Redaktionsversehen - etwas anderes ergibt (§ 123 II HGB). Diese Einschränkung ist konsequent, da die Eintragung im Handelsregister auch für die Kaufmannseigenschaft der Kannkaufleute gem. §§ 2, 3 HGB konstitutiv ist und sie nach § 105 II S. 1 Alt.1 HGB zur OHG befähigt.[89] § 123 III HGB stellt klar, dass diese Regelungen zwingend sind.

Voraussetzungen des § 123 II HGB

Die Entstehung durch Aufnahme des Geschäftsbetriebes gem. § 123 II HGB setzt Folgendes voraus:

Handelsgewerbe gem. § 1 II HGB

- Der Zweck der Personenhandelsgesellschaft muss auf den Betrieb eines Handelsgewerbes gem. § 1 HGB gerichtet sein.

Beginn der Geschäfte: Rechtsgeschäfte im Namen der Gesellschaft und Zustimmung aller Gesellschafter

- Die Gesellschaft muss ihre Geschäfte aufgenommen haben. Dies ist der Fall, wenn Rechtsgeschäfte im Namen der Gesellschaft geschlossen werden und alle Gesellschafter dem Beginn der Geschäfte zugestimmt haben. Nach dem Zweck des § 123 II HGB, die Verkehrssicherheit zu schützen, genügen sog. Vorbereitungsgeschäfte (= Geschäfte, die nicht in das betriebene Handelsgewerbe gehören), z.B. Anmietung von Geschäftsräumen, Einstellung von Personal. Das Erfordernis der Zustimmung aller Gesellschafter ergibt sich daraus, dass § 125 HGB gerade nicht gilt, da diese Vorschrift voraussetzt, dass die Handelsgesellschaft bereits wirksam geworden ist. Infolgedessen müssen die Gesellschafter dem handelnden Gesellschafter rechtsgeschäftlich Vertretungsmacht (Vollmacht)[90] erteilen.

hemmer-Methode: Im Zusammenhang mit § 123 II HGB ist § 176 I S. 1 HGB zu sehen. Diese Vorschrift ordnet unter bestimmten Voraussetzungen die unbeschränkte Haftung des Kommanditisten an, wenn die Gesellschaft ihre Geschäfte vor der Eintragung ins Handelsregister begonnen hat, sofern sich aus den §§ 2, 3 HGB nichts anderes ergibt (§ 176 I S. 2 HGB).

Entstehung im Innenverhältnis

Im Innenverhältnis entsteht die Gesellschaft bereits mit Abschluss des Gesellschaftsvertrages bzw. dem darin vereinbarten Zeitpunkt, 58
wenn der Zweck der Betrieb eines kaufmännischen Handelsgewerbes (§ 1 HGB) ist. Mangels anderweitiger Vereinbarung gilt dann im Verhältnis der Gesellschafter untereinander OHG- bzw. KG-Recht (§§ 109, 163, 109, 161 II HGB).

Entstehung bei Kleingewerbe

Anders, wenn der Betrieb eines Kleingewerbes, § 2 HGB, oder ein Betrieb nach § 3 HGB in der Rechtsform einer OHG/ KG bezweckt wird, weil im Außenverhältnis bis zur Eintragung der Gesellschaft im Handelsregister eine BGB-Gesellschaft vorliegt.

89 Dieses Handelsgewerbe ist notwendig kaufmännisch, da andernfalls die Voraussetzungen der §§ 2, 3 HGB nicht vorliegen würden.

90 Vgl. die Legaldefinition in § 166 II S. 1 BGB.

Der Gesellschaftsvertrag ist jedoch regelmäßig so auszulegen, dass anstelle des dispositiven Innenrechts der §§ 705 ff. BGB das OHG- bzw. KG-Innenrecht inhaltlich übernommen wird. Deshalb gilt bereits vor der Eintragung - mit Ausnahme der §§ 117, 127, 133, 140, 142 HGB[91] - im Innenverhältnis das Recht der OHG bzw. KG. Geltungsgrund ist in diesen Fällen aber allein der Gesellschaftsvertrag, nicht unmittelbar das Gesetz.

e) Sonderproblem: Die Gründung einer OHG unter Miterben

Fall: *Der verstorbene Einstein wird von seinen beiden Söhnen Ernst und Albert beerbt. In seinen Nachlass fällt auch seine Elektronikgroßhandlung „Einsteins Quantensprung". Ernst und Albert führen das Unternehmen in ungeteilter Erbengemeinschaft fort.* 59

Abwandlung: *Ernst und Albert führen das Unternehmen unter der neuen Firmierung „Ernst und Albert High-Tech-OHG" fort.*

Haben Ernst und Albert eine Gesellschaft gegründet?

Lösung:

In Betracht kommt nur die Gründung einer OHG, da E und A ein Handelsgewerbe („Elektrogroßhandlung") gem. § 1 HGB betreiben. Mangels Gesellschaftsvertrages liegt aber keine OHG vor. Zwar kann auch ein Gesellschaftsvertrag konkludent abgeschlossen werden, sofern der Vertrag kein formbedürftiges Leistungsversprechen enthält, doch müssten sich dafür Anhaltspunkte aus dem Sachverhalt ergeben.

Teilweise wird vertreten, dass bereits in der einvernehmlichen Fortführung des Unternehmens durch die Miterben ein konkludenter Abschluss eines OHG-Gesellschaftsvertrages zu sehen ist, dessen Inkrafttreten aufschiebend befristet ist bis zum Ablauf der Drei-Monats-Frist des § 27 II HGB. Dies wird damit begründet, dass die §§ 2032 ff. BGB nicht auf die Bedürfnisse des Handelsverkehrs passen. So verfügt die Erbengemeinschaft nicht über handlungsfähige Organe und ist rechtlich nicht verselbstständigt, vgl. insbesondere §§ 2038 ff. BGB.[92]

Dieser Ansicht ist zuzugeben, dass die §§ 2032 ff. BGB in der Tat nicht den Bedürfnissen des Handelsverkehrs entsprechen, doch zeigt schon § 27 HGB, dass dem geltenden Recht die Fortführung eines Handelsgeschäfts durch eine Erbengemeinschaft nicht fremd ist. Es liegt daher auch kein Verstoß gegen den Grundsatz des numerus clausus vor, da sich die Erben einer gesetzlich vorgegebenen Gemeinschaftsform bedienen.

Eine ungeteilte Erbengemeinschaft kann vielmehr nach geltendem Recht ein Handelsgeschäft zeitlich unbegrenzt fortführen. Daher kann das Verhalten der Miterben gem. §§ 133, 157 BGB nicht als konkludenter Vertragsschluss interpretiert werden. Eine OHG besteht folglich nicht.

hemmer-Methode: Handelt ein Erbe für das Unternehmen, so ist durch Auslegung gem. §§ 133, 157 BGB zu ermitteln, ob eine Haftung der Erben mit dem persönlichen Vermögen oder nur mit dem Nachlass gewollt ist. Eine Beschränkung der Haftung auf den Nachlass ist als vereinbart anzunehmen, wenn der Erbe erkennbar für die ungeteilte Erbengemeinschaft handelt, z.B. durch die Firmierung mit dem Zusatz „in Erbengemeinschaft". Achtung: Die übrigen Miterben kann der handelnde Erbe nur dann mit ihrem persönlichen Vermögen verpflichten, wenn sich auch seine Vertretungsmacht darauf erstreckt. Die Vertretungsmacht bestimmt sich nach §§ 2038, 2040 BGB, sodass grds. Gesamtvertretungsmacht besteht. 60

91 Grundsatz des numerus clausus der Gestaltungsklagen!

92 Fischer, ZHR 1980, 12 ff.

Bei fehlender Vertretungsmacht sind die Grundsätze der Duldungs- und Anscheinsvollmacht zu prüfen. Für die Verbindlichkeiten des Handelsgeschäfts, die vor der Fortführung entstanden sind, haften die Erben unter den Voraussetzungen des § 27 HGB mit ihrem persönlichen Vermögen. Lesen Sie zu § 27 HGB Hemmer/Wüst, Handelsrecht, Rn. 213 ff.

Lösung Abwandlung:

In der Fortführung des Unternehmens unter der neuen Firma liegt der stillschweigende Abschluss eines Gesellschaftsvertrages, §§ 133, 157 BGB. Anders wäre nur zu entscheiden, wenn E und A den Firmenzusatz „in Erbengemeinschaft“ (vgl. § 22 HGB) verwendet hätten, da sie dann nach außen deutlich machen, dass sie das Unternehmen als Erbengemeinschaft und nicht als OHG fortführen wollen.

E und A haben somit eine OHG gegründet, die mit Fortführung der Geschäfte wirksam geworden ist, §§ 123 II, 1 II HGB.

II. Die Beendigung der Gesellschaft

Beendigung des Gesellschaftsverhältnisses durch Auseinandersetzung

Wie jedes Dauerschuldverhältnis kann auch das Gesellschaftsverhältnis aus verschiedenen Gründen, den sog. Auflösungsgründen, beendet werden. Im Vergleich zu gewöhnlichen Dauerschuldverhältnissen, wie z.B. dem Arbeitsvertrag, gestaltet sich die Beendigung des Gesellschaftsverhältnisses jedoch weitaus komplizierter. 61

Ein Arbeitsvertrag kann von jedem Vertragsteil gem. §§ 620 ff. BGB (ggf. in Verbindung mit arbeitsrechtlichen Sondergesetzen) gekündigt werden. Mit Ablauf der Kündigungsfrist ist das Dauerschuldverhältnis ex nunc erloschen. Im Unterschied zu einem obligatorischen Dauerschuldverhältnis wie dem Arbeitsvertrag, ist das Gesellschaftsverhältnis ein Gemeinschaftsverhältnis, bei dem eine Gemeinschaft von Personen nicht nur untereinander, sondern auch gegenüber außenstehenden Dritten Rechte und Pflichten hat. Eine Verpflichtung der Gesellschaft zur Kaufpreiszahlung lässt sich nicht dadurch aus der Welt schaffen, dass man die Gesellschaft durch bloße Kündigung beendet. Aus diesem Grund können Gemeinschaftsverhältnisse grundsätzlich nur im Wege der Auseinandersetzung beendet werden.

Keine Auseinandersetzung bei Gegenstandslosigkeit und Entbehrlichkeit

Eine Auseinandersetzung findet ausnahmsweise nicht statt, wenn sie gegenstandslos oder entbehrlich ist. Ersteres ist der Fall, wenn die Gesellschaft vermögenslos ist, da es dann nichts zum Auseinandersetzen gibt. Entbehrlich ist die Auseinandersetzung, wenn sich alle Gesellschaftsanteile in einer Person vereinigen (die Zahl der Gesellschafter sinkt auf eins). Das Gesellschaftsvermögen geht in diesem Fall im Wege der Anwachsung, § 738 I BGB analog, auf den übrig gebliebenen Gesellschafter über und die Gesellschaft erlischt. 62

1. Die Auflösungsgründe

a) Die BGB-Gesellschaft

Auflösungsgründe

Aufgelöst wird die BGB-Gesellschaft durch 63

Kündigung eines Gesellschafters

- Kündigung durch einen Gesellschafter, §§ 723, 724 BGB. Beachten Sie, dass jeder Vertragsmangel einer fehlerhaften Gesellschaft ein wichtiger Grund i.S.d. § 723 I S. 2 BGB ist.

hemmer-Methode: Von der Kündigung der Gesellschaft als solcher ist die Kündigung der Mitgliedschaft eines Gesellschafters zu unterscheiden, vgl. § 736 BGB.

Zeitablauf

➲ Ablauf der im Gesellschaftsvertrag bestimmten Zeit. Dieser Auflösungsgrund ist gesetzlich nicht geregelt, wird aber in §§ 723 I, 724 S. 2 BGB vorausgesetzt.

Kündigung eines Privatgläubigers

➲ Kündigung durch einen Privatgläubiger („Gläubiger eines Gesellschafters"), § 725 BGB.

Erreichung oder Unmöglichkeit der Zweckerreichung

➲ Erreichung oder Unmöglichwerden des Gesellschaftszwecks, § 726 BGB. Dieser Auflösungsgrund ist vor allem bei den Gelegenheitsgesellschaften und den Vorgründungsgesellschaften von Bedeutung.

hemmer-Methode: Die Unmöglichkeit der Zweckerreichung führt nicht zwangsläufig zur Auflösung der Gesellschaft. In der Klausur ist - zumindest gedanklich - stets zu prüfen, ob die Gesellschaft nach dem Rechtsgedanken des § 140 BGB zu einem anderen Zweck aufrechterhalten werden kann.

Tod eines Gesellschafters

➲ Tod eines Gesellschafters, § 727 BGB.

Insolvenz von Gesellschafter bzw. Gesellschaft

➲ Insolvenz der Gesellschaft bzw. eines Gesellschafters, § 728 I, II BGB.

Auflösungsbeschluss

➲ Auflösungsbeschluss, §§ 311 I, 241 I BGB. Da der Auflösungsbeschluss eine Änderung des Gesellschaftsvertrages ist (Grundlagengeschäft), bedarf es grundsätzlich der Zustimmung aller Gesellschafter.

Vereinigung aller Gesellschaftsanteile in einer Hand

➲ Vereinigung aller Gesellschaftsanteile in einer Hand. Ein-Mann-Personengesellschaften gibt es nicht, da § 705 BGB einen Vertrag voraussetzt.

hemmer-Methode: Die Aufzählung der Auflösungsgründe ist weder abschließend, noch zwingend. Der Gesellschaftsvertrag kann weitere aufführen oder bestimmen, dass die Gesellschaft trotz des Todes, der Insolvenz oder der Kündigung eines Gesellschafters fortgesetzt wird (sog. Fortsetzungsklausel), § 736 BGB.

b) Die Personenhandelsgesellschaften

Die gesetzlichen Auflösungsgründe der Personenhandelsgesellschaften werden in § 131 I HGB bzw. §§ 131 I, 161 II HGB genannt. 64

Zeitablauf

➲ Zeitablauf, Nr. 1. Dieser Auflösungsgrund hat wenig Bedeutung, weil der Betrieb eines Handelsgewerbes regelmäßig auf unbestimmte Dauer angelegt ist.

Beschluss

➲ Gesellschafterbeschluss, Nr. 2. Der Beschluss muss von allen Gesellschaftern gefasst werden und bedarf keiner besonderen Form.

Insolvenzverfahren über das Vermögen der Gesellschaft

➲ Eröffnung des Insolvenzverfahrens über das Vermögen der Gesellschaft, Nr. 3, vgl. § 11 II Nr. 1 InsO. Beachten Sie aber § 144 HGB.

Kündigung und Urteil

- Kündigung (§§ 132, 134, 135 HGB) und gerichtliche Entscheidung (§ 133 HGB), Nr. 4. Eine außerordentliche Kündigung aus wichtigem Grund wie bei der BGB-Gesellschaft ist gesetzlich nicht vorgesehen. Sie wird durch die Auflösungsklage gem. § 133 HGB ersetzt, sofern der Gesellschaftsvertrag keine abweichende Bestimmung enthält. Mit Rechtskraft des Gestaltungsurteils ist die Gesellschaft aufgelöst. Ein wichtiger Grund i.S.d. § 133 HGB ist auch die Unmöglichkeit oder die Erreichung des Gesellschaftszwecks (vgl. § 726 BGB).

Vereinigung aller Gesellschaftsanteile in einer Hand

Die Aufzählung des § 131 I HGB ist grundsätzlich abschließend und nur um den Fall zu ergänzen, dass sich alle Gesellschaftsanteile in einer Hand vereinigen.

2. Die drei Phasen der Auseinandersetzung

Die drei Phasen der Auseinandersetzung

Drei Phasen d. Auseinandersetzung

Bei der Auseinandersetzung sind drei Phasen zu unterscheiden: 65

Auflösung ist der Beginn der Auseinandersetzung

- Der Beginn der Auseinandersetzung wird als Auflösung bezeichnet. Die Auflösung ist für die BGB-Gesellschaft in den §§ 722 - 729 BGB und für die Personenhandelsgesellschaften in den §§ 131 - 135 (161 II) HGB geregelt. Sie bewirkt, dass sich die ursprünglich werbende Gesellschaft in eine Abwicklungsgesellschaft umwandelt. Beide Gesellschaften sind rechtlich identisch, nur an die Stelle des vereinbarten Gesellschaftszwecks tritt der Abwicklungszweck.

Der Auflösung folgt die Abwicklung

- Nach der Auflösung erfolgt die sog. Abwicklung (Liquidation). Sie ist für die BGB-Gesellschaft in den §§ 730 - 735 BGB und für die Personenhandelsgesellschaften in den §§ 145 - 158 (161 II) HGB geregelt.

Vollbeendigung ist das Ende der Auseinandersetzung

- Das Ende der Auseinandersetzung wird als Vollbeendigung (Erlöschen) bezeichnet.

Gesellschaft besteht während der Abwicklung fort, kann also Gläubigerin oder Schuldnerin sein

Während der Abwicklung besteht die Gesellschaft mit geändertem Gesellschaftszweck, dem Abwicklungszweck, fort, sodass die Gesellschaft als Gläubigerin bzw. Schuldnerin weiterhin in Betracht kommt. Dies bringen § 730 II BGB, § 156 (i.V.m. § 161 II) HGB nur unvollkommen zum Ausdruck.

Bei Vollbeendigung ist Gesellschaft nicht mehr existent

Mit der Vollbeendigung ist die Gesellschaft dagegen nicht mehr existent, kann also nicht Gläubigerin bzw. Schuldnerin sein. Es haften dann nur noch die Gesellschafter für ggf. noch bestehende Gesellschaftsverbindlichkeiten[93], vgl. §§ 159, 128 (161 II) HGB.

93 Die Gesellschafterhaftung wird nach Vollbeendigung nur dann relevant, wenn die Gesellschaft überschuldet war.

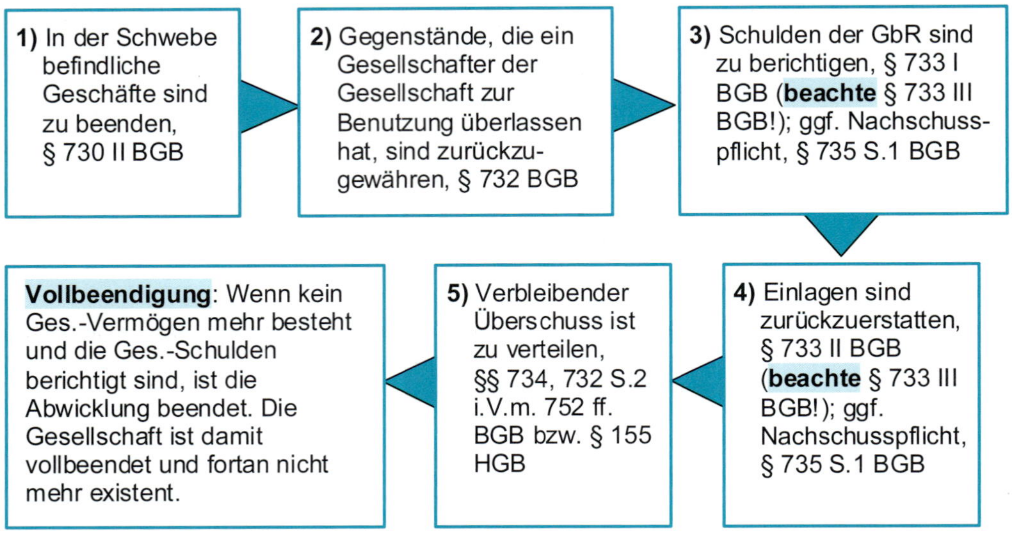

III. Die Gesellschaft als Gläubigerin bzw. Schuldnerin

1. Grundsätzliches zur Rechtsfähigkeit

Voraussetzung: Rechtsfähigkeit oder Teilrechtsfähigkeit

Rechtssubjekte können Gläubiger und Schuldner von Ansprüchen sein, wenn sie rechtsfähig sind, also die Fähigkeit besitzen, Träger von Rechten und Pflichten zu sein.[94] Bei natürlichen Personen geht das BGB als selbstverständlich davon aus, dass jeder Mensch rechtsfähig ist. Auch juristische Personen sind rechtsfähig. Bei ihnen beruht ihre Rechtsfähigkeit aber ausschließlich auf der Anerkennung durch die Rechtsordnung, weil sie eine Zweckschöpfung des Gesetzes sind,[95] vgl. z.B. § 21 BGB. Obwohl der ursprüngliche BGB-Gesetzgeber die Begriffe „rechtsfähig – nicht rechtsfähig" als sich ausschließendes Gegensatzpaar angesehen hat, ist heute allgemein anerkannt, dass es als Zwischenform die sog. Teilrechtsfähigkeit gibt. Eine Person bzw. Personenmehrheit muss also rechts- oder zumindest teilrechtsfähig sein, um Gläubiger oder Schuldner sein zu können, vgl. § 14 II BGB. *66*

2. Die BGB-Gesellschaft

a) Allgemeines

BGB-Gesellschaft als Gesamthandsgemeinschaft

Die BGB-Gesellschaft ist grundsätzlich - wie die OHG und die KG - keine juristische Person, sondern eine Gesamthandsgemeinschaft. *67*

hemmer-Methode: Will der Gesetzgeber zum Ausdruck bringen, dass es sich bei einer Gesellschaftsform um eine juristische Person handelt, so ist im Gesetzeswortlaut häufig von der Gesellschaft „als solcher" die Rede, vgl. §§ 11 I, 13 I GmbHG, § 41 I S. 1 AktG, § 17 I GenG. § 124 I HGB spricht hingegen konsequent nicht von einer Gesellschaft „als solcher".

94 Vgl. zum Ganzen Palandt, Überbl. v. § 1 BGB, Rn. 1.

95 Zur Rechtsnatur der juristischen Person gibt es zahlreiche Theorien, die wichtigsten sind die Theorie der realen Verbandspersönlichkeit (v. Gierke) und die Fiktionstheorie (v. Savigny). Klausurrelevant sind diese Theorien freilich nicht.

Zu den umstrittensten Problemen des Gesellschaftsrechts gehörte über Jahrzehnte hinweg die Frage, ob die Gesamthand selbst (= die Gesellschafter als Gruppe) Trägerin von Rechten und Pflichten sein kann, ob die BGB-Gesellschaft also teilrechtsfähig ist.

Individualistische Theorie

Nach überkommener Auffassung kann Träger von Rechten und Pflichten nur eine natürliche oder eine juristische Person sein, nicht aber eine Gesamthand. Das Gesamthandsprinzip erschöpft sich darin, dass es eine Sonderregelung für das Gesellschaftsvermögen aufstellt, indem es das Vermögen der Gesellschafter zu einem Sondervermögen erklärt.[96] Träger der Rechte und Pflichten sind nach dieser Auffassung die Gesellschafter selbst in ihrer gesamthänderischen Verbundenheit. 68

Lehre von der Teilrechtsfähigkeit/kollektivistische Theorie

Nach der modernen Lehre von der Teilrechtsfähigkeit existiert die Gesamthand als Gruppe (sog. Gruppenlehre), d.h. es ist von der Gesamthand als einem Rechtssubjekt auszugehen.[97] Die Gesamthand ist folglich ein von den einzelnen Gesellschaftern zu unterscheidendes Zuordnungssubjekt der Rechte und Pflichten und insoweit teilrechtsfähig. Von der juristischen Person unterscheidet sie sich dadurch, dass sie als Personengruppe auftritt und keine von den Mitgliedern zu trennende eigene Person bildet. 69

BGH v. 29.01.2001

Mit dem Urteil des BGH zur Rechtsfähigkeit der GbR v. 29.01.2001[98] hat sich die moderne Lehre von der Teilrechtsfähigkeit nun durchgesetzt. Nur sie bietet dogmatische Klarheit hinsichtlich allgemein anerkannter Ergebnisse. 70

In seiner bahnbrechenden Entscheidung setzt der BGH sich ausführlich mit den Problemkreisen um die Anerkennung der Rechtsfähigkeit der GbR auseinander und zeigt Schwächen der individualistischen Theorie auf[99]: 70a

- ⇨ Die individualistische Theorie steht vor kaum lösbaren Problemen bei einem Wechsel im Mitgliederbestand: Nach der traditionellen Ansicht müssten in diesem Fall eigentlich alle Dauerschuldverhältnisse mit den gesamthänderisch gebundenen Gesellschaftern neu abgeschlossen bzw. bestätigt werden. Da sich bei einem Mitgliederwechsel die verpflichteten Personen ändern, wären die Parteien des Dauerschuldverhältnisses nicht mehr identisch.

- ⇨ Ebenso lässt sich das anerkannte Phänomen, dass ein neu eintretender Gesellschafter mit seinem Gesellschaftsvermögen für Altverbindlichkeiten der Gesellschaft haftet, mit der individualistischen Theorie kaum erklären.

- ⇨ Betreibt eine „GbR“ ein Handelsgewerbe i.S.d. § 1 II HGB, dann wird sie ohne jeden Publizitätsakt zu einer struktur- und personengleichen OHG (nachträglicher Rechtsformzwang, vgl. oben Rn. 11). Wendet man aber konsequent die individualistische Theorie an, so müssten die zum Gesellschaftsvermögen gehörenden Gegenstände erst von den gesamthänderisch gebundenen Gesellschaftern – mit einem entsprechenden Publizitätsakt - auf die OHG übertragen werden.

Gegen die Theorie der Teilrechtsfähigkeit scheint der Wortlaut des § 714 BGB zu sprechen, wenn dort von der Vertretungsmacht für die „Gesellschafter“, nicht aber für die „Gesellschaft“ die Rede ist. 70b

---

96 Die Frage der Teilrechtsfähigkeit ist also auch eine Frage der Vermögenszuordnung.

97 Vgl. Habersack, JuS 1990, 179 ff.

98 BGH, NJW 2001, 1059 = **Life&Law 03/2001, 216 ff.** = **juris**byhemmer.

99 Eine ausführliche Analyse der Entscheidung bietet Seuffert in: **Life&Law 03/2001, 216 ff.**

Allerdings war dem Gesetzgeber zur Zeit der Entstehung des BGB die Idee der Teilrechtsfähigkeit noch nicht bewusst. Die Gesetzesformulierung des § 714 BGB lässt – ebenso wie die des § 736 ZPO – keinen zwingenden Schluss gegen die moderne Lehre von der Teilrechtsfähigkeit zu.

Das zeigt auch die Anerkennung der (Teil-)Rechtsfähigkeit der GbR in neueren Gesetzesbestimmungen, vgl. §§ 11 II Nr. 1 InsO, § 1 I GesO, § 191 II Nr. 1 UmwG, § 899a BGB. *70c*

Kernaussage des BGH:

Der BGH stellt in seiner Entscheidung vom 29.01.2001 folgenden Leitsatz auf[100]: „Die GbR kann als Gesamthandsgemeinschaft ihrer Gesellschafter im Rechtsverkehr grundsätzlich, das heißt soweit nicht spezielle Gesichtspunkte entgegenstehen, jede Rechtsposition einnehmen.[101] Soweit sie in diesem Rahmen eigene Rechte und Pflichten begründet, ist sie (ohne juristische Person zu sein) rechtsfähig." *70d*

nicht: BGB-Innengesellschaft

Diesen Satz beschränkt der BGH ausdrücklich auf die BGB-Außen-Gesellschaft. Eine BGB-Innengesellschaft ist hingegen nicht teilrechtsfähig. Dort tritt nur ein Gesellschafter nach außen auf. Es wird kein Sondervermögen i.S.e. Gesamthandsvermögens gebildet. (vgl. unten Rn. 333). *70e*

hemmer-Methode: Beachten Sie: Die anderen Gesamthandsgemeinschaften des BGB (Gütergemeinschaft, Erbengemeinschaft) sind nicht teilrechtsfähig. Träger der Rechte und Pflichten sind die Mitglieder der Gesamthandsgemeinschaft in ihrer gesamthänderischen Verbundenheit. Lesen Sie allgemein zu den Gesamthandsgemeinschaften des BGB Hemmer/Wüst, Familienrecht, Rn. 265 f. Die Teilrechtsfähigkeit von Gesamthandsgemeinschaften ist eine rein gesellschaftsrechtliche Problematik.

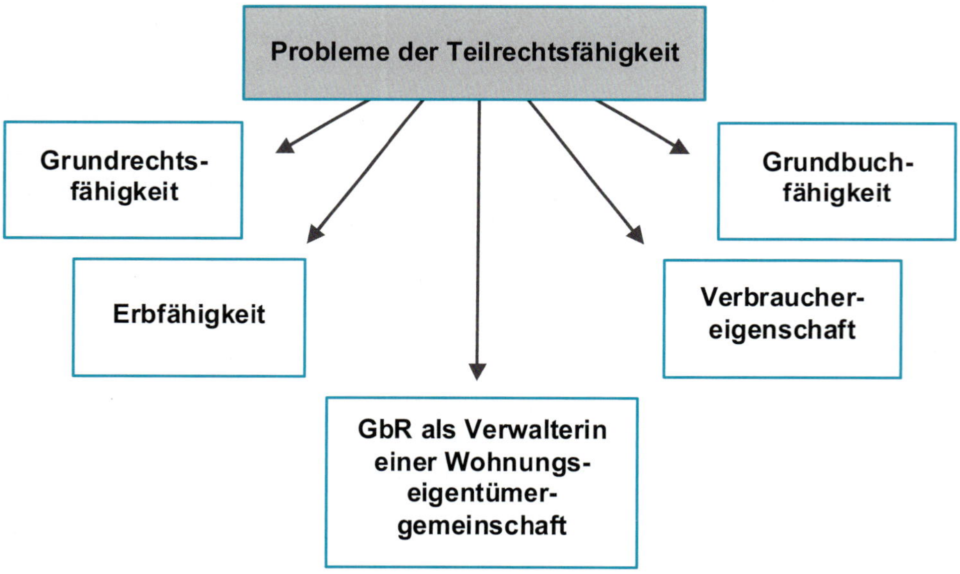

---

100 BGH, NJW 2001, 1059 = **Life&Law 03/2001, 216 (220)** = **juris**byhemmer.

101 So kann z.B. eine Kündigung im Mietrecht bei Vermietung durch eine GbR auch mit dem Eigenbedarf eines Gesellschafters begründet werden, vgl. BGH, **Life&Law 04/2012, 265 ff.**

b) Grundrechtsfähigkeit 71

BGB-Gesellschaft grundrechtsfähig?

Nach neuerer Rechtsprechung des BVerfG ist die GbR in Ansehung der Eigentumsgarantie grundrechtsfähig.[102] Die Frage der Grundrechtsfähigkeit hängt nach Art. 19 III GG davon ab, inwieweit das jeweilige Grundrecht auf die betreffende juristische Person ihrem Wesen nach anwendbar ist. Das wurde bislang hinsichtlich Art. 14 GG bereits für OHG und KG angenommen. 71a

Das BVerfG orientiert sich bei der Frage der Grundrechtsfähigkeit ausdrücklich („...Dementsprechend...") an der Rechtsprechung des BGH zur Teilrechtsfähigkeit der GbR. Davon ausgehend wird der GbR vom BVerfG auch die Fähigkeit zugesprochen, diese Grundrechtsposition im Verfahren der Verfassungsbeschwerde geltend zu machen, und sich auf die Verfahrensgrundrechte aus Art. 101 I S. 2 GG und Art. 103 I GG zu berufen.

c) Erbfähigkeit

BGB-Gesellschaft erbfähig?

Die BGB-Gesellschaft ist nach der bisher noch h.M. nicht erbfähig. Eine Verfügung von Todes wegen, die eine BGB-Gesellschaft als Erbin einsetzt, ist regelmäßig dahingehend auszulegen (vgl. § 2084 BGB), dass die einzelnen Gesellschafter bedacht sind, mit der Auflage (§§ 2192 ff. BGB), dass sie das zugewandte Vermögen in die Gesellschaft einbringen. 71b

Dies wurde bisher damit begründet, dass nach erbrechtlichen Grundsätzen eine Personenmehrheit nur in Form der Erbengemeinschaft Gesamtrechtsnachfolger werden kann. Mit dem Durchbruch der Lehre von der Teilrechtsfähigkeit könnte sich dies nun ändern. Es ist nicht unwahrscheinlich, dass sich die Rechtsprechung nun auch zur Erbfähigkeit der GbR bekennt.[103]

d) Grundbuchfähigkeit

BGB-Gesellschaft grundbuchfähig?

In der Praxis wurde die GbR lange Zeit als nicht grundbuchfähig angesehen. Die GbR konnte nicht als Rechtsinhaberin in das Grundbuch eingetragen werden. Es wurden vielmehr gem. § 47 GBO a.F. die Gesellschafter mit dem Zusatz „in Gesellschaft bürgerlichen Rechts" eingetragen. Zur Begründung wurde vorgebracht, dass es keine Publizität des Objekts ohne eine Publizität des Subjekts geben sollte. 71c

Diese Ansicht wurde vom BayObLG bestätigt.[104] Die fehlende Eintragungsmöglichkeit in einem Register führt zu unüberwindbaren Problemen hinsichtlich der Identität und der Vertretungsbefugnis, weil die Nachweise über das Bestehen der Gesellschaft häufig nicht in der Form des § 29 I S. 2 GBO erbracht werden können.

Der BGH hatte sich dazu zunächst nicht ausdrücklich geäußert, hat aber bereits in einer Entscheidung im Jahr 2004[105] durchblicken lassen, in welche Richtung er tendiert. Im dortigen Leitsatz heißt es: „ ... Dem steht nicht entgegen, dass die GbR ... möglicherweise grundbuchfähig ist."

---

102 BVerfG, NJW 2002, 3533 = **juris**byhemmer.

103 Vgl. Palandt, § 1923, Rn.7

104 **Life&Law 02/2003, 78 ff.**; ebenso OLG Celle, NJW 2006, 2194 = **juris**byhemmer.

105 BGH**, Life&Law 01/2005, 25 ff.**

Mit Urteil vom 25.09.2006[106] hat der BGH dann zumindest klargestellt, dass bei Eintragung von Personen „als Gesellschafter einer Gesellschaft bürgerlichen Rechts“ die GbR als solche Eigentümerin des Grundstücks ist.

Wiederum ließ der BGH die Frage der Eintragungsfähigkeit der GbR selbst offen. Unabhängig davon müsse die GbR Eigentümerin sein, weil es „ansonsten eine Form des Gesamthandeigentums neben dem Gesellschaftsvermögen geben müsse, oder die Gesellschafter müssten Bruchteilseigentümer sein. Beides kommt ersichtlich nicht in Betracht.“

BGH 2008: Grundbuchfähigkeit (+)

Im Jahr 2008 hat sich der BGH bejahend geäußert.[107] Die materiellrechtliche Fähigkeit, Eigentümerin eines Grundstücks zu sein, muss auch formal-juristisch kenntlich gemacht werden können durch die Eintragung des Rechtsträgers selbst und nicht nur seiner Vertreter.

Wenn die GbR einen Namen, eine Bezeichnung hat, kann sie unter dieser Bezeichnung ins Grundbuch eingetragen werden. Fehlt es daran – und das wird nicht selten der Fall sein, weil es im BGB kein Firmenrecht gibt –, muss die Eintragung der GbR auch deren Gesellschafter enthalten, damit eine eindeutige Qualifizierung möglich ist.

Der Gesetzgeber hat darauf reagiert und § 899a BGB neu eingefügt sowie § 47 II GBO neugefasst. Nach letzterer Vorschrift sind entgegen der Rechtsprechung des BGH die Gesellschafter immer zu benennen, d.h. auch dann, wenn die GbR einen Namen hat.

§ 899a BGB regelt in Anknüpfung daran einen Gutglaubensschutz dahingehend, dass die eingetragenen Gesellschafter auch tatsächlich die für den Abschluss der dinglichen Einigung maßgeblichen sind.

hemmer-Methode: Damit ist die Problematik noch lange nicht beendet. Viele Probleme ergeben sich jetzt erst aus § 899a BGB. Bietet er auch Schutz auf schuldrechtlicher Ebene? Bietet er auch Schutz hinsichtlich der Frage, ob die GbR überhaupt existiert? Hier muss die Rechtsprechung abgewartet werden.[108]

e) Verbrauchereigenschaft

Verbrauchereigenschaft der GbR?

Schließt eine GbR mit einem Kreditinstitut einen Kreditvertrag, §§ 491 ff. BGB, sind i.R.d. Mängelrechte die Normen über den Verbrauchsgüterkauf fallentscheidend, oder kommt es auf die Anwendbarkeit der „30-Tages-Regel“ gem. § 286 III S. 1 BGB i.R.d. Schuldnerverzuges an, so stellt sich die Frage, ob die GbR Verbraucher i.S.d. § 13 BGB sein kann. *71d*

Die Verbrauchereigenschaft der GbR lässt sich dabei nicht bereits mit einem pauschalen Hinweis auf § 14 II BGB i.V.m. der neuen Rechtsprechung des BGH zur Rechtsfähigkeit der GbR verneinen.

Zwar ist die GbR nach dieser Rechtsprechung als (teil-)rechtsfähige Personengesellschaft i.S.d. § 14 II BGB anzusehen. Allerdings ist für die Unternehmereigenschaft zusätzlich erforderlich, dass der „Abschluss eines Rechtsgeschäfts in Ausübung ihrer gewerblichen oder selbständigen beruflichen Tätigkeit“ geschieht.

106 BGH, NJW 2006, 3716 f. = **juris**byhemmer.

107 BGH, **Life&Law 03/2009, 159 ff.**

108 Vgl. zu § 899a BGB Hemmer/Wüst, Sachenrecht III, Rn. 85a.

Die GbR kann Verbraucher (i.S.d. § 13 BGB) sein[109], wenn

- die GbR als „natürliche Person" i.S.d. Verbraucherbegriffs des § 13 BGB anzusehen ist,

  (Nach dem BGH ist die GbR „natürliche Person" i.S.d. § 13 BGB: Der Begriff der „natürlichen Person" soll nach der dem Verbraucherkreditgesetz zugrundeliegenden EG-Richtlinie (87/102/EWG) den Gegenbegriff zur juristischen Person darstellen. Die GbR ist keine juristische Person. Zudem soll ein Zusammenschluss von Verbrauchern unter einem gemeinsamen nichtkommerziellen Zweck nicht die Verbrauchereigenschaft entfallen lassen[110].)

- und das Rechtsgeschäft weder ihrer gewerblichen noch ihrer selbstständigen Tätigkeit zugerechnet werden kann.

  Dabei ist die Verwaltung eigenen Vermögens unabhängig vom Wert der verwalteten Werte grundsätzlich nicht als Gewerbe aufzufassen, es sei denn, dass sich aus dem Umfang der mit der Vermögensverwaltung verbundenen Geschäfte etwas anderes ergibt[111].

f) GbR als Verwalterin einer Wohnungseigentümergemeinschaft

Nach Ansicht des BGH kann die GbR nicht Verwalterin einer Wohnungseigentümergemeinschaft sein.[112] Dies kann zwar nicht (mehr) mit der fehlenden Rechtsfähigkeit begründet werden. 71e

BGH: Verwaltereigenschaft (-)

BGH: „Die Rechtsfähigkeit ist indessen nur notwendige, nicht hinreichende Bedingung für die Bestellung als Verwalter". D.h. es gibt weitere Voraussetzungen, die erfüllt sein müssen. Das WEG selbst normiert solche zwar nicht ausdrücklich.

Gleichwohl muss die Handlungsfähigkeit der Wohnungseigentümergemeinschaft gewährleistet sein. Dazu gehört die Vornahme von Rechtsgeschäften, bei denen sich sowohl die Mitglieder der Wohnungseigentümergemeinschaft als auch Dritte darauf verlassen können müssen, dass die entsprechenden Erklärungen auch wirksam sind.

Bei natürlichen Personen bzw. Personenhandelsgesellschaften besteht daran kein Zweifel. Bei letzteren kann dem Handelsregister entnommen werden, wer handlungsbefugt ist. Auch wenn die Eintragung nicht zutreffend sein sollte, gewährt der öffentliche Glaube des Handelsregisters hinreichenden Schutz, vgl. § 15 HGB.

P.: keine Registerpublizität

Bei der GbR wird aber kein Register geführt. Auch die Einsichtnahme in den Gesellschaftsvertrag kann dies nicht ersetzen, da dieser nicht mit öffentlichem Glauben ausgestattet ist und daher keine Vertrauensgrundlage im Rechtsverkehr darstellt. Außerdem kommt es häufig zu Änderungen des Vertrages, die nicht zwingend im Gesellschaftsvertrag festgehalten werden. Jedenfalls zwingt das Gesetz nicht dazu, diese Änderungen im Vertrag zu vermerken.

---

109 BGH, **Life&Law 02/2002, 93 ff.**, allerdings noch zu Frage der Anwendbarkeit des Verbraucherkreditgesetzes auf die GbR = **juris**byhemmer; beachte insoweit die Übergangsvorschrift Art. 229 § 5 EGBGB.

110 BGH, **Life&Law 02/2002, 93 (95).**

111 BGH, **Life&Law 02/2002, 93 (93).**

112 BGH, NJW 2006, 2189 = **juris**byhemmer.

Kritisch: Literatur

Diese Ansicht des BGH ist freilich nicht unumstritten. Insbesondere wird hinterfragt, warum gerade das WEG-Recht nach einem stärkeren Vertrauen verlange als andere Rechtsbereiche, in denen sich ähnliche Probleme ergeben können.[113]

hemmer- Methode: Mit seiner Entscheidung vom 29.01.2001 hat der BGH eine Art „Domino-Effekt" ausgelöst, dessen Wirkung sich an § 124 I HGB verdeutlichen lässt: In seinem ersten Leitsatz spricht der BGH der GbR die Möglichkeit zu, Rechte zu erwerben und Verbindlichkeiten einzugehen. Der zweite Leitsatz bestimmt, dass die GbR vor Gericht klagen und verklagt werden kann. Ob in Zukunft neben der Grundrechtsfähigkeit auch die Erbfähigkeit bejaht werden wird, bleibt abzuwarten.

3. OHG und KG

Streit über Teilrechtsfähigkeit hat wegen § 124 I HGB keine praktische, sondern nur dogmatische Bedeutung

Für die OHG und KG bestimmt § 124 I HGB bzw. §§ 124 I, 161 II HGB unter anderem, dass die Gesellschaft „unter ihrer Firma Rechte erwerben und Verbindlichkeiten eingehen" kann. Daher hat der Streit, ob die Gesamthandsgemeinschaften des Gesellschaftsrechts teilrechtsfähig sind, keine praktische Bedeutung. Relevant ist der Streit nur für die dogmatische Einordnung des § 124 I HGB. 72

individualistische Theorie: § 124 I HGB soll OHG/KG der juristischen Person annähern

Nach der individualistischen Theorie deutet die Formulierung des § 124 I HGB zwar auf eine Rechtsfähigkeit der OHG/KG hin, rechtsfähig ist sie aber gerade nicht. Die Vorschrift („Vorstufe zur juristischen Person") soll nur das äußere Auftreten der OHG/KG regeln. 73

Die gemeinsame Firma fasst die Gesellschafter in ihrer Gesamtheit zu einer geschlossenen Einheit zusammen und nähert die Gesellschaft im Außenverhältnis zu Dritten insoweit der juristischen Person an. Im Innenverhältnis bleiben die Gesellschafter in ihrer gesamthänderischen Verbundenheit Träger der Rechte und Pflichten.

kollektivistische Theorie: § 124 I HGB ist gesetzlicher Ausdruck des richtig verstandenen Gesamthandsprinzips

Der Lehre von der Teilrechtsfähigkeit, welche von der Gesamthand als teilrechtsfähige Wirkungseinheit der Gesellschafter ausgeht, bereitet die dogmatische Einordnung des § 124 I HGB keine Schwierigkeiten. 74

hemmer-Methode: In der Klausur genügt regelmäßig die Feststellung: „Die OHG/KG kann gem. § 124 I HGB Träger von Rechten und Pflichten sein."

4. Die sog. Scheingesellschaft (Lehre von der Scheingesellschaft)

Beteiligte setzen Rechtsschein einer wirksamen Gesellschaft

Eine sog. Scheingesellschaft liegt vor, wenn die Beteiligten zurechenbar den Rechtsschein einer Gesellschaft setzen (vgl. auch § 15 III HGB), obwohl nicht einmal eine fehlerhafte Gesellschaft tatsächlich besteht. Rechtsdogmatisch handelt es sich folglich um einen Fall der Rechtsscheinhaftung. 75

Zu unterscheiden sind die Haftung der Beteiligten als Scheingesellschafter und die Haftung der Scheingesellschaft als solcher. Geht es um die Gesellschaft als Anspruchsgegner, stellt sich das Problem, ob überhaupt Ansprüche gegen eine Schein-OHG bzw. Schein-KG geltend gemacht werden können.

113 In diesem Sinne mit guten Argumenten kritisch gegenüber der BGH-Entscheidung Schäfer, NJW 2006, 2160 ff.

Nach einer Ansicht sollen Ansprüche gegen die Scheingesellschaft möglich sein, da die Rechtsfolge der Rechtsscheinhaftung die Gleichstellung des Rechtsscheins mit der Wirklichkeit ist. Demzufolge muss auch § 124 I HGB zugunsten gutgläubiger Dritter anwendbar sein.

Dem ist entgegenzuhalten, dass mit der Rechtsscheinhaftung Schein und Wirklichkeit nicht schlechterdings gleichgesetzt werden. So kann anerkanntermaßen durch die Rechtsscheinhaftung nicht in die Rechtsstellung unbeteiligter Dritter eingegriffen werden. Außerdem fehlt es an einem Gesellschaftsvermögen, auf das zugegriffen werden könnte.

Z.B. findet § 366 HGB keine Anwendung zu Lasten des Eigentümers, wenn ein Scheinkaufmann verfügt. Die Scheingesellschaft kommt nach richtiger Ansicht daher nicht als Anspruchsgegner in Betracht. Sie ist vielmehr nur Zurechnungsfigur für die Haftung der Scheingesellschafter.[114]

hemmer-Methode: In den Kommentaren und Lehrbüchern wird die Scheingesellschaft nur als ein Rechtsinstitut des Rechts der Personenhandelsgesellschaften dargestellt. Denkbar erscheint aber auch der Rechtsschein einer BGB-Gesellschaft. Unabhängig von der terminologischen Frage, ob man die Haftung der Beteiligten einer BGB-Scheingesellschaft als allgemeine Rechtsscheinhaftung oder als Haftung als Scheingesellschafter bezeichnet, ergeben sich keine sachlichen Unterschiede. Die Ausführungen zur Scheingesellschaft können daher auf die BGB-Gesellschaft übertragen werden. Gleichwohl wird die Haftung nach den Grundsätzen der Scheingesellschaft - in der Praxis wie in der Klausur - regelmäßig bei den Personenhandelsgesellschaften relevant.

IV. Vertragliche Erfüllungsansprüche

Voraussetzung: wirksame Vertretung

76 Vertragliche Erfüllungsansprüche setzen voraus, dass die Gesellschaft beim Vertragsabschluss wirksam gem. §§ 164 ff. BGB vertreten wurde. Es entsteht dann eine sog. Gesamthandsschuld.

hemmer-Methode: Die nachfolgenden Ausführungen zur organschaftlichen Stellvertretung gelten selbstverständlich nicht nur für Verträge, sondern für alle Arten von Rechtsgeschäften. Haftungsfragen werden in der Klausur aber meistens bei Verträgen relevant, sodass ihre Darstellung in diesem Zusammenhang erfolgt.

1. Grundsätzliches zur organschaftlichen Stellvertretung

a) Rechtsgeschäftliche und organschaftliche Vertretung

Gesellschaft muss durch ihre Organe vertreten werden

77 Da eine Gesellschaft als solche nicht rechtsgeschäftlich handeln kann, wird sie von ihren Organen vertreten (sog. organschaftliche Vertretung). Dies gilt sowohl für die Geltendmachung von Rechten als auch für die Begründung von Rechten und Pflichten.

Die Gesellschaft kann sich aber auch, wie jede natürliche Person, durch selbstgewählte Vertreter vertreten lassen (sog. rechtsgeschäftliche Vertretung). Die Vollmacht muss aber durch einen Inhaber organschaftlicher Vertretungsmacht erteilt werden.

114 Vgl. dazu Rn. 229 ff.

Organschaftliche Zurechnung: Vertretertheorie und Organtheorie

Die organschaftliche Zurechnung besitzt folglich eine andere Qualität als die Zurechnung fremden Handelns. 78

Sie ist bei den juristischen Personen Gegenstand eines altehrwürdigen Theorienstreits zwischen der sog. Organtheorie und der sog. Vertretertheorie.

Nach der Vertretertheorie ist die juristische Person selbst nicht fähig zum Wollen und Handeln; dies erledigen Dritte, nämlich ihre Vertreter. Nach der Organtheorie ist die juristische Person selbst mittels ihrer Organe Willens- und Handlungsträger.

Der Gesetzgeber hat sich in § 31 BGB für die Organtheorie entschieden. Außerhalb des § 31 BGB hat er die Entscheidung der Wissenschaft überlassen. Herrschend ist die Organtheorie, die Vertretertheorie wird kaum noch vertreten. Die organschaftliche Willens- und Handlungszurechnung ist aber nicht auf juristische Personen beschränkt, sondern auf die Gesamthandsgemeinschaften auszudehnen.[115]

hemmer-Methode: Die Darstellung der Organ- und Vertretertheorie dient der juristischen Allgemeinbildung, wie sie vor allem für die mündliche Prüfung benötigt wird. Rechtsdogmatische Folgerungen lassen sich aus der als richtig erkannten Organtheorie nicht ableiten. Die Einsicht, dass die Gesellschaft selbst durch ihre Organe handelt, führt vor allem nicht dazu, dass die §§ 164 ff. BGB nur analog anzuwenden wären. Die Zurechnungsvorschriften der §§ 164 ff. BGB passen auf Bevollmächtigte wie auf Organe, sodass sie grundsätzlich direkt angewendet werden können. In der Klausur können Sie die §§ 164 ff. BGB, soweit sie passen, direkt anwenden, ohne dass Sie darüber auch nur ein Wort zu verlieren brauchen.

b) Der Grundsatz der Selbstorganschaft

Aus dem Wesen der Personengesellschaft, wonach das Recht der Selbstbestimmung in einer werbenden Gesellschaft allein den Gesellschaftern zustehen soll und zustehen kann,[116] wird der Grundsatz der Selbstorganschaft abgeleitet. 79

Dieser Grundsatz besagt, dass die Gesellschaft allein durch ihre Gesellschafter, ohne die Mitwirkung Dritter, handlungsfähig sein muss.[117] Daraus folgt zugleich, dass nur die Gesellschafter zur organschaftlichen Vertretung berufen sind.

hemmer-Methode: Der Grundsatz der Selbstorganschaft gilt für die Vertretung. Für die Geschäftsführung gilt er nach Ansicht des BGH nicht, sodass z.B. dem einzigen persönlich haftenden Gesellschafter einer KG durchaus die Geschäftsführungsbefugnis, nicht aber die Vertretungsmacht entzogen werden könnte.[118]

> ***Fall:*** *Der Engländer Green Peace und der Ökologe Joschi sind Gesellschafter der „Bio-Kompost"-OHG. Laut Gesellschaftsvertrag ist Joschi gemeinsam mit dem Prokuristen Rezzo zur alleinigen Geschäftsführung und Vertretung berechtigt. Gegen den Willen des Rezzo erwirbt Joschi eine Abfallzerkleinerungsmaschine für die OHG zum sagenhaften Schleuderpreis von 25.000,- €. Kann der Verkäufer der Maschine Zahlung von der OHG verlangen?*

---

115 Die historische Beschränkung - die Organtheorie geht auf v. Gierke, die Vertretertheorie auf v. Savigny zurück - beruht auf der überwundenen Auffassung, nur juristische und natürliche Personen könnten Trägen von Rechten und Pflichten sein.

116 BGHZ 33, 105 = **juris**byhemmer.

117 BGHZ 36, 292 (295) = **juris**byhemmer.

118 BGHZ 51, 198; BGH, NJW 82, 1817 = **juris**byhemmer.

V kann von der OHG, welche gem. § 124 I HGB Trägerin von Rechten und Pflichten sein kann, gem. § 433 II BGB Zahlung des Kaufpreises verlangen, wenn zwischen ihm und der OHG ein wirksamer Kaufvertrag zustandegekommen ist.

Vom Vorliegen korrespondierender Willenserklärungen gem. §§ 145 ff. BGB ist auszugehen. Die Willenserklärung des J wirkt für und gegen die OHG, wenn diese wirksam gem. § 164 I BGB vertreten wurde. Fraglich ist insoweit nur - ein Handeln im Namen der OHG ergibt sich jedenfalls aufgrund der Umstände, § 164 I S. 2 BGB (sog. unternehmensbezogenes Geschäft) -, ob J Vertretungsmacht hatte.

Der Gesellschaftsvertrag hat J gemeinsam mit dem Prokuristen R Vertretungsmacht eingeräumt (sog. unechte Gesamtvertretung), vgl. § 125 III HGB. Diese gesellschaftsvertragliche Regelung könnte aber gegen den Grundsatz der Selbstorganschaft verstoßen. Danach muss die Gesellschaft allein durch ihre Gesellschafter handlungsfähig sein. Dies ist bei einer unechten Gesamtvertretung nur dann der Fall, wenn daneben noch Einzel- bzw. echte Gesamtvertretung besteht, also eine Vertretung durch einen bzw. mehrere Gesellschafter gemeinsam.

G ist aber von der Vertretung ausgeschlossen, sodass die Vertretungsregelung gegen den Grundsatz der Selbstorganschaft verstößt und somit nichtig ist. Aus dem Parteiwillen folgt aber, dass der Gesellschaftsvertrag im Übrigen wirksam bleibt, § 139 BGB a. E.

hemmer-Methode: Ist der Prokurist nur gemeinschaftlich mit einem Gesellschaftsorgan zur Vertretung befugt, spricht man von gemischter Gesamtprokura. Der Umfang der Vertretungsmacht richtet sich in einem solchen Fall nicht nach § 49 HGB, sondern nach den Vorschriften über die organschaftliche Vertretungsmacht. Der Umfang der Prokura erweitert sich deshalb auf den Umfang der Vertretungsmacht nach § 126 HGB, da die dem Organ obliegenden Aufgaben sonst nicht durchführbar wären. 80
Eine Frage der ergänzenden Auslegung ist, ob der Prokurist seinerseits an die Mitwirkung des Gesellschafters gebunden ist. Dies ist regelmäßig anzunehmen, da es die unternehmensinterne Hierarchie im Außenverhältnis auf den Kopf stellen würde, wenn das Organ nur gesamtvertretungsberechtigt ist, während der Prokurist in den Grenzen des § 49 HGB alleinvertretungsberechtigt sein soll. Zudem gehen die Kompetenzen des § 126 HGB nicht wesentlich weiter als die des § 49 HGB. Lesen Sie zu diesem Problemkreis Hemmer/Wüst, Handelsrecht, Rn. 99 ff.

J hätte die Gesellschaft wirksam vertreten, wenn an die Stelle der vertraglichen Regelung die gesetzliche Regelung über die Einzelvertretung, § 125 I HGB, tritt. Aus dem Gesellschaftsvertrag ergibt sich aber der Parteiwille, dass weder J noch G alleinvertretungsberechtigt sein sollen, da ansonsten nicht die Einschränkung durch ein gemeinsames Handeln mit dem Prokuristen aufgenommen worden wäre.

Der Vertrag ist daher im Wege der ergänzenden Vertragsauslegung, § 157 BGB, dahingehend auszulegen, dass anstelle der dispositiven Einzelvertretung des § 125 I HGB (vgl. insbesondere Abs. II) (echte) Gesamtvertretung tritt. J konnte die OHG daher nicht allein vertreten. Der Kaufvertrag ist gem. § 177 I BGB schwebend unwirksam. Für eine Genehmigung gem. § 184 I BGB seitens des G gibt der Sachverhalt keine Anhaltspunkte.

Über die fehlende Vertretungsmacht des J könnte aber § 15 I HGB hinweghelfen. Danach kann einem gutgläubigen Dritten eine in das Handelsregister einzutragende Tatsache nicht entgegengesetzt werden, solange sie nicht eingetragen und bekannt gemacht wurde.

Die anstelle der Einzelvertretung getretene Gesamtvertretung ist gem. §§ 106, 107 HGB eine einzutragende Tatsache. Da eine entsprechende Eintragung nicht erfolgt ist und die Gutgläubigkeit des V vermutet wird, kann sich die OHG nicht auf die Gesamtvertretungsregelung berufen. Der Kaufvertrag ist daher gem. § 15 I HGB als wirksam zu behandeln. V kann somit Kaufpreiszahlung von der OHG verlangen.

hemmer-Methode: Der Dritte hat grundsätzlich ein Wahlrecht zwischen der sich aus § 15 I HGB ergebenden und der wahren Rechtslage. Beruft sich V im Fall nicht auf § 15 I HGB, stellt sich die Frage, ob er statt dessen J aus § 179 I BGB in Anspruch nehmen kann. Im Verhältnis zwischen § 179 BGB und der Anscheinsvollmacht scheidet nach h.M. ein Anspruch gem. § 179 BGB aus. Auf § 15 I HGB lässt sich das aber nicht übertragen, obwohl dogmatisch auch ein Fall der Rechtsscheinhaftung vorliegt. Denn dort geht es um die Wahl zwischen zwei verschiedenen Instrumenten des Vertrauensschutzes, dagegen geht es bei § 15 I HGB allein um die Wahl zwischen wahrer und scheinbarer Rechtslage.

2. Die Vertretung und Geschäftsführungsbefugnis bei der BGB-Gesellschaft

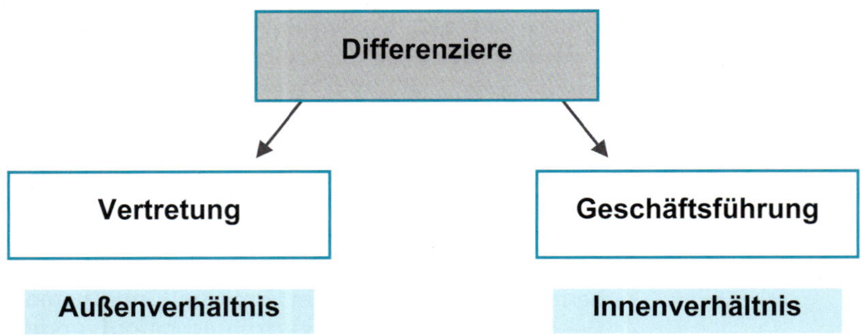

a) Die Geschäftsführungsbefugnis 81

hemmer-Methode: Die Darstellung der Geschäftsführungsbefugnis gehört eigentlich in das Innenverhältnis. Bei der BGB-Gesellschaft besteht aber die Besonderheit, dass Fragen der Geschäftsführungsbefugnis regelmäßig im Zusammenhang mit der Vertretung Bedeutung gewinnen. Dies liegt daran, dass die Vertretungsbefugnis bei der BGB-Gesellschaft - anders als bei den Personengesellschaften, die strikt zwischen Geschäftsführung und Vertretung unterscheiden - nach der gesetzlichen Regelung (§ 714 BGB) an die Geschäftsführungsbefugnis gekoppelt ist. Dies rechtfertigt die Abweichung von der üblichen Darstellungsweise in diesem Skript. Die Rechtsfolgen der Geschäftsführung werden aber wieder systemkonform im Innenverhältnis behandelt.

Gesellschaftsvertrag regelt primär GF

Über die Befugnis zur Geschäftsführung entscheidet primär der Gesellschaftsvertrag. Dieser kann z.B. regeln, dass

Einzelgeschäftsführung

- jeder Gesellschafter allein handeln darf (Einzelgeschäftsführungsbefugnis). Jeder Mitgesellschafter kann dann der Vornahme des Geschäfts widersprechen, § 711 S. 1 BGB, mit der Folge, dass das Geschäft unterbleiben muss, § 711 S. 2 BGB.

  Möglich ist auch, dass nur einem bzw. einzelnen Gesellschaftern die Befugnis zur Einzelgeschäftsführung eingeräumt wird. In diesem Fall sind die übrigen Gesellschafter von der Geschäftsführung ausgeschlossen, § 710 BGB.

Gesamtgeschäftsführung

- nur mehrere bzw. alle Gesellschafter (Gesamtgeschäftsführungsbefugnis) gemeinsam handeln können.

Mehrheitsgeschäftsführung

➲ Stimmenmehrheit entscheiden soll (Mehrheitsgeschäftsführung), d.h. es wird bei jedem Geschäft darüber abgestimmt, ob es vorgenommen werden soll oder nicht. Die Stimmen sind im Zweifel nach der Zahl der Gesellschafter zu berechnen, § 709 II BGB.

Subsidiär § 709 I BGB

Haben die Gesellschafter zur Frage der Geschäftsführung keine gesellschaftsvertragliche Regelung getroffen, gilt gem. § 709 I BGB Gesamtgeschäftsführung. Jedes Geschäft erfordert dann die Zustimmung aller Gesellschafter.

Gesellschaftszweck begrenzt GF

Eine immanente Beschränkung der Geschäftsführungsbefugnis ergibt sich aus dem Begriff der Geschäfts*führung* selbst. Der Begriff umfasst nur Maßnahmen tatsächlicher oder rechtlicher Art, die den Gesellschaftszweck fördern. 82

Dazu gehören nicht Geschäfte, die die Beziehungen der Gesellschafter untereinander regeln (Grundlagengeschäfte), insbesondere Gesellschaftsvertragsänderungen und Maßnahmen, die dem Gesellschaftszweck nicht dienen. Allerdings sind auch ungewöhnliche Geschäfte von der Geschäftsführungsbefugnis umfasst, sofern sie nicht zweckfremd sind.

Bsp.: *Loddar und Klinsi betreiben eine Bäckerei. Zur Anschaffung einer Schrottpresse fehlt beiden - unabhängig von der Regelung der Geschäftsführung im Gesellschaftsvertrag - die Geschäftsführungsbefugnis, da die Anschaffung einer Schrottpresse in keiner Weise den Gesellschaftszweck fördert.*

Entziehung der GF

Die durch Gesellschaftsvertrag eingeräumte Geschäftsführungsbefugnis kann bei Vorliegen eines wichtigen Grundes gem. § 712 I BGB entzogen werden. Trifft der Gesellschaftsvertrag keine Regelung, bedarf es der Zustimmung des betroffenen Gesellschafters. 83

Kündigung der GF

Der geschäftsführende Gesellschafter kann nach Maßgabe des § 712 II BGB die Geschäftsführung kündigen. Damit nicht zu verwechseln ist die Kündigung der Gesellschaft gem. § 723 BGB. 84

b) Rechtsnatur der Vertretung

str., ob organschaftliche Vertretung

Bei der BGB-Gesellschaft ist umstritten, ob es eine organschaftliche Vertretung der BGB-Gesellschaft überhaupt gibt. Dieser Streit ist die Fortsetzung des Streits über die Teilrechtsfähigkeit der Gesamthand auf der Ebene der Vertretung. Nach der überkommenen Auffassung ist nur eine rechtsgeschäftliche Vertretung der Gesellschafter möglich, was wiederum mit dem Wortlaut des § 714 BGB begründet wird. Nach der zutreffenden Lehre von der Teilrechtsfähigkeit wird die Gesamthand als solche vertreten, d.h. die Vertretungsmacht der Gesellschafter ist organschaftlicher Natur. Wenn man die Gesamthand als teilrechtsfähiges Zuordnungsobjekt betrachtet, wäre es sinnwidrig, wenn für diese Einheit nicht gehandelt werden könnte. 85

Die Gesellschafter der BGB-Gesellschaft haben daher, sofern sie geschäftsführungsbefugt bzw. vertretungsbefugt sind, Organqualität.

c) Die Vertretungsregelung

Regelung im Gesellschaftsvertrag; subsidiär greift § 714 BGB ein

Die Regelung der Vertretungsbefugnis, also ob ein Gesellschafter Einzelvertretungsmacht besitzt oder mehrere Gesellschafter Gesamtvertretungsmacht haben, richtet sich primär nach der gesellschaftsvertraglichen Vereinbarung. 86

Fehlt eine ausdrückliche Regelung und ist nur die Geschäftsführungsbefugnis geregelt, gilt die Auslegungsregel des § 714 BGB. Trifft der Gesellschaftsvertrag überhaupt keine Regelung, besteht gem. §§ 714, 709 I BGB Gesamtvertretung.

hemmer-Methode: Als Auslegungsregel greift § 714 BGB nur dann ein, wenn eine, auch ergänzende, Auslegung zu keinem eindeutigen Ergebnis führt. Klausurtypisches Beispiel: Das Unternehmen einer nicht eingetragenen OHG verliert den kaufmännischen Status. Die Gesellschaft wandelt sich deshalb kraft Gesetzes in eine BGB-Gesellschaft um (Rechtsformzwang). In diesem Fall wird eine ergänzende Vertragsauslegung regelmäßig ergeben, dass es dem mutmaßlichen Parteiwillen entspricht, dass Geschäftsführungsbefugnis und Vertretungsmacht sich nach den für die OHG vorgesehenen Regeln richten. D.h. es besteht Einzelvertretungsmacht, wenn im Gesellschaftsvertrag nichts anderes geregelt ist.

§ 714 BGB

Gem. § 714 BGB stimmen Geschäftsführungsbefugnis und Vertretungsmacht im Zweifel überein. Wichtig ist, dass § 714 BGB auch für den Umfang der Vertretungsmacht gilt. Dies führt zu einem Gleichlauf von Geschäftsführungsbefugnis und Vertretungsmacht, d.h. Beschränkungen der Geschäftsführungsbefugnis wirken sich auch auf die Vertretungsmacht aus. Der Umfang der Vertretungsmacht ist also bei der BGB-Gesellschaft - im Gegensatz zu den Personenhandelsgesellschaften - nicht zwingend festgelegt und Dritten gegenüber beschränkbar.

hemmer-Methode: Da im Fall des § 714 BGB das rechtliche Können dem rechtlichen Dürfen entspricht, stellt sich bei der BGB-Gesellschaft die Problematik des Missbrauchs der Vertretungsmacht regelmäßig nicht.
Der Rechtsverkehr, der keinen Einblick in die interne Regelung der Geschäftsführung hat und auf das Bestehen der Vertretungsmacht vertraut, wird allenfalls nach den Grundsätzen über die Duldungs- und Anscheinsvollmacht geschützt. Greifen diese Grundsätze nicht ein, scheidet auch ein Anspruch aus § 179 I, II BGB i.V.m. § 31 BGB aus, da sonst die Beschränkung der Vertretungsmacht hinfällig und die BGB-Gesellschaft schlechter als eine natürliche Person gestellt wäre. In Betracht kommt aber eine Haftung nach den Grundsätzen der c.i.c. i.V.m. § 31 BGB, wenn eine über das Überschreiten der Vertretungsmacht hinausgehende Pflichtverletzung vorliegt.[119]

Achtung: Ist einem Gesellschafter Einzelvertretungsbefugnis eingeräumt worden, bedeutet dies nicht zwingend, dass er auch in Ausübung dieser Einzelvertretung handelt. Wird dem Vertragspartner gegenüber deutlich gemacht, dass ein Vertrag erst dann zustande kommen soll, wenn alle Gesellschafter zugestimmt haben, kommt der Vertrag auch erst dann zustande. Eine isolierte vorherige Erklärung des einzelvertretungsberechtigten Gesellschafters ist in diesem Fall nicht ausreichend.[120]

Entzug der Vertretungsmacht gem. §§ 715, 712 I BGB

Die Vertretungsmacht kann unter den Voraussetzungen des § 712 I BGB und des § 715 BGB entzogen werden.

119 Diese Ansprüche kommen nur in Betracht, wenn man die analoge Anwendung des § 31 BGB bei der BGB-Gesellschaft bejaht, vgl. Rn. 121 f.

120 BGH, **Life&Law 02/2009, 92 ff**.

aa) Auswirkung des Widerspruchs gem. § 711 S. 1 BGB

87

Fall: Hendrix und Santana betreiben das kleine Musikgeschäft „Stratocaster". Sie haben vereinbart, dass jeder die Geschäfte allein führen kann.

In bekifftem Zustand fasst Hendrix die Idee, dass das Musikgeschäft endlich einen geeigneten, repräsentativen Firmenwagen benötigt, der zugleich als Werbeträger dienen soll. Als Elvis dem Hendrix einen rosa Cadillac zum Freundschaftspreis von 40.000,- € anbietet, will dieser ihn kaufen und erzählt Santana von dem Vorhaben.

Santana widerspricht. Hendrix schließt trotzdem den Kaufvertrag. Kann Elvis, der keine Kenntnis vom Widerspruch des Santana hatte, den Kaufpreis von dem Musikgeschäft verlangen?

Ein Anspruch aus § 433 II BGB, § 124 I HGB gegen die Gesellschaft als solche scheidet von vornherein aus, da wegen § 1 II HGB keine OHG vorliegt. Das kleine Musikgeschäft, ein Gewerbe, welches jedoch keine kaufmännische Einrichtung erfordert und somit nicht Handelsgewerbe i.S.v. § 1 II HGB ist, ist folglich lediglich ein sog. Kleingewerbebetrieb. Da es an einer Eintragung nach § 105 II HGB fehlt, ist der Zusammenschluss zwischen H und S als BGB-Gesellschaft zu qualifizieren.

In Betracht kommt aber ein Anspruch aus § 433 II BGB gegen die BGB-Gesamthand als solche, welche nach der zutreffenden Lehre von der Teilrechtsfähigkeit Trägerin von Rechten und Pflichten sein kann. Voraussetzung ist ein wirksamer Kaufvertrag. Dazu müsste H - korrespondierende Willenserklärungen gem. §§ 145 ff. BGB liegen vor - die Gesamthand wirksam vertreten haben, § 164 BGB.

Ein Handeln im Namen der Gesellschaft liegt vor. Fraglich ist allein, ob H Vertretungsmacht hatte. H ist nach der gesellschaftsvertraglichen Regelung zur Einzelgeschäftsführung befugt, sodass er gem. § 714 BGB auch Einzelvertretungsmacht besitzt.

Etwas anderes würde nur gelten, wenn der Widerspruch des S, § 711 S. 1 BGB, nicht nur die Geschäftsführungsbefugnis gem. § 711 S. 2 BGB, sondern auch die Vertretungsmacht des H beschränkt hätte. Problematisch ist also die Außenwirkung des Widerspruchs.

e.A.: Außenwirkung (+)

Führt man den Grundgedanken des § 714 BGB konsequent fort, muss sich der Widerspruch auch auf die Vertretungsmacht auswirken. Zudem wäre ein rein intern wirkender Widerspruch praktisch bedeutungslos, da der Schadensersatzanspruch gegen den handelnden Gesellschafter bei umfangreichen Geschäften mangels Realisierbarkeit keinen ausreichenden Schutz bietet.

Aber: Grundsätze der Anscheinsvollmacht

Dem Verkehrsschutz kann nach den Grundsätzen über die Anscheinsvollmacht Rechnung getragen werden. Vorliegend greifen diese Grundsätze auch ein, da S das Handeln des H hätte voraussehen und verhindern können und E auf die Vertretungsmacht vertraut hat.

h.M.: Außenwirkung (-)

Der Ansicht, die eine Außenwirkung des Widerspruchs gem. § 711 S. 1 BGB bejaht, ist entgegenzuhalten, dass eine Außenwirkung des Widerspruchs dem Interesse der Verkehrssicherheit und dem Verkehrsschutz nicht gerecht wird. Die h.M. lehnt daher, jedenfalls wenn der Geschäftspartner keine Kenntnis vom Widerspruch hat, eine Außenwirkung des Widerspruchs ab. Der Vertragspartner soll sich gerade nicht um interne Auseinandersetzungen der Gesellschafter kümmern müssen. Zudem muss eine Lähmung der Gesellschaft durch einen widersprechenden Gesellschafter verhindert werden.[121] Das gilt auch dann, wenn der widersprechende Gesellschafter seinerseits vertretungsbefugt ist, und daher das vorgenommene Geschäft durch einen neuen Vertrag wieder beseitigen könnte.[122]

121 BGHZ 16, 394 (398 ff.) = **juris**byhemmer.

122 BGH, **Life&Law 02/2009, 92 ff.**

Der andere Gesellschafter wird über die Grundsätze des Missbrauchs der Vertretungsmacht geschützt. Da H auch nach dieser Ansicht - E ist gutgläubig - Vertretungsmacht hat, kann diese Frage letztlich offen bleiben. E hat in jedem Fall einen Anspruch aus § 433 II BGB gegen die Gesamthand als solche.

hemmer-Methode: Der Meinungsstreit über die Außenwirkung des Widerspruchs ist nur dann entscheidungserheblich, wenn die Grundsätze über die Anscheinsvollmacht nicht eingreifen würden.

bb) § 744 II BGB analog

Fall: *Laut und Deutlich betreiben einen PA-Anlagen-Verleih, der nach Art und Umfang einen in kaufmännischer Weise eingerichteten Geschäftsbetrieb nicht erfordert und der nicht im Handelsregister eingetragen ist. Der Gesellschaftsvertrag enthält keine Regelungen über die Geschäftsführung oder die Vertretung.* 88

Als ein Sturm einen Teil des Dachs vom Lager abträgt und die Gefahr droht, dass die High-Tech-Lautsprecher dem Regen zum Opfer fallen, beauftragt Laut namens des Unternehmens den Dachdecker Walter mit der Reparatur.

Angesichts der Dringlichkeit war eine Rücksprache mit Deutlich nicht möglich. Als Walter von Laut und Deutlich Zahlung verlangt, wendet Deutlich ein, er sei mit dem Vorgehen des Laut nicht einverstanden. Die Reparatur hätte durch einen Freund viel billiger ausgeführt werden können. Kann Walter von der Gesellschaft Zahlung verlangen?

W könnte einen Anspruch aus § 631 I BGB gegen die BGB-Gesellschaft als solche haben. Eine OHG scheidet mangels Eintragung (§ 105 II HGB) und Betreiben eines Handelsgewerbes gem. § 1 II HGB aus. Bei einer BGB-Gesellschaft kann nach richtiger Ansicht die Gesamthand als solche berechtigt und verpflichtet werden, wenn sie gem. § 164 I BGB wirksam vertreten wurde. Fraglich ist allein - L handelte im Namen der Gesellschaft -, ob L auch Vertretungsmacht hatte.

Mangels einer Regelung im Gesellschaftsvertrag bestand gem. § 714 BGB Gesamtvertretung, da L und D gem. § 709 I BGB die Geschäftsführung gemeinsam zustand. Danach wäre der zunächst gem. § 177 I BGB schwebend unwirksame Werkvertrag mit der Verweigerung der Genehmigung durch D (§ 184 I BGB) endgültig unwirksam. Hinsichtlich der Geschäftsführung ist aber anerkannt, dass zur Erhaltung des Gesellschaftsvermögens notwendige Maßnahmen von einem Gesellschafter analog § 744 II BGB allein getroffen werden können.[123] Die Voraussetzungen des § 744 II BGB waren vorliegend wegen der besonderen Dringlichkeit der Reparatur erfüllt. Fraglich ist daher, ob sich die Vertretungsmacht nicht aus §§ 714, 744 II BGB analog ergibt.

e.A.: keine Vertretungsmacht für notwendige Erhaltungsmaßnahmen

Dagegen wird eingewendet, dass § 744 II BGB sich nur auf das Innenverhältnis einer Bruchteilsgemeinschaft bezieht. Eine Bruchteilsgemeinschaft kann aber nicht vertreten werden.

h.M.: § 744 II BGB analog anwendbar

Die h.M.[124] wendet hingegen § 744 II BGB analog auf die GbR an: Ein grundsätzlich nicht allein vertretungsberechtigter Gesellschafter hat danach Vertretungsmacht für die notwendige Erhaltungsmaßnahme.

Wegen des Gleichlaufs von Geschäftsführungsbefugnis und Vertretungsmacht gem. § 714 BGB sprechen die besseren Gründe dafür, über § 714 BGB dem Gesellschafter, dem (Not-)Geschäftsführungsbefugnis aus § 744 II BGB analog zukommt, auch Vertretungsmacht im Außenverhältnis einzuräumen.

123 BGHZ 17, 181 = jurisbyhemmer.

124 Palandt, § 744 BGB, Rn. 3.

L hatte also Vertretungsmacht. Ein wirksamer Werkvertrag zwischen der Gesamthand und W liegt daher vor. Sofern der Anspruch auch fällig ist, vgl. § 641 I BGB, kann W Zahlung von der BGB-Gesellschaft verlangen.

d) Die Vertretung während der Auseinandersetzung

§§ 714, 730 II S. 2 BGB, sofern keine andere Regelung im Gesellschaftsvertrag

Mit der Auflösung der BGB-Gesellschaft tritt die bisherige Geschäftsführungs- und Vertretungsregelung außer Kraft. In der Abwicklungsgesellschaft besteht gem. § 730 II S. 2 BGB gemeinsame Geschäftsführung und damit gem. § 714 BGB Gesamtvertretung, sofern der Gesellschaftsvertrag keine abweichende Regelung trifft. 89

Die einem Gesellschafter durch den Gesellschaftsvertrag[125] übertragene Geschäftsführungsbefugnis gilt gleichwohl zu seinen Gunsten als fortbestehend, bis er von der Auflösung Kenntnis erlangt oder die Auflösung kennen musste, sofern die Gesellschaft in anderer Weise als durch Kündigung aufgelöst wurde, § 729 BGB.

Gleiches gilt wiederum über § 714 BGB für die Vertretungsmacht.

hemmer-Methode: Die gem. §§ 729, 714 BGB fortbestehende Vertretungsmacht wirkt aber nicht zugunsten eines Dritten, der die Auflösung kennt oder kennen muss, § 169 BGB. Vergleichen Sie auch die Parallelregelung für das Auftragsrecht in § 674 BGB.

3. Die Vertretung und Geschäftsführungsbefugnis bei den Personenhandelsgesellschaften

a) Die Geschäftsführungsbefugnis 90

hemmer-Methode: Die Geschäftsführungsbefugnis hat bei den Personenhandelsgesellschaften grundsätzlich keinen Einfluss auf den Umfang der Vertretungsmacht.
Nach der Lehre vom Missbrauch der Vertretungsmacht schlägt die fehlende Geschäftsführungsbefugnis im Innenverhältnis nur in den Fällen der Kollusion (§ 138 I BGB) und der Evidenz (§ 242 BGB bzw. § 177 BGB analog) auf die Vertretungsmacht im Außenverhältnis durch. In der Klausur besteht Ihre Aufgabe aber häufig darin, dies klarzustellen. Deshalb erscheint es sinnvoll, die Geschäftsführungsbefugnis auch bei den Personenhandelsgesellschaften an dieser Stelle darzustellen.

aa) Die persönlich haftenden Gesellschafter

Grundsatz der Einzelgeschäftsführung, §§ 114 I, 115 I HGB

Enthält der Gesellschaftsvertrag keine Regelung bezüglich der Geschäftsführungsbefugnis, ist gem. §§ 114 I, 115 I HGB jeder Gesellschafter zur Einzelgeschäftsführung berechtigt und verpflichtet. Eine konkrete Geschäftsführungsmaßnahme muss allerdings beim Widerspruch eines anderen geschäftsführungsbefugten Gesellschafters unterbleiben, § 115 I HS 2 HGB.[126]

Dies gilt aber nur, wenn der Widerspruch rechtzeitig - d.h. bis zur Vornahme der Handlung - erfolgt und berechtigt ist - d.h. nicht eine pflichtwidrige Verletzung des Gesellschaftsinteresses darstellt.[127]

---

125 Wurde die Geschäftsführungsbefugnis nicht durch den Gesellschaftsvertrag eingeräumt, bestehen keine Probleme, da sich durch die Auflösung die Vertretungsregelung in diesem Fall nicht ändert.

126 Vgl. den Fall in Rn. 318 ff.

127 Vgl. dazu den Fall in Rn. 318 ff.

Die Gesellschafter, denen der Gesellschaftsvertrag keine Geschäftsführungsbefugnis einräumt, sind von der Geschäftsführung ausgeschlossen, § 114 II HGB.

Der Gesellschaftsvertrag kann aber auch Alleingeschäftsführung, Gesamtgeschäftsführung oder Mehrheitsgeschäftsführung anordnen. Im Fall der Gesamtgeschäftsführung bedarf es für jedes Geschäft der Zustimmung aller geschäftsführenden Gesellschafter, es sein denn, es ist Gefahr im Verzug, § 115 II HGB.

Umfang der Geschäftsführungsbefugnis, § 116 HGB

Die Geschäftsführungsbefugnis umfasst gem. § 116 I HGB nur solche Handlungen, die der gewöhnliche Betrieb des Handelsgewerbes der konkreten Gesellschaft mit sich bringt. Zur Vornahme von darüber hinausgehenden Handlungen ist ein Beschluss sämtlicher Gesellschafter erforderlich, § 116 II HGB. 91

Ein gesetzlich geregeltes, außergewöhnliches Geschäft ist die Erteilung einer Prokura, die nach § 116 III HGB aber nur der Zustimmung aller geschäftsführenden Gesellschafter bedarf, außer es ist Gefahr im Verzug.

> **Bsp. für außergewöhnliche Geschäfte:** *Errichtung einer Zweigniederlassung, die Veräußerung eines Betriebsgrundstücks, die Beteiligung der Gesellschaft an einer anderen Gesellschaft und die Übertragung des Gesellschaftsvermögens.*

Grundlagengeschäfte

Schließlich gehören Abänderungen des Gesellschaftsvertrages (sog. Grundlagengeschäfte) nicht zur Geschäftsführung.

Entziehung der Geschäftsführungsbefugnis

Die Geschäftsführungsbefugnis kann nur auf Klage der übrigen Gesellschafter aus wichtigem Grund durch gerichtliches Gestaltungsurteil (§ 117 HGB) entzogen werden, sofern der Gesellschaftsvertrag - § 117 HGB ist abdingbar - keinen Entzug durch Beschluss zulässt. 92

§ 712 II BGB, § 105 III HGB

Gem. § 712 II BGB, § 105 III HGB kann ein geschäftsführender Gesellschafter die Geschäftsführungsbefugnis aus wichtigem Grund durch Gestaltungserklärung kündigen.

bb) Der Kommanditist

Kommanditist ist nicht geschäftsführungsbefugt

Der Kommanditist ist von der Geschäftsführung gem. § 164 S. 1 HS 1 HGB grundsätzlich ausgeschlossen. Für außergewöhnliche Geschäfte bedarf es allerdings eines Beschlusses, bei dem auch der Kommanditist mitwirken muss („sämtliche Gesellschafter“), da § 116 II HGB durch § 164 S. 1 HS 1 HGB unberührt bleibt. Der Kommanditist hat nämlich entgegen dem - insoweit missverständlichen - Wortlaut des § 164 S. 1 HS 2 HGB nicht nur ein Recht zum Widerspruch. Zur Bestellung eines Prokuristen bedarf es dagegen nicht der Zustimmung des Kommanditisten, §§ 116 III, 164 S. 2 HGB. 93

§ 164 S. 1 HS 1 HGB ist dispositiv

Dem Kommanditisten kann aber durch den Gesellschaftsvertrag Geschäftsführungsbefugnis eingeräumt werden, da § 164 S. 1 HS. 1 HGB zu den Vorschriften des Innenverhältnisses gehört, die dispositiv sind. Dies stellt § 163 HGB ausdrücklich klar. Im Innenverhältnis hat der Kommanditist dann die Stellung eines Komplementärs, sodass über § 161 II HGB die §§ 110 ff. HGB gelten. Möglich ist sogar eine Alleingeschäftsführungsbefugnis des Kommanditisten. Ein Verstoß gegen den Grundsatz der Selbstorganschaft liegt darin nicht, weil dieser nur besagt, dass Nichtgesellschafter keine organschaftlichen Geschäftsführer sein können.

Entziehung der Geschäftsführungsbefugnis

Räumt der Gesellschaftsvertrag dem Kommanditisten Geschäftsführungsmacht ein, kann sie - vorbehaltlich einer anderen gesellschaftsvertraglichen Regelung - nur nach §§ 117, 161 II HGB entzogen werden.

hemmer-Methode: Wurde dem Kommanditisten keine Geschäftsführungsbefugnis eingeräumt, kann er ggf. Notgeschäftsführer sein, § 744 II BGB analog.

b) Die Rechtsnatur der Vertretung

Unstr. organschaftliche Vertretung

Die in §§ 125, 126, (161 II) HGB geregelte Vertretung der Perso- 94
nenhandelsgesellschaften ist unstreitig organschaftlicher Natur. Vertreten wird nach dem Wortlaut des Gesetzes die Gesellschaft als solche.

c) Die Vertretungsregelung des § 125 HGB

Grds. Einzelvertretung, § 125 I HGB

Es besteht grundsätzlich Einzelvertretungsmacht jedes persönlich 95
haftenden Gesellschafters, § 125 I HGB. In den Grenzen des § 125 II, III HGB kann der Gesellschaftsvertrag aber abweichende Regelungen treffen.

Der Gesellschaftsvertrag kann gem. § 125 HGB bestimmen

Ausschl. v. Vertretung, § 125 I HGB

➲ den Ausschluss eines Gesellschafters von der Vertretung, Abs. I

Gesamtvertretung, § 125 II, III HGB

➲ Gesamtvertretung, Abs. II, III

➲ nur alle Gesellschafter können zusammen auftreten (echte Gesamtvertretung), Abs. II

➲ mehrere Gesellschafter können zusammen auftreten (echte Gesamtvertretung), Abs. II

➲ ein oder mehrere Gesellschafter können zusammen mit einem Prokuristen auftreten (unechte Gesamtvertretung), Abs. III

Passivvertretung, Ermächtigung zur Vornahme von Geschäften

Ist im Gesellschaftsvertrag Gesamtvertretung angeordnet, genügt bei der Passivvertretung die Abgabe der Willenserklärung gegenüber einem zur Gesamtvertretung berechtigten Gesellschafter, § 125 II S. 3, III S. 2 HGB. Die zur Gesamtvertretung berechtigten Gesellschafter können auch einen oder einzelne von ihnen zur Vornahme bestimmter Geschäfte oder bestimmter Arten von Geschäften ermächtigen, § 125 II S. 2, III S. 2 HGB.

Fall: *Nach dem Gesellschaftsvertrag einer Kommanditgesellschaft können die Komplementäre Schlau und Willig die Gesellschaft nur gemeinschaftlich vertreten. Schlau will mit der Gesellschaft einen Pachtvertrag schließen. Da er nicht von den Beschränkungen des § 181 BGB befreit ist, kann er an dem Vertragsabschluss nicht als Vertreter der Gesellschaft mitwirken. Deshalb ermächtigt er Willig, die Gesellschaft allein zu vertreten, worauf der Vertrag zwischen Schlau und der Gesellschaft, vertreten durch Willig, geschlossen wird. Ist der Vertrag wirksam?*

Fraglich ist allein, ob ein Verstoß gegen § 181 Alt.1 BGB vorliegt. Ihrem Wortlaut nach ist diese Norm nicht anwendbar, da auf der anderen Seite des Geschäfts die Gesellschaft, vertreten durch W, steht. Anerkannt ist aber, dass nach ihrem Normzweck eine analoge Anwendung geboten ist, wenn der Vertreter einen Untervertreter bestellt und mit diesem das Geschäft vornimmt.[128]

128 Palandt, § 181 BGB, Rn. 12.

Problematisch ist, ob die vorliegende Konstellation mit diesem Fall vergleichbar ist. Vorliegend leitet der handelnde Vertreter seine Vertretungsmacht nicht von dem gem. § 181 Alt. 1 BGB am Rechtsgeschäft verhinderten Gesamtvertreter ab, sondern handelt in eigener, organschaftlicher Vertretungsbefugnis.

Durch die Ermächtigung seitens des S erstarkt die Gesamtvertretungsmacht des W zur Alleinvertretungsmacht. Der Gesamtvertreter, der die Ermächtigung erteilt, wirkt deshalb nicht, auch nicht mittelbar, an dem Geschäft mit. Es handelt sich somit nicht um die Interessenkollision, die § 181 BGB verhindern will.[129] Der Vertrag ist daher wirksam.

keine endgültige Bindung an den Prokuristen

Aus dem Grundsatz der Selbstorganschaft folgt, dass die Gesellschaft stets ohne die Mitwirkung Dritter handlungsfähig sein muss. Eine Regelung, nach der die vertretungsberechtigten Gesellschafter immer an die Mitwirkung eines Prokuristen gebunden sind, ist i.R.d. § 125 III HGB daher nicht möglich.

Eintragungspflicht von Änderungen gegenüber § 125 I HGB

Gesellschaftsvertragliche Änderungen gegenüber der Regelung des § 125 I HGB müssen zum Handelsregister angemeldet und dort eingetragen werden, § 107 HGB. Die Eintragung wirkt zwar nur deklaratorisch (= rechtsbezeugend), fehlt sie jedoch, gilt § 15 I HGB. 96

Einzutragen ist auch die generelle Befreiung des persönlich haftenden Gesellschafters von den Beschränkungen des § 181 BGB.[130]

Entzug der VM gem. § 127 HGB

Die Vertretungsmacht kann - sofern der Gesellschaftsvertrag nicht eine Entziehung durch Beschluss zulässt - nur aus wichtigem Grund durch gerichtliches Gestaltungsurteil entzogen werden, wobei alle übrigen Gesellschafter Klage erheben müssen, § 127 HGB. 97

Sie sind dann notwendige Streitgenossen i.S.d. § 62 I Alt. 2 ZPO, da ihnen die Aktivlegitimation gem. § 127 HGB nur gemeinsam zusteht.[131]

hemmer-Methode: Wird in einer aus drei oder mehr Gesellschaftern bestehenden OHG dem Gesellschafter, dem alleinige Vertretungsmacht eingeräumt wurde, die Vertretungsmacht durch gerichtliches Urteil entzogen, tritt an deren Stelle nicht die Einzelvertretung des § 125 I HGB. Es gilt in diesem Fall vielmehr, vorbehaltlich einer anderen Auslegung des Gesellschaftsvertrags, Gesamtvertretung.

§ 127 HGB (-) bei einzigem Komplementär

Dem einzigen Komplementär einer KG kann die organschaftliche Vertretungsmacht jedoch nicht gem. § 127 HGB entzogen werden. Dies folgt aus dem Grundsatz der Selbstorganschaft und § 170 HGB, da es eine Handelsgesellschaft ohne Vertretungsorgan nicht geben kann. Die Entziehung der Geschäftsführungsbefugnis des Komplementärs ist dagegen möglich.

hemmer-Methode: Aus dem gleichen Grund wandelt sich die Gesamtvertretungsmacht des übrig bleibenden Komplementärs in Einzelvertretungsmacht um, wenn ein Komplementär in einer aus zwei Komplementären bestehenden KG ausscheidet. Lesen Sie zu den damit zusammenhängenden Problemen („Rosinentheorie") Hemmer/Wüst, Handelsrecht, Rn. 140.

---

129 BGHZ 64, 72 = **juris**byhemmer; Palandt, § 181 BGB, Rn. 12.

130 Palandt, § 181 BGB, Rn. 21.

131 BGHZ 30, 195 ff. = **juris**byhemmer.

d) Der Umfang der Vertretungsmacht gem. § 126 HGB

aa) Der Grundsatz der unbeschränkten und unbeschränkbaren Vertretungsmacht 98

Umfang zwingend festgelegt

Der Umfang der Vertretungsmacht ist aufgrund des erhöhten Verkehrsschutzbedürfnisses im Handelsverkehr gesetzlich zwingend in § 126 HGB festgelegt und demgemäß von der Geschäftsführungsbefugnis unabhängig.

Die Vertretungsmacht erstreckt sich, im Gegensatz zur Geschäftsführungsbefugnis (§ 116 I HGB), nicht nur auf die gewöhnlich im Handelsbetrieb vorkommenden Rechtsgeschäfte, sondern auf alle gerichtlichen und außergerichtlichen Handlungen. Jede Beschränkung der Vertretungsmacht ist im Außenverhältnis unwirksam, § 126 II HGB. Eine Ausnahme enthält die Verweisung auf die Filialprokura (§ 50 III HGB) in § 126 III HGB.

hemmer-Methode: Der Gesellschafter kann folglich im Außenverhältnis regelmäßig mehr, als er im Innenverhältnis darf. Überschreitet der Gesellschafter seine Geschäftsführungsbefugnis (§§ 114 ff. HGB), ist das im Außenverhältnis abgeschlossene Geschäft daher grundsätzlich wirksam. Dies gilt selbst dann, wenn der Dritte von der Beschränkung wusste, es sei denn, es greifen die Grundsätze über den Missbrauch der Vertretungsmacht ein. Wiederholen Sie zu den handelsrechtlichen Ausprägungen dieser Lehre Hemmer/Wüst, Handelsrecht, Rn. 106.
Im Innenverhältnis verletzt der handelnde Gesellschafter eine Pflicht aus dem Schuldverhältnis und macht sich gem. §§ 280 I, 241 II BGB schadensersatzpflichtig. Daneben kann die Pflichtverletzung ein wichtiger Grund für die Entziehung der Vertretungsmacht gem. § 127 HGB sein.

Fall: *Lustlos und Rastlos betreiben ein Fuhrunternehmen (§ 1 II HGB). Während sich Rastlos im wohlverdienten Erholungsurlaub befindet, verkauft Lustlos das Unternehmen, welches ihn schon seit geraumer Zeit langweilt, an die Konkurrenz. Als Rastlos aus dem Urlaub zurückkehrt, ist der Unternehmensverkauf bereits abgewickelt. Ist der Kaufvertrag wirksam?*

Der Kaufvertrag ist wirksam, wenn die OHG von L wirksam vertreten wurde, § 164 I BGB. Fraglich ist insoweit, ob L Vertretungsmacht hatte.

Mangels entgegenstehender Angaben im Sachverhalt hatte L Einzelvertretungsmacht gem. § 125 I HGB. Zwar fehlte L zur Vornahme des Geschäfts die Geschäftsführungsbefugnis, da der Verkauf des Unternehmens keine Handlung ist, die der gewöhnliche Betrieb mit sich bringt, § 116 I HGB. Doch erstreckt sich der Umfang der Vertretungsmacht gem. § 126 I HGB zwingend auf alle gerichtlichen und außergerichtlichen Handlungen. Darauf, ob sich die Handlungen i.R.d. Gesellschaftszwecks halten, kommt es nicht an. Daran ist aus Gründen des Verkehrsschutzes auch bei der Veräußerung des ganzen Unternehmens festzuhalten, da der Dritte regelmäßig nicht erkennen kann, dass es sich um das Unternehmen als Ganzes handelt. Da auch keine Anhaltspunkte für einen rechtserheblichen Missbrauch der Vertretungsmacht vorliegen, ist der Kaufvertrag somit wirksam.

hemmer-Methode: In den Fällen des Unternehmenskaufs müssen Sie genau zwischen dem Unternehmen und dem Unternehmensträger differenzieren: Verkauft wird das Unternehmen der Gesellschaft und nicht die Gesellschaft. Wenn Sie diese im Handels- und Gesellschaftsrecht grundlegende Unterscheidung nicht strengstens durchführen, führt Sie das in der Klausur leicht zu abwegigen Ergebnissen.

bb) Einschränkungen

(1) Rechtsgeschäfte zwischen der Gesellschaft und einem Gesellschafter

§ 126 II HGB gilt nicht bei Rechtsgeschäften zwischen der Gesellschaft und einem Gesellschafter

§ 126 II HGB bezweckt den Schutz des redlichen Geschäftsverkehrs. Dritte, die mit der Gesellschaft Rechtsgeschäfte schließen, haben regelmäßig keinen Einblick in die inneren Verhältnisse der Gesellschaft. Sie sollen deshalb auf klare Verhältnisse im Rechtsverkehr vertrauen können. 99

Diese ratio legis passt aber nicht auf Rechtsgeschäfte zwischen der Gesellschaft und einem Gesellschafter, da ein Gesellschafter die Verteilung der Geschäftsführungsbefugnis kennt.

§ 126 II HGB ist deswegen bei Drittschuldnerbeziehungen der Gesellschaft mit einem Gesellschafter aufgrund einer teleologischen Reduktion nicht anwendbar. Es gilt dann über § 105 III HGB die Regelung des § 714 BGB im Verhältnis der Gesellschafter.

(2) Die Grundlagengeschäfte

Keine VM für Grundlagengeschäfte

Die Vertretungsmacht erstreckt sich auch bei der OHG nur auf Verkehrsgeschäfte und nicht auf die sog. Grundlagengeschäfte, welche die Beziehungen unter den Gesellschaftern betreffen. Sie umfasst daher insbesondere keine Abänderungen des Gesellschaftsvertrages. 100

Dies folgt daraus, dass bei solchen Geschäften jeder einzelne Gesellschafter, unabhängig von seiner Geschäftsführungs- oder Vertretungsbefugnis, mitwirken muss. Der vertretungsberechtigte Gesellschafter vertritt aber die OHG als solche und nicht die einzelnen Gesellschafter.

> ***Bsp. für Grundlagengeschäfte:*** *Aufnahme eines neuen Gesellschafters, Veräußerung oder Abänderung der Firma, Änderung der Gewinn- und Verlustverteilung; dagegen nicht der Abschluss eines Gesellschaftsvertrages im Namen der OHG, wie z.B. die Aufnahme eines stillen Gesellschafters (= Gründung einer stillen Gesellschaft zwischen der OHG und dem Stillen)*

hemmer-Methode: Erkennen Sie parallele Strukturen! Durch die zwingende Festlegung des Umfangs der Vertretungsmacht ist die Prokura mit der Vertretungsmacht der Organe von Handelsgesellschaften verwandt. Sie umfasst gleichfalls keine Grundlagengeschäfte, da diese nicht zum „Betrieb“ des Handelsgewerbes gehören.

e) Die Vertretungsmacht des Kommanditisten

Ausschluss von organschaftlicher VM

Während der Komplementär dieselbe Rechtsstellung wie der Gesellschafter einer OHG hat, die KG also nach außen vertritt (§§ 125 ff., 161 II HGB), gelten für den Kommanditisten Besonderheiten. Er ist von der organschaftlichen Vertretung gem. § 170 HGB zwingend ausgeschlossen. Diese Regelung dient dem Schutz der unbeschränkt haftenden Gesellschafter vor einer Verpflichtung durch einen nur beschränkt haftenden Gesellschafter. 101

Unzulässig ist daher eine gesellschaftsvertragliche Regelung, die eine Vertretung der KG allein durch Gesamtvertretung zwischen einem Komplementär und einem Kommanditisten vorsieht.

Sie verstößt gegen den Grundsatz der Selbstorganschaft, da die Gesellschaft ohne die Mitwirkung des Kommanditisten nicht handlungsfähig wäre.

hemmer-Methode: Räumt der Gesellschaftsvertrag dem Kommanditisten organschaftliche Vertretungsmacht ein, ist weiter zu prüfen, ob die gem. § 170 HGB nichtige Klausel in die Erteilung einer rechtsgeschäftlichen Vertretungsmacht (Generalvollmacht bzw. Handlungsvollmacht) umgedeutet werden kann (§ 140 BGB).

Rechtsgeschäftliche VM möglich

§ 170 HGB verbietet allerdings nicht, dem Kommanditisten rechtsgeschäftliche Vertretungsmacht einzuräumen. 102

Fall: *Im Gesellschaftsvertrag einer KG wurde dem Kommanditisten Fleißig Prokura erteilt. Kann der einzige Komplementär Willkür die Prokura jederzeit widerrufen?*

Die Prokura kann aufgrund ihrer besonderen Gefährlichkeit für den Geschäftsinhaber grundsätzlich jederzeit widerrufen werden, § 52 I HGB. Die einem Kommanditisten durch Gesellschaftsvertrag erteilte Prokura darf aber - abweichend von § 116 III S. 2 HGB - analog §§ 117, 127 HGB nur aus wichtigem Grund entzogen werden.

Im Gegensatz zu §§ 117, 127 HGB genügt hierfür die bloße Erklärung.[132] Unabhängig vom Vorliegen eines wichtigen Grundes ist die Entziehung im Außenverhältnis aber nach §§ 125 I, 126 I, 161 II HGB wirksam (str.). Fehlt ein solcher, ist die KG aber nach dem Gesellschaftsvertrag verpflichtet, die Prokura neu zu erteilen. Dagegen bestehen keine Besonderheiten, wenn die Vertretungsmacht des Kommanditisten z.B. auf einem Dienstvertrag beruht.

hemmer-Methode: Ein Kommanditist, dem im Gesellschaftsvertrag rechtsgeschäftliche Vertretungsmacht eingeräumt wurde, ist „verfassungsmäßig berufener Vertreter" i.S.d. § 31 BGB. Die KG muss sich damit ein Verschulden des Kommanditisten i.R. seiner Vertretungsmacht analog § 31 BGB zurechnen lassen.

f) Die Vertretung während der Liquidation

Vertreter sind die Liquidatoren, § 150 I HGB

Während der Liquidation werden die Personenhandelsgesellschaften von den sog. Liquidatoren gemeinschaftlich vertreten, sofern ihnen der Gesellschaftsvertrag nicht Einzelvertretungsmacht einräumt, § 150 I HGB bzw. §§ 150 I, 161 II HGB. 103

Liquidatoren sind grundsätzlich sämtliche Gesellschafter (sog. geborene Liquidatoren), sofern die Gesellschafter nicht durch den Gesellschaftsvertrag oder durch Beschluss die Liquidation einzelnen Gesellschaftern oder gar Dritten[133] übertragen (sog. gekorene Liquidatoren), § 146 I S. 1 HGB. Im Liquidationsverfahren vertreten folglich auch die Kommanditisten die Gesellschaft.

V. Vertragliche Schadensersatzansprüche

I.R.v. verschuldensabhängigen vertraglichen bzw. vertragsähnlichen Schadensersatzansprüchen (geregelt in der zentralen Norm für Schadensersatz aus einer Pflichtverletzung, § 280 BGB) beantwortet das Gesellschaftsrecht die Frage, unter welchen Voraussetzungen ein Verschulden der Organe der Gesellschaft als eigenes Verschulden zuzurechnen ist. 104

132 BGHZ 17, 394 = **juris**byhemmer.

133 Der Grundsatz der Selbstorganschaft gilt während der Auseinandersetzung nicht mehr.

Soweit der Tatbestand die Kenntnis bestimmter Umstände voraussetzt (z.B. § 444 BGB), werden Probleme der Wissenszurechnung relevant. Im Übrigen stellen sich bei der Prüfung von vertraglichen Schadensersatzansprüchen keine spezifisch gesellschaftsrechtlichen Probleme.

hemmer-Methode: Soweit nicht Organe, sondern Dritte für die Gesellschaft handeln, gelten die allgemeinen Zurechnungsvorschriften der §§ 166 I, 278 BGB. Die Organe bleiben aber der Gesellschaft nächster Zurechnungspunkt: Wer Vertreter oder Erfüllungsgehilfe der Gesellschaft ist, bestimmen die Organe. Sie erteilen Vertretungsmacht und auf ihr Wissen und Wollen kommt es an, wenn jemand für die Gesellschaft in Erfüllung einer Verbindlichkeit tätig wird.

1. Die Verschuldenszurechnung

§ 31 BGB analog oder § 278 BGB?

Es steht außer Frage, dass ein Organverschulden der Gesellschaft zugerechnet werden muss. Umstritten ist nur, ob § 31 BGB analog oder § 278 BGB die richtige Zurechnungsnorm ist. 105

e.A.: § 278 BGB, da Organ einem gesetzlichen Vertreter vergleichbar

Nach e.A. kann § 278 BGB sowohl in der Alternative des Erfüllungsgehilfen als auch in der Alternative des gesetzlichen Vertreters als Zurechnungsnorm herangezogen werden. Begründet wird dies zum einen mit der funktionalen Vergleichbarkeit der Organe mit dem gesetzlichen Vertreter, die wie dieser dem Vertretenen die Teilnahme am Rechtsverkehr ermöglichen. Zum anderen erfordert der Begriff des Erfüllungsgehilfen keine Weisungsgebundenheit, so dass auch ein Organ Erfüllungsgehilfe sein kann. Für eine Analogie zu § 31 BGB fehlt es demgemäß an der erforderlichen, planwidrigen Regelungslücke.

a.A.: § 31 BGB analog, da Verschuldenszurechnung eines Organs andere Qualität hat

Nach richtiger Ansicht ist § 31 BGB auch i.R.v. vertraglichen Schadensersatzansprüchen analog anzuwenden, soweit die Gesellschafter vertretungsbefugt[134] sind, bzw. selbstständig und eigenverantwortlich die Gesellschaft repräsentieren. Diese Ansicht ist einzig folgerichtig, wenn man die Gesamthandsgesellschaften als teilrechtsfähig anerkennt und ihre Geschäftsführung und Vertretung grundsätzlich als organschaftlich qualifiziert.

Durch die analoge Anwendung des § 31 BGB wird zugleich deutlich, dass die Zurechnung des Organverschuldens eben eine andere Qualität besitzt als die Zurechnung des Verschuldens willkürlich eingeschalteter Gehilfen. Im Übrigen bleibt es bei der Zurechnung nach § 278 BGB.

hemmer-Methode: Soweit beide Zurechnungsnormen zu einer Zurechnung des Organverschuldens führen, können Sie diesen Streit nach einer kurzen Darstellung der vertretenen Positionen offen lassen. Entscheiden müssen Sie sich jedoch dann, wenn im Voraus die Haftung für Vorsatz vertraglich ausgeschlossen wurde. Nach § 31 BGB analog ist das Organverschulden dem Verschulden der Gesellschaft gleichzusetzen, folglich ist ein Haftungsausschluss für Vorsatz schon nach § 276 III BGB unwirksam. Für Erfüllungsgehilfen kann ein entsprechender Haftungsausschluss dagegen im Wege der Individualvereinbarung - bei AGB gilt § 309 Nr. 7 BGB - gem. § 278 S. 2 BGB wirksam vereinbart werden. 106
In den meisten Klausuren sind im Anschluss an vertragliche Schadensersatzansprüche noch Ansprüche aus unerlaubter Handlung zu prüfen. I.R.d. Ansprüche wird die Frage der analogen Anwendung des § 31 BGB vor allem bei der BGB-Gesellschaft fallentscheidend (z.B. Schmerzensgeld!).

134 Darauf, ob der einzelne Gesellschafter Einzelvertretungs- oder Gesamtvertretungsmacht hat, kommt es indes nicht an.

2. Die Wissenszurechnung

hemmer-Methode: Die Bedeutung der Wissenszurechnung im Gesellschaftsrecht wird bei allen Vorschriften relevant, die auf die Kenntnis bzw. das Kennenmüssen bestimmter Umstände und Fehlvorstellungen (Irrtümer) des Rechtssubjekts abstellen, z.B. §§ 119, 123, 179 III, 442, 444, 819 I, 892, 932, 990 BGB, § 15 HGB. Die dogmatische Einordnung dieser Vorschriften ist derart unterschiedlich, dass die Wissenszurechnung nicht an einem systematischen Ort behandelt werden kann.

a) Die Entwicklung der Grundsätze der Wissenszurechnung

hemmer-Methode: Die Dogmatik der Wissenszurechnung hat sich in der letzten Zeit grundlegend verändert. Entscheidend für die Wissenszurechnung sind nicht mehr die Rechtsform der Gesellschaft oder die Stellung als Organwalter, sondern die Organisationspflichten zum Informationsaustausch.

Zurechnung des Wissens der Organe

Im Gesellschaftsrecht stellt sich die Problematik, unter welchen Voraussetzungen sich eine Gesellschaft das Wissen ihrer Geschäftsführungs- und Vertretungsorgane als eigenes Wissen zurechnen lassen muss. Das BGB bestimmt in § 166 I BGB lediglich, dass es im Fall der Vertretung hinsichtlich der Kenntnis oder des Kennenmüssens bestimmter Umstände nicht auf die Person des Vertretenen, sondern auf die des Vertreters ankommt (Repräsentationsprinzip). 107

Ausgehend von § 166 I BGB und der Organtheorie hat die Rechtsprechung zunächst nur für juristische Personen (rechtsfähiger Verein, AG, GmbH, etc.) besondere Zurechnungsgrundsätze entwickelt, die den Organisationsunterschieden gegenüber natürlichen Personen Rechnung tragen sollten:

„Ein faules Ei verdirbt den Brei."

- Juristische Personen müssen sich die Kenntnis eines organschaftlichen Vertreters auch dann zurechnen lassen, wenn dieser nicht am Vertragsschluss beteiligt war. Dies gilt sogar dann, wenn das bösgläubige Organ von dem betreffenden Geschäft gar nichts gewusst hat. Es gilt der Grundsatz „Ein faules Ei verdirbt den Brei." 108

„Einmal gewusst, immer gewusst."

- Auch die Kenntnis eines bereits ausgeschiedenen oder verstorbenen Organmitglieds kann zugerechnet werden, sofern es sich um typischerweise aktenmäßig festgehaltenes Wissen handelt. Es gilt der Grundsatz „Einmal gewusst, immer gewusst." 109

Man spricht in diesen Fällen von Wissenszusammenrechnung, weil das auf verschiedene Stellen der juristischen Person aufgeteilte Wissen addiert und dieser insgesamt zugerechnet wird.[135]

Übertragung dieser Grundsätze auf Personengesellschaften

Bislang war bereits anerkannt, dass der erste Grundsatz zumindest auch auf Personenhandelsgesellschaften übertragbar ist. Der BGH hat entschieden, dass dieser Grundsatz auch für die (nicht voll rechtsfähige) Gesellschaft bürgerlichen Rechts gilt.[136] 110

Der BGH stellt klar, dass die Kenntnis auch derjenigen Mitarbeiter nach § 166 I BGB analog der GbR zuzurechnen ist, die nicht am Vertragsschluss mitgewirkt haben, sofern diese Kenntnisse bei ordnungsgemäßer Organisation aktenmäßig festzuhalten, weiterzugeben und vor Vertragsschluss abzufragen sind. Dieser Grundsatz gelte unabhängig von der Organisationsform oder Rechtsfähigkeit der am Rechtsverkehr teilnehmenden Struktureinheit.[137]

135 Emmerich, JuS 1996, 747.

136 BGH, NJW 2001, 359 = **Life&Law 04/2001, 231** = **juris**byhemmer.

137 BGH, NJW 2001, 359 = **Life&Law 04/2001, 231 (233)** = **juris**byhemmer.

hemmer-Methode: Die Kernaussage dieser BGH-Entscheidung ist jedoch eine andere: Der BGH stellt klar, dass eine Zurechnung der Kenntnisse eines Mitarbeiters nur zu Lasten der Gesellschaft erfolgen kann, nicht hingegen zu Lasten ihrer Organe. In dem entschiedenen Fall ging es darum, ob einem Gesellschafter einer GmbH, der gleichzeitig Gesellschafter einer GbR war, die Kenntnis eines Mitarbeiters der GmbH zugerechnet werden kann.
Diese Kenntnis hätte dann wiederum der GbR zugerechnet werden können. Der BGH unterbricht die Zurechnungskette, indem er eine Zurechnung der Kenntnis der GmbH an ihre Organe verneint. Lesen Sie zu dieser klausurrelevanten Variante der Wissenszurechnung Life&Law 04/2001, 231.

keine Zurechnung bei ausgeschiedenen Gesellschaftern

Ob aber die Kenntnis eines ausgeschiedenen Gesellschafters zugerechnet werden kann, ist umstritten, wird aber von der h.M. abgelehnt.[138]

Die Rechtsprechung hat dies mit dem Argument abgelehnt, dass die Personengesellschaften nicht in dem Maße von den jeweils handelnden Gesellschaftern unabhängig sind, wie juristische Personen von ihren Organvertretern.[139]

Wissensvertreter und Informationsorganisationspflichten

Grundgedanke für die Entwicklung dieser Grundsätze war der Verkehrsschutz. Der Vertragspartner einer juristischen Person, die infolge ihrer Organisation das Wissen arbeitsteilig aufspaltet, soll nicht schlechter oder besser stehen, als wenn er mit einer natürlichen Person kontrahiert hätte. Dieser Grundgedanke trifft aber nicht nur auf Organe zu. Die Rechtsprechung hat deshalb die Figur des sog. Wissensvertreters entwickelt. **111**

Wissensvertreter ist jeder, der nach der Arbeitsorganisation des Geschäftsherrn dazu berufen ist, im Rechtsverkehr als dessen Repräsentant bestimmte Aufgaben in eigener Verantwortung zu erledigen und die dabei anfallenden Informationen zur Kenntnis zu nehmen und ggf. weiterzugeben, wofür keine Vertretungsmacht erforderlich ist.[140] Eine Wissenszusammenrechnung setzt voraus, dass nach Treu und Glauben eine Pflicht zum Informationsaustausch bestand.[141]

In einer neueren Entscheidung[142] verwirft der BGH das Kriterium der eigenverantwortlichen Erledigung bestimmter Aufgaben und stellt allein auf die Verfügbarkeit der Informationen ab, die typischerweise aktenmäßig festgehalten werden.

Damit erkennt der BGH erstmals Informationsorganisationspflichten parallel zu den Verkehrspflichten an.[143]

b) Die Informationsorganisationspflichten

Inhalt der Informationsorganisationspflichten

Die Informationsorganisationspflichten gelten für alle juristischen Personen und die vergleichbaren Gesamthandsgemeinschaften. Danach müssen sie die Informationserlangung, -verarbeitung und -weiterleitung so organisieren, dass alle wichtigen Informationen aktenmäßig erfasst und zur rechten Zeit an die richtige Stelle weitergegeben werden. **112**

138 BGH, NJW 1995, 2159 = **juris**byhemmer; Palandt, § 166 BGB, Rn. 8 m.w.N.

139 BGH, NJW 1995, 2159 = **juris**byhemmer.

140 Palandt, § 166 BGB, Rn. 6.

141 Palandt, § 166 BGB, Rn. 8.

142 BGH, NJW 1996, 1340 = **juris**byhemmer.

143 Emmerich, JuS 1996, 747.

Wird diese Pflicht verletzt, muss sich die Gesellschaft so behandeln lassen, als ob sie das fragliche Wissen in dem entscheidenden Zeitpunkt zur Verfügung gehabt hätte.[144] Damit die Wissenszurechnung aber nicht zur reinen Fiktion wird, müssen folgende zwei Voraussetzungen erfüllt sein:

Typischerweise aktenmäßig festzuhaltendes Wissen

➲ Es muss sich um Wissen handeln, das aktenmäßig festgehalten („gespeichert“) werden musste, weil es zu einem späteren Zeitpunkt noch relevant werden könnte. Zeitpunkt für diese Beurteilung ist die Speicherung. Die Speicherungsdauer richtet sich nach der Wichtigkeit der Information (Frage des Einzelfalles!).

Zumutbarer Anlass zur Informationseinholung

➲ Es muss für den Vertreter ein zumutbarer Anlass bestanden haben, sich des in seiner Organisation gespeicherten Wissens im relevanten Zeitpunkt zu vergewissern.

hemmer-Methode: Diese Grundsätze gelten nur für die Wissenszusammenrechnung. Ist der Wissensträger am Geschäft beteiligt, ist die Zurechnung dagegen unproblematisch. Die Informationsorganisationspflichten führen im Ergebnis zu einer Begrenzung der Zurechnung von Organwissen. Für die Klausur müssen Ihnen die Grundsätze über die Zurechnung von Organwissen daher weiterhin bekannt sein. Auch der Begriff des Wissensvertreters behält bis auf die gemachte Einschränkung seine Bedeutung. In der Klausur gilt es, bei der Prüfung der beiden Voraussetzungen alle Informationen des Sachverhalts zu verarbeiten und daran das Ergebnis auszurichten.

c) Die Zurechnungsnorm (§ 166 I BGB analog)

§ 166 I BGB analog; a.A.: Zurechnung über den allgemeinen Rechtsgedanken des § 31 BGB

Als Zurechnungsnorm für das Wissen der Gesellschafter kann § 166 I BGB analog herangezogen werden. Die Zurechnung gem. § 166 I BGB ist jedoch in zweifacher Hinsicht problematisch: Erstens unterscheidet diese Norm zwischen der Kenntnis des Vertreters und des Vertretenen und stellt in Absatz II in bestimmten Fällen auf die Kenntnis des Vertretenen ab. 113

Die Gesellschaft als Vertretene hat aber keine eigene Kenntnis. Zweitens stellt § 166 I BGB darauf ab, dass der Vertreter das Geschäft im Namen des Vertretenen abschließt. Ob das Organ am Rechtsgeschäft mitgewirkt hat, ist jedoch unerheblich.

Aus diesen Gründen wird in der gesellschaftsrechtlichen Literatur vertreten, dass die Zurechnung des Organwissens nicht aus § 166 I BGB, sondern aus dem in § 31 BGB ausgedrückten allgemeinen Rechtsgedanken abgeleitet werden sollte. Bei Wissensvertretern kann die Zurechnung dagegen nur über § 166 I BGB analog erfolgen.

hemmer-Methode: Bei direkter Beteiligung des Organs an dem Rechtsgeschäft kann § 166 I BGB aber ohne weiteres direkt angewendet werden.

d) Das voluntative Merkmal bei der Arglist

Problem: voluntatives Merkmal bei der Arglist

Arglist i.R.d. Mängelhaftung setzt voraus, dass der Verkäufer weiß oder damit rechnet, dass der Käufer den Mangel nicht kennt und bei dessen Kenntnis den Kaufvertrag voraussichtlich nicht oder unter anderen Bedingungen abschließen würde.[145] 114

144 BGH, NJW 1996, 1340 = jurisbyhemmer.

145 Vgl. auch Palandt, § 442 BGB, Rn. 18.

Im Fall der Wissenszusammenrechnung fehlt diese Kenntnis jedoch beim Handelnden. Gleichwohl ist auch das voluntative Arglistmerkmal zu bejahen, wenn das Wissenselement der Arglist durch Wissenszusammenrechnung erfüllt ist.[146]

Dies gebietet der Verkehrsschutz, denn der Vertragspartner darf durch die Eigenart der Organisation einer Gesellschaft nicht schlechter gestellt werden, als hätte er mit einer natürlichen Person kontrahiert.

hemmer-Methode: Diese Argumentation kann auf alle Tatbestände übertragen werden, die Arglist erfordern (z.B. § 123 BGB).

VI. Dingliche Ansprüche

Voraussetzung: Besitzfähigkeit

Eine Gesellschaft kann nur Anspruchstellerin bzw. Anspruchsgegnerin der Ansprüche aus §§ 985 ff. BGB und der Besitzschutzansprüche gem. §§ 861, 862, 869, 1007 I, II, III S. 2 BGB[147] sein, wenn sie Besitzerin ist. Dies setzt voraus, dass sie überhaupt Besitzerin sein kann. Die Frage nach der Besitzfähigkeit der Gesamthandsgesellschaften steht in engem Zusammenhang mit der Frage nach ihrer Teilrechtsfähigkeit. 115

Organbesitz bei Personengesellschaften str.

Nach richtiger Ansicht haben die Gesamthandsgemeinschaften selbst an den zu ihrem Gesellschaftsvermögen gehörenden Sachen Besitz, d.h. sie haben wie die juristischen Personen sog. Organbesitz.[148] Es ist ein Gebot der dogmatischen Folgerichtigkeit, sie für besitzfähig zu halten, wenn man ihre Teilrechtsfähigkeit bejaht. Schließlich muss auch eine Übergabe gem. § 929 S. 1 BGB an die Gesellschaft möglich sein, wenn sie Eigentum erwerben können soll. Den Besitz übt sie dabei durch ihre Organe aus, die weder Besitzdiener noch Besitzmittler sind.[149] 116

Der Organbesitz hat zwei Voraussetzungen:

- Das Organ (= der zur Geschäftsführung berechtigte Gesellschafter) muss den Willen haben, nur für die Gesellschaft zu besitzen.
- Die Ausübung der Sachherrschaft muss im Organisationsbereich der Gesellschaft erfolgen.

hemmer-Methode: Eine Vindikationsklage gem. § 985 BGB, die gegen den für die Gesellschaft besitzenden Gesellschafter gerichtet wird, ist unbegründet. Der Gesellschafter ist nicht passivlegitimiert, weil nicht er, sondern die Gesellschaft Besitzerin ist. Gleiches gilt übrigens für die Vindikationsklage gegen einen Besitzdiener i.S.d. § 855 BGB.
Der Besitz der Gesellschaft kann auch durch Dritte und zur Geschäftsführung nicht berechtigte Gesellschafter ausgeübt werden. Sie sind Besitzdiener gem. § 855 BGB. Besitzherren sind die ihnen gegenüber weisungsbefugten Organe. Besitzerin ist die Gesellschaft.[150]

146 BGHZ 109, 333 = **juris**byhemmer; Palandt, § 166 BGB, Rn. 8.

147 Dies gilt im Übrigen auch für Ansprüche aus unerlaubter Handlung gem. §§ 823 I (Recht zum Besitz bzw. berechtigter Besitz als sonstiges Recht), 823 II i.V.m. 858 BGB.

148 Der Begriff ist missverständlich, da die Gesellschaft und nicht das Organ besitzt.

149 Palandt, § 854 BGB, Rn. 12.

150 Palandt, § 854 BGB, Rn. 12.

Exkurs: Abhandenkommen i.S.v. § 935 BGB

§ 935 BGB (-) bei Weggabe durch Organ

Eine Sache ist der Gesellschaft abhandengekommen i.S.d. § 935 BGB, wenn sie unfreiwillig ihren Besitz verloren hat. Daraus folgt, dass eine Sache dann nicht abhandengekommen ist, wenn ein Gesellschafter seine Geschäftsführungs- oder Vertretungsbefugnis überschreitet, weil sich die Gesellschaft den Willen des Organs als eigenen Willen zurechnen lassen muss.[151] 118

hemmer-Methode: Gleichwohl verübt das Eigenbesitz (vgl. § 872 BGB) begründende Organ verbotene Eigenmacht[152], wenn es sich zum Eigenbesitzer aufschwingt, mit der Folge, dass der Gesellschaft Herausgabeansprüche gegen diesen Gesellschafter zustehen. In einem solchen Fall liegt dann auch ein Abhandenkommen i.S.d. § 935 BGB vor. Maßgeblich für die Abgrenzung ist daher, ob der Gesellschafter ein eigenes Geschäfts führt, oder aber ein Geschäft für die Gesellschaft. Im letzten Fall ist § 935 BGB nicht verwirklicht. In einer Klausur wird der Gesellschafter die Sache regelmäßig auf seine Rechnung weiterveräußern. Es stellt sich dann u.a. das Problem der Anwendbarkeit der §§ 987 ff. BGB. Dies hängt davon ab, ob das Aufschwingen des Gesellschafters zum Eigenbesitzer ein Besitzerwerb i.S.d. § 990 BGB ist.
Von der Problematik des Aufschwingens vom Fremd- zum Eigenbesitzer unterscheidet sich dieser Fall dadurch, dass der Gesellschafter als Organ vor der Besitzbegründung - wie der Besitzdiener - keine besitzrechtliche Position innehatte. Gleichwohl wird er wie die Parallelproblematik zu lösen sein. Wiederholen Sie deshalb Hemmer/Wüst, Sachenrecht I, Rn. 330 ff.

Dagegen (+) bei anderem Gesellschafter

Erfolgt die Weggabe durch einen nicht geschäftsführungs- bzw. vertretungsbefugten Gesellschafter, ist ein Abhandenkommen zu bejahen, da dieser keine Organstellung hat und somit sein Wille der Gesellschaft nicht zugerechnet wird.

hemmer-Methode: Geht es um einen gutgläubigen Erwerb der Gesellschaft (§§ 892, 932 BGB), kommt es auf die Kenntnis bzw. das Kennenmüssen der Organe an. Es gelten die in Rn. 107 ff. dargestellten Grundsätze der Wissenszurechnung. Gleiches gilt für Ansprüche gegen die Gesellschaft aus §§ 987 ff. BGB.

Exkurs Ende

Abhandenkommen

Abhandenkommen allg. **(+)** bei Verlust des unmittelbaren Besitzes ohne den Willen der Gesellschaft, d.h. ohne Willen ihrer Organe

Abhandenkommen **(-)** bei freiwilliger Weggabe der Sache durch einen Gesellschafter unter Überschreitung seiner Geschäftsführungsbefugnis/ Vertretungsmacht	Abhandenkommen **(+)** bei Weggabe durch nicht geschäftsführungsbefugten/ vertretungsberechtigten Gesellschafter, da Organbefugnisse (-)

151 Palandt, § 935 BGB, Rn. 10, BGHZ 57, 166 ff. für die juristische Person = **juris**byhemmer; dies gilt nach der hier vertretenen Auffassung auch für die Personengesellschaften.

152 Palandt, § 854 BGB, Rn. 10.

VII. Ansprüche aus unerlaubter Handlung

§§ 823 ff. BGB setzen Deliktsfähigkeit der Gesellschaft voraus

Ansprüche aus unerlaubter Handlung[153] setzen ein Verschulden seitens des Schädigers voraus. Dieses Tatbestandsmerkmal kann von einer Gesellschaft nur dadurch ausgefüllt werden, dass ihr das Verschulden ihrer Organe als eigenes Verschulden zugerechnet werden kann. Mit anderen Worten: Die Gesellschaft ist deliktsfähig, wenn ihr das Organverschulden analog § 31 BGB zugerechnet wird. *119*

hemmer-Methode: Die Rechtsprechung hat für juristische Personen die Anwendbarkeit des § 31 BGB über die Organe hinaus ausgedehnt. Sie wendet § 31 BGB auch auf Repräsentanten an, also Vertreter, denen durch die allgemeine Betriebsregelung und Handhabung bedeutsame, wesensmäßige Funktionen der juristischen Person zur selbstständigen, eigenverantwortlichen Erfüllung zugewiesen sind,[154] z.B. Filialleiter.
Damit im Zusammenhang steht die Lehre vom Organisationsmangel, wonach der Geschäftsbereich der Tätigkeit so zu organisieren ist, dass für alle wichtigen Aufgabenbereiche ein Repräsentant zuständig ist, der die wesentlichen Entscheidungen selbst trifft. Wird diese Organisationspflicht verletzt, muss sich die juristische Person so behandeln lassen, als wäre der tatsächlich eingesetzte Verrichtungsgehilfe ein Repräsentant. Diese beiden Erweiterungen haben jedoch nicht mit der gesellschaftsrechtlichen Zurechnung des Organverschuldens zu tun, sondern betreffen Erweiterungen des allgemeinen Deliktsrechts, um die Exkulpation des § 831 S. 2 BGB zu umgehen. Lesen Sie dazu Hemmer/Wüst, Deliktsrecht I, Rn. 190 ff.

§ 31 BGB analog unstr. bei Personenhandelsgesellschaften

Die Zurechnung des Organverschuldens analog § 31 BGB ist bei den Personenhandelsgesellschaften durch Rechtsprechung und Literatur anerkannt. „Verfassungsmäßig berufene Vertreter" i.S.d. § 31 BGB sind geschäftsführungs- und vertretungsberechtigte Gesellschafter, aber auch solche, die selbstständig und eigenverantwortlich die Gesellschaft repräsentieren. *120*

§ 31 BGB analog str. bei BGB-Gesellschaft

Umstritten war lange Zeit die analoge Anwendbarkeit des § 31 BGB auf die BGB-Gesellschaft. Während die Literatur[155] § 31 BGB analog auch auf die GbR anwenden wollte, hielt die Rechtsprechung früher § 31 BGB für unanwendbar, weil die BGB-Gesellschaft zu wenig körperschaftlich organisiert sei.[156] *121*

Bisherige Rechtsprechung zu § 31 BGB überholt

Diese bisherige Auffassung des BGH ist ein Relikt der individualistischen Theorie und wurde als konsequente Fortsetzung der Rechtsprechung zur Teilrechtsfähigkeit[157] aufgehoben.[158] Danach muss sich die GbR ein zum Schadensersatz verpflichtendes Verhalten ihrer (geschäftsführenden) Gesellschafter analog § 31 BGB zurechnen lassen. *122*

Untermauern lässt sich diese Ansicht mit folgender Überlegung: § 31 BGB findet bei der nicht körperschaftlich organisierten Stiftung gem. § 89 BGB Anwendung. Die als Gesamthandsgemeinschaft organisierte BGB-Gesellschaft ist auch nicht weniger körperschaftlich organisiert als eine OHG, für die § 31 BGB analog gilt.[159] Besonders deutlich wird dies in den Fällen der Umwandlung kraft Rechtsformzwangs. Bejaht man die Teilrechtsfähigkeit der BGB-Gesellschaft, ist es demnach nur konsequent, § 31 BGB analog anzuwenden.

---

153 Ausgenommen die Tatbestände der Gefährdungshaftung, z.B. § 833 S. 1 BGB; § 7 StVG; § 1 ProdHG u.s.w.

154 Man beachte auch die parallele Entwicklung bei den sog. Wissensvertretern, vgl. Rn. 111 f.

155 Altmeppen, NJW 1996, 1017 m.w.N.

156 BGHZ 45, 311 = **juris**byhemmer.

157 BGH, NJW 2001, 1056 = **Life&Law 03/2001, 216 ff.** = **juris**byhemmer.

158 BGH, NJW 2003, 1445 ff. = **Life&Law 06/2003, 385 ff.** = **juris**byhemmer; so auch zuvor bereits K. Schmidt, NJW 2001, 993 (998); Seuffert, **Life&Law 03/2001, 216 (226)**.

159 Palandt, § 31, Rn. 3.

hemmer-Methode: Beachten Sie, dass eine Verschuldenszurechnung das Vorliegen aller sonstigen Voraussetzungen des § 31 BGB erfordert. Dazu gehört insbesondere, dass das Organ für den betreffenden Rechtsträger handelt.[160] Wie bei der Verschuldenszurechnung allgemein (§§ 278, 831 BGB) gilt der Grundsatz, dass ein Handeln i.R.d. zurechnungsbegründenden Wirkungskreises erforderlich ist. Ein Handeln „bei Gelegenheit" genügt nicht.
Dies bedeutet aber nicht, dass jede Kompetenzüberschreitung des Organs die Gesellschaft von der Haftung befreit. Es genügt ein innerer Zusammenhang zwischen der schuldhaften Handlung und dem Wirkungskreis. Bei Ansprüchen aus § 280 I BGB i.V.m. §§ 311 II, 241 II BGB, GoA oder §§ 812 ff. BGB bestehen keine weiteren gesellschaftsrechtlichen Besonderheiten. Es können dort nur Probleme der Verschuldens- und Wissenszurechnung auftreten, wie sie i.R.d. vertraglichen Schadensersatzansprüche behandelt wurden. Prüfen Sie bei diesen Anspruchsgrundlagen aber immer sorgfältig, ob die Voraussetzungen bei der Gesellschaft oder in der Person eines Gesellschafters erfüllt sind! Bsp.: Bei einem Anspruch aus Eingriffskondiktion müssen Sie prüfen, ob die Gesellschaft oder der Gesellschafter etwas erlangt hat.

Lösung Ausgangsfall (Rn. 23): *123*

Ansprüche gegen die BGB-Gesellschaft

I. Ansprüche des Bundy (B)

1. Anspruch aus §§ 634 Nr. 4, 280 I BGB

In Betracht kommt ein Anspruch gegen die aus A und T bestehende BGB-Gesellschaft auf Ersatz des Mangelfolgeschadens aus §§ 634 Nr. 4, 280 I BGB wegen der mangelhaft ausgeführten Reparatur.

Dies setzt zunächst voraus, dass A und T eine BGB-Gesellschaft bilden und diese Anspruchsgegnerin sein kann.

A und T haben sich rechtsgeschäftlich zur Förderung eines gemeinsamen Zwecks, dem Betrieb der Kfz-Werkstatt, zusammengeschlossen. Eine OHG scheidet aus. Aufgrund des geringen Umfanges wird kein Handelsgewerbe i.S.d. § 1 II HGB betrieben. An einer Eintragung i.S.d. § 105 II HGB fehlt es. A und T betreiben daher eine BGB-Gesellschaft.

Die gem. §§ 133, 157 BGB als Anfechtung auszulegende Erklärung des W kann höchstens zur Nichtigkeit seines Beitritts führen (§§ 142 I, 123 BGB), aber keinesfalls zur Nichtigkeit der ganzen Gesellschaft. Sofern die Grundsätze über die fehlerhafte Gesellschaft eingreifen, hätte dies jedoch die Wirksamkeit seines Beitritts, lediglich mit der Möglichkeit eines Austritts für die Zukunft, zur Folge. Die Existenz der Gesellschaft an sich bliebe jedenfalls unberührt.

Ob eine BGB-Gesellschaft Vertragspartner und damit Anspruchsgegner sein kann, hängt davon ab, ob die BGB-Gesamthand als solche Trägerin von Rechten und Pflichten sein kann.

Dies wird von der sog. individualistischen Theorie abgelehnt, da der Wortlaut der §§ 714 BGB, 736 ZPO ganz klar zeige, dass dem Gesetz eine irgendwie geartete Rechtssubjektivität der BGB-Gesamthand fremd ist. Ansonsten hätte es auch der Sonderregelung des § 124 I HGB nicht bedurft (Umkehrschluss).

Richtigerweise ist jedoch die Teilrechtsfähigkeit der BGB-Gesellschaft zu bejahen. Der Wortlaut kann immer nur Ausgangspunkt der Gesetzesauslegung sein und ist jedenfalls dann nicht ausschlaggebend, wenn er nur Ausdruck der dogmatischen Unsicherheit des Gesetzgebers über das Gesamthandsprinzip ist.

160 Palandt, § 31, Rn. 10.

Entscheidend ist, dass nur die Annahme der Teilrechtsfähigkeit anerkannte Ergebnisse dogmatisch einwandfrei zu erklären vermag, wie z.B., dass das Gesellschaftsvermögen bei Eintritt eines neuen Gesellschafters auch für alte Verbindlichkeiten haftet. Auch der Gesetzgeber hat in neueren Gesetzen, z.B. § 191 II S. 1 UmwG, die Teilrechtsfähigkeit der GbR anerkannt. Auch der BGH hat jetzt ausdrücklich die (Teil-)Rechtsfähigkeit der GbR anerkannt[161].

hemmer-Methode: Die Haftungsverhältnisse bei der BGB-Gesellschaft bilden ersichtlich den Schwerpunkt des Ausgangsfalles. Damit ist klar, dass der Klausurersteller auch ein näheres Eingehen auf die bekannten Streitfragen wünscht (Echoprinzip).

Vom Vorliegen eines wirksamen Werkvertrages i.S.d. § 631 BGB - geschuldet ist eine gelungene Reparatur, also ein Erfolg - kann ausgegangen werden.

Gem. § 634 Nr. 4 BGB kann der Besteller unter den Voraussetzungen des § 280 I BGB Schadensersatz für sog. Mangelfolgeschäden verlangen.

A hat die – aus § 633 I BGB folgende - Pflicht zur ordnungsgemäßen Reparatur zumindest fahrlässig verletzt (§ 708 BGB gilt nur im Innenverhältnis). Sein Verschulden ist der Gesellschaft über § 31 BGB analog zuzurechnen.

Die Voraussetzungen der §§ 634 Nr. 4, 280 I BGB sind erfüllt, da es sich um einen Begleitschaden i.S.d. § 280 I BGB handelt, so dass eine vorherige Fristsetzung (§ 281 BGB) nicht erforderlich ist. Anhaltspunkte für ein Mitverschulden des B gem. § 254 BGB lassen sich dem Sachverhalt nicht entnehmen. Als adäquat kausal entstandener Schaden sind dem B die Reparatur- und die Krankenhauskosten gem. § 249 II S. 1 BGB zu ersetzen. Schmerzensgeld wird i.R.d. §§ 634 Nr. 4, 280 I BGB gem. § 253 II BGB gewährt.

2. Anspruch aus § 823 I BGB i.V.m. § 31 BGB analog

§§ 823 ff. BGB sind grundsätzlich neben vertraglichen Schadensersatzansprüchen anwendbar, da sie nach Voraussetzungen und Rechtsfolgen grds. selbstständig zu beurteilen sind.

Die Sperrwirkung des § 993 I HS 2 BGB greift hinsichtlich des Pkw nicht ein, da, selbst wenn man die Gesellschaft bzw. die Gesellschafter für kurze Zeit als Besitzer und nicht, wie wohl richtig, als Besitzdiener ansähe, eine Vindikationslage im Zeitpunkt der Verletzungshandlung mangels unberechtigten Besitzes nicht vorlag. Auch wenn man vorliegend einen sog. weiterfressenden Mangel annimmt, schließt das die Anwendbarkeit von § 823 I BGB nicht aus, da jedenfalls das Integritäts- und nicht das Äquivalenzinteresse betroffen ist. Das Äquivalenzinteresse betrifft höchstens die mangelhaft reparierte Bremsanlage.

Das Eigentum sowie der Körper bzw. die Gesundheit des B wurden durch die mangelhaft vorgenommene Reparatur adäquat kausal verletzt.

Die Voraussetzungen der Rechtswidrigkeit sind umstritten. Vertreten wird die Lehre vom Erfolgsunrecht (Verletzungserfolg indiziert die Rechtswidrigkeit) und die Lehre vom Handlungsunrecht (Rechtswidrigkeit erfordert Verstoß gegen Sorgfaltspflicht).

Zu folgen ist der vermittelnden Auffassung, wonach bei unmittelbaren Verletzungshandlungen die Lehre vom Erfolgsunrecht gilt und bei mittelbaren Verletzungshandlungen (= der Verletzungserfolg liegt nicht mehr i.R.d. Ablaufs der Handlung) die Lehre vom Handlungsunrecht. Vorliegend liegt eine mittelbare Verletzungshandlung vor, sodass die Lehre vom Handlungsunrecht anzuwenden ist.

161 BGH, NJW 2001, 1056 = **Life&Law 03/2001, 216 ff.** = **juris**byhemmer.

T hat eine Verkehrspflicht - die ihn aufgrund seiner beruflichen Stellung, die generell Gefahren für Dritte in sich birgt, trifft - verletzt, indem er die Bremsanlage nur mangelhaft repariert hat. Die Handlung war folglich rechtswidrig.

Fraglich ist aber, ob das Verschulden des T hinsichtlich des Pflichtverstoßes der BGB-Gesellschaft als eigenes Verschulden analog § 31 BGB zuzurechnen ist, die BGB-Gesellschaft also deliktsfähig ist. Dies wird teilweise mit der Begründung abgelehnt, die BGB-Gesellschaft sei zu wenig körperschaftlich organisiert. Dem ist nicht zuzustimmen.

Wie § 89 BGB, der für die Stiftung auf § 31 BGB verweist, zeigt, ist eine körperschaftliche Organisation - die Stiftung ist reines Zweckvermögen - nicht unbedingt erforderlich. Auch ist es nur konsequent, bei der Bejahung der Teilrechtsfähigkeit der BGB-Gesellschaft § 31 BGB zumindest i.R.d. §§ 823 ff. BGB analog anzuwenden.[162]

B kann daher auch gem. §§ 823 I, 31 BGB Schadensersatz gem. § 249 II S. 1 BGB und Schmerzensgeld nach § 253 II BGB verlangen. Die Höhe ist Tatfrage und unterliegt der freien Würdigung des Gerichts, § 287 ZPO.

II. Ansprüche der Marcy (M)

1. Ansprüche aus Vertrag scheiden aus, insbesondere liegt kein Vertrag mit Schutzwirkung für Dritte vor.

2. Anspruch aus § 823 I BGB i.V.m. § 31 BGB analog

Die Anspruchsvoraussetzungen der §§ 823 I, 31 BGB sind auch hinsichtlich der M erfüllt, insbesondere ist der Verletzungserfolg der Gesellschaft zurechenbar, da es nicht außerhalb jeder Wahrscheinlichkeit liegt, dass es infolge einer mangelhaften Bremsreparatur zu einem Unfall mit Drittbeteiligung kommt. Würde man dagegen die analoge Anwendbarkeit des § 31 BGB ablehnen, hätte dies zur Folge, dass M das Gesellschaftsvermögen als Haftungsobjekt nicht zur Verfügung stehen würde. Sie könnte sich nur an T halten.

B) Ansprüche gegen die Gesellschafter

hemmer-Methode: Nachdem Sie in einer Klausur Ansprüche gegen die Gesellschaft abgehandelt haben, werden Sie im Anschluss daran regelmäßig zu prüfen haben, ob die Gesellschafter für die festgestellten Gesellschaftsverbindlichkeiten haften. Die Haftung der Gesellschafter (I.) setzt einen rechtlichen Haftungsgrund voraus, der für die BGB-Gesellschaft und die Personenhandelsgesellschaften verschieden ist. Auch muss die in Anspruch genommene Person überhaupt Gesellschafter (II.) in der betreffenden Gesellschaft sein oder zurechenbar einen entsprechenden Rechtsschein erweckt haben (Haftung als Scheingesellschafter). I.R.d. Prüfung können Ihnen Probleme des Gesellschafterbeitritts, -austritts, -wechsels und der Nachfolge in die Gesellschaft von Todes wegen begegnen. Weiter ist zu prüfen, ob der Gesellschafter eigene Einwendungen oder Einwendungen der Gesellschaft (III.) dem Anspruch entgegenhalten kann. Schließlich können am Ende einer Klausur auch prozessuale Probleme abgefragt werden (IV.). *124*

162 BGH, NJW 2003, 1445 ff. = **Life&Law 06/2003, 385 ff.** = **juris**byhemmer.

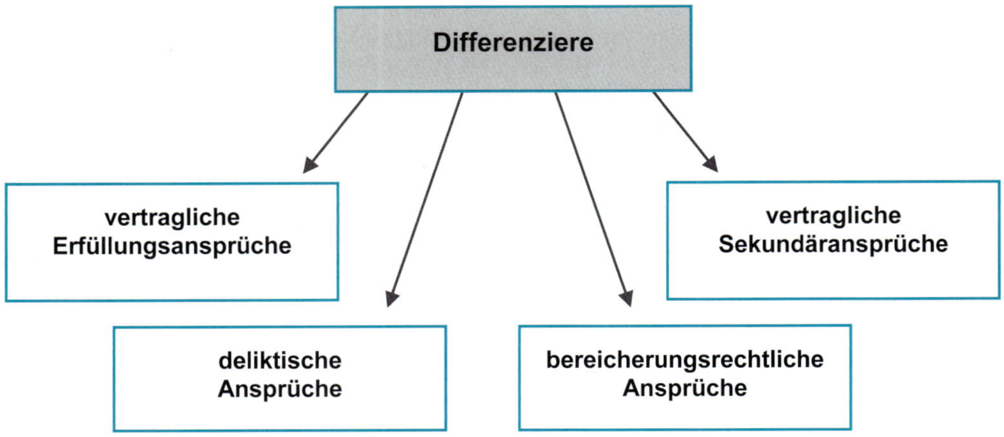

I. Die Haftung der Gesellschafter

1. Die Haftung der BGB-Gesellschafter

a) Vertragliche Erfüllungsansprüche

Mitverpflichtung der Gesellschafter

Nach der Lehre von der Teilrechtsfähigkeit wird die Gesamthand als solche verpflichtet. Neben der Gesamthand werden nach ganz h.M. aber auch die einzelnen Gesellschafter verpflichtet, d.h. es entstehen neben den Gesellschaftsschulden auch Gesellschafterschulden (sog. Gesamthänderschulden). Haftungsobjekt für diese ist das jeweilige Privatvermögen der Gesellschafter. Da die §§ 705 ff. BGB keine dem § 128 HGB entsprechende Regelung enthalten, ist umstritten, wie sich die Verpflichtung der Gesellschafter begründen lässt.[163] 125

hemmer-Methode: Nach der Lehre von der Teilrechtsfähigkeit wird die Gesamthand als solche vertreten und verpflichtet. Die persönliche Haftung der Gesellschafter mit ihrem Privatvermögen bedarf daher einer besonderen rechtskonstruktiven Begründung.
Dieses Problem stellt sich nach der individualistischen Theorie folglich nicht: Mangels Teilrechtsfähigkeit der Gesellschaft werden nur die Gesellschafter in ihrer gesamthänderischen Verbundenheit vertreten und verpflichtet. Sie haften daher ohne weiteres als Gesamtschuldner, sowohl mit dem Gesellschaftsvermögen als auch mit ihrem übrigen Privatvermögen (sog. einheitliche Schuld mit doppeltem Haftungsobjekt).

Früher h.M.: Theorie der Doppelverpflichtung

Nach der früher herrschenden Theorie der Doppelverpflichtung haftete ein Gesellschafter für die Gesellschaftsverbindlichkeiten nur, wenn sich in seiner Person ein Verpflichtungstatbestand erfüllte. Dieser Verpflichtungstatbestand war nach der Theorie von der Doppelverpflichtung rechtsgeschäftlicher Natur.

Eine Verpflichtung der Gesellschafter erforderte

Voraussetzungen nach der Theorie der Doppelverpflichtung

- ➲ beim handelnden Gesellschafter die Willenserklärung, sich neben der Gesamthand auch persönlich verpflichten zu wollen und
- ➲ bei den Mitgesellschaftern die entsprechende Willenserklärung des handelnden Gesellschafters in ihrem Namen und mit Vertretungsmacht.

163 Vgl. zum Ganzen umfassend Habersack, JuS 1993, 1.

Auslegung gem. §§ 133, 157 BGB ergibt, ob Doppelverpflichtung gewollt ist

Die Vertretungsmacht, um die Mitgesellschafter bei der Begründung von Gesellschaftsverbindlichkeiten mit zu verpflichten, lag nur selten ausdrücklich vor. Nach der Verkehrsauffassung (vgl. § 157 BGB) war aber davon auszugehen, dass sich zumindest die Gesellschafter einer Mitunternehmer- oder Erwerbsgesellschaft gegenseitig im Gesellschaftsvertrag konkludent diese Vertretungsmacht einräumen. Aus den Umständen ergab sich zudem, dass Willenserklärungen im Namen des Mitgesellschafter erfolgen sollten, vgl. § 164 I S. 2 BGB. Haftungsgrundlage für die Mitgesellschafter war demnach die im Gesellschaftsvertrag rechtsgeschäftlich erteilte Vertretungsmacht, die beim Vertragsschluss mit dem Vertragspartner der Gesamthand ausgeübt wurde.

hemmer-Methode: Die Theorie von der Doppelverpflichtung war von Beginn an eine Hilfskonstruktion, die auf komplizierte Weise die Haftungsergebnisse der individualistischen Theorie zu erreichen suchte. Dies zeigt der Umstand, dass nach der Doppelverpflichtungslehre die Gesellschafter nur mitverpflichtet, nicht aber auch mitberechtigt sein durften. Könnte der einzelne Gesellschafter aus dem Vertrag selbst Rechte geltend machen - bei einem Vertragsschluss in Stellvertretung ist er ja selbst Vertragspartner -, so würde dadurch die Vertretungsregelung in der GbR unterlaufen. Die Mitverpflichtung musste daher als Schuldbeitritt der Gesellschafter konstruiert werden. Die Gesellschafter hafteten als Gesamtschuldner gem. §§ 427, 421 BGB bzw. §§ 431, 421 BGB.

Insbesondere die Problematik um die „GbR-mbH“ (vgl. unten Rn. 137 ff.) hat den BGH dazu bewogen, seine Rechtsprechung zur Haftungsverfassung grundlegend zu ändern: Seit der Entscheidung vom 29.01.2001[164] vertritt der BGH nun ausdrücklich die sog. Akzessorietätstheorie:

Jetzt h.M.: Akzessorietätstheorie

Nach der Akzessorietätstheorie haftet ein BGB-Gesellschafter wie ein OHG-Gesellschafter für alle Gesellschaftsverbindlichkeiten kraft Gesetzes und akzessorisch zur Gesamthandsschuld. 126

Dies wird mit dem Wesen der Gesamthand oder einer analogen Anwendung des § 128 HGB begründet.

Frühere Kritik an der Akzessorietätstheorie

Gegen die Akzessorietätstheorie wurde vorgebracht, dass sie im geltenden Recht der BGB-Gesellschaft keine Stütze im Gesetz finde und es so an einer planwidrigen Regelungslücke, der Grundvoraussetzung einer Analogie, fehle.

Die Bedenken gegen die Akzessorietätstheorie können nicht überzeugen: Auch die Konstruktion der Doppelverpflichtungslehre findet keine Stütze im Gesetz. Insofern wird man von einer nur lückenhaften gesetzlichen Regelung ausgehen müssen. Die Akzessorietätstheorie bietet gegenüber der Doppelverpflichtungslehre den Vorteil, dass sie erheblich einfacher zu handhaben ist. 127

hemmer-Methode: Nach der Rechtsprechungsänderung hin zur Akzessorietätstheorie stellt sich eine zentrale Frage: Wollte der BGH durch die Hinwendung zur Akzessorietätstheorie die Haftungsverfassung nur auf eine neue – einfachere – dogmatische Grundlage stellen, oder erweitert er mit der neuen Rechtsprechung die Haftung der Gesellschafter einer GbR? Diese Frage bietet Anlass zur Diskussion. In den folgenden Ausführungen sollen die möglichen Konsequenzen aufgezeigt werden. Beachten Sie aber: Erst weitere Entscheidungen des BGH werden letztlich zeigen, welcher Weg eingeschlagen wird. Bleiben Sie deshalb - z.B. mit unserer Ausbildungszeitschrift Life&Law – am „Puls“ der Entwicklung.[165] 128-130

164 BGH, NJW 2001, 1059 ff. = **Life&Law 2001, 216 (224)** = **juris**byhemmer.

165 Der BFH hat unter Heranziehung der BGH-Rechtsprechung auch die Haftung der Gesellschafter für Steuerschulden einer der Besteuerung unterliegenden GbR bejaht, NJW-RR 2006, 1696 = **juris**byhemmer.

b) Vertragliche Schadensersatzansprüche

Akzessorietätstheorie

Die persönliche Haftung der Gesellschafter für vertragliche Schadensersatzansprüche ist nach der Akzessorietätstheorie unproblematisch, da die Gesellschafter automatisch für alle Verbindlichkeiten der Gesellschaft persönlich haften (§ 128 HGB analog).[166] 131

Theorie der Doppelverpflichtung

Nach der früher herrschenden Theorie der Doppelverpflichtung gestaltet sich die Begründung der persönlichen Haftung der Gesellschafter komplizierter. Es ist zwischen dem Gesellschafter, der die vertragliche Pflicht schuldhaft verletzt, und dem nicht handelnden Gesellschafter zu differenzieren: 132

Handelnde Gesellschafter

- Der handelnde Gesellschafter haftet ohne weiteres für den vertraglichen Schadensersatzanspruch, weil zwischen ihm und dem Vertragspartner ein rechtsgeschäftlich begründetes Schuldverhältnis besteht und er eine daraus folgende Vertragspflicht selbst schuldhaft (§ 276 BGB) verletzt hat. 133

Nicht handelnde Gesellschafter

- Der nicht handelnde Gesellschafter müsste sich das Verschulden des handelnden Gesellschafters nach der Regelung des § 425 II BGB grundsätzlich nicht anrechnen lassen. 134

  Bei Verträgen, die mit der Gesellschaft geschlossen werden, ergibt sich aber aus der Natur des Schuldverhältnisses (§ 425 I BGB), dass die in der Person des einen Gesellschafters eintretende Leistungsstörung auch gegen den anderen wirkt. Denn die gesamtschuldnerische Haftung aller Gesellschafter soll gerade die Gesellschaftsgläubiger sichern und macht folglich den Kredit der Gesellschaft aus. Das Verschulden entfaltet daher Gesamtwirkung, sodass auch der nicht handelnde Gesellschafter haftet.

hemmer-Methode: Die individualistische Theorie begründet die Haftung des nicht handelnden Gesellschafters für vertragliche Schadensersatzansprüche genauso wie die Theorie der Doppelverpflichtung.

c) Ansprüche aus unerlaubter Handlung

Für deliktisches Verhalten haftet der handelnde Gesellschafter unmittelbar nach §§ 823 ff. BGB. Wie oben unter Rn. 121 festgestellt, wird das deliktische Handeln der GbR analog § 31 BGB zugerechnet. Es stellt sich jedoch die Frage, ob auch die Mitgesellschafter für fremde deliktische Handlungen mit ihrem Privatvermögen haften. 135

Hier erzielt man mit den Theorien zur Haftungsverfassung der GbR unterschiedliche Ergebnisse:

Doppelverpflichtungslehre

Legt man die Theorie der Doppelverpflichtung zugrunde, so haften die Mitgesellschafter nicht. Die fremde deliktische Handlung kann ihnen nicht zugerechnet werden. Als Zurechnungsnorm kommt nur § 831 BGB in Betracht, dessen Tatbestand mangels Weisungsgebundenheit des handelnden Gesellschafters nicht erfüllt ist. 135a

Akzessorietätstheorie

Die Akzessorietätstheorie hingegen kommt in analoger Anwendung des § 128 S. 1 HGB zum entgegengesetzten Ergebnis: Die Gesellschafter haften grds. ohne Unterschied auch für Gesellschaftsverbindlichkeiten aus Delikt. Eine Zurechnungsnorm, die das Verhalten den einzelnen Gesellschaftern zurechnet, bedarf es nicht. 135b

166 Vgl. zu den Details der Haftung die Ausführungen zu der OHG, Rn. 140 ff.

§ 128 S. 1 HGB verlangt lediglich, dass der in Anspruch Genommene ein Gesellschafter ist und eine Gesellschaftsverbindlichkeit besteht. Letzteres wird durch Zurechnung an die GbR analog § 31 BGB erreicht.[167]

Nach Ansicht des BGH gibt es keinen Grund, diese Haftung – anders als bei der OHG – auf rechtsgeschäftlich begründete Verbindlichkeiten zu beschränken. Dafür spricht insbesondere der Gedanke des Gläubigerschutzes: Anders als bei rechtsgeschäftlicher Haftungsbegründung können sich die Gläubiger einer gesetzlichen Verbindlichkeit ihren Schuldner nicht aussuchen. Daher muss erst recht wie bei vertraglichen Verbindlichkeiten das Privatvermögen der Gesellschafter als Haftungsmasse zur Verfügung stehen.

Beschränkung der Akzessorietätstheorie

hemmer-Methode: Auch wenn man der Akzessorietätstheorie folgt, ist dieses Ergebnis nicht zwingend. Selbst unter Anhängern der Akzessorietätstheorie gibt es Stimmen, die eine Gesellschafterhaftung für fremde deliktische Verbindlichkeiten verneinen. Teilweise wird § 128 S. 1 HGB von Vertretern der Akzessorietätstheorie bewusst nicht auf deliktisches Verhalten angewendet.[168]
Die Argumente werden dabei hauptsächlich aus dem Deliktsrecht selbst hergeleitet. Die Haftung für fremdes deliktisches Handeln sei dem deutschen Zivilrecht fremd bzw. abschließend geregelt (§ 831 BGB). Die Haftung eines Gesellschafters für das deliktische Verhalten eines anderen sei daher nicht gerechtfertigt.[169]
Allenfalls dann, wenn sich die Kapitaldecke der Gesellschaft selbst durch Entnahmen verkürze, sei ein deliktisch Geschädigter schutzwürdig, da ihm dann u.U. Haftungsmasse entzogen werde. Dann sei bis zur Höhe dieser Verkürzung an eine persönliche Haftung analog § 128 HGB zu denken.

Fall: Die Rechtsanwälte Liebling und Kreuzberg haben gemeinsam eine Kanzlei eröffnet. Liebling übernimmt alle verkehrsrechtlichen Mandate, und Kreuzberg bearbeitet alle Scheidungssachen. Der Gewinn wird am Ende eines Geschäftsjahres brüderlich geteilt. Im Gesellschaftsvertrag ist Einzelgeschäftsführung und -vertretung vereinbart. Kreuzberg verwendet Gelder, die der Mandantin Vroni Feldbusch aus ihrer Scheidung zustehen, zum Kauf einer Inselgruppe im Pazifik. Welche Ansprüche hat die geprellte Mandantin? 136

I. Ansprüche gegen die aus L und K bestehende BGB-Gesellschaft

1. §§ 280 I, 241 II BGB

Ein Anspruch aus §§ 280 I, 241 II BGB wegen Verletzung einer Nebenpflicht aus dem Anwaltsvertrag setzt voraus, dass ein Schuldverhältnis zwischen der BGB-Gesamthand und der V samt schuldhafter Pflichtverletzung vorliegt.

Die BGB-Gesellschaft - eine OHG kommt von vornherein nicht in Betracht, da Rechtsanwälte als Freiberufler kein Gewerbe betreiben (vgl. § 105 I HGB) und nach h.M. nicht lediglich vermögensverwaltend (§ 105 II HGB) tätig sind - ist nach richtiger Ansicht insoweit teilrechtsfähig, als die Gesamthand als solche Träger von Rechten und Pflichten sein kann. Sie kommt daher als Vertragspartnerin in Betracht.

Unabhängig davon, ob K den Anwaltsvertrag auch im Namen des L geschlossen hat oder nicht, ist der Vertrag mit der BGB-Gesamthand zustande gekommen. Die Auslegung der Willenserklärung des K ergibt, dass er im Namen der Gesamthand handelte (§ 164 I S. 2 BGB), da es nach der Verkehrsauffassung (§ 157 BGB) insbesondere bei Anwaltssozietäten üblich ist, dass der Vertrag mit allen Sozien geschlossen wird.

167 BGH, NJW 2003, 1445 ff. = **Life&Law 06/2003, 385 ff.** = **juris**byhemmer.

168 Altmeppen, NJW 1996, 1017 ff.; NJW 2003, 1553 ff.

169 Ablehnend und mit dem BGH für eine deliktische Haftung K. Schmidt, NJW 2003, 1897 ff. (1900).

Etwas anderes gilt nur, wenn der Vertrag ausdrücklich nur mit einem Anwalt abgeschlossen wurde oder die Ausführung einer Tätigkeit erfolgen soll, die gewöhnlicherweise nicht zu den Aufgaben eines Anwalts gehört.[170] Dafür ist vorliegend nichts ersichtlich. K hatte auch Vertretungsmacht, sodass ein Schuldverhältnis zustande gekommen ist.

Ein Anwaltsvertrag ist seiner Rechtsnatur nach ein Geschäftsbesorgungsvertrag mit dienstvertraglichen Elementen.[171] Gem. § 241 II BGB besteht aus dem Schuldverhältnis die Pflicht, auf die Rechte und Interessen des Vertragspartners Rücksicht zu nehmen. Diese Pflicht hat K mit der Veruntreuung der Gelder verletzt.

Die schuldhafte Pflichtverletzung des K ist der Gesamthand zuzurechnen, unabhängig davon, ob § 278 BGB oder § 31 BGB analog als Zurechnungsnorm herangezogen wird. Ein Anspruch auf Schadensersatz aus §§ 280 I, 241 II BGB ist daher gegeben und beinhaltet gem. § 249 S. 1 BGB eine entsprechende Geldzahlung.

hemmer-Methode: Die Verjährung des Schadensersatzanspruches aus dem Anwaltsvertrag richtet sich nach § 51b BRAO.

2. § 823 II BGB, § 266 StGB; § 826 BGB i.V.m. § 31 BGB analog

Ebenso besteht ein Anspruch aus § 823 II BGB, § 266 StGB; § 826 BGB.

Die BGB-Gesellschaft ist als solche zwar nicht verschuldensfähig, nach richtiger Ansicht ist ihr aber das Verschulden des K der Gesamthand analog § 31 BGB zuzurechnen, da die BGB-Gesellschaft teilrechtsfähig ist und das Handeln des K demgemäß organschaftlicher Natur ist.

II. Ansprüche gegen K persönlich

1. §§ 280 I, 241 II BGB i.V.m. § 128 S. 1 HGB analog

Nach der Akzessorietätstheorie haften die Gesellschafter kraft Gesetzes und akzessorisch für die Verbindlichkeiten der Gesellschaft (§ 128 HGB analog). Zum gleichen Ergebnis kommt die Theorie der Doppelverpflichtung: Das Verhalten des K ist dahingehend auszulegen, dass er auch sich selbst aus dem Anwaltsvertrag verpflichten wollte, da eine dahingehende Verkehrsauffassung (§ 157 BGB) besteht.

Eine aus diesem Schuldverhältnis folgende Pflicht, die Vermögensinteressen der V zu wahren, hat er selbst schuldhaft (§ 276 BGB) verletzt, sodass er unproblematisch aus §§ 280 I, 241 II BGB haftet. An dieser Stelle kann deshalb der Streit offen bleiben.

2. Ansprüche aus § 823 II BGB, § 266 StGB, § 826 BGB.

Da K die unerlaubte Handlung selbst begangen hat, bestehen daneben Ansprüche aus § 823 II BGB, § 266 StGB, § 826 BGB.

III. Ansprüche gegen L persönlich

1. §§ 280 I, 241 II BGB i.V.m. § 128 S. 1 HGB

Nach der Akzessorietätstheorie erstreckt sich die akzessorische Haftung der Gesellschafter für Gesellschaftsverbindlichkeiten unproblematisch auch auf vertragliche und vertragsähnliche Schadensersatzansprüche. L haftet danach analog § 128 S. 1 HGB für die Gesellschaftsverbindlichkeit aus §§ 280 I, 241 II BGB.

---

170 BGHZ 88, 986; für Steuerberatersozietäten vgl. BGH, NJW 1990, 827 = jurisbyhemmer.

171 Palandt, Einf. v. § 611 BGB, Rn. 20.

Fraglich ist, ob die früher herrschende Theorie der Doppelverpflichtung zu demselben Ergebnis kommt. Durch die Doppelverpflichtung entstand ein Schuldverhältnis auch zwischen V und L. Da L selbst nicht gehandelt hat, liegt eine schuldhafte Pflichtverletzung aber nur dann vor, wenn ihm das Verschulden des K als eigenes Verschulden zugerechnet werden kann.

Als Zurechnungsnorm käme insoweit nur § 278 BGB in Frage. Das Tätigwerden des K kann aber allenfalls der Gesamthand über § 278 BGB zugerechnet werden. Eine Zurechnung auch gegenüber den Mitgesellschaftern ließe sich angesichts der abweichenden Regelung in § 425 BGB nur rechtfertigen, wenn ein besonderer Grund dafür besteht. Ein solcher ist jedoch nicht ersichtlich.

Nach der Regelung des § 425 BGB kommt dem Verschulden grundsätzlich nur Einzel- und keine Gesamtwirkung zu. Vorliegend könnte sich aber aus der Natur des Schuldverhältnisses etwas anderes i.S.d. § 425 I BGB ergeben. Die Sozien profitieren von der Arbeitsteilung, indem sie sich spezialisieren. Wegen dieser Interessenlage erscheint es auch billig, den einzelnen Mitgliedern das Risiko aufzubürden, dass einer der Partner schuldhaft vertraglich übernommene Pflichten verletzt. Das Schuldverhältnis bestimmt somit, dass alle Risiken für Schadensersatzansprüche gemeinsam getragen werden. L muss sich daher das Verschulden des K zurechnen lassen.

hemmer-Methode: Eine lange Namensliste auf dem Kanzleibriefbogen hat folglich nicht nur Vorteile! Diese Argumentation lässt sich im Übrigen auf alle Gesellschaftsverhältnisse übertragen. Ob dieser Grundsatz darüber hinaus für alle einheitlichen Schuldverhältnisse mit mehreren Beteiligten auf Schuldnerseite gilt, ist eher zweifelhaft. Die Ausnahme des § 425 I BGB würde wohl ansonsten zur Regel.

2. Anspruch aus § 128 S. 1 HGB analog i.V.m. §§ 823, 31 BGB

Während nach anderen Ansichten - insbesondere nach der Theorie der Doppelverpflichtung - Ansprüche aus §§ 823 ff. BGB ausscheiden, da L selbst keine unerlaubte Handlung begangen hat und eine Zurechnung gem. § 831 BGB mangels Weisungsgebundenheit scheitert, ist nach der Akzessorietätstheorie eine Haftung grundsätzlich zu bejahen: § 128 S. 1 HGB erstreckt sich - nach h.M. für die OHG - auch auf deliktische Ansprüche gegen die Gesellschaft. Über § 128 GB analog würde L danach auch gem. § 823 II BGB, § 266 StGB, § 826 BGB haften.

Der BGH ist in seiner Entscheidung vom 29.01.2001[172] der Begründung nach der Akzessorietätstheorie gefolgt. Allerdings hatte er dort noch offen gelassen, ob eine akzessorische Haftung auch für fremdes deliktisches Handeln gelten soll.

Insgesamt erschien es nämlich fraglich, ob der BGH mit seiner Rechtsprechungsänderung zur Akzessorietätstheorie die Haftungsverfassung der GbR grundlegend ändern wollte, oder nur ein neues dogmatisches Konzept zur Begründung der bisherigen Ergebnisse suchte. Der BGH hat sich nun ausdrücklich auch im Bereich der gesetzlichen Ansprüche für eine analoge Anwendung des § 128 HGB ausgesprochen.[173]

Die Haftung auch für gesetzliche Verbindlichkeiten ist im Modell der akzessorischen Haftung angelegt. Ohne sie bliebe die Rechtssubjektivität der GbR unvollkommen. Die Haftung für deliktisches Verhalten eines Gesellschafters ist den übrigen Gesellschaftern auch zumutbar, weil sie in aller Regel auf Auswahl und Tätigkeit der Organmitglieder entscheidenden Einfluss besitzen.

Außerdem kann sich eine gewerblich tätige GbR ohne jeden Publizitätsakt „über Nacht“ in eine strukturgleiche OHG verwandeln, sobald ihr Unternehmen nach Art und Umfang einen in kaufmännischer Weise eingerichteten Geschäftsbetrieb erfordert (§§ 105 II, 123 II HGB).

172 BGH, NJW 2001, 1056 = **Life&Law 03/2001, 216 (224)** = **juris**byhemmer.

173 BGH, NJW 2003, 1445 ff. = **juris**byhemmer.

Da dies häufig eine wertende Betrachtung ist, lässt sich der Zeitpunkt, ab dem es sich um eine OHG und nicht mehr um eine GbR handelt, selten exakt bestimmen. Gleiches gilt beim Schrumpfen des Geschäftsbetriebes in umgekehrter Richtung. Mit den Grundsätzen der Rechtssicherheit für die Gläubiger wäre es nicht vereinbar, hier jeweils eine unterschiedliche Haftung eingreifen zu lassen.

Nach anderer Ansicht soll § 128 S. 1 HGB in seiner analogen Anwendung auf die GbR nicht auch auf deliktische Ansprüche anwendbar sein.[174] Die Haftung für fremdes deliktisches Handeln sei dem deutschen Zivilrecht grundsätzlich fremd. Zudem passe die unterschiedslose Strenge der handelsrechtlichen Haftung aus § 128 S. 1 HGB nicht gleichermaßen auf alle rechtstatsächlichen Gestaltungen der BGB-Gesellschaft:[175]

Folgt man dem BGH und der wohl h.L., besteht im Ergebnis damit eine Haftung des L gem. §§ 128 S. 1 HGB analog i.V.m. §§ 823, 31 BGB (a.A. gut vertretbar).

d) Bereicherungsrechtliche Ansprüche

Bereicherungsrechtliche Ansprüche gegen die GbR sind zu bejahen, wenn der Bereicherungsgegenstand in das Gesellschaftsvermögen gelangt ist. Problematisch ist, ob auch die Gesellschafter persönlich bereicherungsrechtlichen Ansprüchen ausgesetzt sind: *136a*

Akzessorietätstheorie

Nach der jetzt herrschenden Akzessorietätstheorie ist dies grundsätzlich zu bejahen: Ohne Unterschied, ob eine Leistungskondiktion - etwa § 812 I S. 1 Alt. 1 BGB - oder eine Eingriffskondiktion - z.B. § 812 I S. 1 Alt. 2 BGB - vorliegt, haften die Gesellschafter analog § 128 S. 1 HGB für die Gesellschaftsverbindlichkeit. *136b*

Doppelverpflichtungslehre

Dagegen ist nach der Doppelverpflichtungslehre weiter zu differenzieren. Da es sich bei bereicherungsrechtlichen Ansprüchen um gesetzliche Ansprüche handelt, ist eine Zurechnung nach der Doppelverpflichtungslehre problematisch: *136c*

- Für die Leistungskondiktion gem. § 812 I S. 1 Alt. 1 BGB hatte die h.M. die Gesellschafterhaftung auch auf Grundlage der Doppelverpflichtungstheorie bejaht. Die Gesellschafter haften nicht nur für die vertraglichen Erfüllungsansprüche, sondern auch für die aus nichtigen Verträgen folgenden Ansprüche aus Leistungskondiktion. Der Anspruch aus Leistungskondiktion trete funktional an die Stelle des vertraglichen Anspruchs. Nach dem BGH sollte dies zumindest dann gelten, wenn die Leistung an die Gesellschaft im Vertrauen auf die gesamtschuldnerische Haftung aller Gesellschafter erfolgte und die Gesellschafter die Leistung gemeinschaftlich (oder durch einen von ihnen für alle) entgegengenommen haben.[176]

- I.R.d. Eingriffskondiktion gem. § 812 I S. 1 Alt. 2 BGB kann hingegen nach der Doppelverpflichtungslehre keine Zurechnung an die Gesellschafter erfolgen.

hemmer-Methode: Nach der Doppelverpflichtungslehre war früher bereits fraglich, ob überhaupt eine Bereicherung der Gesellschafter vorlag: Die in der Erhöhung des Anteilswerts liegende Bereicherung könnte bereits dadurch kompensiert sein, dass ein Anspruch gegen die Gesellschaft in gleicher Höhe besteht. Diese Sichtweise wird man aber wohl als zu formalistisch ablehnen müssen.

174 Altmeppen, NJW 2003, 1553 ff.

175 Auch im Bereich der Außengesellschaften, auf die der BGH in seiner neuesten Rechtsprechung abstellt, sind vielfältige Gestaltungen möglich und nicht zwingend unternehmenstragend.

176 BGH, NJW 1985, 1828 = **juris**byhemmer.

e) Haftungsbeschränkung auf das Gesellschaftsvermögen

Haftungsbeschränkung durch Vereinbarung mit Gläubiger möglich

Eine Haftungsbeschränkung auf das Gesellschaftsvermögen ist jedenfalls dadurch möglich, dass dies mit dem Gläubiger individuell vereinbart wird. Auch nach der jetzt herrschenden Akzessorietätstheorie ist eine Haftungsbeschränkung durch Individualvereinbarungen nicht ausgeschlossen: § 128 S. 2 HGB betrifft nur den Fall einer internen Vereinbarung der Gesellschafter untereinander. 137

Haftungsbeschränkung durch Beschränkung der Vertretungsmacht

Dagegen war lange strittig, ob eine Haftungsbeschränkung durch die Beschränkung der Vertretungsmacht erreicht werden kann. Die Gesellschafter versuchten lange Zeit, diese Haftungsbeschränkung durch den Namenszusatz „GbR-mbH" nach außen deutlich zu machen. 138

Theorie der Doppelverpflichtung: nicht handelnde Gesellschafter

Nach der Theorie der Doppelverpflichtung können die nicht handelnden Gesellschafter ihre Haftung ausschließen, indem sie die Vertretungsmacht der handelnden Gesellschafter auf die organschaftliche Vertretung der Gesellschaft begrenzen. Es fehlt dem handelnden Gesellschafter dann die Vollmacht, die übrigen Gesellschafter rechtsgeschäftlich zu verpflichten. Zu beachten ist, dass eine entsprechende Klausel im Gesellschaftsvertrag zwar die Vertretungsmacht begrenzt, aber nicht die Gefahr einer Haftung kraft Duldungs- oder Anscheinsvollmacht beseitigt. Da eine derartige Regelung bei Erwerbsgesellschaften in der Praxis die Ausnahme ist, besteht ein Rechtsschein für die persönliche Haftung der Gesellschafter. Eine Beschränkung der Haftung kommt daher nur in Betracht, wenn die Begrenzung der Vertretungsmacht erkennbar ist.

Handelnder Gesellschafter

Der handelnde Gesellschafter kann nach der Doppelverpflichtungstheorie dagegen seine persönliche Haftung nur durch ausdrücklichen Hinweis ausschließen.

bisherige Rechtsprechung des BGH: Haftungsbeschränkung muss erkennbar sein

Nach der Rechtsprechung des 2. Zivilsenats des BGH war (unter Zugrundelegung der Doppelverpflichtungstheorie) eine Beschränkung der Haftung auf das Gesellschaftsvermögen möglich, wenn die Beschränkung der Vertretungsmacht des Handelnden für den Vertragspartner erkennbar war und so den Rechtsschein der unbeschränkt persönlichen Haftung der (Mit-)Gesellschafter zerstörte.[177]

⇨ „GbR mbH"

hemmer-Methode: Genau diese Erkennbarkeit nach außen sollte durch den Namenszusatz GbR-„mbH" erreicht werden.[178] Die Rechtsprechung setzte sich zunächst nur mit der Frage auseinander, ob ein solcher Zusatz hinreichend deutlich ist.[179] Der BGH erkannte jedoch, dass er im Falle ausführlicher Namenszusätze („Gesellschaft mit auf das Gesellschaftsvermögen beschränkter Haftung") eine Erkennbarkeit nach außen nicht mehr abstreiten konnte. Dies war die Ausgangslage zur „GbR-mbH"-Entscheidung des BGH.[180]

BGH heute: „GbR mbH" führt nicht zur Haftungsbeschränkung; individualvertragliche Vereinbarung ist erforderlich

Dieser Praxis hat der BGH durch eine mit Spannung erwartete Entscheidung eine klare Absage erteilt:[181] Nach Ansicht des 2. Zivilsenates haften für die im Namen einer GbR rechtsgeschäftlich begründeten Verpflichtungen die Gesellschafter kraft Gesetzes auch persönlich. 139

---

177 BGH, WM 1990, 1113; 91, 404 = **juris**byhemmer.

178 Vgl. in diesem Sinne noch Habersack, JuS 1993, 3.

179 So noch die Vorinstanz zur „GbR-mbH"-Entscheidung des BGH: OLG Jena ZIP 1998, 1797 (1798) = **juris**byhemmer.

180 BGHZ 142, 315 = NJW 1999, 3483 = **Life&Law 12/1999, 779** = **juris**byhemmer.

181 Vgl. **Life&Law 12/1999, 779** = BGH, NJW 1999, 3483 = **juris**byhemmer.

Diese Haftung kann nicht durch einen Namenszusatz oder einen anderen, den Willen, nur beschränkt für diese Verpflichtungen einzustehen, verdeutlichenden Hinweis beschränkt werden. Nur durch eine individualvertragliche Vereinbarung soll eine Haftungsbeschränkung möglich sein.[182]

Der BGH begründet seine Ansicht mit einer historischen Auslegung der §§ 705 ff. BGB, wonach für den Gesetzgeber des BGB die persönliche und gesamtschuldnerische Haftung der Mitglieder einer BGB-Gesellschaft für rechtsgeschäftlich begründete Verbindlichkeiten eine selbstverständliche Folge der gemeinsamen Verpflichtung der Gesellschafter war.

An eine Verselbstständigung der GbR zu einer verpflichtungsfähigen Rechtsperson, welche zusätzlich oder an Stelle der Gesellschafter als Schuldner der in der Gemeinschaft begründeten Verbindlichkeiten betrachtetet werden könnte, habe der Gesetzgeber nicht gedacht, wie beispielsweise § 714 BGB zeige, der nur von der Vertretungsmacht für die Gesellschafter, nicht aber „für die Gesellschaft" spricht.

Auf der Grundlage dieses Verständnisses sei ein einseitiger Haftungsausschluss durch einen Gesellschafter bei Vertragsschluss ohne Zustimmung der Vertragsgegenseite ebenso wenig möglich, wie etwa eine Einzelperson bei Abschluss eines Vertrages einseitig festlegen kann, sie verpflichte sich zwar zur Zahlung des vereinbarten Entgelts, hafte dafür aber nicht mit ihrem Vermögen oder nur mit einem Teil desselben. Die bereits vom RG vertretene Auffassung, eine Haftungsbeschränkung sei bei der Gesellschaft bürgerlichen Rechts durch eine Beschränkung der Vertretungsmacht der geschäftsführenden Gesellschafter „in einer Dritten erkennbaren Weise" möglich[183], lasse sich auf der Grundlage des traditionellen Verständnisses dogmatisch nicht begründen.

hemmer-Methode: Mit der „GbR-mbH"-Entscheidung hat der BGH den Wechsel von der Doppelverpflichtungslehre zur Akzessorietätstheorie eingeleitet. Zwar spricht der BGH dort den Wechsel in dieser Entscheidung noch nicht ausdrücklich aus, die Formulierung, die Gesellschafter haften für die rechtsgeschäftlich begründeten Verbindlichkeiten der Gesellschaft „kraft Gesetzes", zeigt jedoch bereits in Richtung der Akzessorietätstheorie und damit der analogen Anwendung des § 128 S. 1 HGB. In seiner Entscheidung vom 29.01.2001[184] vollzieht der BGH nun ausdrücklich den Wechsel zur Akzessorietätstheorie. Zu den Konsequenzen der Rechtsprechungsänderung im Haftungskonzept auf die Haftungsverfassung der GbR vgl. Rn. 124 ff.

Nach einer neuen Entscheidung des BGH[185] dürfen sich Anlagegesellschafter bereits existierender geschlossener Immobilienfonds, die als GbR ausgestaltet sind, aus Gründen des Vertrauensschutzes auch nach den durch die neue Rechtsprechung eingetretenen Änderungen für die davor abgeschlossenen Verträge weiterhin auf eine im Gesellschaftsvertrag vorgesehene Haftungsbeschränkung berufen. Dies setzt allerdings voraus, dass auch die alten Voraussetzungen vorlagen, nämlich die Erkennbarkeit der Haftungsbeschränkung für den Vertragspartner.

182 Vgl. BGH, **Life&Law 10/2002, 649 ff.**

183 RGZ 63, 62, 65; 90, 173, 176; 155, 75, 87.

184 BGH, NJW 2001, 1056, ausführliche Besprechung in: **Life&Law 03/2001, 216 ff.** = **juris**byhemmer.

185 BGH, **Life&Law 10/2002, 649 ff.**

Aber auch für danach abgeschlossene Verträge ergebe sich unter den Grundsätzen der neuen Rechtsprechung die Möglichkeit, dass die persönliche Haftung der Anlagegesellschafter für rechtsgeschäftlich begründete Verbindlichkeiten des Immobilienfonds wegen der Eigenart derartiger Fonds als reine Kapitalanlagegesellschaften auch durch wirksam in den Vertrag einbezogene formularmäßige Vereinbarungen eingeschränkt oder ausgeschlossen werden kann, ohne dass darin grundsätzlich eine unangemessene Benachteiligung des Vertragspartners i.S.d. § 307 BGB gesehen werden kann.

hemmer-Methode: Hier argumentiert der BGH ausdrücklich mit der Eigenart der Gesellschaft, sodass diese Rechtsprechung als Einzelfallentscheidung zu würdigen ist. Gleichwohl sollte man vor diesem Hintergrund daran denken, nicht völlig unreflektiert zu lernen, sondern die Besonderheiten des Einzelfalls zu beachten. In der genannten Entscheidung argumentiert der BGH mit den kaum einschätzbaren und in ihren Folgen ruinösen Haftungsrisiken für die Gesellschafter. Daher könne die Übernahme einer Haftung über das Fondsvolumen hinaus vernünftigerweise nicht erwartet werden.

2. Die Haftung der OHG/KG-Gesellschafter

a) Die persönlich haftenden Gesellschafter

aa) Die Haftung gem. § 128 HGB

Haftung gem. § 128 HGB

Die Gesellschafter einer Personenhandelsgesellschaft haften gem. § 128 S. 1 HGB bzw. §§ 128 S. 1, 161 II HGB für die Verbindlichkeiten der Gesellschaft den Gläubigern persönlich. Sie haften also kraft Gesetzes. Die Regelung des § 128 S. 1 HGB ist zwingend und kann weder durch den Gesellschaftsvertrag, noch durch sonstige Vereinbarungen zwischen den Gesellschaftern beschränkt werden, § 128 S. 2 HGB. Eine Haftungsbeschränkung der Gesellschafter kann nur dadurch erreicht werden, dass dies mit dem Gesellschaftsgläubiger rechtsgeschäftlich vereinbart wird. **140**

hemmer-Methode: Die Vereinbarung des Haftungsausschlusses eines Gesellschafters unter den Gesellschaftern ist zwar gem. § 128 S. 2 HGB im Außenverhältnis nichtig, im Innenverhältnis führt diese Vereinbarung aber zu einem Freistellungsanspruch des betreffenden Gesellschafters gegenüber den anderen.

Inhalt der Haftung

Jeder gem. § 128 S. 1 HGB in Anspruch genommene Gesellschafter haftet den Gläubigern **141**

persönlich

- persönlich. Der Gesellschafter haftet nicht nur mit seinem Gesellschaftsanteil,[186] sondern auch mit seinem Privatvermögen.

unbeschränkt

- unbeschränkt. Der Gesellschafter haftet mit seinem ganzen Vermögen.

unmittelbar

- unmittelbar. Der Gesellschafter muss den Gläubiger direkt befriedigen und nicht nur mittelbar über eine Nachschusspflicht in das Gesellschaftsvermögen.

---

186 Nach der Lehre der Teilrechtsfähigkeit gibt es keinen Anteil am Gesellschaftsvermögen, da Trägerin der Rechte und Pflichten - also auch des Vermögens - die Gesamthand als solche und nicht die Gesellschafter sind.

primär

➲ primär. Der Gesellschaftsgläubiger ist nicht verpflichtet, sich zunächst über § 124 I HGB an die Gesellschaft zu halten, sondern kann sogleich gegen einen Gesellschafter vorgehen. Er hat also keine Einrede der Vorausklage wie z.B. der Bürge gem. § 771 BGB. Ebenso kann er die Gesellschaft und die Gesellschafter gleichzeitig verklagen.

gesamtschuldnerisch

➲ gesamtschuldnerisch. Der Gesellschafter haftet nicht nur anteilig, sondern muss die ganze Leistung erbringen, § 421 BGB.

akzessorisch

➲ akzessorisch. Der Gesellschafter haftet für alle Verbindlichkeiten der Gesellschaft, gleichgültig, ob sie rechtsgeschäftlich oder gesetzlich begründet sind. Die Verbindlichkeit der Gesellschaft wird notwendig von entsprechenden Verbindlichkeiten ihrer Mitglieder begleitet (äußere Akzessorietät).

bb) Inhalt der Verpflichtung

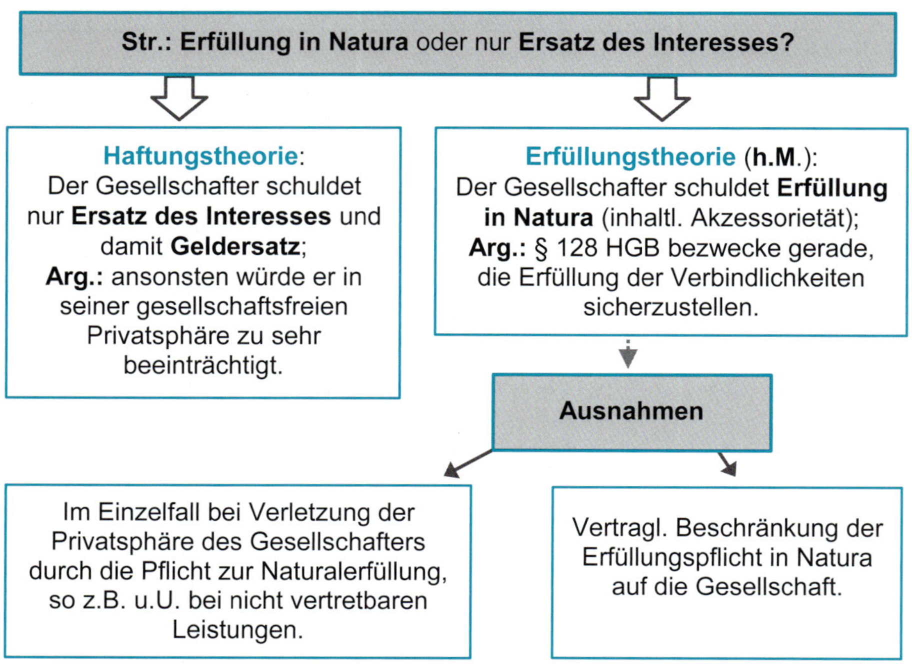

Inhalt der Gesellschafterschuld umstritten

Mit der Feststellung, dass die Gesellschafter für die Gesellschaftsverbindlichkeiten akzessorisch haften, ist noch nicht entschieden, ob die Gesellschafterschuld den gleichen Inhalt wie die Gesellschaftsschuld hat. Ob der Gesellschafter wie die Gesellschaft naturale Erfüllung schuldet oder nur Ersatz des Interesses, also stets nur eine Geldzahlung, ist deswegen umstritten. 142

hemmer-Methode: Beinhaltet die Gesellschaftsschuld die Zahlung einer bestimmten Geldsumme, müssen Sie diesen Streit in der Klausur weder vertiefen, noch entscheiden, schließlich führen beide Auffassungen in diesem Fall zum gleichen Ergebnis.

Haftungstheorie

Nach der sog. Haftungstheorie schuldet der Gesellschafter nicht Erfüllung, sondern hat nur für die Erfüllung der Verbindlichkeit durch die Gesellschaft einzustehen. Er selbst schuldet demzufolge generell nur Geldersatz, d.h. Ersatz des Interesses bei Schulden, die keine Geldzahlung beinhalten. 143

Als Begründung wird angeführt, dass die Gesellschaftsschuld aus der Sphäre der Gesellschaftsorganisation stamme und auch nur mit deren Mitteln erfüllt werden müsse. Eine andere Regelung würde den Gesellschafter in seiner gesellschaftsfreien Privatsphäre zu sehr beeinträchtigen.

Erfüllungstheorie

Nach der sog. Erfüllungstheorie kann der Gläubiger vom Gesellschafter dieselbe Leistung wie von der Gesellschaft verlangen (inhaltliche Akzessorietät). Grund: Die Gesellschaft, die schuldet, sind die Gesellschafter selbst in ihrer gesamthänderischen Verbundenheit. 144

hemmer-Methode: Die Begründungsansätze dieser Theorien wurzeln in den beiden Gesamthandstheorien. Dies bedeutet aber nicht, dass man zwangsläufig der Haftungstheorie folgen müsste.

Grundsatz: Erfüllung in Natur

Zu folgen ist grundsätzlich der Erfüllungstheorie. Der Zweck des § 128 HGB besteht nämlich darin, die Erfüllung der Verbindlichkeiten im Interesse der Gesellschafter selbst (Kreditfähigkeit) und dem Interesse der Gläubiger sicherzustellen. Mit diesem Zweck wäre es unvereinbar, einen Gläubiger von vornherein auf einen Geldersatzanspruch festzulegen. Im Einzelfall ist für die Frage nach dem Inhalt der Leistungspflicht freilich zu differenzieren:[187] 145

Vertragliche Beschränkung

- Ist die naturale Erfüllungspflicht vertraglich auf die Gesellschaft beschränkt (Privatautonomie!), haften die Gesellschafter bei Leistungsstörungen nur auf Geldersatz. Eine solche Beschränkung kann sich auch im Wege der Auslegung, §§ 133, 157 BGB, ergeben, insbesondere wenn die Leistung für den Gläubiger erkennbar nur von der Gesellschaft erbracht werden kann (z.B. Abgabe einer Willenserklärung; Leistung einer bestimmten Sache, die sich im Gesellschaftsvermögen befindet). 146

Fall: *Die aus den Gesellschaftern Anton und Berthold bestehende „Einspritzpumpenproduktions- und -vertriebs OHG" ist auf die Herstellung hochwertiger Einspritzpumpen spezialisiert und nimmt einen Großauftrag der Berliner Motoren Werke AG an.*

Trotz mehrfacher Mahnung seitens der Berliner Motoren Werke AG führt der zur alleinigen Geschäftsführung und Vertretung berufene Anton den Vertrag nicht aus. Er hatte dummerweise übersehen, dass die Lieferkapazitäten der Gesellschaft durch anderweitige Verpflichtungen bereits auf Monate hinaus ausgeschöpft sind. Wie ist die Rechtslage?

I. Ansprüche der B-AG gegen die OHG

Die B-AG, die gem. § 1 AktG rechtsfähig ist, hat gem. § 433 I S. 1 BGB, § 124 I HGB einen Anspruch auf Lieferung der Einspritzpumpen gegen die OHG.

Daneben besteht ein Anspruch auf Ersatz des Verzugsschadens gem. §§ 280 I, II, 286 I BGB, § 124 I HGB. Das Verschulden des A (§ 286 IV BGB) - er hätte den Kaufvertrag nicht schließen dürfen, da der Lieferengpass vorhersehbar war, oder hätte disponieren müssen - ist der OHG analog § 31 BGB als eigenes Verschulden zuzurechnen.

II. Ansprüche der B-AG gegen A und B

1. Anspruch aus § 433 I S. 1 BGB, § 128 S. 1 HGB

A und B haften für die Verbindlichkeit aus dem Kaufvertrag persönlich und gesamtschuldnerisch, § 128 S. 1 HGB. Fraglich ist allerdings der Inhalt dieser Haftung.

187 Im Ergebnis auch BGHZ 23, 302; 217 (221 f.) = jurisbyhemmer.

Nach der Erfüllungstheorie schulden die Gesellschafter das Gleiche wie die OHG, vorliegend also die Lieferung der Einspritzpumpen. Nach der Haftungstheorie schulden die Gesellschafter dagegen nur Ersatz des Interesses, also nur Geldersatz.

Welche Ansicht richtig ist, kann jedenfalls dann offen bleiben, wenn die Vertragsparteien den Inhalt der Gesellschafterschuld selbst bestimmt haben (Privatautonomie). Da nur die OHG auf die Herstellung der Einspritzpumpen spezialisiert ist, ergibt die Auslegung des Vertrages, §§ 133, 157 BGB, dass nur die Gesellschaft zur Erfüllung in Natur verpflichtet sein soll. Die Gesellschafter haften daher nur auf Geldersatz.

2. Anspruch aus §§ 280 I, II, 286 BGB, § 128 S. 1 HGB

Gem. §§ 280 I, II, 286 BGB, § 128 S. 1 HGB haften die Gesellschafter grundsätzlich auch für den Ersatz des Verzugsschadens. Zu einem anderen Ergebnis würde man gelangen, wenn hinsichtlich des B § 425 BGB Anwendung findet, schließlich trifft B ja kein Verschulden an dem Verzugseintritt. Nach § 425 BGB haftet ein Gesamtschuldner nur für eigenes Verschulden. Folglich müsste zwischen der OHG, der das Verschulden des A als eigenes zugerechnet wird, und den einzelnen Gesellschaftern ein Gesamtschuldverhältnis bestehen.

Im Ergebnis besteht Einigkeit, dass kein Gesamtschuldverhältnis besteht. Bei einem Gesamtschuldverhältnis sind die verbundenen Forderungen, von der Tilgungsgemeinschaft abgesehen, grundsätzlich selbstständig, § 425 BGB. Im Verhältnis Gesellschafts- und Gesellschafterschuld fehlt es aber wegen der Akzessorietät der Gesellschafterhaftung, d.h. jeder Gesellschafter haftet automatisch für die Gesellschaftsverbindlichkeiten und kann deren Einwendungen gem. § 129 I HGB erheben, an dieser inneren Selbstständigkeit der einzelnen Verpflichtungen. Da § 425 BGB keine Anwendung findet, haftet auch B für den Ersatz des Verzugsschadens.

Vertretbare Leistungen

➲ Bei vertretbaren Leistungen, bei denen es auf die Person des Leistenden nicht ankommt (z.B. Lieferung von Heizöl, Erstellung eines gewöhnlichen Bauwerks), kann der Gläubiger vom einzelnen Gesellschafter Erfüllung verlangen. Dieser muss die Leistung dann selbst erbringen oder durch Dritte erbringen lassen. *147*

Fall: *Die Fertigbau-OHG betreibt ein Bauunternehmen. Der Bauherr Sauerbier erteilte der OHG den Auftrag zur Errichtung eines Einfamilienhauses. Nach der Fertigstellung des Hauses zeigen sich erhebliche Mängel. Sauerbier verlangt deshalb persönlich von dem Gesellschafter Reinlich Nachbesserung. Dieser meint, er sei Jurist und handwerklich ungeschickt. Es sei daher für ihn unzumutbar, die Nachbesserung persönlich vorzunehmen. Trifft diese Rechtsauffassung zu?*

Bei der Nachbesserung handelt es sich um eine vertretbare Leistung, bei der es auf die Person des Leistenden nicht ankommt. R schuldet daher Erfüllung in Natur.

Die Pflicht zur Nachbesserung beeinträchtigt den R in seiner gesellschaftsfreien Privatsphäre nicht wesentlich einschneidender als eine bloße Geldleistung, schließlich steht es ihm frei, ein anderes Bauunternehmen mit der Vornahme der Nachbesserung zu beauftragen.

Nicht vertretbare Leistungen

➲ Bei nicht vertretbaren Leistungen (oder Leistungen, die durch den Schuldnerwechsel eine Inhaltsänderung erfahren würden) kann der Gläubiger von den Gesellschaftern, die die Leistung nicht erbringen können, nur das Erfüllungsinteresse verlangen. Dies gilt beispielsweise auch für die Abgabe einer Willenserklärung, wenn die Gesellschaft verpflichtet ist, eine Grunddienstbarkeit zu bestellen. *148*

Nach Ansicht des BGH kann die Rechtskraft des Urteils gegen einen Gesellschafter nicht die Erklärung fingieren, die die Gesellschaft schuldet, es wäre vielmehr eine Verurteilung der Gesellschaft selbst anzustreben.[188] Nimmt der Gläubiger denjenigen Gesellschafter, der die Leistung erbringen könnte, in Anspruch, ist weiter zu differenzieren:

➲ Der Gesellschafter muss dem Gläubiger die Leistung dann erbringen, wenn er sie der Gesellschaft als Einlage oder in sonstiger Weise schuldet. 149

Fall: *Die „Correct Immobilienverwaltung-OHG", die aus den Gesellschaftern Windig und Bauernschlau besteht, verwaltet entgeltlich fremde Immobilien. Windig ist zur alleinigen Geschäftsführung und Vertretung befugt. Als Geldig, der zwei seiner Wohnblocks von der Gesellschaft verwalten lässt, vermutet, dass es bei der OHG „nicht mit rechten Dingen" zugehe, verlangt er Auskunftserteilung und Rechnungslegung der letzten vier Jahre. Mit Recht?*

I. Gegenüber der OHG besteht nach §§ 675, 666 BGB, § 124 I HGB ein Anspruch auf Auskunftserteilung und Rechnungslegung. Es handelt sich bei dem zwischen G und der OHG geschlossenen Verwaltungsvertrag um einen entgeltlichen Geschäftsbesorgungsvertrag mit dienstvertraglichen Elementen.

II. Fraglich ist, ob auch die Gesellschafter persönlich aus §§ 675, 666 BGB, § 128 S. 1 HGB in Anspruch genommen werden können. Grundsätzlich sind die Gesellschafter zur Erfüllung in Natur verpflichtet, da es dem Zweck des § 128 S. 1 HGB entspricht, im Interesse der Kreditfähigkeit der Gesellschaft und im Interesse der Gläubiger die umfassende Haftung der Gesellschafter anzuordnen. Damit wäre es nicht vereinbar, einen Gläubiger von vornherein auf einen Geldersatzanspruch zu verweisen. Dieser Grundsatz ist freilich im Einzelfall zu modifizieren. Da vorliegend für eine vertragliche Beschränkung der Erfüllungspflicht auf die OHG nichts ersichtlich ist, kommt es darauf an, ob es sich um eine vertretbare oder nicht vertretbare Leistung handelt.

Die Auskunftserteilung- und Rechnungslegung stellt eine nicht vertretbare Leistung dar, da nur die Gesellschaft bzw. ggf. die Gesellschafter hierzu in der Lage sind. Infolge dessen ist weiter darauf abzustellen, ob der Gesellschafter gegenüber der Gesellschaft zu einer solchen Leistung verpflichtet ist. Gem. § 114 I HGB ist W zur Geschäftsführung gegenüber der OHG verpflichtet, wozu auch die Auskunftserteilung und Rechnungslegung gehört. W schuldet daher naturale Erfüllung. Dagegen kann G von B keine Auskunftserteilung und Rechnungslegung verlangen, weil dieser mangels Geschäftsführungsbefugnis dazu gar nicht in der Lage ist.

➲ Schuldet der Gesellschafter der Gesellschaft nicht die Leistung, ist eine Interessenabwägung vorzunehmen. Abzuwägen sind das Gläubigerinteresse an der Erfüllung einerseits und das schützenswerte Interesse des Gesellschafters auf Freihaltung seiner Privatsphäre andererseits. 150

Fall: *Gierig ist alleiniger Geschäftsführer und Vertreter einer OHG, die mit Immobilien handelt. Er verkauft dem Schneider namens der Gesellschaft ein dem Mitgesellschafter Arglos gehörendes Grundstück, das mit seinem trauten Eigenheim bebaut ist. Der Wert des Grundstücks beträgt 425.000,- €, der Kaufpreis aber 435.000,- €.*

188 BGH, NJW 2008, 1378 ff. = **juris**byhemmer; der Fall betrifft eine Gesellschaft bürgerlichen Rechts. Als Zusatzproblem könnte man noch an ein anderes Ergebnis wegen § 736 ZPO denken. Diesbezüglich hat der BGH schon vormals entschieden, dass ein Titel gegen die Gesellschafter oder alle Gesellschafter erforderlich sei, um in das Gesellschaftsvermögen vollstrecken zu können. Dementsprechend hätte man im vorliegenden Fall aus dem Titel i.V.m. § 894 ZPO durchaus die Abgabe der Willenserklärung durch die Gesellschaft fingieren können (so K. Schmidt, NJW 2008, 1841). Der BGH schränkt allerdings ein, dass ein Titel gegen alle Gesellschafter nur dann tauglich sei, eine Leistung von der Gesellschaft zu erlangen, wenn die Gesellschafter auch für die entsprechende Verbindlichkeit haften. Das aber sei bei der relevanten Willenserklärung gerade nicht der Fall.

Gierig hofft, dass Arglos schon nichts gegen das gute Geschäft einzuwenden haben werde. Als Arglos von dem Geschäft hört, ist er freilich empört, meint jedoch, die ganze Sache ginge ihn nichts an. Wie ist die Rechtslage?

I. Ansprüche des S gegen die OHG

Gegen die OHG besteht ein Anspruch aus § 311a II BGB, § 124 I HGB auf Schadensersatz statt der Leistung. Es liegt der Fall eines bei Vertragsschluss bestehenden Leistungshindernisses i.S.d. §§ 311a I, 275 I Alt. 1 BGB vor (früher: anfänglichen Unvermögens), weil die OHG dem S das Eigentum und den Besitz am Grundstück nicht verschaffen kann, der A dazu aber in der Lage ist. Der Entlastungsbeweis gem. § 311a II S. 2 BGB wird der OHG nicht gelingen.

II. Ansprüche des S gegen die Gesellschafter

Gleiches gilt für alle Gesellschafter außer A. Sie haften gem. § 311a II BGB, § 128 S. 1 HGB auf das Erfüllungsinteresse. Fraglich ist hingegen, ob A dem S nicht auf Auflassung gem. § 433 I S. 1 BGB, § 128 S. 1 HGB haftet.

Grds. sind die Gesellschafter zur Erfüllung in Natur verpflichtet (s.o.). Vorliegend handelt es sich bei der Gesellschaftsverbindlichkeit um eine nicht vertretbare Leistung, da die Leistung nur vom A erbracht werden kann.

Bei nicht vertretbaren Leistungen ist danach zu differenzieren, ob der Gesellschafter gegenüber der Gesellschaft zur Leistung verpflichtet ist oder nicht. Da der A der Gesellschaft die Übertragung des Grundstücks weder als Einlage, noch in sonstiger Weise schuldet, kommt es weiterhin darauf an, ob die Interessen des Gläubigers an der Leistungserbringung die Interessen des Gesellschafters auf Freihaltung der Privatsphäre überwiegen.

Hier fällt die Interessenabwägung eindeutig zugunsten des A aus: Die Übertragung des Grundstückes würde die Privatsphäre des A erheblich beeinträchtigen.

Zudem konnte S die Zugehörigkeit des Grundstücks zum Privatvermögen unschwer aus dem Grundbuch erkennen. Folglich haftet auch A nur auf das Erfüllungsinteresse gem. § 311a II BGB, § 128 S. 1 HGB. Dieses Ergebnis könnte man formal auch damit begründen, dass die OHG infolge ihres anfänglichen Unvermögens zur Leistungserbringung nur auf Schadensersatz statt der Leistung haftet und A sich auf diese Unmöglichkeit gem. § 129 I HGB berufen können müsste. § 425 BGB ist mangels eines echten Gesamtschuldverhältnisses zwischen Gesellschafts- und Gesellschafterschuld unanwendbar.

hemmer-Methode: Sicher werden Sie sich jetzt fragen, wie diese Beispielsfälle zu lösen gewesen wären, wenn statt einer OHG eine BGB-Gesellschaft aufgetreten wäre. Nach der Theorie der Doppelverpflichtung haften die Gesellschafter, weil sie sich rechtsgeschäftlich dazu verpflichtet haben. Folglich müssen Sie diese Verpflichtungen gem. §§ 133, 157 BGB auslegen. Bei dieser Auslegung müssen Sie wiederum das Gläubigerinteresse an der Erfüllung und das Gesellschafterinteresse auf Freihaltung seiner Privatsphäre berücksichtigen. Die Auslegung wird dann regelmäßig zu denselben Ergebnissen führen. 151
Die Akzessorietätstheorie führt ohne weiteres zu den gleichen Ergebnissen, da hiernach die §§ 128 ff. HGB analog auf die BGB-Gesellschaft angewendet werden. Allerdings wird Ihnen diese Problematik in der Klausur kaum im Zusammenhang mit einer BGB-Gesellschaft begegnen, da die gesellschaftsrechtliche Ausbildungsliteratur zum Inhalt der Haftung der BGB-Gesellschafter schweigt.[189]

189 Ausnahme: Habersack, JuS 1993, 1 (4 f.).

b) Die Haftung der Kommanditisten

Haftung unbeschränkt ⇒	§ 176 I HGB: Die Haftung ist **unbeschränkt**, solange die Haftungsbeschränkung durch Eintragung der KG und der Haftsumme ins HReg. noch nicht wirksam geworden ist.
Haftung ausgeschlossen ⇒	Die Haftung ist **ausgeschlossen**, wenn und soweit die Einlage geleistet wurde, § 171 I HS 2 HGB.
Haftung beschränkt ⇒	**Beschränkt** ist die Haftung, wenn die Beschränkung durch Eintragung wirksam geworden ist und die Hafteinlage noch nicht (vollständig) erbracht wurde, §§ 172, 171 HGB.

Inhalt der Haftung

Die Kommanditisten haften, anders als die Komplementäre, grund- 152
sätzlich nur beschränkt für die Gesellschaftsverbindlichkeiten.

Abgesehen von der Haftungsbeschränkung, entspricht die Haftung der Kommanditisten weitgehend der Haftung der Komplementäre: Sie haften primär, persönlich, unmittelbar, gesamtschuldnerisch und akzessorisch.

Im Unterschied zum Komplementär schuldet der Kommanditist aber nicht Erfüllung in Natur, sondern hat nur für das Erfüllungsinteresse des Gläubigers bis zur Höhe der Hafteinlage durch Zahlung einzustehen.

Pflichteinlage und Hafteinlage

Ein Verständnis des Haftungssystems setzt zunächst die Kenntnis 153
der Begriffe von Pflichteinlage und Hafteinlage voraus:

- Die Pflichteinlage (Pflichtsumme) betrifft die Einlage, zu der der Kommanditist im Innenverhältnis verpflichtet ist. Sie muss nicht notwendig in Geld erfolgen, sondern kann in beliebigen Vermögenswerten bestehen, z.B. Sacheinlagen, Einbringung von Patenten, Forderungen, Dienstleistungen.

- Die Hafteinlage (Haftsumme) betrifft dagegen das Außenverhältnis und muss auf einen bestimmten Geldbetrag lauten. Sie ist maßgeblich für die Haftung der Kommanditisten gegenüber den Gesellschaftsgläubigern und wird im Handelsregister eingetragen, § 172 I HGB.

Verhältnis zwischen Pflichtsumme und Haftsumme

Die für die Beitragspflicht im Innenverhältnis maßgebliche Pflicht- 154
summe kann sich mit der Haftsumme decken, was regelmäßig der Fall sein wird, wenn der Kommanditist eine Einlage in Geld schuldet. Notwendig ist dies aber nicht. Den Gesellschaftern steht es im Innenverhältnis vielmehr frei, die Einlage vom objektiven Wert abweichend zu bewerten (Vertragsfreiheit).

Maßgeblich für die Haftung des Kommanditisten ist deshalb die Haftsumme, weil der Gesellschaftsgläubiger darauf vertraut, dass der Gesellschaft ein Vermögenswert in Höhe des im Handelsregister eingetragenen Betrages zufließt. §§ 171 ff. HGB meinen daher regelmäßig die Haftsumme, wenn von der Einlage die Rede ist. § 171 I HS 2 HGB hingegen meint bzgl. der Befreiung von der Haftung die Leistung der Pflichtsumme, deren objektiver Wert die Haftsumme zu diesem Zweck abdecken muss.

Bsp.: Der Kommanditist wird mit einer Haftsumme von 10.000,- € im Handelsregister eingetragen. Als Einlage soll er einen Lkw, dessen objektiver Wert 7.500,- € beträgt, in die Gesellschaft einbringen (Pflichteinlage). Die Gesellschafter können diesen Lkw ohne weiteres mit 10.000,- € bewerten. Gleichwohl ist dabei im Verhältnis zu den Gläubigern der objektive Wert für die Höhe der geleisteten Einlage, also 7.500,- €, entscheidend. Er haftet somit den Gesellschaftsgläubigern mit 2.500,- € aus seinem Privatvermögen, § 171 I HS 1 HGB. Im Innenverhältnis ist dagegen die Vereinbarung, den Lkw mit 10.000,- € zu bewerten, maßgeblich, d.h. der Kommanditist hat einen Freistellungsanspruch gegenüber der Gesellschaft, wenn er von einem Gläubiger in Anspruch genommen wird.

§§ 171 ff. HGB regeln Haftungsumfang

Der Haftungsumfang des Kommanditisten bestimmt sich nach §§ 171 ff. HGB. Danach bestehen drei Möglichkeiten: Die Haftung ist unbeschränkt, ausgeschlossen oder beschränkt.

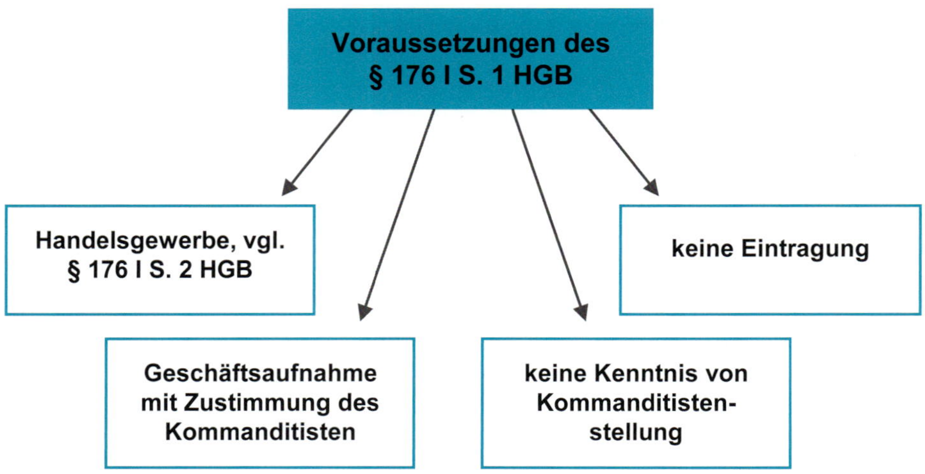

aa) Die unbeschränkte Haftung des Kommanditisten

(1) § 176 I HGB

§ 176 I HGB, wenn Eintragung im Handelsregister fehlt

Eine unbeschränkte persönliche Haftung des Kommanditisten gem. 155
§§ 176 I, 128 ff. HGB kommt immer dann in Betracht, solange die im Gesellschaftsvertrag vereinbarte Haftungsbeschränkung im Außenverhältnis noch nicht durch Eintragung der KG und der Haftsumme im Handelsregister wirksam geworden ist. Im Einzelnen gelten gem. § 176 I HGB folgende Voraussetzungen:

Handelsgewerbe

- Die Gesellschaft muss ein Handelsgewerbe gem. § 1 HGB betreiben, § 176 I S. 2 HGB. Die Nichterwähnung des § 3 HGB ist - wie bei § 123 II HGB - ein Redaktionsversehen.

hemmer-Methode: Denken Sie in Zusammenhängen! Wie schon einmal erwähnt, ist § 176 I HGB im Zusammenhang mit der Entstehung der Personenhandelsgesellschaft im Außenverhältnis zu sehen. Sie entsteht nur mit dem Beginn der Geschäfte, wenn sie ein Handelsgewerbe betreibt, § 123 II HGB. Dem trägt die folgerichtige Einschränkung des § 176 I S. 2 HGB Rechnung. Zum Auftreten einer kleingewerblichen Gesellschaft als KG vor Eintragung vgl. Rn. 238.

Zustimmung zum Geschäftsbeginn

➲ Die KG muss die Geschäfte mit Zustimmung des Kommanditisten begonnen haben, § 176 I S. 1 HGB. Die Zustimmung kann auch konkludent erteilt werden.

Keine Eintragung im Handelsregister

➲ Die KG darf noch nicht in das Handelsregister eingetragen worden sein. Nicht im Gesetz geregelt ist der Fall, dass zwar die Eintragung der Gesellschaft, nicht aber die Eintragung eines bestimmten Kommanditisten erfolgt ist. In Analogie zu § 176 II HGB oder aus dem Gesamtzusammenhang der Absätze I und II ergibt sich, dass der nicht eingetragene Kommanditist nach § 176 I S. 1 HGB haftet.

Keine Kenntnis des Gläubigers von Kommanditistenstellung

➲ Die Kommanditisteneigenschaft darf dem Gläubiger nicht bekannt sein. § 176 HGB ist also dogmatisch als Vertrauensschutznorm einzuordnen (h.M.). Geschützt wird das bei fehlender Eintragung typischerweise vorhandene Vertrauen des Geschäftsverkehrs in eine unbeschränkte Gesellschafterhaftung.[190]

Allerdings kommt es nicht darauf an, ob der Gläubiger überhaupt von der Existenz des Gesellschafters wusste oder auf dessen unbeschränkte Haftung vertraute, da § 176 HGB - wie § 15 I HGB - das abstrakte Vertrauen schützt.

hemmer-Methode: Vertrauensschutz erfordert grundsätzlich eine Vertrauensdisposition. Der Gläubiger wird folglich nicht durch § 176 HGB geschützt, wenn nicht einmal ein abstraktes Vertrauen in die unbeschränkte Gesellschafterhaftung vorliegen kann. § 176 HGB gilt daher nicht im reinen Unrechtsverkehr, sodass der Kommanditist nicht für Gesellschaftsverbindlichkeiten aus unerlaubter Handlung unbeschränkt haftet. Achtung: Dies gilt nicht, wenn die unerlaubte Handlung im Zusammenhang mit dem Rechtsgeschäftsverkehr steht. Grundsatz: „Im Vertrauen auf das Handelsregister lässt man sich nicht anfahren." Lesen Sie zur Parallelproblematik bei § 15 I HGB Hemmer/Wüst, Handelsrecht, Rn. 132 ff.

(2) Sonderproblem: Missbrauch der Rechtsform der KG

Fall: *Dagobert gründete zusammen mit seinem vermögenslosen Neffen Donald eine Kommanditgesellschaft. Donald, der seine volle Arbeitskraft in die KG einbringen sollte, wurde Komplementär, Dagobert dagegen nur Kommanditist mit einer Einlage von 25.000,- €. Gleichwohl ließ sich Dagobert als alleiniger Geschäftsführer von Donald in die Geschäftsführung nicht hineinreden und leitete die KG allein. Die Einlage hatte Dagobert aus seiner Portokasse bereits erbracht. Nachdem das von der KG getragene Unternehmen zusammengebrochen ist, verlangt der Lieferant Düsentrieb von Dagobert die Zahlung seiner noch offenen Rechnungen in Höhe von 5.000,- €. Mit Recht?* **156**

Gem. § 171 I HS 2 HGB scheidet eine persönliche Haftung des Dagobert aus, da er seine Einlage in voller Höhe geleistet hat.

Ein anderes Ergebnis könnte sich aber daraus ergeben, dass Dagobert, der das Unternehmen allein geleitet hat, wirtschaftlich betrachtet der Alleininhaber des Handelsgeschäftes war und den vermögenslosen Donald als Komplementär vorgeschoben hat. Fraglich ist deshalb, ob diese Umstände eine persönliche Haftung des Dagobert gem. §§ 128 ff. HGB begründen können.[191]

190 BGHZ 66, 98 (101 f.); 82, 209 (212 f.) = jurisbyhemmer. Für den Sonderfall der GmbH & Co KG vgl. Rn. 426.

191 Vgl. zum Ganzen BGHZ 45, 204 = jurisbyhemmer.

Zunächst ist festzustellen, dass es keinen zwingenden Zusammenhang zwischen Herrschaft und Haftung in einer Gesellschaft gibt. Zwar geht das Gesetz in seiner dispositiven Regelung von dem Grundsatz aus, dass Unternehmensleitung und persönliche Haftung in einem inneren und unmittelbaren Zusammenhang zueinander stehen, vgl. §§ 170, 171 HGB einerseits und §§ 125 I, 128 ff. HGB andererseits. Aus dieser gesetzlichen Regelung kann aber nicht gefolgert werden, dass es sich dabei um einen zwingenden Grundsatz handelt. Vielmehr gilt der Grundsatz der Typenfreiheit.

Die Regelung, dass ein Gesellschafter seine Arbeitskraft in die Gesellschaft einbringt und der Kommanditist der maßgebliche Kapitalgeber ist, dem alleinige Geschäftsführungsbefugnis zusteht - § 164 S. 1 HS 1 HGB ist dispositiv -, ist daher grundsätzlich rechtlich zulässig. Sofern der Kommanditist den Komplementär im Innenverhältnis noch von der Haftung freistellt, spricht man von einer sog. kapitalistischen KG.

Das Vorschieben des vermögenslosen Donald könnte aber einen Missbrauch der Rechtsform der KG darstellen. Dagobert wäre dann gem. § 242 BGB wie ein Komplementär mit der Haftungsfolge der §§ 128 ff. HGB zu behandeln. Da die vorliegende Gestaltung rechtlich zulässig ist, müssten weitere, besondere Umstände vorhanden sein, die die Annahme eines Missbrauchs rechtfertigen.

Eine missbräuchliche Verwendung einer rechtlich zugelassenen Rechtsform kann daher nur dann angenommen werden, wenn durch ihre Verwendung Ziele und Zwecke verfolgt werden, für die diese Rechtsform nicht bestimmt ist, oder eine Täuschung des Rechtsverkehrs bzw. einzelner Personen herbeigeführt wird. Entsprechende Anhaltspunkte sind dem Sachverhalt nicht zu entnehmen. Es bleibt folglich dabei, dass Dagobert dem Düsentrieb nicht weiter haftet, § 171 I HS 2 HGB.

hemmer-Methode: Der Kommanditist haftet in einem solchen Fall aber ggf. unbeschränkt, wenn er sich als persönlich haftender Gesellschafter geriert (Rechtsscheinhaftung).

bb) Ausschluss der Haftung

§ 171 I HS 2 HGB

Die Haftung des Kommanditisten ist ausgeschlossen, soweit die Einlage geleistet ist, § 171 I HS 2 HGB. Diese Leistung kann z.B. erfolgen durch Leistung in Natur (Einzahlung eines Geldbetrages oder sonstige vermögenswerte Leistungen wie Gebrauchsüberlassung, Sacheinbringung, Dienstleistungen, etc.), Stehenlassen von Gewinn, § 167 II HGB, oder Befriedigung von Gesellschaftsgläubigern. 157

Eine Leistung i.S.d. § 171 I HS 2 HGB liegt aber nur vor, wenn

Leistung auf Einlage

- die Leistung auf die Einlageschuld erbracht und

Objektive Wertzuführung

- der Gesellschaft ein objektiver Wert in Höhe der Haftsumme zugeführt wird (Grundsatz der realen Kapitalaufbringung, arg. ex § 172 III HGB).

Die Beweislast für die Leistung der Einlage trägt der Kommanditist.

(1) Leistung auf die Einlageschuld

Fall: *Der Kommanditist Anleger hat sich im Gesellschaftsvertrag zur Leistung einer Einlage von 10.000,- € verpflichtet. Die Einlage hat er noch nicht erbracht. Er ist aber für andere Schulden der Gesellschaft in Höhe von 10.000,- € aufgekommen.* 158

Kann er das dem Gläubiger Glücklich, der gleichfalls eine Forderung der Gesellschaft in Höhe von 10.000,- € hat, entgegenhalten?

A kann dem G die Zahlungen an die anderen Gläubiger entgegenhalten, wenn darin die Leistung der Einlage i.S.d. § 171 I HS 2 HGB liegt. Dies setzt voraus, dass A auf seine Einlageschuld gegenüber der Gesellschaft geleistet hat und der Gesellschaft einen objektiven Wert zugeführt hat. Letzteres ist ohne weiteres der Fall, da die Gesellschaft von Verbindlichkeiten befreit wurde. Zu einem anderen Ergebnis würde man nur kommen, wenn die Forderungen mit Einreden behaftet und infolgedessen ihr objektiver Wert gemindert gewesen wäre.

Dafür lassen sich dem Sachverhalt aber keine Anhaltspunkte entnehmen. Allerdings hat A nicht auf seine Einlageschuld geleistet, da die Zahlungen an die Gläubiger nicht im Gesellschaftsvertrag vereinbart waren. Gleichwohl kann er seine Haftung gegenüber G vermeiden, indem er mit dem Aufwendungsersatzanspruch, der ihm infolge seiner Zahlungen gem. §§ 110, 161 II HGB zusteht, gegen die Forderung der KG auf Leistung der Einlage aufrechnet, §§ 387, 389 BGB.

hemmer-Methode: Beachten Sie: In der Leistungsverweigerung des Kommanditisten gegenüber dem Gläubiger liegt keine konkludente Aufrechnungserklärung, da diese gegenüber der Gesellschaft zu erklären ist, § 388 S. 1 BGB. Daneben ist die Haftung des Kommanditisten ausgeschlossen, wenn die Gesellschaft die Befriedigung der anderen Gläubiger als Erfüllung gem. §§ 362 II, 185 BGB genehmigt.

(2) Objektive Wertzuführung

Bewertung von vermögenswerten Leistungen

Besteht die Pflichteinlage nicht in der Leistung von Geld, sondern in anderen vermögenswerten Leistungen, wie z.B. der Gebrauchsüberlassung von Sachen (sog. Sacheinlage) oder Dienstleistungen, müssen diese nach ihrem wirklichen Wert bewertet und auf die Hafteinlage angerechnet werden.[192] 159

Bsp.: *Erbringt ein Kommanditist gegenüber der Gesellschaft bestimmte Dienstleistungen als Pflichteinlage, muss festgestellt werden, wie viel die bisher erbrachten Dienstleistungen objektiv wert sind. Im Prozess muss der Kommanditist den Nachweis dafür erbringen, dass die von ihm geleistete Einlage dem Wert der bedungenen Hafteinlage entspricht.*[193]

Erbringung der Einlage durch Aufrechnung

Auf die objektive Wertzuführung kommt es auch dann an, wenn der Kommanditist seine Einlageleistung durch Aufrechnung mit einer ihm gegen die Gesellschaft zustehenden Forderung (§§ 387, 389 BGB) erbringt. Die Befreiung des Kommanditisten tritt in diesem Fall, anders als bei einer Aufrechnung gegen einen Gesellschaftsgläubiger, nicht in Höhe des Nennwerts der Forderung ein.

Vielmehr kommt es für die Höhe der Haftungsbefreiung auf die tatsächliche Wertzuführung in das Gesellschaftsvermögen an.[194] Mit anderen Worten: Die Gegenforderung muss vollwertig sein.

Bsp.: *Der Kommanditist haftet laut Handelsregister mit einer Einlage von 7.500,- €, die er noch nicht erbracht hat. Als ihn ein Gesellschaftsgläubiger in Anspruch nehmen will, wendet er ein, er habe der Gesellschaft einen gebrauchten Pkw verkauft und die Kaufpreisforderung i.H.v. 7.500,- € gegen die Einlageforderung aufgerechnet. Ist der Gebrauchtwagen tatsächlich 7.500,- € wert und die Gesellschaft zahlungsfähig, haftet er gem. § 171 I HS 2 HGB nicht, da dem Gesellschaftsvermögen der tatsächliche Wert von 7.500,- € zugeflossen ist.*

Dagegen fehlt es an der Vollwertigkeit der Forderung, wenn die Gesellschaft insolvenzreif ist, da die Forderung sich ohne die Aufrechnung nicht realisieren lässt (⇨ Sicherungs- bzw. Vollstreckungsfunktion der Aufrechnung). Gleiches gilt selbstverständlich, wenn der tatsächliche Wert des Pkw geringer ist.

192 BGHZ 61, 59 = **juris**byhemmer.

193 BGHZ 101, 127 = **juris**byhemmer.

194 BGHZ 95, 188 = **juris**byhemmer.

cc) Die beschränkte Haftung

§§ 171, 172 HGB

Beschränkt ist die Haftung des Kommanditisten, wenn seine Haftungsbeschränkung durch Eintragung im Handelsregister wirksam geworden ist und die Hafteinlage noch nicht bzw. nicht vollständig geleistet wurde, §§ 171, 172 HGB. Der Nichtleistung der Einlage stehen gem. § 172 HGB gleich (= die Haftung lebt wieder auf): 160

- die spätere Rückzahlung der Einlage, § 172 IV HGB. Die Rückzahlung erfordert keine ausdrückliche Bezugnahme auf die Einlage. Es genügt jede Leistung aus dem Vermögen der KG, für die dem Gesellschaftsvermögen keine gleichwertige Gegenleistung zufließt (⇨ versteckte Einlagenrückgewähr).

  Entscheidend ist nämlich, dass durch die Leistung das Gesellschaftsvermögen als Haftungsmasse gemindert wird. Die Haftung lebt aber nur insoweit wieder auf, als durch die Rückzahlung die Haftsumme unterschritten wird.

  Bsp.: *Bezahlung von Privatschulden des Kommanditisten aus dem Gesellschaftsvermögen; Auszahlung des Auseinandersetzungsguthabens an den ausgeschiedenen, aber weiter haftenden Kommanditisten; Gewährung eines zinslosen Darlehens an den Kommanditisten*

hemmer-Methode: Merke: Eine Einlagenrückgewähr liegt immer dann vor, wenn der Kommanditist einen Vermögensvorteil erhält, den ein außenstehender Dritter nicht ohne weiteres erhalten würde (Drittvergleich).

- die Gewinnentnahme unter Verstoß gegen § 169 I HGB, sofern der Gewinn nicht aufgrund einer im guten Glauben errichteten Bilanz bezogen wurde, § 172 V HGB.[195]

dd) Herabsetzung und Erhöhung der Haftsumme

Grds. Eintragung im Handelsregister Wirksamkeitsvoraussetzung

Die Herabsetzung bzw. Erhöhung der Haftsumme, welche durch Abänderung des Gesellschaftsvertrages erfolgt, wird den Gläubigern gegenüber erst mit Eintragung im Handelsregister wirksam, §§ 174 HS 1, 175 HGB. 161

Herabsetzung der Haftsumme

Die Herabsetzung gilt nicht gegenüber Gläubigern, deren Forderungen schon zur Zeit der Eintragung begründet waren, § 174 HS 2 HGB. Sie werden in ihrem Vertrauen auf die Höhe der damals eingetragenen Haftsumme geschützt.

hemmer-Methode: Für den Zeitraum zwischen Eintragung und Bekanntmachung ist § 15 I HGB zu beachten. Die Herabsetzung kann dann vor der Bekanntmachung nur dem Gläubiger entgegengehalten werden, dem sie bekannt war.

Erhöhung der Haftsumme

Auf eine nicht eingetragene Erhöhung der Haftsumme können sich die Gesellschaftsgläubiger erst berufen, wenn die Erhöhung in handelsüblicher Weise (z.B. Zeitungsinserate) bekannt gemacht oder ihnen direkt von der Gesellschaft mitgeteilt worden ist, § 172 II HGB. Die erhöhte Haftsumme gilt dann auch für Verbindlichkeiten, die vor Eintragung bzw. Mitteilung der Erhöhung entstanden sind.

---

195 Für § 172 IV HGB ist indes irrelevant, was der Gesellschafter dachte. Maßgeblich ist allein der Inhalt der Bilanz, vgl. BGH, **Life&Law 10/2009, 666**.

3. Der Gesellschafter als Gläubiger

Drittgläubigerbeziehungen

162 Bisweilen kommt es vor, dass ein Gesellschafter wie ein beliebiger Dritter der Gesellschaft gegenübersteht, d.h. er macht Ansprüche gegen die Gesellschaft geltend, die nicht auf dem Gesellschaftsvertrag beruhen, z.B. er hat der Gesellschaft Waren verkauft. Man spricht in diesen Fällen von sog. Drittgläubigerbeziehungen.

hemmer-Methode: Von den Drittgläubigerbeziehungen sind die sog. Sozialverpflichtungen zu unterscheiden, die sich aus dem Gesellschaftsverhältnis ergeben und folglich das Innenverhältnis betreffen. Sie werden im Abschnitt über das Innenverhältnis behandelt.[196]

Mitgesellschafter haften für Drittgläubigeransprüche

Der Gesellschafter hat als Drittgläubiger grundsätzlich dieselben Rechte und Pflichten wie ein Nichtgesellschafter. Er kann deshalb seinen Anspruch nicht nur gegen die Gesellschaft, sondern auch gegen die einzelnen Gesellschafter geltend machen. Die Gesellschafterstellung kann aber nicht gänzlich unberücksichtigt bleiben:

Mitgesellschafter haften subsidiär

163 ➲ Die persönliche Haftung der Mitgesellschafter wird von der gesellschafterlichen Treuepflicht überlagert. Der Drittgläubiger hat vorrangig die Gesellschaft in Anspruch zu nehmen, da im Verhältnis der Gesellschafter untereinander die Schuld von der Gesellschaft zu tilgen ist. Nur wenn eine Befriedigung aus dem Gesellschaftsvermögen nicht zu erwarten ist, kann er subsidiär die Mitgesellschafter in Anspruch nehmen.

Drittgläubiger muss sich eigenen Verlustanteil abziehen lassen

164 ➲ Nimmt der Drittgläubiger seine Mitgesellschafter in Anspruch, muss er sich von seiner Forderung den Anteil abziehen lassen, der seiner eigenen Verlustbeteiligung als Gesellschafter entspricht. Grund: Die Gesellschafter, also auch der Drittgläubiger, haften für die Gesellschaftsverbindlichkeiten gesamtschuldnerisch. Die Mitgesellschafter könnten also ihrerseits von dem Drittgläubiger Regress nehmen, § 426 I BGB.

Es würde daher gegen den Grundsatz „dolo agit, qui petit, quod statim redditurus est“ (§ 242 BGB) verstoßen, wenn der Drittgläubiger volle Befriedigung verlangen könnte.

4. Die Haftung der Gesellschafter nach der Vollbeendigung der Gesellschaft

Vollbeendigung ändert nichts an persönlicher Haftung der Gesellschafter

165 Die Vollbeendigung der Gesellschaft ändert nichts an der fortbestehenden persönlichen Haftung der Gesellschafter. Die persönliche Nachhaftung der Gesellschafter einer Personenhandelsgesellschaft unterliegt der Verjährung des § 159 HGB.

II. Die Gesellschafterstellung

166 **hemmer-Methode: Die Gesellschafterstellung ist in der Klausur i.R.d. Haftung anzusprechen, wenn ein Eintritt in die Gesellschaft, ein Austritt aus der Gesellschaft, eine Übertragung der Gesellschafterstellung oder eine Nachfolge in die Gesellschafterstellung erfolgt ist. Es muss dann geklärt werden, für welche Gesellschaftsverbindlichkeiten gehaftet wird. Daneben kann auch ein Scheingesellschafter wie ein Gesellschafter haften. Ansonsten kann die Gesellschafterstellung nur bei einem fehlerhaft vollzogenen Beitritt von nicht vollgeschäftsfähigen Personen problematisch werden.**[197]

196 Vgl. Rn. 287 ff.

197 Vgl. bereits den Fall in Rn. 41 ff.

Grds. keine Änderung im Gesellschafterbestand

Der Fortbestand der Gesellschaft hängt grundsätzlich von der unveränderten personellen Zusammensetzung der Gesellschaft ab, vgl. §§ 723 ff. BGB, sofern nicht bei Personenhandelsgesellschaften durch § 131 III HGB ein anderes vorgesehen ist. Der Grund dafür liegt bekanntlich darin, dass der Zusammenschluss der Gesellschafter nach dem gesetzlichen Leitbild der Personengesellschaften auf dem persönlichen Vertrauen der Gesellschafter beruht. Diese Vorschriften sind, wie Sie auch schon wissen, nicht zwingend. Änderungen im Gesellschafterbestand sind daher möglich, vgl. §§ 736 ff. BGB, §§ 107, 143 HGB.

1. Der Eintritt und das Ausscheiden von Gesellschaftern

Exkurs: Die Dogmatik der An- und Abwachsung

Identität der Gesellschaft bleibt unberührt

Das Ausscheiden und der Eintritt von Gesellschaftern lässt die Identität der Gesellschaft unberührt. Das Gesellschaftsvermögen muss folglich nicht übertragen werden. Erklären lässt sich dies mit dem Prinzip der An- bzw. Abwachsung. 167

§ 738 I S. 1 BGB (analog) regelt An- bzw. Abwachsung

§ 738 I S. 1 BGB - gilt für die Personenhandelsgesellschaften über §§ 105 III, 161 II HGB - regelt für den Fall des Ausscheidens eines Gesellschafters aus der Gesellschaft die Anwachsung des Anteils am Gesellschaftsvermögen an die übrigen Gesellschafter. Diese Norm wird analog für den Fall des Eintritts eines Gesellschafters angewendet. Danach wächst dem Eintretenden ipso iure ein Anteil am Gesellschaftsvermögen zu, § 738 I S. 1 BGB analog. § 738 I S. 1 BGB bezweckt die Kontinuität des Gesellschaftsvermögens als Sondervermögen, das von einem Gesellschafterwechsel unberührt bleiben soll.

Funktionsweise der An- und Abwachsung

Die Erklärung der Funktionsweise von An- und Abwachsung hängt freilich von der vertretenen Gesamthandstheorie ab. Die individualistische Theorie, die das Gesellschaftsvermögen als ein gemeinschaftliches Sondervermögen der Gesellschafter betrachtet (Wortlaut des § 718 BGB), sieht den Vorgang als gesetzlichen Rechtsübergang. 168

Dies entspricht auch dem Wortlaut des § 738 I S. 1 BGB. Nach der Lehre von der Teilrechtsfähigkeit gehört das Gesellschaftsvermögen der teilrechtsfähigen Gesamthand. Beim Eintritt und Ausscheiden eines Gesellschafters ändern sich aber die Gesellschaftsanteile der einzelnen Gesellschafter. Diese Selbstverständlichkeit bringt § 738 I S. 1 BGB (analog) zum Ausdruck.

Exkurs Ende

a) Der Eintritt in die Gesellschaft

aa) Durchführung

Aufnahme erfolgt durch Gesellschaftsvertrag

Der Eintritt eines Gesellschafters in eine bestehende Personengesellschaft erfolgt durch einen Vertrag zwischen sämtlichen Gesellschaftern und dem neuen Gesellschafter (Aufnahmevertrag). Dieser Vertrag ist seiner Rechtsnatur nach Gesellschaftsvertrag, der den bisherigen Gesellschaftsvertrag abändert. 169

Wollen sich die Gesellschafter beim Aufnahmevertrag vertreten lassen, müssen sie dem handelnden Gesellschafter eine entsprechende Vollmacht (§ 167 I BGB) erteilen. Die Vertretungsmacht kann sich nämlich keinesfalls aus §§ 714 bzw. 125 ff. HGB ergeben, da die Gesellschaft nicht am Abschluss beteiligt ist (⇨ Grundlagengeschäft).

hemmer-Methode: Dagegen sind die §§ 125 ff. HGB anwendbar, wenn ein stiller Gesellschafter (vgl. § 230 HGB) aufgenommen werden soll. Grund: Die Aufnahme eines stillen Gesellschafters ist keine Abänderung des Gesellschaftsvertrages, sondern der Abschluss eines stillen Gesellschaftsvertrages zwischen der Personenhandelsgesellschaft und dem stillen Gesellschafter.

Exkurs: § 1822 Nr. 3 BGB bei Gesellschaftsvertragsänderungen

§ 1822 Nr. 3 BGB bei Gesellschaftsvertragsänderungen

Sind an einer Erwerbsgesellschaft in der Geschäftsfähigkeit beschränkte Personen beteiligt, stellt sich bei Vertragsänderungen, wie z.B. dem Eintritt eines neuen Gesellschafters, das Problem, ob diese einer Genehmigung des Vormundschaftsgerichts gem. § 1822 Nr. 3 BGB (ggf. i.V.m. §§ 1643, 1705, 1908i I S. 1, 1915 BGB) bedürfen. 170

Dagegen: Rechtssicherheit und Praktikabilität

Dagegen sprechen indes schon der Wortlaut des § 1822 Nr. 3 BGB und der Vergleich mit § 1823 BGB. Eine Genehmigungspflicht wäre auch mit einer Einmischung des Vormundschaftsrichters (!) in kaufmännische Zweckmäßigkeitsfragen verbunden. Entscheidend sind letztlich aber Gründe der Rechtssicherheit und Praktikabilität. Häufig sind sich die Gesellschafter gar nicht bewusst, dass sie den Gesellschaftsvertrag konkludent geändert haben, sodass an die Einholung einer vormundschaftsgerichtlichen Genehmigung nicht gedacht wird.

Die Gefahr, dass dadurch viele Gesellschaftsverträge fehlerhaft würden, wäre groß, da das Fehlen der Genehmigung - soweit die beschränkt geschäftsfähige Person betroffen ist - die rückwirkende Nichtigkeit des Änderungsvertrages zur Folge hätte.

hemmer-Methode: Denken Sie in der Klausur aber auch daran, dass die anderen Tatbestände der §§ 1821, 1822 BGB eine vormundschaftsgerichtliche Genehmigung erforderlich machen können!
Dagegen ist keine vormundschaftsgerichtliche Genehmigung einzuholen, wenn in der Gesellschaft eine Prokura erteilt wird. § 1822 Nr. 11 BGB ist in diesem Fall nicht anwendbar, da die Prokura nicht für die in der Geschäftsfähigkeit beschränkte Person, sondern für die Gesellschaft, die selbst nicht unter Vormundschaft steht, erteilt wird.

Exkurs Ende

Antizipierte Zustimmung zur Aufnahme

Möglich ist des Weiteren, dass die Gesellschafter bereits im Gesellschaftsvertrag ihre Zustimmung zur Aufnahme eines später von einem Gesellschafter vorzuschlagenden neuen Gesellschafters erteilen. 171

Darin wird i.d.R. eine Bevollmächtigung des Gesellschafters zum Vertragsschluss im Namen aller Gesellschafter liegen. Für den Fall der Publikumsgesellschaft, die gerade auf die Gewinnung neuer Kommanditisten als Kapitalgeber angelegt ist, hat der BGH aber auch eine Ermächtigung eines Gesellschafters zum Abschluss des Aufnahmevertrages zugelassen. Der Aufnahmevertrag wird dann nur zwischen dem Eintretenden und dem betreffenden Gesellschafter geschlossen. Hier hält es die h.M. auch für möglich, dass die Gesellschaft selber zur Aufnahme neuer Gesellschafter ermächtigt wird.

Aufnahme durch Mehrheitsbeschluss

Ebenso kann im Gesellschaftsvertrag bestimmt werden, dass die Aufnahme eines neuen Gesellschafters durch bloßen Mehrheitsbeschluss der Gesellschafter möglich ist. 172

Form

Der Aufnahmevertrag ist grundsätzlich formfrei. Dies gilt auch dann, wenn zum Gesellschaftsvermögen ein Grundstück gehört, da für die Gesellschaft keine Verpflichtung zur Übertragung des Grundstücks und für den Eintretenden keine Verpflichtung zum Erwerb begründet wird: Dies ist für die Lehre von der Teilrechtsfähigkeit eine Selbstverständlichkeit. Trägerin des Gesellschaftsvermögens und damit Eigentümerin des Grundstücks ist und bleibt die Gesellschaft. Eine rechtsgeschäftliche Übertragung auf ein anderes Rechtssubjekt findet folglich nicht statt.[198] 173

hemmer-Methode: Wie der Gesellschaftsvertrag ist der Aufnahmevertrag dann formbedürftig, wenn der Eintretende ein formbedürftiges Leistungsversprechen abgibt.

Schaffung eines neuen Gesellschaftsanteils

Mit Abschluss des Aufnahmevertrages wird ein neuer Gesellschaftsanteil geschaffen. Der Eintretende wird zum Gesellschafter mit allen sich aus dem Gesellschaftsverhältnis ergebenden Rechten und Pflichten. Bei den Personenhandelsgesellschaften muss der neue Gesellschafter zum Handelsregister angemeldet werden, § 107 HGB bzw. §§ 107, 161 II HGB. 174

bb) Die Haftung des eintretenden Gesellschafters

Haftung mit Anteil am Gesellschaftsvermögen

Der Gesellschafter haftet für die vor seinem Eintritt entstandenen Gesellschaftsverbindlichkeiten jedenfalls - unabhängig von der Rechtsform - mit seinem Anteil am Gesellschaftsvermögen bzw. seinem Gesellschaftsanteil, da die Identität der Gesellschaft unberührt bleibt. 175

(1) BGB-Gesellschaft

frühere Rechtsprechung: Haftung grds. (-)

Früher galt es als sichere Erkenntnis in der Rechtsprechung[199] und in weiten Teilen der Literatur, dass eine persönliche Haftung des Eintretenden für Altschulden mit seinem Privatvermögen nur bei Vorliegen eines besonderen Verpflichtungsgrundes - insbesondere eines Schuldbeitritts (§§ 311 I, 241 I BGB) - bestehen kann. Der BGH versicherte in BGHZ 74, 240: „Wer in eine Gesellschaft bürgerlichen Rechts eintritt, haftet für die vorher begründeten Verbindlichkeiten nur kraft besonderer Vereinbarung mit dem Gläubiger". 176

nach der Akzessorietätstheorie: § 130 I HGB analog

Auf der Grundlage des BGH-Urteils vom 29.01.2001, in der sich der BGH stark der sog. Akzessorietätstheorie annähert, wurde die Diskussion des Problems auf eine neue Grundlage gestellt: Wendet man mit der Akzessorietätstheorie die Grundsätze der Gesellschafterhaftung bei der OHG konsequent auf die GbR an, so liegt auch eine analoge Anwendung des § 130 HGB nahe: Nach § 130 I HGB haftet der neu eintretende Gesellschafter gleich den anderen Gesellschaftern gem. §§ 128 f. HGB (vgl. Rn. 177). So plädierte Karsten Schmidt - renommierter Anhänger der Akzessorietätstheorie - dafür, in Umkehrung von BGHZ 74, 240, für den Ausschluss der Haftung eines neu eintretenden Gesellschafters mit seinem Privatvermögen für Altverbindlichkeiten eine besondere Vereinbarung mit dem Gläubiger zu fordern.[200] 176a

198 Zur grundbuchrechtlichen Problematik vgl. oben, Rn. 71c.

199 BGHZ 74, 240 = NJW 1979, 1821 = jurisbyhemmer.

200 K. Schmidt, NJW 2001, 993 (999).

BGH Haftung jedenfalls (+)

Nach neuester Rechtsprechung des BGH haftet der neu in die GbR eintretende Gesellschafter auch für die Altverbindlichkeiten der Gesellschaft.[201] **176b**

Der BGH lässt es dabei ausdrücklich dahinstehen, ob sich dies bereits daraus ergibt, dass der Gesellschafter akzessorisch haftet, mithin aus § 130 HGB analog. Der Grund der Haftung auch für Altschulden entspreche zwar zum einen der zu Ende gedachten Akzessorietät der Haftung (§ 130 HGB analog), ergebe sich aber bereits aus dem Wesen der Personengesellschaft.[202]

Im Großen und Ganzen begründet der BGH seine Entscheidung wie folgt: Der eintretende Gesellschafter erlangt mit seinem Beitritt die **Zugriffsmöglichkeit auf das Gesellschaftsvermögen**, an dem er fortan auch beteiligt ist. Ein schutzwürdiges Vertrauen, nicht für Altschulden haften zu müssen, sei demnach nicht erkennbar.

Die Haftung des Eintretenden für Altschulden entspreche auch der **Gesetzeskonformität** bei den Personengesellschaften. Bei der OHG (vgl. § 130 HGB), bei der KG (vgl. §§ 161 II, 130 HGB bzw. § 173 HGB) und auch bei der Partnerschaftsgesellschaft (§ 8 I PartGG) werde für Altschulden beim Eintritt gehaftet. **Unbilligkeiten** könnten **ansonsten** insbesondere **bei Dauerschuldverhältnissen** entstehen.

Im Extremfall könnte dies etwa bei der Aufnahme eines Kredits mit zehnjähriger Laufzeit dazu führen, dass niemand mehr persönlich haftet, weil alle bei Fälligkeit vorhandenen Gesellschafter erst nach Aufnahme des Kredits in die Gesellschaft eingetreten waren und die Haftung der ausgeschiedenen Gesellschafter gem. § 736 II BGB, § 160 HGB bereits beendet ist.

Außerdem vollzieht sich der **Übergang** bei nicht im Handelsregister eingetragenen gewerblich tätigen Gesellschaften **von der OHG zur GbR und umgekehrt oft unmerklich** je nachdem, ob Art und Umfang eine kaufmännische Einrichtung erforderlich machen (dann OHG gem. § 123 II HGB) oder nicht (dann GbR). Eine unterschiedliche Haftungsverfassung von OHG und GbR hätte aber eine erhebliche Rechtsunsicherheit zur Folge.

Daher vertritt nun der BGH konsequenterweise, dass auch bei einer GbR die eintretenden Gesellschafter für die Altverbindlichkeiten haften müssen.[203]

hemmer-Methode: Wie auch immer man zu diesen Rechtsprechungsentwicklungen stehen mag: Die Grenzen zwischen OHG und GbR verschwinden immer mehr. Das mag so gewollt sein, wenn man sich vor Augen führt, dass der Übergang von OHG zur GbR und umgekehrt wegen § 1 II HGB fließend ist. Dieses Argument wird daher immer wieder herangezogen, um die Angleichung zu rechtfertigen.

---

201 BGH, NJW 2003, 1803 ff. = **Life&Law 07/2003, 453 ff.** = **juris**byhemmer; nach überzeugender Ansicht erfasst diese Änderung aber erst Eintritte, die nach der Entscheidung des BGH stattgefunden haben, vgl. LG Frankenthal, NJW 2004, 3190 f.; dies soll einem gewissen Vertrauen auf die alte Rechtslage Rechnung tragen. Der vor der Rechtsprechungsänderung neu eingetretene Gesellschafter haftet aber gleichwohl analog § 130 HGB, wenn er die Altverbindlichkeit bei seinem Eintritt in die Gesellschaft kennt oder hätte erkennen können. Das ist insbesondere bei Verbindlichkeiten aus Versorgungsverträgen der Fall, vgl. BGH, **Life&Law 05/2006, 316 ff.**

202 Vgl. BGH, NJW 2003, 1803 [1804] = **juris**byhemmer.

203 Zustimmend K. Schmidt, NJW 2003, 1897 (1900).

Exkurs: § 130 HGB analog bei Scheingesellschaftern?

Bsp.: A mandatiert die XY Anwalts-GbR mit der Beitreibung einer Forderung. Der Schuldner zahlt an die Kanzlei 10.000,- €, diese leitet das Geld jedoch nicht weiter an A.

Nach diesen Vorgängen wird auf den Briefbögen die angestellte Anwältin Z aufgenommen, ohne dass sich daraus das Angestelltenverhältnis ergibt. A verlangt nun von Z persönlich Zahlung der 10.000,- €.[204]

I. Eine Haftung aus § 128 HGB analog kommt nicht in Betracht. Zwar bestand eine Verbindlichkeit der GbR, allerdings war Z im Zeitpunkt des Vertragsschlusses nicht Gesellschafterin der GbR.

II. Eine Haftung gem. §§ 128, 130 HGB analog kommt ebenfalls nicht in Betracht, weil dafür zumindest der spätere Beitritt zur GbR erforderlich gewesen wäre. Bei Z handelt es sich aber nicht um eine Gesellschafterin der GbR. Die Aufnahme auf dem Briefkopf ohne besonderen Hinweis auf das Angestelltenverhältnis erweckt zwar den Eindruck einer Gesellschafterstellung. Dies kann allenfalls i.R.e. Rechtsscheinhaftung relevant sein.

§§ 128, 130 HGB analog (-) bei Scheingesellschaftern

III. Fraglich ist, ob § 130 HGB analog auch bei Scheingesellschaftern relevant wird. Dies verneint der BGH vollkommen überzeugend. Jede Rechtsscheinhaftung setzt einen Vertrauenstatbestand voraus, der zugerechnet werden können muss. Der Briefbogen könnte als Vertrauenstatbestand in Betracht kommen. Auch könnte man Z den Vorwurf machen, es unterlassen zu haben, für einen auf das Angestelltenverhältnis hinweisenden Zusatz zu sorgen.

Kein Vertrauen im maßgeblichen Zeitpunkt

A konnte aber auf diesen Tatbestand allein deshalb nicht vertrauen, weil im (maßgeblichen) Zeitpunkt der Mandatierung die Z noch nicht auf dem Briefbogen vermerkt war. Eine Kombination aus § 130 HGB analog und einer Rechtsscheinhaftung ist daher denknotwendig ausgeschlossen, weil § 130 HGB die Haftung für Altverbindlichkeiten regelt, bei deren Entstehung es wegen des erst später gesetzten Rechtsscheins am schutzwürdigen Vertrauen fehlen muss.

hemmer-Methode: Eine Haftung als Scheingesellschafterin kommt also nur in Betracht für Verbindlichkeiten, bei deren Entstehung der Rechtsschein schon zurechenbar gesetzt wurde. Aber auch dann haftet die Scheingesellschafterin nicht für alle Verbindlichkeiten der Gesellschaft. Der BGH hatte einen Fall zu beurteilen, in welchem eine Anwalts-GbR einer Forderung einer Computerfirma aus Vertrag ausgesetzt war. Der BGH hat die Haftung der Scheingesellschafterin hier abgelehnt, weil es sich nicht um eine anwaltstypische Forderung handele, sodass das Vertrauen auf die Gesellschafterstellung nicht schutzwürdig sei.[205]

Exkurs Ende

Achtung: anders bei Zusammenschluss mit Einzelanwalt.

Die Problematik des § 130 HGB analog darf nicht verwechselt werden mit Fällen, in denen z.B. ein Anwalt in die Sozietät eines Einzelanwalts eintritt. Hier gibt es vor dem Eintritt noch keine GbR, also auch noch keine Verbindlichkeiten einer Gesellschaft, für die ein „neu Eintretender“ haften könnte.

§ 28 HGB analog?

Dann ist allenfalls denkbar, über eine Anwendung des § 28 I HGB zu einer Haftung für Verbindlichkeiten zu gelangen, die gegenüber dem ehemaligen Einzelanwalt begründet wurden.

---

204 OLG Saarbrücken, **Life&Law 12/2006, 817 ff.**

205 BGH, **Life&Law 10/2008, 658 ff.**

Grds. wird in der Literatur vertreten, dass eine analoge Anwendung auch auf nichtkaufmännische Unternehmen in Betracht kommt.[206] Bei § 28 I HGB geht es um den Gedanken der Unternehmenskontinuität, der unabhängig davon greift, ob durch den Zusammenschluss eine Handelsgesellschaft entsteht oder „nur" eine GbR.

Der BGH hat die Frage nicht abschließend geklärt, jedenfalls i.R.v. Anwaltsmandaten wie folgt entschieden:[207]

Das Rechtsverhältnis zwischen einem Rechtsanwalt und seinem Mandanten ist in erster Linie durch persönliches Vertrauen gekennzeichnet. Die anwaltliche Dienstleistung wird eigenverantwortlich und persönlich vorgenommen.[208]

Der Mandant, der gerade keine Sozietät beauftragt, darf darauf vertrauen, dass der beauftragte Anwalt das Mandat persönlich betreut.

Dazu passt dann spiegelbildlich auch nur ein Vertrauen auf die persönliche Haftung des beauftragten Anwalts. Der Gedanke der Unternehmenskontinuität, der gerade der Vorschrift des § 28 I S. 1 BGB zugrunde liegt, trägt hier demnach nicht.

Fehlerhafter Beitritt

Haftungsprobleme können sich auch dann ergeben, wenn der Aufnahmevertrag des Eintretenden mit Mängeln behaftet ist. In diesen Fällen kann die Lehre von der fehlerhaften Gesellschaft zur Anwendung kommen: **176c**

Fall: *Arnold und Sylvester betreiben zusammen das kleine Restaurant „Planet Tollwood". Sie verhandeln mit Bruce über dessen Eintritt in das Geschäft. Die Aufnahmeverhandlungen ziehen sich hin und es werden eine Reihe von Schreiben gewechselt. Schließlich leistet Bruce, nachdem alle Beteiligten davon ausgingen, alles wäre geregelt, vereinbarungsgemäß eine Anzahlung von 2.500,- €.*

Als Arnold und Sylvester nach einiger Zeit die „restlichen" 5.000,- € verlangen, stellt sich Folgendes heraus: Nachdem alle Fragen bis auf die Beitragshöhe geklärt waren, hatten Arnold und Sylvester die Beitragspflicht des Bruce in einem weiteren Schreiben auf 7.500,- € festgesetzt. Bruce hatte dieses Schreiben mit dem handschriftlichen Vermerk „alles O.K." zurückgesandt, nachdem er zuvor die Zahl 7.500,- € auf 5.000,- € ausgebessert hatte. Sylvester, dessen Augen nach einem harten Boxkampf etwas verschwollen waren, las lediglich den Vermerk „alles O.K.". Deshalb waren Arnold und Sylvester davon ausgegangen, der Beitrag des Bruce betrage 7.500,- €. Damit ist Bruce aber nicht einverstanden. Damit aber nicht genug: Nun nimmt auch noch der Pizza-Lieferant Pronto den Bruce für eine ihm gegen die Gesellschaft zustehende Kaufpreisforderung in Höhe von 1.000,- € in Anspruch. Diese Forderung war nach dem Tätigwerden des Bruce für das Restaurant entstanden. Ist das Verlangen des Pronto berechtigt?

Das Verlangen des P ist berechtigt, wenn B als Gesellschafter für die Kaufpreisforderung aus § 433 II BGB gegen die Gesellschaft haftet. Vorliegend handelt es sich um eine BGB-Gesellschaft - gemeinsamer Zweck ist der Betrieb des Restaurants - und nicht um eine OHG, da der Geschäftsbetrieb jedenfalls nach Art und Umfang keine kaufmännische Einrichtung erfordert, § 1 II HGB. Vom Vorliegen eines wirksamen Kaufvertrages zwischen der Gesamthand als solcher, die Trägerin von Rechten und Pflichten sein kann, und P kann ausgegangen werden.

---

206 Karsten Schmidt, Handelsrecht, § 8 II 1 a bb.

207 BGH, **Life&Law 05/2004, 289 ff.**

208 BVerfG, NJW 2003, 2520 = **juris**byhemmer.

B haftet gem. § 128 S. 1 HGB analog akzessorisch für die Gesellschaftsverbindlichkeiten, wenn er Gesellschafter der GbR ist. Dies setzt zunächst voraus, dass sein Eintritt in die Gesellschaft wirksam ist.

Es müsste also ein wirksamer Aufnahmevertrag zwischen A, S und B zustande gekommen sein. Dieser Vertrag ist seiner Rechtsnatur nach ein Gesellschaftsvertrag, der den bisherigen Gesellschaftsvertrag abändert.

Ein Vertrag besteht aus übereinstimmenden, aufeinander bezogenen Willenserklärungen. Daran fehlt es im Fall, da sich die Parteien nicht über die Beitragshöhe geeinigt haben. Vielmehr liegt ein versteckter Einigungsmangel (Dissens) vor. Die Beitragshöhe ist, da sie die Förderungspflicht konkretisiert, ein wesentliches Element des Vertrages (sog. essentialia negotii), sodass § 155 BGB nicht anwendbar ist. Der Vertrag ist somit nicht zustande gekommen (sog. Totaldissens). Zwar gilt die Abänderung des Schreibens gem. § 150 II BGB als Ablehnung, verbunden mit einem neuen Antrag. Doch auch unter Berücksichtigung des § 151 S. 1 BGB ist eine nach außen hervortretende eindeutige Betätigung des Annahmewillens seitens des A und des S erforderlich, vgl. §§ 133, 157 BGB analog. Eine solche Betätigung lässt sich aber dem Sachverhalt nicht eindeutig entnehmen, insbesondere genügt hierfür nicht die Annahme eines Teilbetrages bzw. das Tätigwerden des B in der Gesellschaft.

Der Aufnahmevertrag könnte aber nach den Grundsätzen der fehlerhaften Gesellschaft als wirksam zu behandeln sein. Diese Grundsätze gelten auch für den fehlerhaften Beitritt zu einer Gesellschaft.[209]

Rechtsfolge wäre, dass der Vertrag als wirksam zu behandeln wäre. Die Beteiligung des B wäre aber für die Zukunft beseitigbar. Dies würde die Geltendmachung des Dissenses erfordern.

hemmer-Methode: Erinnern Sie sich: Die Grundsätze über die fehlerhafte Gesellschaft gelten für alle fehlerhaften Vertragsänderungen, also auch für den Eintritt eines Gesellschafters.

Eine fehlerhafte Gesellschaft erfordert das Vorliegen eines fehlerhaften Vertrages, die Invollzugsetzung der Gesellschaft und darf nicht mit vorrangigen Interessen in Widerspruch treten. Fraglich ist hier allein, ob ein fehlerhafter Gesellschaftsvertrag vorliegt. Man könnte geneigt sein, dies zu verneinen, schließlich haben sich die Parteien in einem wesentlichen Punkt nicht geeinigt, sodass eigentlich der Tatbestand eines Vertrages nicht erfüllt ist. Richtig daran ist, dass in der Regel kein Vertrag zustande kommt, wenn es an übereinstimmenden Willenserklärungen fehlt.

Die Annahme eines fehlerhaften Gesellschaftsvertrages ist aber auch bei einem versteckten Einigungsmangel nicht von vornherein ausgeschlossen, da sich die Willensübereinstimmung der Parteien nicht auf alle Punkte, die der Gesellschaftsvertrag regeln soll, beziehen muss. Der übereinstimmende Wille der Parteien, ihre Rechtsbeziehungen dem Gesellschaftsrecht zu unterstellen, reicht hierfür aus.[210] Der Beitritt des B ist infolgedessen nach den Grundsätzen über die fehlerhafte Gesellschaft für die Vergangenheit als wirksam zu behandeln.

Da die Forderung nach dem Beitritt des B begründet wurde, haftet er dem P für dessen Kaufpreisforderung auch mit seinem Privatvermögen: Nach der neuesten Rechtsprechung des BGH[211] haftet ein Gesellschafter analog §§ 128 f. HGB für Gesellschaftsverbindlichkeiten akzessorisch. P kann somit den B persönlich in Anspruch nehmen.

---

209 BGHZ 26, 330 (334 ff.) = **juris**byhemmer.

210 BGH, NJW 1992, 1502 = **juris**byhemmer.

211 BGH, NJW 2001, 1056 **= Life&Law 03/2001, 216 ff.**, vgl. Rn. 125 ff. = **juris**byhemmer.

hemmer-Methode: Dagegen können die Grundsätze über die fehlerhafte Gesellschaft in diesem Fall keine wirksame Beitragspflicht des Eintretenden im Innenverhältnis begründen. Grund: Eine Bestimmung, die zur Fehlerhaftigkeit des Vertrages geführt hat, kann nicht zur Beurteilung der Rechtslage zwischen den Gesellschaftern herangezogen werden. Da der Fehler in einem Dissens über ein Wesensmerkmal des Gesellschaftsvertrages vorliegt, hilft auch eine ergänzende Vertragsauslegung nicht weiter.
Denkbar wäre allenfalls die Heranziehung des § 706 I BGB. Die oben dargestellte Argumentation kann daher nur für das Außenverhältnis gelten.[212] Sofern die Grundsätze über die Anscheins- und Duldungsvollmacht eingreifen würden, wäre sie eigentlich auch entbehrlich.

(2) Personenhandelsgesellschaften

(a) Eintritt als unbeschränkt haftender Gesellschafter

Haftung für Alt- und Neuschulden, §§ 128, 130 HGB

Der Eintretende haftet für die Altschulden der Gesellschaft gem. §§ 130 I, 128 HGB. Diese Haftung ist - wie die des § 128 S. 1 HGB - zwingend, § 130 II HGB. Für die Gesellschaftsschulden nach seinem Eintritt gilt § 128 HGB. 177

hemmer-Methode: Beachten Sie: Erwirbt die Personenhandelsgesellschaft ein bestehendes Handelsgeschäft und führt es unter der bisherigen Firma fort, gilt § 25 HGB und nicht § 130 HGB. Beim „Eintritt" eines Gesellschafters in das Geschäft eines Einzelkaufmanns (= Gesellschaftsneugründung) gilt gleichfalls nicht § 130 HGB, sondern § 28 HGB, welcher übrigens nicht die Fortführung der Firma erfordert. Lesen Sie dazu Hemmer/Wüst, Handelsrecht, Rn. 199 ff.

(b) Eintritt als Kommanditist

Haftung für Altschulden gem. §§ 173, 171, 172 HGB

Derjenige, der als Kommanditist in eine bestehende Personenhandelsgesellschaft eintritt, haftet für die Altschulden der Gesellschaft gem. § 173 HGB nach Maßgabe der §§ 171, 172 HGB. Sofern der Kommanditist in eine bestehende OHG eintritt, wandelt sich diese mit dem Beitritt in eine KG um (sog. formwechselnde Umwandlung). 178

Haftung ggf. gem. § 176 II HGB für Verbindlichkeiten nach Eintritt bis zur Eintragung

Für die Verbindlichkeiten, die im Zeitraum zwischen dem Eintritt des Kommanditisten und seiner Eintragung im Handelsregister entstehen, haftet dieser ggf. gem. § 176 II HGB i.V.m. § 176 I HGB unbeschränkt. 179

Im Unterschied zu § 176 I HGB bedarf es aber nach h.M. nicht der Zustimmung des Kommanditisten zur Fortführung der Geschäfte, da bereits der Beitritt zu einer werbenden Personenhandelsgesellschaft seine Haftung legitimiert.[213] Will der Beitretende die unbeschränkte Haftung vermeiden, muss er seinen Beitritt unter die aufschiebende Bedingung der Eintragung stellen. Bezüglich der anderen Voraussetzungen gelten die Ausführungen zu § 176 I HGB entsprechend.[214]

212 Im zugrunde liegenden BGH-Fall ging es auch nur um Haftungsfragen.
213 BGHZ 82, 209 (211 f.) = jurisbyhemmer.
214 Vgl. Rn. 155 ff.

hemmer-Methode: Kein Eintritt eines Kommanditisten liegt vor, wenn der Gesellschaftsanteil eines Komplementärs in einen Kommanditanteil umgewandelt wird. § 176 II HGB findet folglich keine, auch nicht analoge, Anwendung. Die Gesellschaftsgläubiger werden in diesem Fall über § 15 I HGB geschützt, da die Anteilsumwandlung eine eintragungspflichtige Tatsache (§ 143 II HGB analog) ist.

b) Das Ausscheiden aus der Gesellschaft

aa) Gründe für das Ausscheiden einzelner Gesellschafter

(1) BGB-Gesellschaft

Gründe für Ausscheiden

Ein Gesellschafter scheidet aus der BGB-Gesellschaft aus, wenn 180

Fortsetzungsklausel und persönlicher Auflösungsgrund

- der Gesellschaftsvertrag bei Eintritt bestimmter persönlicher Auflösungsgründe (z.B. Tod, Insolvenz, Kündigung) eine Fortsetzungsklausel enthält, §§ 727, 736 BGB. Die Fortsetzungsklausel kann im ursprünglichen Gesellschaftsvertrag vereinbart oder nachträglich durch Gesellschafterbeschluss herbeigeführt werden. § 736 BGB ist nicht abschließend. Der Gesellschaftsvertrag kann folglich auch bei anderen Auflösungsgründen eine Fortsetzung ohne den dann ausscheidenden Gesellschafter vorsehen, z.B. Kündigung der Gesellschaft durch einen Privatgläubiger, Eintritt einer Bedingung oder einer Frist. 181

hemmer-Methode: Praktisch bedeutsam ist die Fortsetzungsklausel im Fall des Todes eines Gesellschafters. Sie wird i.R.d. Nachfolgeprobleme beim Tod eines Gesellschafters behandelt.[215]

Ausschluss aus wichtigem Grund

- ein Gesellschafter aus wichtigem Grund ausgeschlossen wird, § 737 BGB. Der Ausschluss erfolgt durch Gestaltungserklärung gegenüber dem auszuschließenden Gesellschafter, § 737 S. 3 BGB. 182

Dabei ist jedoch zu beachten, dass eine Vereinbarung, die das Recht gewährt, einen Mitgesellschafter ohne Vorhandensein eines sachlichen Grundes ausschließen zu dürfen, grds. sittenwidrig ist.[216]

Vereinbarung

- dies mit den übrigen Gesellschaftern vereinbart wird, §§ 311 I, 241 I BGB. 183

Fall: *Die Gesellschafter Willkür, Still und Holzkopf haben am 01.01. eine BGB-Gesellschaft gegründet und betreiben einen Kleinhandel mit Gebrauchtwagen. Im Gesellschaftsvertrag findet sich folgende Vereinbarung: „Gesellschafter Willkür hat bis zum Ablauf des 30.06. das Recht, jederzeit und ohne Angaben von Gründen das Ausscheiden des Gesellschafters Holzkopf aus der Gesellschaft zu verlangen."*

Eine weitere Möglichkeit, die Mitgliedschaft eines Gesellschafters zu kündigen, sieht der Vertrag nicht vor. Am 30.03. verlangt Willkür von Holzkopf dessen Ausscheiden aus der Gesellschaft, da dieser sich als unfähig und inkompetent erwiesen habe. Ist Holzkopf damit aus der Gesellschaft ausgeschieden?

H ist aus der Gesellschaft ausgeschieden, wenn die Vereinbarung im Gesellschaftsvertrag bezüglich der Kündigung der Mitgliedschaft (sog. Hinauskündigungsklausel) wirksam ist.

215 Vgl. dazu Rn. 205 ff.

216 Zu den Ausnahmen vgl. **Life&Law 09/2004, 582 ff.**

Zwar sieht § 737 BGB ein Ausschließungsrecht der übrigen Gesellschafter nur bei Vorliegen eines wichtigen Grundes in der Person des betreffenden Gesellschafters vor, doch ist diese Regelung dispositiv. Eine Klausel, wonach ein Gesellschafter ohne das Vorliegen eines wichtigen Grundes ausgeschlossen werden kann, ist aber an § 138 BGB und an den nur beschränkt dispositiven Grundprinzipien des Gesellschaftsrechts zu messen.[217]

Eine Hinauskündigungsklausel stellt für den ausschlussberechtigten Gesellschafter ein wirksames Druckmittel gegenüber dem anderen, vom Ausschluss bedrohten Gesellschafter dar. Dieser würde sich bei jeder zu treffenden Entscheidung diesem Druckmittel beugen. Dadurch entsteht die Gefahr, dass dieser Gesellschafter seinen Gesellschafterpflichten nicht mehr nachkommt oder auf die Ausübung seiner Rechte verzichtet.

Damit würde aber der Willkürherrschaft in der Gesellschaft insgesamt Vorschub geleistet werden. Dies ist mit der typischen Orientierung der Gesellschafter auf ein gemeinsames Ziel hin unvereinbar.[218]

Zudem wäre der Gesellschafter stets mit der Ungewissheit des möglichen Ausschlusses belastet. Eine Hinauskündigungsklausel ist aus diesen Gründen grundsätzlich gem. § 138 I BGB nichtig.

Eine Hinauskündigungsklausel ist deshalb nur dann wirksam, wenn im Einzelfall für so eine Klausel aufgrund außergewöhnlicher Umstände sachlich gerechtfertigte Gründe bestehen. Solche Umstände sind gegeben, wenn die Hinauskündigung an ein festes Tatbestandsmerkmal geknüpft ist. Vorliegend ist die Kündigungsmöglichkeit des W zeitlich begrenzt. Der Zeitraum ist auch relativ kurz bemessen, sodass sich W schnell darüber klar werden muss, ob er sich mit H als Gesellschafter abfindet oder nicht. Eine willkürliche oder missbräuchliche Ausübung des Kündigungsrechts erscheint aufgrund dieser Begrenzung ausgeschlossen. Da die Klausel offensichtlich eine Erprobungsphase ermöglichen soll, ist sie auch sachlich gerechtfertigt. Auch eine dauerhafte Ungewissheit über den Verbleib in der Gesellschaft ist für H nicht gegeben. Die Klausel ist somit wirksam und H ausgeschieden.

Sonderfall: Zweigliedrige BGB-Gesellschaft

Aus einer zweigliedrigen Gesellschaft kann ein Gesellschafter nicht unter Erhaltung der Gesellschaft ausscheiden, da es eine Ein-Mann-Personengesellschaft nicht gibt. Es verbleiben grundsätzlich nur die Auflösung und Auseinandersetzung der Gesellschaft. Möglich ist aber auch die Vereinbarung eines Übernahmerechts im Gesellschaftsvertrag. **184**

Mit der Ausübung des Übernahmerechts verwandelt sich das Gesellschaftsvermögen ohne Übertragungsakt in das Vermögen des Übernehmers (Anwachsung, § 738 I S. 1 BGB analog).

(2) Personenhandelsgesellschaften

Gründe für Ausscheiden

Ein Gesellschafter scheidet aus einer Personenhandelsgesellschaft aus, wenn **185**

Tod

- der Tod des Gesellschafters eintritt, sofern nichts anderes vereinbart ist (§ 131 III Nr. 1 HGB). Der Tod eines Kommanditisten führt wegen seiner bloß kapitalmäßigen Beteiligung nicht zum Ausscheiden aus der Gesellschaft, § 177 HGB. Vielmehr folgt der Erbe in die Kommanditistenstellung nach. **186**

Insolvenz eines Gesellschafters

- das Insolvenzverfahren über das Vermögen eines Gesellschafters eröffnet wird (§ 131 III Nr. 2 HGB).

217 BGHZ 81, 263 = **juris**byhemmer.

218 BGHZ 105, 213 (217) = **juris**byhemmer.

hemmer-Methode: Wird die Insolvenzeröffnung über das Privatvermögen eines Gesellschafters mangels Masse abgelehnt, § 26 InsO, ist § 131 III Nr. 2 HGB nicht erfüllt. Wollen die anderen Gesellschafter mit dem bankrotten Gesellschafter nicht weiter zusammenarbeiten, kommen nur die anderen Gründe, insbesondere Nr. 4 oder § 140 HGB i.V.m. § 133 HGB, in Betracht.
Ein wichtiger Grund i.S.d. § 133 HGB liegt immer dann vor, wenn den Gesellschaftern ein Warten bis zum nächsten Kündigungstermin nach § 132 HGB nicht zugemutet werden kann. Dies ist bei dem wirtschaftlichen Zusammenbruch eines Gesellschafters der Fall, da dadurch die Grundlage für die Haftungs- und Arbeitsgemeinschaft der Gesellschafter entfallen ist.

Kündigung des Gesellschafters

➲ der Gesellschafter gem. § 131 III Nr. 3 HGB kündigt.

Kündigung durch Privatgläubiger

➲ eine Kündigung durch den Privatgläubiger gem. § 135 HGB erfolgte (§ 131 III Nr. 4 HGB).

Im Gesellschaftsvertrag vorgesehene Fälle

➲ weitere im Gesellschaftsvertrag vorgesehene Fälle eintreten, (§ 131 III Nr. 5 HGB), z.B. ein vereinbartes Kündigungsrecht ausgeübt wird.

Beschlussfassung

➲ ein entsprechender Beschluss gem. § 131 III Nr. 6 HGB gefasst wird, wobei dieser Beschluss gem. § 119 I HGB einstimmig gefasst werden muss, sofern der Vertrag hier nicht im zulässigen Rahmen der §§ 134, 138 BGB anderes regelt.

Ausschließungsurteil, § 140 HGB

➲ ein Ausschließungsurteil (Gestaltungsurteil) auf Klage der übrigen Gesellschafter bei Vorliegen eines wichtigen Grundes nach § 133 HGB ergeht, § 140 HGB. An das Vorliegen des wichtigen Grundes sind strenge Anforderungen zu stellen. Die Ausschließung darf nur ultima ratio sein, wenn weniger einschneidende Maßnahmen - wie z.B. Entziehung der Geschäftsführungs- und Vertretungsbefugnis, §§ 117, 127 HGB - nicht ausreichen.

Exkurs: Das Ausscheiden eines Kommanditisten aus einer Publikums-KG und Prospekthaftung

Austrittsrecht des Kommanditisten aus Publikums-KG

Der Kommanditist hat bei Vorliegen eines wichtigen Grundes i.S.d. § 133 HGB auch dann ein Austrittsrecht, wenn dies im Gesellschaftsrecht nicht vereinbart wurde.[219] Das Austrittsrecht tritt dabei an die Stelle der Auflösungsklage. Grund: Eine Publikums-KG ist eine kapitalistisch organisierte Massengesellschaft. 187

Es wäre daher nicht sachgerecht, die Gesellschaft aufzulösen, nur weil in der Person eines Gesellschafters mit einem geringen Gesellschaftsanteil ein wichtiger Grund vorliegt. Klausurrelevant sind vor allem die Fälle, in denen der Beitritt des Kommanditisten auf einer arglistigen Täuschung beruht (§ 123 BGB).

Nach den Grundsätzen der fehlerhaften Gesellschaft ist dieser Beitritt zwar als wirksam zu behandeln. Der getäuschte Kommanditist kann das Gesellschaftsverhältnis aber aus wichtigem Grund - ein solcher ist die arglistige Täuschung - kündigen. Wie immer gilt: Keine Regel ohne Ausnahme! Das außerordentliche Kündigungsrecht ist ausgeschlossen, wenn der wichtige Grund nicht auf die Individualrechte des Kommanditisten beschränkt ist, sondern die Interessen aller Gesellschafter betrifft (z.B. der Gesellschaftszweck ist unerreichbar).

219 BGHZ 63, 338 (345) = **juris**byhemmer.

Ansonsten würde ein geordnetes Liquidationsverfahren vereitelt, da viele Kommanditisten (= Kapitalanleger) versuchen würden, möglichst schnell durch Kündigung aus der Gesellschaft auszuscheiden.

Bsp.: Der Gesellschaftszweck einer Publikums-KG besteht darin, synthetische Diamanten herzustellen und zu vertreiben. Tatsächlich ist das Verfahren zur Herstellung von Diamanten untauglich. Ein Kommanditist, der über die Tauglichkeit dieses Verfahrens bei Vertragsabschluss arglistig getäuscht wurde (§ 123 BGB), hat in diesem Fall kein Austrittsrecht, da die Untauglichkeit des Verfahrens zur Unerreichbarkeit des Gesellschaftszwecks führt und damit alle Gesellschafter gleichermaßen betrifft.

Prospekthaftung

In Fällen, in denen der Kommanditist zwar mangels arglistiger Täuschung kein Austrittsrecht hat, sich aber dennoch aufgrund fahrlässig unrichtiger Angaben der für die Publikums-KG auftretenden Personen falsche Vorstellungen gemacht hat, hilft ihm die Rechtsprechung mit dem Rechtsinstitut der Prospekthaftung. Die Prospekthaftung kann aber - bei Vorliegen eines Schadens trotz Ausscheidens - auch dann eingreifen, wenn ein Austrittsrecht besteht. **188**

Dieses mittlerweile anerkannte Rechtsinstitut ähnelt in Inhalt und Umfang sehr stark Ansprüchen aus c.i.c. in der Fallgruppe der Eigenhaftung des Vertreters, die in § 311 III BGB jetzt ausdrücklich gesetzlich geregelt ist. Anders als bei der Eigenhaftung des Vertreters ist bei der Prospekthaftung aber nicht auf die Inanspruchnahme eines besonderen persönlichen Vertrauens abzustellen, sondern es genügt ein bloß typisiertes Vertrauen.

Haftung für Richtigkeit und Vollständigkeit der Prospekte

Da der von den Initiatoren einer derartigen Publikums-KG herausgegebene Prospekt in der Regel die einzige Entscheidungsgrundlage für den Kapitalanleger darstellt, soll das Vertrauen auf diese Grundlage besonders umfangreichen Schutz genießen.[220] Für die Richtigkeit und Vollständigkeit eines solchen Prospektes haften daher sämtliche Gründer, Initiatoren und Gestalter der Gesellschaft, und zwar unabhängig davon, ob sie konkret in Erscheinung getreten sind und der Geschädigte sie gekannt hat. Daneben sind auch die hinter der Gesellschaft stehenden Personen verantwortlich, wenn sie auf das Geschäftsgebaren maßgeblichen Einfluss haben.

Zuletzt können sogar solche Personen haftbar gemacht werden, die als Garanten des Prospektes nach außen aufgetreten sind und durch dieses Auftreten einen Vertrauenstatbestand für die Richtigkeit des Prospektes geschaffen haben.[221]

Verjährung

Besondere Probleme stellten sich bei der Prüfung von Ansprüchen aus Prospekthaftung im Hinblick auf ihre Verjährung.

Sie orientiert sich daher im Bereich der Publikums-KG an den für vergleichbare Kapitalanlagegeschäfte geltenden Fristen (§ 12 V AuslInvestmG (Auslandinvestmentgesetz), § 46 BörsG, und nimmt dementsprechend Verjährung an nach Ablauf von einem Jahr ab Kenntnis von Prospektmängeln, spätestens jedoch nach Ablauf von drei Jahren ab dem Gesellschaftsbeitritt.[222]

220 Dabei geht der BGH grundsätzlich von einer Vermutung dahingehend aus, dass ein Prospektfehler für die Anlageentscheidung auch kausal war, BGH, NZG 2008, 661; die Vermutung ist widerlegbar. Die Widerlegung wird etwa dann gelingen, wenn der Prospekt bei dem konkreten Vertragsschluss gar nicht verwendet wurde, BGH, ZIP 2008, 412.

221 Vgl. Palandt, § 280 BGB, Rn. 54 ff.

222 BGHZ 83, 227; BGH, NJW 2010, 1077; Beim sog. Bauherrenmodell gilt die regelmäßige Verjährungsfrist nach § 195 BGB (drei Jahre), NJW 2004, 288: **alle Entscheidungen = juris**byhemmer.

Sonderrechtsprechung nur für Prospekthaftung im engeren Sinne

Die Sonderrechtsprechung zur Verjährung von Ansprüchen aus Prospekthaftung hat keinen Einfluss auf die Verjährung „normaler" c.i.c.-Ansprüche gem. §§ 280 I, 311 II, 241 II BGB. Diese richtet sich nach §§ 195, 199 BGB. Auf die obigen Grundsätze der Prospekthaftung im engeren Sinn kommt es also entscheidend nur an, wenn nicht bereits nach allgemeinen zivilrechtlichen Erwägungen gehaftet wird (Prospekthaftung im weiteren Sinne).[223]

hemmer-Methode: Lernen Sie auch die Prospekthaftung nicht isoliert, sondern im Zusammenhang mit der Haftung aus §§ 280 I, 311 II, III BGB. Sie werden dann sehr schnell Gemeinsamkeiten und Unterschiede erkennen! Gerade die Unterschiede zu § 280 I BGB i.V.m. §§ 311 II, 241 II BGB sind aber für einen Klausurersteller i.R.d. Prospekthaftung von besonderem Interesse! Haben Sie diese Unterschiede gesehen und verstanden, so hat sich Ihnen ein klausurrelevantes Problemfeld ohne großen Lernaufwand erschlossen!

Exkurs Ende

bb) Die Haftung des ausgeschiedenen Gesellschafters einer Personenhandelsgesellschaft

(1) Die unbeschränkt haftenden Gesellschafter 189

Haftung für Altschulden in § 160 HGB vorausgesetzt

Der ausgeschiedene Gesellschafter haftet für die im Zeitpunkt seines Ausscheidens bereits begründeten Verbindlichkeiten weiter.[224]

Diesen selbstverständlichen Grundsatz setzt § 160 HGB unverkennbar voraus. Er gilt auch dann, wenn die Gesellschaft durch Verbleib eines einzigen Gesellschafters[225] erloschen und das Unternehmen auf diesen übergegangen ist. Für die Gesellschaftsverbindlichkeiten, die nach seinem Ausscheiden entstehen, haftet er selbstverständlich nicht mehr.

hemmer-Methode: Beachten Sie: Das Ausscheiden eines Gesellschafters ist eine gem. § 143 II HGB eintragungspflichtige Tatsache. Wurde das Ausscheiden nicht eingetragen und bekannt gemacht, haftet der betreffende Gesellschafter ggf. gem. §§ 128 S. 1, 15 I HGB für die Neuschulden der Gesellschaft, d.h. diejenigen Verbindlichkeiten, die nach seinem Ausscheiden begründet wurden.

§ 160 HGB regelt Enthaftung

§ 160 HGB regelt die Enthaftung des ausgeschiedenen Gesellschafters. Bis 1994 war diese Enthaftung in § 159 HGB a.F. geregelt. Die alte Regelung versagte allerdings bei Dauerschuldverhältnissen, wie Arbeitsverhältnissen und Pensionszusagen. § 160 HGB wurde deshalb durch das Nachhaftungsbegrenzungsgesetz neu gefasst. 190

hemmer-Methode: Um die Schwäche der Regelung des § 159 HGB a.F. abzumildern, vertrat die Rechtsprechung früher bei Dauerschuldverhältnissen die sog. Kündigungstheorie: Bei kündbaren Dauerschuldverhältnissen sollte die Nachhaftung des ausscheidenden Gesellschafters nur bis zu dem Zeitpunkt bestehen, zu dem frühestens hätte gekündigt werden können. Der Gedanke ist dem des rechtmäßigen Alternativverhaltens verwandt.

---

223 BGH, NJW 2004, 3706 (3709) = **juris**byhemmer.

224 Verlängert sich ein Mietvertrag automatisch, wenn nicht in bestimmten Fristen gekündigt wird, wird der alte Vertrag fortgesetzt und nicht ein neuer Vertrag begründet. Es handelt sich dann bei Ansprüchen aus dem fortgesetzten Vertrag nicht um neue Verbindlichkeiten; § 160 BGB ist insofern auf solche Verbindlichkeiten grds. anwendbar, BGH, **Life&Law 10/2002, 653 ff.**

225 Vgl. Rn. 186.

Der BGH hat in einer neueren Entscheidung jedoch die Kündigungstheorie für die Rechtslage gem. § 160 HGB ausdrücklich aufgegeben.[226] § 160 I HGB enthalte eine umfassende Regelung der Probleme um die Nachhaftungsbegrenzung. Die klare fünfjährige Ausschlussfrist dient der Rechtssicherheit und ist nicht nur eine zeitliche Obergrenze, die durch die Kündigungstheorie weiter begrenzt werden könne.

Fünfjährige Ausschlussfrist

§ 160 HGB ordnet im Gegensatz zu § 159 HGB a.F. keine Verjährungsfrist an, sondern eine Ausschlussfrist von fünf Jahren. Wichtiger Unterschied: Während die Verjährung nur ein Leistungsverweigerungsrecht (§ 214 I BGB) bietet und vom Schuldner einredeweise vorgebracht werden muss, endet bei der von Amts wegen zu berücksichtigenden Ausschlussfrist das Recht mit dem Fristablauf.[227]

Die Frist beginnt am Ende des Tages, an dem das Ausscheiden im Handelsregister eingetragen wird, § 160 I S. 2 HGB. Fristlauf und Fristberechnung sind weitgehend durch Verweisung auf das Recht der Verjährung geregelt, vgl. § 160 I S. 3 HGB.

Innerhalb dieser Frist muss der fällige Anspruch gegen den ausgeschiedenen Gesellschafter gerichtlich geltend gemacht werden. Eine gerichtliche Geltendmachung ist in den Fällen des § 160 I S. 2 HGB und § 160 II HGB entbehrlich. Diese Regelung wird auch Dauerschuldverhältnissen gerecht.[228]

Fall: *Die „Top Gebrauchtwagen OHG" besteht aus den Gesellschaftern Windig, Schmierig und Schwindel. Am 12.02. verkauft der Schwindel an Gutgläubig einen gebrauchten Mercedes SL. Der Mercedes soll vier Wochen später übergeben werden. Zum 16.02. scheidet Windig aus der Gesellschaft aus.*

Die entsprechende Eintragung im Handelsregister erfolgt am 27.02. Am 01.03.verursacht Schmierig anlässlich der Auslieferung des Mercedes SL an den Gutgläubig fahrlässig einen Verkehrsunfall, bei dem der Pkw zu Schrott gefahren wird. Gutgläubig verlangt nun Schadensersatz von Windig persönlich. Mit Recht?

G könnte einen Schadensersatzanspruch aus §§ 280 I, III, 283 S. 1 BGB, § 128 S. 1 HGB gegen W haben. Dies setzt eine entsprechende Gesellschaftsverbindlichkeit voraus, für die W als Gesellschafter haftet. Ein Schadensersatzanspruch gegen die OHG ist gem. §§ 280 I, III, 283 S. 1 BGB, § 124 I HGB gegeben, da sich die Gesellschaft das Verschulden des S analog § 31 BGB als eigenes Verschulden zurechnen lassen muss. Fraglich ist allein, ob diese Verbindlichkeit während der Zugehörigkeit des W zur Gesellschaft entstanden ist.

Betrachtet man allein den Entstehungszeitpunkt des Schadensersatzanspruches, scheidet eine Haftung des W eigentlich aus, weil dieser Anspruch erst nach seinem Ausscheiden, nämlich am 01.03., entstanden ist. Da eine Eintragung im Handelsregister erfolgt ist, würde auch eine Haftung gem. §§ 128 S. 1, 15 HGB ausscheiden. Zu berücksichtigen ist aber, dass die vertragliche Pflicht, die verletzt wurde, schon vor dem Ausscheiden des W begründet war. Nach ganz h.M. haftet der Ausscheidende auch für Verbindlichkeiten, die erst nach seinem Ausscheiden entstanden sind, wenn deren Rechtsgrund bereits vor seinem Ausscheiden angelegt ist.[229] Dies ist hier der Fall, da der Kaufvertrag zu einem Zeitpunkt abgeschlossen wurde, als W noch Gesellschafter war. Folglich haftet W auf Schadensersatz gem. §§ 280 I, III, 283 S. 1 BGB, § 128 S. 1 HGB.

---

226 BGH, ZIP 1999, 1967 = **Life&Law 02/2000, 77 ff.** = **juris**byhemmer.

227 Vgl. Palandt, Überbl. v. § 194 BGB, Rn. 13.

228 Nach dieser Vorschrift haftet der ausgeschiedene Komplementär einer KG auch für Arbeitsentgeltansprüche eines Arbeitnehmers der Gesellschaft, wenn diese vor Ablauf von fünf Jahren nach dem Ausscheiden aus der Gesellschaft fällig werden, sofern das Arbeitsverhältnis bereits vor dem Ausscheiden des Komplementärs begründet wurde, BAG, **Life&Law 03/2005, 157 ff.**

229 BGHZ 55, 269 = **juris**byhemmer.

hemmer-Methode: Auch bei Dauerschuldverhältnissen (z.B. Arbeitsverhältnis) stellt sich die Frage, ob es sich um Verbindlichkeiten handelt, die i.S.v. § 160 I S. 1 HGB bis zum Ausscheiden des Gesellschafters begründet wurden. Jedoch ist bei einem Dauerschuldverhältnis die Rechtsgrundlage für die einzelne Schuldverpflichtung bereits mit dem Vertrag selbst angelegt. Die Schuldverpflichtung ist mit dem Vertragsschluss als entstanden anzusehen, auch wenn einzelne Verpflichtungen erst später fällig werden.[230]
Ebenso gilt bei einem Mietvertrag, der eine Klausel enthält, nach der sich die Vertragsdauer um jeweils ein Jahr verlängere, wenn eine Partei dem nicht fristgerecht widerspricht, dass es sich bei der Verlängerung um die Fortsetzung des alten Vertrages und nicht um eine Neubegründung handelt. Daher ist der Zeitpunkt der Verlängerung für § 160 HGB nicht maßgeblich.[231]

Zu einem anderen Ergebnis würde man nur gelangen, wenn § 425 II BGB eingreift.

Danach würde W, den keine Schuld an dem Unfall trifft, nicht haften, wenn zwischen ihm und der OHG ein Gesamtschuldverhältnis vorliegt. Wegen der Akzessorietät der Gesellschafterhaftung - kraft Gesetzes (§ 128 HGB) haftet der Gesellschafter automatisch für die Verbindlichkeiten der Gesellschaft - fehlt es jedoch an der für ein echtes Gesamtschuldverhältnis erforderlichen inneren Selbstständigkeit der einzelnen Verpflichtungen. § 425 BGB ist daher nicht anwendbar. Dies gilt jedenfalls für den Gesellschafter, der noch Mitglied der Gesellschaft ist.

Beim ausgeschiedenen Gesellschafter kommt dagegen im Einzelfall unter vorrangiger Berücksichtigung der Gläubigerinteressen eine analoge Anwendung der §§ 421 ff. BGB in Betracht. § 425 BGB ist allerdings im Interesse der Gesellschaftsgläubiger grundsätzlich nicht anzuwenden, wenn es um vertragliche Schadensersatzansprüche gegenüber der Gesellschaft geht, die nach dem Ausscheiden des Gesellschafters entstanden sind, der Vertrag aber während der Mitgliedschaft geschlossen wurde. Es bleibt somit bei der persönlichen Haftung des W.

(2) Der Kommanditist

Haftung für Altschulden gem. § 171 HGB

Der ausgeschiedene Kommanditist haftet gem. § 171 I HS 1 HGB für die Gesellschaftsverbindlichkeiten, die zur Zeit seiner Mitgliedschaft in der Gesellschaft begründet wurden, soweit die Einlage noch nicht geleistet ist, § 171 I HS 2 HGB. **192**

Bsp.:[232] *A hat gegen die B-KG einen Anspruch auf Rückzahlung eines Darlehens. Kommanditist K, der seine Einlage i.H.v. 100.000,- € noch nicht geleistet hat, überträgt – was nach Gesellschaftsvertrag zulässig ist – seinen Kommanditanteil an Kommanditist D, dessen Kommanditanteil sich dadurch auf 200.000,- € erhöht, und scheidet aus der Gesellschaft aus. Diese Nachfolge wird im Handelsregister vermerkt. D verpflichtet sich im Übernahmevertrag, K von seiner Haftung gegenüber Gläubigern der KG freizustellen. D, der bislang auch noch keine Einlageleistungen erbracht hatte, zahlt nun in das Gesellschaftsvermögen einen Betrag von 100.000,- € ein. A verlangt von K Rückzahlung des Darlehens. Zu Recht?*

Da K die Einlage noch nicht geleistet hatte, haftete er vor seinem Ausscheiden gem. § 488 BGB, §§ 161 II, 124 I, 171, 128 HGB auf Rückzahlung des Darlehensbetrages. Die Haftung entfällt nicht durch Ausscheiden aus der Gesellschaft. Die Eintragung des Ausscheidens in das Handelsregister hat lediglich Bedeutung für die Frist des § 160 HGB (i.V.m. § 161 II HGB).

---

230 BGH, ZIP 1999, 1967 = **Life&Law 02/2000, 77 (79)** = **juris**byhemmer.

231 BGH, **Life&Law 10/2002, 653 ff.**

232 Nach OLG Rostock, **Life&Law 09/2001, 615 ff.** (sehr lesenswert!). Vgl. auch die ähnlichen Konstellationen bei Rn. 200!

Auch die Übertragung des Kommanditanteils auf den D führt nicht zu einem Ausschluss der Haftung. Vielmehr haften beide dann als Gesamtschuldner.

Dies ergibt sich bereits aus der allgemeinen Wertung, dass sich ein Schuldner nicht durch eine Vereinbarung mit einem Dritten der Haftung gegenüber dem Gläubiger entziehen kann.

Problem: Tilgungsbestimmung

Allerdings ist die Haftung des Gesellschafters dann ausgeschlossen, wenn die Einlageleistung vorgenommen wurde, § 171 I HS 2 HGB. Dies könnte durch die Zahlung des D bewirkt worden sein. Fraglich ist indes, auf welchen Teil seiner Einlageverpflichtung D hier gezahlt hat. Dies ist grundsätzlich eine Frage der Tilgungsbestimmung.

Da eine ausdrückliche Bestimmung fehlte, ist anhand des § 366 BGB eine allgemeine Wertung vorzunehmen.

§ 366 BGB

Auch wenn wegen einer fehlenden Mehrheit von Schuldverhältnissen § 366 II Alt. 2 BGB nicht direkt eingreift, liegen die Voraussetzungen einer Analogie hier vor. Danach ist davon auszugehen, dass D zunächst auf den übernommenen Kommanditanteil zahlen wollte, da er diesbezüglich nicht nur gegenüber den Gesellschaftsgläubigern, sondern auch dem K aufgrund der Freistellungsvereinbarung ausgesetzt war.

Daher ist die Haftung des K gegenüber A durch die Zahlung des D entfallen.

hemmer-Methode: Sie sehen: Die Haftung des ausgeschiedenen Gesellschafters kann mit Problemen der Haftung eines noch vorhandenen Kommanditisten kombiniert werden. Ein Problem mehr: die Tilgungsbestimmung. Dadurch ergibt sich die Examensrelevanz solcher Konstellationen!

Wird dem Kommanditisten seine geleistete Einlage wieder zurückgezahlt, lebt die Haftung gegenüber den Altgläubigern gem. § 172 IV HGB wieder auf.

Gleiches gilt für die Auszahlung des Abfindungsguthabens, das gleichfalls eine Einlagenrückgewähr im Sinne von § 172 IV HGB darstellt, soweit es die Haftsumme nicht übersteigt. Es gilt die Enthaftungsregelung der §§ 160, 161 II HGB.

hemmer-Methode: Die persönliche Haftung des Gesellschafters einer Personengesellschaft erlischt also nicht automatisch mit seinem Ausscheiden aus der Gesellschaft. Im Innenverhältnis hat der ausscheidende Gesellschafter aber einen Anspruch auf Befreiung von den gemeinschaftlichen Schulden, § 738 I S. 2 BGB. Reicht der Wert des Gesellschaftsvermögens nicht zur Deckung der gemeinschaftlichen Schulden, gilt § 739 BGB. An „schwebenden" Geschäften ist der Ausscheidende i.R.d. § 740 BGB zu beteiligen. Gleiches gilt über §§ 105 II, 161 II HGB für die Personenhandelsgesellschaften.

cc) Die Haftung des ausgeschiedenen Gesellschafters einer GbR

Die Personenhandelsgesellschaften sind handelsrechtliche Sonderformen der BGB-Gesellschaft. Dieses Spezialitätsverhältnis hat der moderne Gesetzgeber aber für die Haftung des ausgeschiedenen Gesellschafters praktisch umgedreht, vgl. § 736 II BGB. Die Ausführungen über die Haftung des ausgeschiedenen Gesellschafters gelten daher für die BGB-Gesellschaft entsprechend.[233] *192a*

233 Vgl. exemplarisch **Life&Law 05/2012, 330 ff.**

2. Die Übertragung der Gesellschafterstellung

a) Abgrenzung zum Doppelvertrag

Gesellschafterwechsel durch Doppelvertrag

Ein Gesellschafterwechsel kann durch einen Doppelvertrag erfolgen, d.h. ausscheidender und eintretender Gesellschafter schließen zeitgleich jeweils einen entsprechenden Vertrag mit den übrigen Gesellschaftern. 193

Eine Rechtsnachfolge des Eintretenden in den Gesellschaftsanteil des Austretenden findet dabei nicht statt, vielmehr erlischt die Gesellschafterstellung (Mitgliedschaft) des Austretenden und für den Eintretenden wird eine neue Gesellschafterstellung begründet. Es gelten daher die Ausführungen zum Eintritt und zum Austritt (insbesondere kommt es - wenn auch nur für eine logische Sekunde - zur An- und Abwachsung bei den übrigen Gesellschaftern).

Übertragung der Gesellschafterstellung

Davon zu unterscheiden ist die unmittelbare Übertragung der Gesellschafterstellung, die im Gegensatz zum Doppelvertrag keine Kombination von Ein- und Austritt ist, sondern ein einheitliches Rechtsgeschäft. 194

Übertragen wird eine bereits bestehende Gesellschafterstellung.[234] Es findet also eine Sonderrechtsnachfolge in die übertragene Mitgliedschaft statt.

b) Durchführung[235]

Übertragbarkeit der Mitgliedschaft

Die Übertragbarkeit der Mitgliedschaft war früher umstritten, ist aber heute allgemein anerkannt: § 717 S. 1 BGB steht einer Übertragung der Mitgliedschaft nicht entgegen, da diese Vorschrift lediglich die Abspaltung einzelner Mitgliederrechte von der Mitgliedschaft verhindern soll. Gleiches gilt für § 719 I BGB, der nach der Lehre von der Teilrechtsfähigkeit nur die Übertragung der Vermögensbeteiligung ohne die Mitgliedschaft verbietet. 195

Zustimmung aller Gesellschafter erforderlich

Die Übertragung der Mitgliedschaft setzt aber die Zustimmung der übrigen Gesellschafter voraus, da diesen nicht gegen ihren Willen ein neuer Mitgesellschafter aufgedrängt werden kann. Diese Zustimmung kann im Gesellschaftsvertrag (Einwilligung) oder nachträglich erteilt werden (Genehmigung). 196

Fehlt sie, ist der Vertrag schwebend unwirksam. Die Verweigerung der Zustimmung kann im Einzelfall gegen die gesellschafterliche Treuepflicht verstoßen.[236] Dann kann der Übertragungswillige ggf. auf Zustimmung klagen.

Übertragung gem. §§ 413, 398 BGB

Die Übertragung erfolgt durch Vertrag[237] zwischen dem Veräußerer und dem Erwerber. Sie ist ein Verfügungsgeschäft gem. §§ 413, 398 BGB, weil der Erwerber mit seinem Abschluss unmittelbar in die gesamte Rechtsstellung des Veräußerers nachfolgt. Auch die Übertragung aller Anteile auf mehrere Erwerber ist unter Identitätswahrung der GbR möglich.[238] 197

234 A.A. Übertragung eines Schuldverhältnisses als Inbegriff von Rechten und Pflichten, BGHZ 44, 229 (231) = **juris**byhemmer.

235 Vgl. unbedingt die damit zusammenhängende Haftungsproblematik von Neu und Altgesellschafter anhand des Falles bei Rn. 192.

236 BGH, NJW 1987, 952 = **juris**byhemmer.

237 A.A. dreiseitiger Vertrag, wegen der erforderlichen Zustimmung.

238 BGH, NZG 2016, 221 = **juris**byhemmer.

Das Geschäft ist formlos wirksam, es sei denn, der Gesellschaftsvertrag ordnet eine bestimmte Form an. Der Form des § 311b I S. 1 BGB bedarf es selbst dann nicht, wenn das Gesellschaftsvermögen im Wesentlichen aus Grundbesitz besteht.[239]

hemmer-Methode: Ist die Übertragung nichtig, finden die Grundsätze der fehlerhaften Gesellschaft Anwendung (bzgl. der Übertragung durch Rechtsnachfolge allerdings sehr str., da es hier nur um die Frage geht, wer Gesellschafter ist, jedoch die Organisationsstruktur der Gesellschaft nicht berührt wurde und eine Rückabwicklung nur zwischen Veräußerer und Erwerber erfolgen müsste, die nicht wesentlich komplizierter wäre als bei anderen Verträgen), d.h. die Übertragung ist ggf. zumindest für die Vergangenheit als wirksam zu behandeln.

c) Die Haftung des Erwerbers und des Veräußerers

aa) BGB-Gesellschaft

Haftungsverhältnisse bei BGB-Gesellschaft

Der neue Gesellschafter haftet nach neuer Rspr. des BGH auch für die Altschulden, unabhängig von einem besonderen Verpflichtungsgrund (z.B. Schuldbeitritt, §§ 311 I, 241 I BGB).[240] 198

Der übertragende Gesellschafter haftet wie ein ausgeschiedener Gesellschafter für die Altschulden weiter.

bb) Personenhandelsgesellschaften

(1) Die unbeschränkt haftenden Gesellschafter

Haftung der OHG-Gesellschafter und Komplementäre

Der übertragende Gesellschafter haftet für die Altschulden weiterhin gem. §§ 128, 160 HGB, während den Erwerber die Haftung nach §§ 128, 130 HGB trifft. Zwar liegt seitens des Erwerbers gerade kein Eintritt vor, doch ist der Begriff des „Eintritts" in § 130 HGB untechnisch auszulegen, da diese Norm die Haftung eines Neugesellschafters regelt. 199

(2) Die Kommanditisten

Fall: *Spielberg ist Kommanditist der Eastwood-Filmvertriebs-KG mit einer Hafteinlage von 5.000 €. Eine entsprechende Eintragung im Handelsregister ist erfolgt. Die Einlage hat Spielberg an die KG geleistet. Am 01.02. tritt Spielberg seinen Kommanditanteil unter Zustimmung der übrigen Gesellschafter an den ebenfalls sehr filminteressierten Quentin ab, dem er den Anteil für 6.000,- € verkauft hat.* 200

Die geleistete Einlage des Spielberg wird daraufhin auf den Quentin umgebucht. Dieser wird auch am 01.03. als Rechtsnachfolger des Spielberg im Handelsregister eingetragen. Eichinger hat der KG zwei Darlehen gewährt, nämlich 10.000,- € am 15.01. und 7.500,- € am 16.02. Er nimmt Spielberg in Höhe von 5.000,- € und Quentin in Höhe von 17.500,- € in Anspruch. Zu Recht?

I. Haftung des S

239 Gleiches gilt für das Grundgeschäft, welches meist ein Kaufvertrag sein wird.

240 Nach dem Übertritt des BGH zur Akzessorietätstheorie vgl. Rn. 176 ff.

S hat seinen Kommanditanteil wirksam an Q gem. §§ 413, 398 BGB übertragen, insbesondere haben die übrigen Gesellschafter der Übertragung zugestimmt. Dadurch ist S zwar ausgeschieden, doch haftet er grundsätzlich für den Darlehensanspruch weiter, der vor seinem Ausscheiden entstanden ist, §§ 171 I HS 1, 160, 161 II HGB. Die Leistung der Einlage hat den S zunächst von der Haftung befreit, § 171 I HS 2 HGB. Gem. § 172 IV S. 1 HGB gilt die Einlage aber als nicht geleistet, wenn die Übertragung des Kommanditanteils an Q eine Einlagenrückgewähr darstellt. Er würde dann dem E gem. §§ 171 I HS 1, 160 HGB in Höhe von 5.000,- € für das erste Darlehen haften.

Eine Einlagenrückgewähr würde vorliegen, wenn in der Umbuchung des Kapitalanteils auf den Erwerber eine Einlagenrückgewähr an den Veräußerer und zugleich eine Leistung der Einlage durch den Erwerber zu sehen wäre. Richtigerweise verändert die Umbuchung des Gesellschaftsanteils die Haftungslage jedoch nicht. § 172 IV HGB bezweckt den Schutz der Gläubiger, die im Vertrauen auf die Haftsumme geleistet haben. Da das Gesellschaftsvermögen als Haftungsobjekt durch die Umbuchung nicht vermindert wird, sondern gleich groß bleibt, werden die Gläubiger durch diesen Gesellschafterwechsel nicht benachteiligt.

Dies gilt umso mehr, als durch die Übertragung der Kommanditistenstellung kein neuer Gesellschaftsanteil geschaffen wird. Vielmehr folgt Q im Wege der Sondernachfolge in die Kommanditistenstellung des S nach. Die Umbuchung kann daher nicht als Einlagenrückgewähr angesehen werden. Die Haftung des S ist folglich gem. § 171 I HS 2 HGB ausgeschlossen.

Die Haftung des S würde allerdings dann analog § 172 IV HGB wieder aufleben, wenn die Eintragung des Nachfolgevermerks im Handelsregister unterblieben wäre.[241]

Dann würde S so gestellt, als habe er den Kaufpreis als Einlagenrückgewähr von der Gesellschaft erhalten (s.u.). Die Eintragung des Nachfolgevermerks ist vorliegend aber erfolgt.

II. Haftung des Q

Zwar haftet Q zwingend für Verbindlichkeiten der KG, die vor seinem Eintritt entstanden sind, §§ 171 I HS 1, 173 HGB, doch wirkt die Einlageleistung seines Rechtsvorgängers S auch zu seinen Gunsten. Für die zweite Darlehensforderung des E, die nach der Abtretung aber vor der Eintragung des Q begründet wurde, könnte Q aber gem. § 176 II, I S. 1 HGB unbeschränkt persönlich haften.

Fraglich ist somit, ob § 176 II HGB auch bei der Anteilsübertragung anwendbar ist. Dies ist jedoch abzulehnen, da nach dem Wortlaut und dem Schutzzweck des § 176 II HGB die unbeschränkte Haftung des Kommanditisten nur dann geboten ist, wenn die Haftungsbeschränkung für den Rechtsverkehr nicht erkennbar ist.

Im Fall der Anteilsübertragung entsteht aber nicht - wie beim Eintritt - ein neuer Gesellschaftsanteil, sondern der Erwerber folgt in den bestehenden Gesellschaftsanteil des Veräußerers nach (Sonderrechtsnachfolge). Für den Rechtsverkehr ist die Haftungsbeschränkung bezüglich dieses Anteils aus dem Handelsregister ersichtlich. § 176 II HGB ist daher - zumindest wenn die Kommanditistenstellung des Veräußerers im Handelsregister eingetragen war - nicht anwendbar (str.).[242] Q haftet somit nicht.

Abwandlung 1: *Spielberg hat seine Einlage noch nicht geleistet.* 201

S haftet für das erste Darlehen gem. §§ 171 I HS 1, 160 HGB. Sofern E die Übertragung nicht kannte, haftet S auch für das zweite Darlehen, §§ 171 I HS 1, 15 I, 162 III HGB. Insgesamt haftet er selbstverständlich nur bis zur Höhe der Haftsumme. Q haftet für beide Darlehen bis zur Höhe der Haftsumme, §§ 171 I HS 1, 173 HGB bzw. § 171 I HS 1 HGB.

241 BGHZ 81, 82 (86 ff.) = jurisbyhemmer.

242 A.A. nicht überzeugend, BGH, NJW 1983, 2258 f. = jurisbyhemmer.

Abwandlung 2: *Die von Spielberg geleistete Einlage wird an Quentin ausbezahlt.* 202

Gem. § 172 IV S. 1 HGB lebt nach noch h.L. die Haftung beider wieder auf; die Haftung des S aber nur bezüglich der Altgläubiger, falls nicht § 15 I HGB eingreift (s.o.).

Abwandlung 3: *Die Eintragung des Nachfolgevermerks im Handelsregister unterbleibt, dafür wurden das Ausscheiden des Spielberg und der Eintritt des Quentin eingetragen.* 203

Die Haftung des Q ist gem. § 171 I HS 2 HGB ausgeschlossen, da er mit Wirksamkeit der Abtretung die Befugnis erworben hat, sich auf die Einlageleistung durch S zu berufen. Zwar erweckt das Handelsregister den Anschein, Q sei mit einer neuen Hafteinlage eingetreten, doch folgt daraus kein Rechtsschein für seine Haftung, da das Handelsregister keine Auskunft über die Leistung der Einlage gibt. Diese Tatsache ist nicht einmal eintragungsfähig.

Dagegen lebt die Haftung des S in analoger Anwendung des § 172 IV S. 1 HGB wieder auf,[243] da sich S durch die Abtretung seiner vermögenswerten Rechte begeben hat. Er kann sich daher nicht auf die Leistung der Einlage berufen. Sinn und Zweck des § 172 IV S. 1 HGB gebieten in diesem Fall eine analoge Anwendung. S haftet daher gem. § 171 I HS 1 HGB (ggf. i.V.m. § 15 I HGB).

Abwandlung 4: *Eine Eintragung im Handelsregister bezüglich der Übertragung ist nicht erfolgt.* 204

S haftet gem. § 171 I HS 1 HGB. Gegenüber den Altgläubigern beginnt die Ausschlussfrist des § 160 HGB mangels Eintragung nicht zu laufen. Neugläubigern haftet er gem. §§ 171 I HS 1, 15 I, 162 III HGB. Auf die Leistung der Einlage kann er sich nicht berufen, da dieses Recht mit der Abtretung auf den Q übergegangen ist. Demgemäß ist die Haftung des Q ausgeschlossen, § 171 I HS 2 HGB.

3. Nachfolgeprobleme beim Tod eines Gesellschafters

hemmer-Methode: Die Nachfolge im Todesfall gehört sowohl im ersten als auch im zweiten Staatsexamen[244] zu den examensrelevantesten und zugleich schwierigsten Problemen im Personengesellschaftsrecht. Der Grund dafür liegt darin, dass sich diese Probleme hervorragend mit erbrechtlichen Problemen (z.B. §§ 2301, 2325, 2287 ff. BGB) kombinieren lassen. Sie müssen daher mit den Grundzügen der rechtlichen Gestaltungsmöglichkeiten vertraut sein![245] Die Darstellung geht dabei über die reinen Haftungsfragen hinaus, um alle Probleme zusammenhängend darzustellen. 205

Grds. Auflösung der Gesellschaft bei Tod eines Gesellschafters

Der Tod eines Gesellschafters führt grundsätzlich zur Auflösung der Gesellschaft, sofern es sich um eine BGB-Gesellschaft handelt, da ein Zusammenschluss, der auf dem persönlichen Vertrauen der Gesellschafter beruht, im Zweifel nur auf Lebenszeit eingegangen wird, vgl. § 727 BGB. Sofern nichts anderes vereinbart ist, gilt dies für Personenhandelsgesellschaften nicht, vielmehr kommt es zum Ausscheiden des Gesellschafters, § 131 III HGB.

Folgen der Auflösung

Mit dem Tod des Gesellschafters wandelt sich die ursprünglich werbende Gesellschaft bürgerlichen Rechts in eine Abwicklungsgesellschaft um, deren Zweck die Liquidation ist. Der Gesellschaftsanteil des verstorbenen Gesellschafters fällt ungeteilt in den Nachlass. Sind mehrere Erben vorhanden, werden diese also nicht einzeln mit einem ihrer Erbquote entsprechenden Anteil Gesellschafter.

243 BGHZ 81, 82 (89) = **juris**byhemmer.

244 Vgl. z.B. die vierte Klausur im Assessor-Termin 2000/II und 2003/I (Bayern).

245 Vgl. auch BayObIG, **Life&Law 12/2000, 859** mit Überblick über die Nachfolgeprobleme im „hemmer-background".

Vielmehr folgt die Erbengemeinschaft als Gesellschafterin in den Gesellschaftsanteil nach, vgl. auch § 146 I S. 2 HGB. Dies stellt eine Ausnahme von dem Grundsatz dar, dass eine Erbengemeinschaft nicht Mitglied einer Personengesellschaft sein kann. Die sich daraus ergebenden Schwierigkeiten werden für die Zeit der Liquidation hingenommen.

hemmer-Methode: Der Erbe bzw. die Erbengemeinschaft können ihre Haftung für die Nachlassverbindlichkeiten nach allgemeinen Grundsätzen auf den Nachlass beschränken (§§ 1967, 1975 ff. BGB). Dies gilt auch für die Gesellschafterschulden, selbst für diejenigen, die erst während der Abwicklung entstehen.

Fortsetzung der Gesellschaft möglich

Dem § 727 I BGB lässt sich entnehmen, dass die Auflösung durch den Tod unter dem Vorbehalt einer anderen Regelung im Gesellschaftsvertrag steht. Die Gesellschafter können die Auflösung demnach vermeiden, indem sie im Gesellschaftsvertrag bestimmen, dass die Gesellschaft für den Fall des Todes fortgesetzt wird. Dafür gibt es verschiedene rechtliche Gestaltungsmöglichkeiten: die sog. Fortsetzungsklausel, die Eintrittsklausel, die sog. Nachfolgeklausel und die sog. qualifizierte Nachfolgeklausel. *206*

Die reine Fortsetzungsklausel hat durch die Neufassung des § 131 HGB für Personenhandelsgesellschaften an Bedeutung verloren.

Sie ist gem. § 131 III Nr. 1 HGB beim Tod des Gesellschafters Gesetzeslage. Für die BGB-Gesellschaft bleibt sie jedoch oft von lebenswichtiger Bedeutung.

hemmer-Methode: Alle diese Klauseln setzen voraus, dass im Gesellschaftsvertrag der BGB-Gesellschaft die Fortsetzung der Gesellschaft für den Todesfall eines Gesellschafters bestimmt ist, da ansonsten die Gesellschaft mit Eintritt dieses Ereignisses aufgelöst ist. Die Bezeichnung einer dieser Klauseln als sog. Fortsetzungsklausel ist daher irreführend.
Die sog. Fortsetzungs- und die Eintrittsklausel gehören systematisch eigentlich zum Ausscheiden und zum Eintritt eines Gesellschafters. Die Klausuren werden aber meist so gestellt, dass die grundsätzlichen Gestaltungsmöglichkeiten nacheinander zu erörtern sind.

a) Die sog. Fortsetzungs- und die Eintrittsklausel

aa) Die sog. Fortsetzungsklausel

Fortsetzungsklausel

Der Gesellschaftsvertrag kann bestimmen, dass die Gesellschaft beim Tod eines Gesellschafters unter den übrigen Gesellschaftern fortgesetzt wird. Diese sog. Fortsetzungsklausel ist in § 736 BGB ausdrücklich zugelassen. *207*

Gesellschafter scheidet mit seinem Tod aus der Gesellschaft aus

Mit dem Eintritt des Todes scheidet der betreffende Gesellschafter automatisch aus der Gesellschaft aus, vgl. § 736 BGB, § 131 III Nr.1 HGB. Die Erben können also - anders als bei der Auflösung - nicht in die Gesellschafterstellung des Verstorbenen nachfolgen.

Vielmehr entsteht mit dem Tod des Gesellschafters - wie bei jedem Ausscheiden - ein Abfindungsanspruch, §§ 738 - 740 BGB, der auf die Erben gem. § 1922 BGB übergeht.

Ausschluss des Abfindungsanspruches

Dieser Abfindungsanspruch führt unter Umständen dazu, dass die Gesellschaft einen erheblichen Teil ihres Vermögens verliert. Um diesen Kapitalabfluss zu vermeiden, können die Gesellschafter im Gesellschaftsvertrag vereinbaren, dass der Abfindungsanspruch - § 738 I S. 2 BGB ist dispositiv - ausgeschlossen ist.[246]

hemmer-Methode: Im Einzelfall kann sich bei einem Ausschluss des Abfindungsanspruch das Problem stellen, ob die Form des § 2301 BGB einzuhalten ist. Regelmäßig wird es indes schon an der Unentgeltlichkeit der Zuwendung fehlen, da jeder Gesellschafter für den Fall seines Todes eine Fortsetzung durch die übrigen anordnet. Beachten Sie aber, dass u.U. eine gemischte Schenkung vorliegen kann, wenn sich die Gesellschaftsanteile nicht decken. § 2301 BGB ist aber selbst dann nicht anwendbar, wenn die Zuwendung unentgeltlich erfolgt ist.

Der Ausschluss des Abfindungsanspruches ist eine Verfügung unter Lebenden, da der Gesellschaftsanteil des Verstorbenen kraft Gesellschaftsvertrages den übrigen Gesellschaftern zugewendet wird. Diese Verfügung wird nur im Todesfall automatisch vollzogen. Den Erben können aber ggf. Ansprüche aus §§ 2287, 2325 BGB zustehen. §§ 2287 ff. BGB finden übrigens i.R.d. gemeinschaftlichen Ehegattentestamentes analoge Anwendung.[247] 208

Ferner sollten Sie beachten, dass § 2325 BGB ein selbstständiger, außerordentlicher Pflichtteilsanspruch ist, d.h. er steht dem Berechtigten auch dann zu, wenn dieser Erbe geworden ist.[248]

bb) Die Eintrittsklausel

Eintrittsklausel

Bei der Eintrittsklausel wird vereinbart, dass die Gesellschaft beim Tod eines Gesellschafters unter den übrigen Gesellschaftern fortbestehen soll (= sog. Fortsetzungsklausel) und dass eine bestimmte Person das Recht hat, in die Gesellschaft einzutreten. 209

Bei den Personenhandelsgesellschaften bedarf es wegen § 131 III Nr. 1 HGB der Fortsetzungsregelung nicht, es wird also nur das Eintrittsrecht angeordnet. Dieser Eintritt vollzieht sich durch ein Rechtsgeschäft unter Lebenden, den Aufnahmevertrag zwischen dem in der Klausel Benannten und den übrigen Gesellschaftern. Die Vereinbarung einer Eintrittsklausel ist ein berechtigender Vertrag zugunsten Dritter (§§ 328 I, 331 I BGB), d.h. der Begünstigte hat einen Anspruch auf Aufnahme gegenüber den übrigen Gesellschaftern.

Zuwendung des Abfindungsanspruchs durch letztwillige Verfügung

Der verstorbene Gesellschafter scheidet aus der Gesellschaft aus und sein Abfindungsanspruch aus §§ 738 ff. BGB geht gem. § 1922 BGB auf den bzw. die Erben über. 210

Dies führt dazu, dass der eintretende Gesellschafter infolge dieser Zahlung des Abfindungsguthabens keinen Kapitalanteil (= Rechengröße, die Aufschluss über den Wert der Beteiligung am Gesellschaftsvermögen geben soll) erhält und die Gesellschaft wirtschaftlich geschwächt wird, wenn der Eintretende nicht zur Leistung einer Einlage verpflichtet wird, was in der Regel nicht dem Willen der Beteiligten entsprechen wird. Eine Eintrittsklausel ist deshalb nur dann sinnvoll, wenn zugleich der Abfindungsanspruch der Erben ausgeschlossen wird.

246 BGH, WM 1971, 1338) = **juris**byhemmer. Zu den Grenzen der Abdingbarkeit vgl. Palandt, § 738 BGB, Rn. 7; allgem. auch Hülsmann, NJW 2002, 1673.

247 Palandt, § 2287 BGB, Rn. 2.

248 Palandt, § 2325 BGB, Rn. 2.

Damit wird der Anteilswert zunächst den überlebenden Gesellschaftern zugewandt, die durch die Eintrittsklausel aber verpflichtet sind, dem Eintretenden den Kapitalanteil des verstorbenen Gesellschafters zu verschaffen. Anstelle des Ausschlusses des Abfindungsanspruches besteht noch die Möglichkeit, dass der Erblasser dem Eintrittsberechtigten den Abfindungsanspruch durch letztwillige Verfügung zuwendet: Ist dieser Miterbe, kann er eine entsprechende Teilungsanordnung treffen (§ 2048 BGB). Soll er nicht zu den Erben gehören, kann der Erblasser durch Vermächtnis (§ 2174 BGB) einen Anspruch auf Abtretung des Abfindungsanspruches begründen.

Einlagepflicht bei bestehendem Abfindungsanspruch

Falls der Abfindungsanspruch nicht ausgeschlossen wurde und der Eintrittsberechtigte nicht Erbe ist, wird er mangels Vereinbarung wohl eine Einlageleistung in Höhe des Abfindungsguthabens leisten müssen.

hemmer-Methode: Wie bei jedem Vertrag zugunsten Dritter sind auch bei der Eintrittsklausel drei Rechtsverhältnisse streng voneinander zu trennen: Die Eintrittsklausel (Deckungsverhältnis), die (gemischte) Schenkung - keine Zuwendung ohne causa! - zwischen Verstorbenem und Berechtigtem (Valutaverhältnis) und der Aufnahmevertrag (Vollzugsverhältnis).
Die Eintrittsklausel bedarf nicht der Form des § 2301 BGB, da sich die Form des Vertrages zugunsten Dritter nach dem Deckungsverhältnis bestimmt.[249] Die Schenkung muss wirksam sein, ansonsten ist die Zuwendung kondizierbar (§ 812 BGB). Dabei können sich Zugangsprobleme, vgl. §§ 130 II, 153 BGB, und Formprobleme, §§ 518, 2301 BGB, stellen.
Umstritten ist vor allem, ob das Schenkungsversprechen der Form des § 2301 BGB unterliegt. Lesen Sie zu den Problemen, die i.R.e. Vertrages zugunsten Dritter auf den Todesfall auftauchen können, Hemmer/Wüst, Erbrecht, Rn. 139. Ist die Schenkung wirksam, können ggf. die §§ 2287, 2325 BGB eingreifen.

cc) Die haftungsrechtlichen Folgen

Fortsetzungsklausel

Die sog. Fortsetzungsklausel bewirkt das Ausscheiden des Gesellschafters. Es gelten daher grundsätzlich die Ausführungen über die Haftung des ausgeschiedenen Gesellschafters. 211

Diese Haftung trifft freilich die Erben, da die Gesellschafterschulden zu den Nachlassverbindlichkeiten gem. § 1967 I BGB gehören.

Eintrittsklausel

Da auch die Eintrittsklausel zum Ausscheiden des verstorbenen Gesellschafters führt, gilt für die Haftung der Erben das zur Fortsetzungsklausel Gesagte. Die Haftung des Eintretenden richtet sich nach den bereits zum Eintritt dargestellten Regeln - der Vollzug der Eintrittsklausel ist ja nichts anderes als ein rechtsgeschäftlicher Eintritt. 212

b) Die Nachfolgeklauseln

Nachfolgeklauseln

Der Gesellschaftsvertrag kann bestimmen, dass nach dem Tod eines Gesellschafters die Gesellschaft mit dessen Erben fortgesetzt werden soll (sog. Nachfolgeklauseln). Die Gesellschaft besteht dann fort und mangels Ausscheiden des verstorbenen Gesellschafters entsteht kein Abfindungsanspruch. Vielmehr wird die Gesellschafterstellung vererblich gestellt. 213

Im Gegensatz zur Eintrittsklausel wird dem Nachfolger also nicht nur ein Anspruch auf Eintritt zugewandt, sondern der Gesellschaftsanteil selbst.

249 Palandt, Einf. v. § 328 BGB, Rn. 7.

hemmer-Methode: Bestehen Zweifel darüber, ob eine Eintritts- oder eine Nachfolgeklausel vorliegt, ist durch Auslegung gem. §§ 133, 157 BGB zu ermitteln, ob der als Nachfolger Benannte automatisch, d.h. ohne weiteren Vollzugsakt, in die Gesellschaft einrücken soll.

Str. dogmatische Konstruktion

Die dogmatische Konstruktion des Erwerbs des Nachfolgers ist umstritten. Nach ganz h.M.[250] handelt es sich um einen Erwerb kraft Erbrechts (sog. erbrechtliche Lösung). Nach anderer Ansicht liegt dagegen ein Erwerb kraft Rechtsgeschäfts unter Lebenden vor, da die Klausel als Verfügungsvertrag zugunsten Dritter (des Benannten) aufzufassen ist (sog. gesellschaftsrechtliche Lösung). *214*

Das entscheidende Argument gegen die gesellschaftsrechtliche Lösung ist, dass der Verfügungsvertrag zugunsten Dritter aufgrund der Pflichten und Risiken der Gesellschafterstellung (Haftung!) notwendig zugleich ein unzulässiger Vertrag zu Lasten Dritter ist. Der erbrechtlichen Lösung ist daher zu folgen.

Rechtsgeschäftliche Nachfolge

Anders könnte man allerdings dann entscheiden, wenn der Nachfolger als Vertragspartner an der Nachfolgeklausel beteiligt ist oder eine rechtsgeschäftliche Nachfolgevereinbarung mit ihm getroffen wurde. *215*

Er wäre in diesen Fällen nicht mehr schutzwürdig.[251] Gleichwohl ist fraglich, ob es einen Verfügungsvertrag zugunsten Dritter, analog §§ 328 I, 331 I BGB, überhaupt gibt. Dagegen sprechen sowohl der Wortlaut „fordern" als auch die systematische Stellung der §§ 328 ff. BGB im allgemeinen Schuldrecht.[252]

Der Wortlaut ist freilich - zumal es um die Begründung einer Analogie geht - ein eher schwaches Argument, außer es lässt sich nachweisen, dass der Gesetzgeber den Wortlaut bewusst eng gefasst hat. Auch der Hinweis auf die systematische Stellung vermag nicht zu überzeugen, da auch in §§ 398 ff., 414 ff. BGB Verfügungstatbestände geregelt sind. Letztlich gibt es für keine Ansicht ein durchschlagendes Argument, sodass beide Ansichten gleichermaßen gut vertretbar erscheinen.

hemmer-Methode: In der Klausur wird der Nachfolger regelmäßig nicht an der Nachfolgeklausel beteiligt sein. Sollte dies doch einmal der Fall sein, entscheiden Sie sich klausurtaktisch. Lesen Sie dazu die nächste hemmer-Methode.

Nachfolge von erbrechtlicher Lage abhängig

Nach der erbrechtlichen Lösung ist die Nachfolge in die Gesellschafterstellung von der erbrechtlichen Lage abhängig. Die Nachfolgeklausel bewirkt nämlich nur, dass der Gesellschaftsanteil überhaupt vererblich wird.[253] Die tatsächlichen Nachfolger des Verstorbenen bestimmen sich allein nach dem Erbrecht. Der als Nachfolger Benannte muss folglich Erbe werden, um die Gesellschafternachfolge antreten zu können. Ansonsten geht die Nachfolgeklausel ins Leere. *216*

hemmer-Methode: I.R.d. Nachfolge in die Gesellschafterstellung ist inzident die erbrechtliche Lage zu prüfen. Es wäre daher klausurtaktisch verfehlt, der gesellschaftsrechtlichen Lösung zu folgen. Ergibt die erbrechtliche Lage, dass der im Gesellschaftsvertrag Benannte nicht Erbe geworden ist, ist weiter zu prüfen, ob die Nachfolgeklausel nicht in eine Eintrittsklausel umgedeutet werden kann (§ 140 BGB).

---

250 BGHZ 68, 225 = **juris**byhemmer.

251 H. P. Westermann, JuS 1979, 761 (764).

252 BGHZ 41, 95 = **juris**byhemmer.

253 H. P. Westermann, JuS 1979, 761 (764).

aa) Die sog. einfache Nachfolgeklausel

Einfache Nachfolgeklausel

Die sog. einfache Nachfolgeklausel sieht vor, dass der Gesellschaftsanteil eines Gesellschafters bei seinem Tod auf alle seine Erben übergehen soll. Von diesem Fall geht § 139 HGB aus. 217

Unproblematisch: Alleinerbe

Unproblematisch ist der Fall, dass ein Alleinerbe Nachfolger wird. Der Erbe tritt mit dem Erbfall automatisch in die volle Gesellschafterstellung des Erblassers ein (§ 1922 I BGB). Entspricht dies nicht seinem Willen, muss er die gesamte Erbschaft ausschlagen (§ 1953 BGB).

Kollision Erb- und Gesellschaftsrecht bei Erbengemeinschaft

Dagegen kommt es zu einer Kollision zwischen erbrechtlichen und gesellschaftsrechtlichen Grundsätzen, wenn der verstorbene Gesellschafter von einer Erbengemeinschaft beerbt wird. Gem. §§ 2032, 2033 BGB steht der Nachlass den Miterben zur gesamten Hand zu. 218

Danach müsste eigentlich die Erbengemeinschaft Gesellschafterin werden.

Zwar kann eine Erbengemeinschaft Mitglied einer Liquidationsgesellschaft sein, aber nicht Mitglied einer werbenden Gesellschaft,[254] da sie im Rechtsverkehr nicht als Einheit auftreten kann und die Haftung ihrer Mitglieder auf den Nachlass beschränkt ist (§ 2059 BGB),[255] was sich mit der unbeschränkten Haftung nach § 128 HGB nicht verträgt.

Lösung: § 139 I HGB

§ 139 I HGB lässt sich entnehmen, dass in diesem Fall eine Ausnahme von dem Gesamthandsprinzip der §§ 2032 ff. BGB zu machen ist. Die Vorschrift geht nämlich von einer Mehrheit von Erben aus („ ..mit dessen Erben.. “) und gewährt jedem von ihnen das Recht, die Umwandlung in eine Kommanditistenstellung zu verlangen („ ...jeder Erbe sein Verbleiben... “). Dieses Recht setzt aber voraus, dass jeder Erbe Gesellschafter wird und nicht alle Erben gemeinsam einen Gesellschaftsanteil haben.

Folge: Sondererbfolge

Die Erbengemeinschaft wird aus diesen Gründen nicht Gesellschafterin, vielmehr erwirbt jeder Miterbe im Wege der Sondererbfolge (partielle Universalsukzession) einen seiner Erbquote entsprechenden Anteil an der Gesellschafterstellung des Verstorbenen.[256] Es erfolgt praktisch eine Aufspaltung der vererbten Mitgliedschaft.

bb) Die qualifizierte Nachfolgeklausel

Qualifizierte Nachfolgeklausel

Bestimmt die Nachfolgeklausel, dass nicht alle Erben in die Gesellschafterstellung einrücken sollen, sondern nur ein bzw. einzelne Erben, spricht man von einer qualifizierten Nachfolgeklausel. 219

Die Beschränkung auf einzelne Nachfolger vermeidet gegenüber der einfachen Nachfolgeklausel den Nachteil, dass die Gesellschafterzahl infolge der Aufspaltung des Gesellschaftsanteils unkontrollierbar ansteigt. Die qualifizierte Nachfolgeklausel wirft drei Probleme auf: Zu klären ist, wer den Gesellschaftsanteil erhält, wie sich der Erwerb rechtlich vollzieht und ob der Empfänger gegenüber den anderen Erben zum Ausgleich verpflichtet ist.

254 Vgl. bereits Rn. 65 sowie § 146 I S. 2 HGB.

255 BGHZ 68, 225 (237) = jurisbyhemmer; ständige Rechtsprechung, die schon im Hinblick auf die notwendige Kontinuität einer revisionsrechtlichen Rechtsprechung nicht mehr in Frage gestellt werden kann, vgl. BGH, a.a.O. = jurisbyhemmer.

256 Palandt, § 1922 BGB, Rn. 14 - 20.

Vorrang des Gesellschaftsrechts vor dem Erbrecht

I.R.d. Sondererbfolge sind zunächst zwei Möglichkeiten hinsichtlich des Erwerbs des Gesellschaftsanteils denkbar: Entweder alle Erben erhalten einen ihrer Erbquote entsprechenden Anteil an der Gesellschafterstellung oder nur die im Gesellschaftsvertrag vorgesehenen Erben rücken in die Gesellschafterstellung ein. 220

Nach der h.M. folgt nur derjenige Miterbe in die Gesellschafterstellung nach, dem die Nachfolge in der Klausel eröffnet ist. Dieses Ergebnis ist mit dem Vorrang des Gesellschaftsrechts zu begründen. Der Gesellschaftsvertrag, der den Gesellschaftsanteil überhaupt erst vererblich stellt, bestimmt auch darüber, wem der Gesellschaftsanteil kraft Erbrechts (§ 1922 I BGB) anfällt.

Vollnachfolge in die Gesellschafterstellung ohne Abfindungsansprüche der übrigen Miterben

Damit ist aber noch nicht entschieden, ob den Nachfolgern der Gesellschaftsanteil nur in Höhe ihrer Erbquote zufallen soll - während den übrigen Erben ein entsprechender Abfindungsanspruch zusteht - oder der gesamte Anteil, verbunden mit einer entsprechenden Ausgleichspflicht gegenüber den Miterben. 221

Die h.M. gibt wiederum dem Gesellschaftsrecht den Vorrang, d.h. sie hat sich für die Vollnachfolge der Nachfolger in den Gesellschaftsanteil des Verstorbenen entschieden. Der bzw. die Nachfolger rücken unmittelbar und in vollem Umfang in die Gesellschafterstellung des Erben ein. Die Höhe der Erbquote ist also nicht maßgeblich. Dies gilt unabhängig davon, ob der Erblasser Abfindungsansprüche der übrigen Miterben gegen die Gesellschaft ausdrücklich ausgeschlossen hat, da in der Vereinbarung der Nachfolgeklausel im Zweifel zugleich der Ausschluss von Abfindungsansprüchen zu sehen ist.[257]

Aber: Ggf. erbrechtliche Ausgleichsansprüche

Einigkeit besteht aber darüber, dass der bzw. die Miterben, die in die Gesellschafterstellung nachfolgen, im Ergebnis nicht mehr erhalten dürfen, als ihnen ihrer Erbquote zufolge zusteht. Ist dies aber der Fall, sind sie den übrigen Miterben zum Ausgleich verpflichtet.[258] Umstritten ist jedoch die dogmatische Grundlage der Ausgleichspflicht. Eine Ansicht greift auf die Grundsätze der Teilungsanordnung (vgl. § 2048 BGB) zurück, während nach anderer Auffassung eine Analogie zu §§ 2050 ff. BGB geboten ist.[259] 222

Der BGH stützt die Ausgleichspflicht dogmatisch unverbindlich auf § 242 BGB.[260] Überzeugend erscheint die Analogie zu §§ 2050 ff. BGB. Letztlich muss dieser Streit aber nicht entschieden werden, schließlich ist man sich über die Rechtsfolgen einig.

hemmer-Methode: Der Erblasser kann diesen erbrechtlichen Ausgleichsanspruch ausschließen, indem er dem bzw. den Erben den Gesellschaftsanteil im Wege eines Vorausvermächtnisses zuwendet. Lesen Sie hierzu Hemmer/Wüst, Erbrecht, Rn. 129.

cc) Die haftungsrechtlichen Folgen

hemmer-Methode: Bei den haftungsrechtlichen Folgen der Nachfolgeklauseln sollten Sie folgenden Grundgedanken verinnerlichen: Es ist stets zwischen der erbrechtlichen (§§ 1967 ff., 2058 f. BGB) und der gesellschaftsrechtlichen Haftung zu differenzieren.

257 BGHZ 68, 225 (237) = **juris**byhemmer.

258 Palandt, § 1922, Rn. 19a

259 Palandt, § 1922, Rn. 19a m.w.N.

260 BGHZ 22, 186 (197) = **juris**byhemmer.

(1) BGB-Gesellschaft

Erbrechtliche Haftung

Der bzw. die Erben haften als Gesamtrechtsnachfolger des verstorbenen Gesellschafters für dessen bis zu seinem Tod begründete Gesellschafterschulden (§ 1967 I BGB). 223

Diese Haftung ist aber auf den Nachlass beschränkbar (§§ 1967 ff. BGB). Dies gilt unabhängig davon, ob der betreffende Erbe auch Gesellschafter geworden ist.

Gesellschaftsrechtliche Haftung

Die Erben, die Gesellschafter geworden sind, haften für die Altschulden der Gesellschaft in Konsequenz der neuen BGH Rechtsprechung auch mit ihrem Privatvermögen (str.).[261]

Hinsichtlich der Verbindlichkeiten, die nach dem Tod des Erblasser begründet werden, bestehen keine Besonderheiten. Die Nachfolger haften wie jeder andere Gesellschafter.

(2) Personenhandelsgesellschaften

Besonderheiten gegenüber der BGB-Gesellschaft

Es gelten grundsätzlich die Ausführungen zur BGB-Gesellschaft. Zu beachten sind folgende Besonderheiten: Die Erben, die Gesellschafter geworden sind, trifft die gesellschaftsrechtliche Haftung für Altschulden der Gesellschaft gem. § 130 HGB. Diese Haftung ist nicht auf den Nachlass beschränkbar. Die Erben haften also grds. mit ihrem gesamten Privatvermögen. Um den Erben aber nicht vor die Wahl zu stellen, unbeschränkt zu haften oder aus Furcht vor der Haftung die gesamte Erbschaft ausschlagen zu müssen, gibt ihm das Gesetz in § 139 HGB die Möglichkeit, die unbeschränkte gesellschaftsrechtliche Haftung ex tunc zu beseitigen.[262] Die erbrechtliche Haftung gem. §§ 1967, 1975 ff. BGB bleibt hiervon unberührt, § 139 IV HGB. § 139 HGB ist als Schutzvorschrift zugunsten des Erben grundsätzlich zwingend; nur der Gewinnanteil kann bei Umwandlung in eine Kommanditbeteiligung herabgesetzt werden, § 139 V HGB. 224

Haftungsbeschränkung gem. § 139 HGB

Gem. § 139 I, III HGB kann der Erbe innerhalb einer Drei-Monats-Frist sein Verbleiben in der Gesellschaft davon abhängig machen, dass ihm unter Belassung des Gewinnanteils die Stellung eines Kommanditisten eingeräumt und die Einlage des Erblassers als Kommanditeinlage anerkannt wird (sog. Umwandlungsantrag). In der Umwandlung der Stellung des Mitgesellschafters in die eines Kommanditisten liegt eine Änderung des Gesellschaftsvertrages. Die Gesellschafter sind deshalb nicht verpflichtet, den Antrag anzunehmen, wie § 139 II HGB klarstellt.

Ablehnung des Antrags

Sofern die Gesellschafter den Umwandlungsantrag ablehnen, erwirbt der Erbe das Recht, fristlos aus der Gesellschaft auszuscheiden, § 139 II HGB. Dieses Recht übt er durch eine Kündigungserklärung aus. Mit seinem Ausscheiden entsteht der Abfindungsanspruch aus § 738 I S. 2 BGB. Für die bis dahin entstandenen Gesellschaftsverbindlichkeiten haftet er nur nach erbrechtlichen Grundsätzen, § 139 IV HGB, also mit der Möglichkeit der Haftungsbeschränkung nach §§ 1975 ff. BGB. Die Kündigungserklärung muss aber innerhalb der Drei-Monats-Frist des § 139 III HGB abgegeben werden.

261 Nach dem Übertritt des BGH zur Akzessorietätstheorie, vgl. Rn. 176 ff.; ob dies auch für den Eintritt im Wege der Erbfolge gilt, wurde noch nicht ausdrücklich entschieden.

262 Zur Frage der analogen Anwendung des § 139 HGB auf die GbR vgl. Schäfer, NJW 2005, 3665 ff.

hemmer-Methode: Insoweit handelt es sich bei § 139 IV HGB um ein Haftungsprivileg, das dem für den Erben des Einzelkaufmanns geltenden § 27 II HGB entspricht.

Annahme des Antrags

Stimmen die übrigen Gesellschafter zu und räumen sie dem Erben die Kommanditistenstellung ein, haftet er gleichfalls nur nach erbrechtlichen Grundsätzen, § 139 IV HGB.

Daneben tritt aber - entgegen des missverständlichen Wortlauts dieser Vorschrift - die Haftung als Kommanditist für die Altverbindlichkeiten aus §§ 173, 171 I HGB.[263]

hemmer-Methode: § 176 II HGB ist in diesem Fall nicht anwendbar, da eine Nachfolge in die Gesellschafterstellung kein Eintritt im Sinne dieser Vorschrift ist. Bis zur Umwandlung sind auch §§ 128, 15 HGB nicht anwendbar, da der Schutz des § 139 HGB nicht ausgehöhlt werden darf. Ist die Umwandlung aber vollzogen, ist § 15 I HGB anwendbar, da die Umwandlung der Beteiligung eine eintragungspflichtige Tatsache ist.

c) Die Vererbung der Kommanditistenstellung

Erben folgen ohne Weiteres im Wege der Sondererbfolge nach

Der Tod des Kommanditisten führt grundsätzlich nicht zum Ausscheiden aus der Gesellschaft (§ 177 HGB), sofern der Gesellschaftsvertrag nicht für diesen Fall das Ausscheiden oder die Auflösung vorsieht. Der Kommanditanteil des Verstorbenen geht gem. § 1922 I BGB ohne Weiteres auf die Erben über. 225

Wird der Kommanditist von einer Erbengemeinschaft beerbt, erwirbt jeder Erbe - wie im Fall der Beerbung eines Komplementärs - einen seiner Erbquote entsprechenden Kommanditanteil im Wege der Sondererbfolge.

Sonderfall: Erbe ist Kommanditist

Ist der Erbe bereits Kommanditist der KG, findet eine Zusammenlegung der Kommanditanteile statt. Die Haftsumme des Erben erhöht sich damit um die Haftsumme des Verstorbenen. Im Innenverhältnis können die Kommanditanteile freilich auch selbständig bleiben. 226

Sonderfall: Erbe ist Komplementär

Ist der Erbe bereits Komplementär der Gesellschaft, kann er nicht daneben Kommanditist sein. Er bleibt vielmehr Komplementär, mit entsprechend erhöhtem Gesellschaftsanteil. Die Kommanditistenstellung des Verstorbenen fällt ersatzlos weg. 227

Haftung

Der bzw. die Erben haften gesellschaftsrechtlich für die Altschulden der KG gem. §§ 171 I HS 1, 173 HGB. § 176 II HGB findet aber keine Anwendung. Daneben haften sie erbrechtlich nach §§ 2058, 2059 BGB. 228

hemmer-Methode: Zum Abschluss noch folgender Hinweis: Im Zusammenhang mit der Nachfolge beim Tod eines Gesellschafters kann das - wohl etwas spezielle - Problem auftauchen, ob der Gesellschaftsanteil der Testamentsvollstreckung unterliegt. Lesen Sie dazu Hemmer/Wüst, Erbrecht, Rn. 152.

263 Wie diese Haftung nun aussieht, ist im Detail umstritten, für den Pflichtfachbereich aber auch nicht relevant.

4. Die Haftung als Scheingesellschafter (Lehre von der Scheingesellschaft und vom Scheingesellschafter)

hemmer-Methode: Die Lehren von der Scheingesellschaft und vom Scheingesellschafter sind mit der Lehre vom Scheinkaufmann eng verwandt bzw. teilweise identisch. Lesen Sie zur Lehre vom Scheinkaufmann Hemmer/Wüst, Handelsrecht, Rn. 61 ff. 229

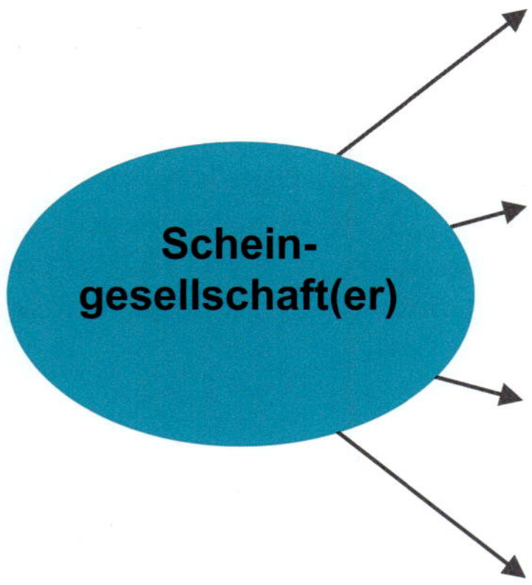

(1) **Rechtsschein** einer tatsächl. nicht bestehenden OHG/KG bzw. Gesellschafterstellung

(2) **Zurechenbarkeit** des Rechtsscheins: Zurechnungsfähigkeit (Geschäftsfähigkeit!) + Tun, Dulden oder Unterlassen des Verpflichteten, an das sich der Rechtsschein anknüpfen lässt

(3) **Schutzwürdigkeit** (insbes. Gutgläubigkeit) des Dritten

(4) **Kausalität** zw. der Vermögensdisposition des Dritten und dem Vertrauen auf den Rechtsschein

Scheingesellschaft und Scheingesellschafter

Eine Haftung als Scheingesellschafter kommt zum einen dann in Betracht, wenn der Rechtsschein einer in Wirklichkeit nicht bestehenden Gesellschaft gesetzt wird (Scheingesellschaft). Zum anderen, wenn eine Gesellschaft zwar besteht, jemand aber den Rechtsschein erweckt, er wäre Gesellschafter dieser Gesellschaft, obwohl er dies tatsächlich nicht ist (Scheingesellschafter).

a) Voraussetzungen

Abhängig vom Vorliegen einer Eintragung im Handelsregister

Bei den Voraussetzungen ist danach zu differenzieren, ob der Rechtsschein durch Eintragung im Handelsregister und Bekanntmachung oder in sonstiger Weise gesetzt wird. 230

aa) Eintragung im Handelsregister und Bekanntmachung

Zwei Möglichkeiten

Es bestehen zwei Möglichkeiten: 231

Eintragung der „Gesellschaft“

➲ Die Scheingesellschaft wurde im Handelsregister eingetragen und bekannt gemacht. Dabei ist zu beachten, dass regelmäßig nur dann eine Scheingesellschaft vorliegt, wenn auch die Grundsätze der fehlerhaften Gesellschaft nicht eingreifen, also in den Fällen der Nichtigkeit nach §§ 117, 134, 138 BGB.

Eintragung des „Gesellschafters“

➲ Jemand wird als Gesellschafter einer wirklich bestehenden Personenhandelsgesellschaft im Handelsregister eingetragen und bekannt gemacht.

§ 15 III HGB bzw. ungeschriebene Ergänzungstatbestände

In beiden Fällen greift unmittelbar § 15 III HGB, dem sich die Voraussetzungen für die Haftung als Scheingesellschafter entnehmen lassen. Sofern nur die Eintragung erfolgt ist und es an der Bekanntmachung fehlt, greifen die beiden ungeschriebenen Ergänzungssätze zu § 15 HGB ein: Wer eine unrichtige Erklärung zum Handelsregister abgibt, kann an dieser von einem gutgläubigen Dritten festgehalten werden; und: Wer eine unrichtige Eintragung im Handelsregister schuldhaft nicht beseitigt, kann an dieser von einem gutgläubigen Dritten festgehalten werden.

hemmer-Methode: Lesen Sie zu den Voraussetzungen des § 15 III HGB und den ungeschriebenen Ergänzungstatbeständen Hemmer/Wüst, Handelsrecht, Rn. 142 ff.

bb) Setzung des Rechtsscheins in sonstiger Weise

(1) Das Erfordernis eines Scheintatbestandes

Setzung eines Rechtsscheins

Objektive Voraussetzung der Haftung als Scheingesellschafter ist das Vorliegen eines Scheintatbestandes, also der Rechtsschein einer tatsächlich nicht bestehenden OHG bzw. KG oder Gesellschafterstellung. 232

Dieser kann sich aus einer ausdrücklichen Erklärung oder einem konkludenten Verhalten, insbesondere einem bloßen Dulden ergeben. Besondere Bedeutung kommt dabei einer unrichtigen Firmenfortführung zu.

Bsp. für Scheingesellschaft: *A handelt im Namen einer in Wahrheit nicht existierenden X-OHG; BGB-Gesellschaft führt in ihrem Namen ausdrücklich den Zusatz OHG bzw. KG; führt die BGB-Gesellschaft dagegen ohne diesen Zusatz lediglich eine Bezeichnung, die firmenrechtlich einem Kaufmann und damit einer OHG bzw. KG vorbehalten ist, unterliegt sie allein deshalb noch nicht den Grundsätzen über die Scheingesellschaft. Über die firmenrechtliche Unzulässigkeit hinaus müssen in ihrem Namen unwahre Tatsachen enthalten sein, die den Schluss auf den Betrieb eines vollkaufmännischen Gewerbes zulassen.*

Bsp. für Scheingesellschafter: *Jemand lässt zu, dass sein Name in die Firma einer OHG aufgenommen wird, deren Mitglied er gar nicht ist; ein Prokurist geriert sich als Gesellschafter.*

Da ein Rechtsschein eben nicht nur durch die Eintragung im Handelsregister, sondern auch in sonstiger Weise gesetzt werden kann, kommt auch bei der GbR eine Haftung von Scheingesellschaftern in Betracht. So kann nach Ansicht des BFH ein Scheingesellschafter auch für Steuerschulden der (Schein-)Gesellschaft haftbar gemacht werden.[264]

(2) Das Erfordernis der Zurechenbarkeit

Zurechenbarkeit

Voraussetzung in der Person des Rechtsscheinbetroffenen ist die Zurechenbarkeit des Scheintatbestandes. Die Zurechenbarkeit beurteilt sich bei positivem Tun nach dem Veranlasserprinzip und bei Unterlassen nach dem Verschuldensprinzip. 233

An der Zurechenbarkeit fehlt es mangels Zurechnungsfähigkeit bei Geschäftsunfähigen und beschränkt Geschäftsfähigen, es sei denn, der gesetzliche Vertreter hat bei der Setzung des Rechtsscheins mitgewirkt.

Setzung des Rechtsscheins durch Dritte

Der Rechtsschein muss nicht unbedingt von dem angeblichen Gesellschafter selbst gesetzt werden. Dies kann auch durch einen Dritten geschehen.

---

264 BFH, NJW-RR 2006, 1696 = **juris**byhemmer; das Finanzamt kann aber dann nicht auf den Rechtsschein einer bestehenden Gesellschafterstellung vertrauen, wenn das aktive Handeln des in Anspruch Genommenen weder unmittelbar gegenüber dem Finanzamt noch zur Erfüllung steuerlicher Pflichten oder zur Verwirklichung steuerlicher Sachverhalte veranlasst war und ihm im Übrigen bloß passives Verhalten gegenüber dem Finanzamt vorzuhalten ist.

Der von dem Dritten gesetzte Rechtsschein ist dem angeblichen Gesellschafter zuzurechnen, wenn dieser das Verhalten des Dritten kennt bzw. bei pflichtgemäßer Sorgfalt hätte erkennen können und ihm ein Einschreiten zur Beseitigung des Rechtsscheins zumutbar ist. Dies gilt erst recht, wenn er dem Verhalten des Dritten zugestimmt hat.

(3) Gutgläubigkeit des Dritten

Gutgläubigkeit des Dritten

Die Rechtsscheinhaftung soll denjenigen schützen, der auf den gesetzten Rechtsschein vertraut hat. Der Dritte ist deshalb nur schutzwürdig, wenn er gutgläubig ist. Daran fehlt es jedenfalls bei positiver Kenntnis der Rechtslage und grober Fahrlässigkeit. In Analogie zu §§ 173, 405 BGB dürfte auch einfache Fahrlässigkeit genügen. Um die Anforderungen an die Gutgläubigkeit aber nicht zu überspannen, ist einfache Fahrlässigkeit nur bei Evidenz der wahren Rechtslage anzunehmen. Eine Nachforschungspflicht des Dritten besteht gerade (wie bei § 932 BGB) grundsätzlich nicht, außer es ist ein besonderer Anlass zu Misstrauen oder gesteigerter Vorsicht gegeben. 234

Dies ist insbesondere dann der Fall, wenn die Schaffung des Vertrauenstatbestandes bereits längere Zeit zurückliegt und der Dritte infolge dessen mit einer zwischenzeitlichen Änderung der Rechtslage rechnen muss. Beweisrechtlich spricht eine Vermutung für den guten Glauben.

(4) Kausalität

Kenntnis des Rechtsscheintatbestandes

Der Rechtsschein muss für die Handlung des Dritten ursächlich sein, d.h. das Vertrauen auf den Rechtsschein der Gesellschaft bzw. der Gesellschafterstellung muss den Dritten zu seiner Rechtshandlung veranlasst haben. Dies setzt zunächst voraus, dass der Dritte überhaupt Kenntnis von dem Rechtsscheintatbestand hatte. Dabei ist aber keine klare Vorstellung über die Rechtslage erforderlich. 235

Kausalität

An die Kausalität sind aber keine hohen Anforderungen zu stellen, insbesondere ist nicht notwendig, dass der Dritte nur im Hinblick auf den veranlassten Rechtsschein gehandelt hat. Es genügt, wenn bei Kenntnis des wahren Sachverhalts typischerweise mit einer anderen Entscheidung des Dritten zu rechnen wäre. Die Ursächlichkeit ist in Analogie zu der für die Gutgläubigkeit geltenden Beweislastregel zu vermuten (vgl. § 292 ZPO). Müsste der Dritte die Ursächlichkeit beweisen, wäre die Effizienz der Rechtsscheinhaftung gefährdet.

Keine Kausalität bei reinem Unrechtsverkehr

Eine Vertrauensdisposition kann nur innerhalb des rechtsgeschäftlichen Verkehrs vorgenommen werden. Daher fehlt es im reinen Unrechtsverkehr, also bei Ansprüchen aus unerlaubter Handlung (§§ 823 ff. BGB), an der Kausalität. Dies gilt jedoch nicht für Ansprüche aus unerlaubter Handlung, die im Zusammenhang mit dem Rechtsgeschäftsverkehr stehen (z.B. die vertragliche Pflichtverletzung ist zugleich eine unerlaubte Handlung). 236

hemmer-Methode: Es gilt hier derselbe - für den Klausurersteller interessante - Regel-Ausnahme-Mechanismus wie bei §§ 15 I, 176 HGB. Grundsätzlich wird für alle Ansprüche gehaftet (Regel), außer für Ansprüche aus unerlaubter Handlung (Ausnahme). Dies gilt aber nicht für Ansprüche aus unerlaubter Handlung, die im Zusammenhang mit dem Rechtsgeschäftsverkehr stehen (Ausnahme von der Ausnahme, Rückkehr zur Regel). Klausurrelevantes Beispiel ist die Produzentenhaftung.

b) Rechtsfolgen

Rechtsschein durch Eintragung im Handelsregister

Ist die Gesellschaft bzw. der Gesellschafter im Handelsregister eingetragen und bekannt gemacht, ergeben sich die Rechtsfolgen unmittelbar aus § 15 III HGB: Der gutgläubige Dritte kann sich auf die bekannt gemachte Tatsache berufen. Die Scheingesellschafter haften daher gem. §§ 128 S. 1, 15 III HGB bzw. §§ 171 I HS 1, 15 III HGB. *237*

Entsprechendes gilt, wenn mangels Bekanntmachung die Ergänzungstatbestände zu § 15 HGB eingreifen.

Rechtsschein in sonstiger Weise

Wurde der Rechtsschein in sonstiger Weise gesetzt, ist die Rechtsfolge gleichfalls die Gleichstellung des Rechtsscheins mit der Wirklichkeit. Die persönlich haftenden Gesellschafter haften daher gem. § 128 S. 1 HGB. Problematisch ist die Haftung der beschränkt haftenden Gesellschafter einer Schein-KG. *238*

Fall: *Tim, Al und Wilson betreiben eine kleingewerbliche Kfz-Werkstatt. Wilson ist laut Gesellschaftsvertrag zur Leistung einer Einlage in Höhe von 5.000,- € verpflichtet, die er auch erbracht hat. Seine Haftung ist zugleich laut Gesellschaftsvertrag auf diesen Betrag beschränkt. Zur Gesamtgeschäftsführung und -vertretung sind Tim und Al befugt.*

Eine Eintragung im Handelsregister erfolgt nicht. In einem Schreiben mit dem Briefkopf „T & A KG“ bestellen Tim und Al bei der Berliner Motoren Werke AG Ersatzteile zum Preis von 7.500,- €. Die Verwendung des Briefkopfes war dem Wilson bekannt. Der Prokurist der AG verlangt von Wilson Zahlung der vollen Forderung. Mit Recht?

I. Anspruch aus § 433 II BGB, § 176 I HGB

Eine Haftung gem. §§ 433 II BGB, 176 I HGB setzt zunächst voraus, dass W Kommanditist einer KG ist. Eine Kommanditgesellschaft zwischen T, A und W scheidet aber von vornherein aus, da die Gesellschaft kein Handelsgewerbe (§ 1 II HGB) betreibt, weil ein kaufmännisch eingerichteter Gewerbebetrieb nicht erforderlich ist. Deshalb greift § 105 II HGB ein, wobei es aber an der Eintragung fehlt. Daher muss § 176 I S. 1 HGB gem. § 176 I S. 2 HGB unangewendet bleiben. Es liegt vor Eintragung keine KG, sondern eine GbR vor.

II. Anspruch aus § 433 II BGB i.V.m. § 128 HGB analog

Zwischen A, T und W besteht aber eine BGB-Gesellschaft, deren Zweck der Betrieb der Werkstatt ist. Die GbR als solche schuldet auch den Kaufpreis gem. § 433 II BGB. Nach der herrschenden Akzessorietätstheorie würden die Gesellschafter für die Verbindlichkeiten einzustehen haben. Grundsätzlich besteht die Intention des § 176 I S. 2 HGB auch darin, auf die Haftung nach GbR-Grundsätzen zu verweisen. Es soll nicht eine Haftung komplett, sondern nur nach § 176 I S. 1 HGB ausgeschlossen werden.

Die Haftung des Scheinkommanditisten entfällt hier aber aufgrund der Besonderheiten des Falles.

Von der bislang h.M. wurde dies rechtsgeschäftlich begründet. Wenn einer der Gesellschafter Kommanditist werden wolle, sei von einer konkludenten Beschränkung der Vertretungsmacht auszugehen, was durch das Auftreten als KG zum Ausdruck kommt und damit für den Vertragspartner hinreichend erkennbar ist.

Da nach h.M. die Haftung der Gesellschafter einer GbR aber nicht mehr rechtsgeschäftlich, sondern mit einer Analogie zu § 128 HGB begründet wird, scheidet dieser Ansatzpunkt als Argumentation aus.

Gleichwohl kann es wertungsmäßig nicht zu einer vollen Haftung kommen. Sonst stünde der Scheinkommanditist schlechter als der Kommanditist einer noch nicht eingetragenen Ist-KG, bei dem gem. § 176 I S. 1 HGB a.E. die volle Haftung zumindest dann ausgeschlossen ist, wenn dem Vertragspartner die Stellung als Kommanditisten bekannt ist. Die Intention des § 176 I S. 2 HGB besteht aber offensichtlich in einer Privilegierung und nicht in einer Schlechterstellung des Scheinkommanditisten.

Ob allein das Auftreten als KG ausreichen kann, um die Schutzwürdigkeit des Rechtsverkehrs im Vertrauen auf die persönliche Haftung entfallen zu sein, mag dahinstehen. Jedenfalls kann dieser Fall nicht mit dem Auftreten als „GbR-mbH" verglichen werden, für den der BGH eine Beschränkung der Haftung der Gesellschafter bereits abgelehnt hat.

Geplant war die Gründung einer KG, was man nach außen auch kundgetan hat. Bei einer GbR-mbH geht es aber um einen Gestaltungsmissbrauch, nämlich um den bewussten Versuch, die persönliche Haftung entgegen des gesetzlichen Leitbildes der Gesellschaftsform GbR auszuschließen.

Keine Rechtsfolgen im Innenverhältnis

Als Ausprägung der allgemeinen Rechtsscheinhaftung entfalten die Regeln über die Scheingesellschaft und den Scheingesellschafter - anders als die Grundsätze der fehlerhaften Gesellschaft - keine Rechtsfolgen im Innenverhältnis, da sie nur dem Schutz gutgläubiger Dritter dienen. *239*

III. Einwendungen der Gesellschafter

1. Eigene Einwendungen

Eigene Einwendungen können dem Gläubiger entgegengehalten werden

Der in Anspruch genommene Gesellschafter kann dem Gläubiger die in seiner Person begründeten Einwendungen entgegenhalten. Dies bedarf keiner Begründung und wird in § 129 I HGB als selbstverständlich vorausgesetzt. *240*

Bsp.: *Der Gläubiger erlässt dem Gesellschafter die Forderung (§ 397 BGB); der Gesellschafter rechnet mit einer eigenen Forderung gegen die Forderung des Gläubigers auf (§ 389 BGB).*

Quotale Haftung

Die akzessorische Haftung ist grundsätzlich eine, die dem Umfang der Gesellschaftshaftung entspricht. Denkbar ist aber eine Vereinbarung mit dem Gläubiger, in welcher die Haftung auf den der Beteiligungsquote entsprechenden Anteil der Gesellschaftsschuld beschränkt wird (sog. „quotale Haftung"). *240a*

Bsp.: *Die Gesellschafter A und B sind zu je 50 % beteiligt. Die Gesellschaftsschuld beläuft sich auf 100.000 €. A hat bei Vertragsschluss eine Beschränkung der Haftung auf 50 % vereinbart.*

Problem bei Teiltilgung durch Gesellschaft

Wenn in einem solchen Fall Tilgungen durch die Gesellschaft erfolgen, stellt sich die Frage, inwieweit dies auch die quotale Haftung der Gesellschafter betrifft.

Zahlt in obigem Beispiel die Gesellschaft 20.000 €, stellt sich die Frage, ob die Haftung des A konstant bei 50.000 € bleibt, oder aber quotal an der Restschuld von 80.000 € auf 40.000 € herabsinkt.

BGH: Auslegung

Nach Ansicht des BGH ist dies durch Auslegung zu ermitteln. Da die quotale Haftung selbst nicht dem Gesetz entstammt, sondern der konkreten Vereinbarung mit dem Gläubiger entspringt, muss auch die Lösung dieses Problems der Vereinbarung entnommen werden. Insbesondere ist danach zu fragen, warum die quotale Haftung überhaupt vereinbart wurde.[265]

265 Vgl. ausführlich dazu: BGH, **Life&Law 07/2011, 471 ff.**

2. Einwendungen der Gesellschaft

a) Die Personenhandelsgesellschaften

Einwendungen der Gesellschaft können gem. § 129 HGB erhoben werden

Neben den persönlichen Einwendungen können die Gesellschafter gem. § 129 I HGB bzw. §§ 129 I, 161 II HGB diejenigen Einwendungen geltend machen, die von der Gesellschaft erhoben werden können. Darunter fallen nicht nur die rechtshindernden und die rechtsvernichtenden Einwendungen, sondern, nach dem Sinn des § 129 HGB über seinen Wortlaut hinaus, alle Einreden der Gesellschaft. 241

hemmer-Methode: Der Gesellschafter einer Personenhandelsgesellschaft haftet wie ein Bürge akzessorisch zur Hauptschuld. § 129 HGB und §§ 768, 770 BGB sind deshalb sehr ähnlich ausgestaltet. Aus diesem Gedanken ergibt sich aber auch: Unter § 129 I BGB fallen insbesondere Einreden der Gesellschaft. Denn wenn gegen den Anspruch gegen die Gesellschaft eine rechtshindernde oder rechtsvernichtende Einwendung geltend gemacht wird, haftet bereits die Gesellschaft nicht, so dass es auch keine akzessorische Haftung gem. § 128 HGB geben kann. Zu den Gestaltungsrechten der Gesellschaft vgl. § 129 II, III HGB.

Einrede der Verjährung

Hauptbeispiel für eine Einrede, die der Gesellschafter dem Gläubiger gem. § 129 I HGB entgegenhalten kann, ist die Einrede der Verjährung (§ 214 I BGB). Aus dieser Akzessorietät folgt zugleich, dass eine gegenüber der Gesellschaft vorgenommene Hemmung durch Rechtsverfolgung (vgl. §§ 204, 209 BGB) grundsätzlich auch gegen den Gesellschafter wirkt (Doppelwirkung des Hemmungstatbestandes). Dies gilt allerdings nicht für den Gesellschafter, der vor dem Zeitpunkt der Hemmung ausgeschieden ist (§ 425 II BGB analog). 242

Hemmung der Verjährung nur gegenüber dem Gesellschafter

Problematisch ist der Fall, dass die Verjährung nur dem Gesellschafter gegenüber rechtzeitig gehemmt wurde. Fraglich ist dann, ob sich der Gesellschafter auf die Verjährung der Gesellschaftsschuld gem. § 129 I HGB berufen kann. Die Verjährung der Gesellschaftsschuld wird jedenfalls nicht durch eine Rechtsverfolgung (oder einen anderen Hemmungstatbestand) gegenüber dem Gesellschafter gehemmt. 243

Die Gesellschafterschuld ist akzessorisch zur Gesellschaftsschuld und nicht umgekehrt. Nach richtiger Ansicht ist § 129 I HGB aber aufgrund einer teleologischen Reduktion nicht anwendbar. Der Schutzzweck der Verjährung, nämlich die Abwehr unbegründeter Ansprüche sowie der Gedanke des Schuldnerschutzes und des Rechtsfriedens,[266] kommt zugunsten des Gesellschafters nicht mehr zum Tragen, weil dieser eben rechtzeitig in Anspruch genommen wurde. Es wäre auch kein Sinn darin zu sehen, dass der Gläubiger auch gegenüber der - vielleicht vermögenslosen - Gesellschaft eine Hemmung (durch Rechtsverfolgung, § 204 BGB, oder Verhandlungen, § 203 BGB) bewirkt, nur um sie dem Gesellschafter entgegenhalten zu können.[267]

266 Palandt, Überbl. v. § 194 BGB, Rn. 7 ff.

267 BGHZ 104, 76 (str.) = **juris**byhemmer.

hemmer-Methode: Beachten Sie: Die Ansprüche gegen die Gesellschaft und gegen die Gesellschafter unterliegen einer eigenständigen Verjährung. Die Verjährung der Ansprüche gegen die Gesellschafter ist in § 736 II BGB, §§ 159, 160 HGB geregelt. Neben der Verjährung der Gesellschaftsschuld kommt also ggf. auch eine Verjährung der Gesellschafterschuld in Betracht. Dies ist dann eine persönliche Einrede des Gesellschafters, die nicht unter § 129 I HGB fällt.

Leistungsverweigerungsrecht bei Anfechtungs- und Aufrechnungsmöglichkeit, § 129 II, III HGB

Weiter kann der Gesellschafter die Befriedigung des Gläubigers verweigern, solange die Gesellschaft das Recht hat, das der Verbindlichkeit der Gesellschaft zugrunde liegende Geschäft anzufechten, § 129 II HGB. Gleiches gilt, solange sich der Gläubiger durch Aufrechnung gegen eine fällige Forderung der Gesellschaft befriedigen kann, § 129 III HGB. 244

Berichtigende Auslegung des § 129 III HGB

Der Wortlaut des § 129 III HGB ist jedoch nach allgemeiner Ansicht verfehlt und irreführend. Während § 129 II HGB richtig auf die Anfechtungsbefugnis der Gesellschaft Bezug nimmt, stellt § 129 III HGB auf die Aufrechnungsbefugnis des Gläubigers ab. Nach dem Sinn und Zweck des § 129 II, III HGB kann es aber nur auf die Aufrechnungsbefugnis der Gesellschaft ankommen (Begr. siehe unten), § 129 III HGB ist deshalb im Wege der berichtigenden Auslegung dahingehend zu korrigieren, dass es auf die Aufrechnungsbefugnis der Gesellschaft ankommt.

Drei Aufrechnungslagen

Drei Aufrechnungslagen sind zu unterscheiden:

Gesellschaft und Gläubiger können aufrechnen

- Sowohl die Gesellschaft als auch der Gläubiger können aufrechnen: § 129 III HGB greift ein.

Nur Gesellschaft kann aufrechnen

- Nur die Gesellschaft kann aufrechnen, weil die Voraussetzungen der §§ 393, 394 BGB vorliegen (z.B. die Gesellschaft hat gegen den Gläubiger einen Anspruch aus § 823 I BGB wegen vorsätzlicher Schädigung, dieser hat einen Anspruch aus § 433 II BGB): In diesem Fall kann der Gesellschafter über den Wortlaut des § 129 III HGB hinaus im Wege einer berichtigenden Auslegung die Leistung verweigern.

Nur Gläubiger kann aufrechnen

- Nur der Gläubiger kann aufrechnen (weil er gegenüber der Gesellschaft einen Anspruch aus vorsätzlich begangener unerlaubter Handlung hat): § 129 III HGB findet entgegen seinem Wortlaut keine Anwendung. Ansonsten könnte der Gesellschafter die Leistung verweigern, obwohl die Gesellschaft selbst nicht aufrechnen könnte. Dies wäre ein geradezu sinnwidriges Ergebnis.

hemmer-Methode: Lesen Sie zu dem Problem, dass beiden Seiten die Aufrechnung gem. § 393 BGB untersagt ist, Hemmer/Wüst, BGB AT III, Rn. 279. Im Bürgschaftsrecht besteht die Parallelproblematik, ob § 770 II BGB - der dem § 129 III HGB entspricht - gleichfalls dem Wortlaut entgegengesetzt auszulegen ist. Dort wird dies von der h.M. jedoch verneint. Lesen Sie dazu Hemmer/Wüst, Kreditsicherungsrecht, Rn. 223 ff.

§ 129 II, III HGB analog

Der Anwendungsbereich des § 129 II, III HGB ist - wie der des § 770 BGB - im Wege der Analogie auf alle anderen Gestaltungsrechte und Gestaltungsmöglichkeiten auszudehnen (z.B. Rücktritt, Kündigung).[268] 245

268 Hemmer/Wüst, Kreditsicherungsrecht, Rn. 223 ff.; Palandt, § 770 BGB, Rn. 4 (str.).

b) Die BGB-Gesellschaft

hemmer-Methode: Die gesellschaftsrechtliche Ausbildungsliteratur beschäftigt sich kaum mit den Einreden und Einwendungen, die der BGB-Gesellschafter dem Gesellschaftsgläubiger entgegensetzen kann.[269] Auch der BGH hat derartige Fälle, insbesondere die Problematik der Verjährungsunterbrechung (nach der Schuldrechtsreform die Hemmung der Verjährung, §§ 203 ff. BGB), noch nicht entscheiden müssen.

Mit dem Übertritt des BGH zur Akzessorietätslehre, § 128 f. HGB analog, haben sich hier zahlreiche Probleme, die sich vor allem bei der Anwendung der Lehre von der Doppelverpflichtung ergaben, gelöst. Für die GbR gelten jetzt die obigen Ausführungen zu den Personenhandelsgesellschaften entsprechend. *246*

Nach der Doppelverpflichtungslehre mussten Einwendungsprobleme unter Rückgriff auf das allgemeine Schuldrecht gelöst werden:

§ 417 I S. 1 BGB analog

In analoger Anwendung des § 417 I S. 1 BGB lässt sich begründen, dass dem Gesellschafter bei einer persönlichen Inanspruchnahme die Einwendungen der Gesellschaft zur Verfügung stehen. Der rechtsgeschäftliche Verpflichtungstatbestand nach der Doppelverpflichtungslehre lässt sich als Schuldbeitritt qualifizieren.[270] Der Qualifizierung als Schuldbeitritt steht nicht entgegen, dass beide Verpflichtungen gleichzeitig entstehen. *247*

Gestaltungsrechte

Für Gestaltungsrechte gilt, dass die Rechtszuständigkeit für deren Ausübung bei der Gesellschaft liegt. Die nicht zur Vertretung befugten Gesellschafter[271] können dem Gläubiger aber die Einrede der Gestaltbarkeit entgegenhalten. Dies lässt sich mit einer Gesamtanalogie zu §§ 770, 1137 I S.1, 1211 S. 1 BGB, § 129 II, III HGB begründen (str.).[272] *248*

hemmer-Methode: Die Lehre von der Doppelverpflichtung musste komplizierte Wege bestreiten, um im Ergebnis doch die Rechtslage bei den Personenhandelsgesellschaften nachzuzeichnen. Hier bietet die Akzessorietätslehre, die der BGH jetzt aufgreift, eine einfachere Lösung. Der BGH bezieht die Einwendungslehre der OHG in seine neue Rechtsprechung mit ein, indem er für die akzessorische Gesellschafterhaftung bewusst §§ 128 f. (!) HGB zitiert.[273] *249*

IV. Prozessuale Probleme

1. Die Gesellschaft im Erkenntnisverfahren

a) Die BGB-Gesellschaft

früher h.M.: GbR ist nicht parteifähig

Die früher ganz h.M. hielt die BGB-Gesellschaft für nicht parteifähig, da eine dem § 124 I HGB entsprechende Regelung in den §§ 705 ff. BGB fehlt. Im Prozess konnten danach nur die Gesellschafter Prozesspartei sein, nicht aber die GbR. *250*

---

269 Ausnahme: Habersack, JuS 1993, 4 f., der dieses Defizit in der Literatur gleichfalls feststellt.

270 Zur analogen Anwendung des § 417 I S. 1 BGB beim Schuldbeitritt vgl. Palandt, Überbl. v. § 414 BGB, Rn. 7.

271 Die vertretungsbefugten Gesellschafter können die Gestaltungsrechte im Namen der Gesellschaft ausüben!

272 A.A. Palandt, § 417 BGB, Rn. 2.

273 BGH, NJW 2001, 1056 = **Life&Law 03/2001, 216 (224)** = **juris**byhemmer.

hemmer-Methode: Wird die GbR selbst in der Klageschrift als Kläger oder Beklagter bezeichnet, so ist sie Klägerin bzw. Beklagte (sog. formeller Parteibegriff). Nach der bisher h.M. musste die Klage dann als unzulässig abgewiesen werden, weil die GbR als nicht parteifähig angesehen wurde.

BGH v. 29.01.2001: GbR ist aktiv und passiv parteifähig

Der BGH[274] hat 2001 in Abkehr von seiner früheren Rechtsprechung die aktive und passive Parteifähigkeit der GbR ausdrücklich anerkannt. Der zweite Leitsatz der Entscheidung vom 29.01.2001 lautet: „In diesem Rahmen [soweit die GbR Rechtsfähigkeit besitzt] ist sie zugleich im Zivilprozess aktiv und passiv parteifähig“. Die Anerkennung der Parteifähigkeit der GbR sei logische Konsequenz aus der (Teil-)Rechtsfähigkeit und ergebe sich aus § 50 I ZPO. 251

hemmer-Methode: Ist die Gesellschaft selbst parteifähig, stellt sich die weitere Frage, wer für sie klagt. Das ist im Grundsatz abhängig von der Vertretungsregelung, welche auch maßgeblich für die Prozessfähigkeit ist. In besonders gelagerten Konstellationen ist allerdings unabhängig von der Regelung der Vertretung der Gesellschaft die Prozessführung durch einzelne Gesellschafter (als Kläger!) möglich. Dies dann, wenn der klagende Gesellschafter ein berechtigtes Interesse an der Geltendmachung der Forderung im eigenen Namen hat, eine Klage im Namen der Gesellschaft aus gesellschaftswidrigen Gründen unterblieben ist und der verklagte Gesellschaftsschuldner an dem gesellschaftswidrigen Verhalten der ablehnenden Gesellschafter beteiligt ist.[275]

Mit diesem Urteil verwirft der BGH das bis dahin praktizierte Modell der notwendigen Streitgenossenschaft:

früher: Gesellschafter als materiell notwendige Streitgenossenschaft

Nach der früher h.M. waren die Gesellschafter einer GbR materiell notwendige Streitgenossen i.S.d. § 62 I Alt.2 ZPO, soweit das Gesellschaftervermögen betreffende Forderungen bzw. Verbindlichkeiten in Streit standen.

Da diese Forderungen bzw. Verbindlichkeiten nur den Gesellschaftern in ihrer gesamthänderischen Verbundenheit zustanden, waren nur alle Gesellschafter gemeinsam aktiv und passiv prozessführungsbefugt. Einzelklagen hinsichtlich der Gesellschaftsverbindlichkeiten waren grundsätzlich unzulässig.

Empfehlung des BGH

Der BGH erkennt die Möglichkeit an, die GbR selbst zu verklagen. 252
Gleichzeitig spricht der BGH aber die Empfehlung aus, neben der Gesellschaft auch die einzelnen Gesellschafter, wegen der persönlichen Gesellschafterhaftung, im Passivprozess persönlich zu verklagen, wie es der üblichen Praxis bei der OHG entspricht. Das kommt insbesondere dann in Betracht, wenn nicht sicher ist, ob tatsächlich eine Außengesellschaft mit Gesamthandsvermögen existiert. Stellt sich während des Prozesses heraus, dass keine Außengesellschaft vorliegt und die Gesellschafter deshalb nur einzeln als Gesamtschuldner aus einer gemeinschaftlichen Verpflichtung schulden (§ 427 BGB), wird nur die Klage gegen die Gesellschaft - nicht aber die gegen die Gesellschafter persönlich - abgewiesen. Stellt sich erst während der Zwangsvollstreckung heraus, dass überhaupt kein Gesellschaftsvermögen vorhanden ist, bleiben dem Gläubiger noch die Titel gegen die einzelnen Gesellschafter.

274 BGH, NJW 2001, 1056 = **Life&Law 03/2001, 216 ff.** = **juris**byhemmer.

275 BGH, NJW 2000, 734 = **juris**byhemmer.

hemmer-Methode: Auch auf der Grundlage der Streitgenossenschaftslösung wurde im Passivprozess zwischen der Klage gegen die Gesamthand (Gesamthandsschuldklage) und gegen die Gesellschafter (Gesamtschuldklage) unterschieden.
Insofern führt die Anerkennung der Parteifähigkeit nicht zu einer Erschwerung der Rechtsverfolgung für den Gesellschaftsgläubiger.

Einfache Streitgenossenschaft zwischen GbR und den Gesellschaftern

Verklagt der Gesellschaftsgläubiger – der Empfehlung des BGH folgend – sowohl die GbR als auch die Gesellschafter persönlich, so handelt es sich nach h.M. um eine einfache Streitgenossenschaft. Die Lage entspricht insofern derjenigen bei der OHG (siehe sogleich unten Rn. 256). 253

b) Die Personenhandelsgesellschaften

§ 124 I HGB

Die Personenhandelsgesellschaften können gem. § 124 I HGB unter ihrer Firma klagen und verklagt werden. Sie sind also aktiv wie passiv parteifähig (§ 50 I ZPO). 254

aa) Die Abgrenzung zwischen Partei- und Zeugenvernehmung

Partei- oder Zeugenvernehmung der Gesellschaft

Bei der Beweiserhebung im Prozess stellt sich das Problem, ob die Gesellschafter im Prozess der Gesellschaft als Zeugen oder als Partei zu vernehmen sind. Nach h.M. ist nach der Vertretungsbefugnis wie folgt zu differenzieren: 255

- Die vertretungsberechtigten Gesellschafter sind als Partei (§§ 445 ff. ZPO) zu vernehmen, da sie die nicht prozessfähige Gesellschaft im Prozess gesetzlich vertreten, §§ 125, 126 HGB, § 51 I ZPO.
- Im Zivilprozessrecht gilt allgemein der Grundsatz, dass die gesetzlichen Vertreter einer Prozesspartei als Partei und nicht als Zeugen vernommen werden.
- Die nicht vertretungsberechtigten Gesellschafter werden dagegen grundsätzlich als Zeugen (§§ 373 ff. ZPO) vernommen. Eine Ausnahme gilt aber dann, wenn sie mit der Gesellschaft gemeinsam verklagt wurden.[276]

bb) Streitgenossenschaft

Einfache oder notwendige Streitgenossenschaft

Verklagt der Gläubiger die Gesellschafter und die Gesellschaft, muss im Fall der Säumnis einer Partei (vgl. § 62 ZPO) geklärt werden, ob eine einfache oder eine notwendige Streitgenossenschaft vorliegt. 256

Einfache Streitgenossenschaft wegen persönlicher Einwendungen

Eine notwendige Streitgenossenschaft würde vorliegen, wenn der Zwang zu gleichförmigen Entscheidungen des Gerichts besteht. Die Entscheidungen können aber unterschiedlich ausfallen, wenn die Gesellschafter persönliche Einwendungen gegen den Anspruch erheben (vgl. § 129 I HGB). Man könnte nun auf den konkreten Prozess abstellen: Wenn die Gesellschafter persönliche Einwendungen geltend machen, liegt eine einfache, ansonsten eine notwendige Streitgenossenschaft vor. Diese konkrete Betrachtungsweise hätte aber den Nachteil, dass es dem Zufall überlassen bleibt und nicht vorhersehbar ist, ob im Einzelfall wegen identischen Parteivorbringens gleiche Urteile ergehen oder nicht.

276 BGHZ 42, 230 = jurisbyhemmer.

Aus Gründen der Rechtssicherheit und der Rechtsklarheit ist es daher geboten, in jedem Fall eine einfache Streitgenossenschaft anzunehmen.[277]

Einfache Streitgenossenschaft auch zwischen Gesellschaftern

Zwischen den einzelnen Gesellschaftern liegt dagegen unproblematisch eine einfache Streitgenossenschaft vor, da sie gem. § 128 S. 1 HGB als Gesamtschuldner haften. Die Forderungen gegen die einzelnen Gesellschafter können sich nämlich unterschiedlich entwickeln (Grundsatz der Einzelwirkung, § 425 I BGB), sodass die Klage ohne weiteres gegen einen Gesellschafter begründet und gegen einen anderen unbegründet sein kann. 257

cc) Die Vollbeendigung der Gesellschaft während des Rechtsstreits

(1) Der Aktivprozess

Keine Vollbeendigung bei Aktivprozessen

Bei Aktivprozessen tritt keine Vollbeendigung einer Liquidationsgesellschaft ein, da in der behaupteten Klageforderung noch Liquidationsmasse zu sehen ist, die im Fall des Obsiegens auseinander zu setzen ist.[278] 258

(2) Der Passivprozess

Str., ob Vollbeendigung während des Prozesses möglich

Beim Passivprozess ist dagegen umstritten, ob während des Prozesses die Vollbeendigung der Gesellschaft eintreten kann. 259

Nach einer Auffassung ist die Beendigung der Gesellschaft während eines Passivprozesses nicht möglich,[279] da sie im Fall ihres Obsiegens jedenfalls den Kostenerstattungsanspruch gem. § 91 ZPO und damit auseinandersetzungsfähiges Vermögen hat. Zudem gehe es nicht an, dass sich die Gesellschaft durch die Verteilung ihres Vermögens der Haftung und dem Prozess entziehen könne. Dagegen ist einzuwenden, dass dem Kläger ein der Klage stattgebendes Urteil nichts nützt, wenn kein haftendes Vermögen mehr vorhanden ist.

Es wäre auch ein widersprüchliches Verhalten, wenn der Kläger im Prozess ein der Klage stattgebendes Urteil mit der Begründung verlangt, dass er den Prozess möglicherweise verlieren wird und der Gesellschaft dann ein prozessualer Kostenerstattungsanspruch zukommen kann. Die Vollbeendigung kann aus diesen Gründen während eines Passivprozesses eintreten.[280]

Klage wird unzulässig bei Vollbeendigung der Gesellschaft

Ab dem Zeitpunkt der Vollbeendigung ist die Gesellschaft nicht mehr existent. Damit ist sie auch nicht mehr parteifähig. Über die fehlende Parteifähigkeit kann auch § 5 HGB nicht hinweghelfen, da kein Gewerbe mehr betrieben wird. Dies hat zur Folge, dass eine vor diesem Zeitpunkt erhobene Klage eines Gesellschaftsgläubigers unzulässig wird. Das Prozessrechtsverhältnis erlischt grundsätzlich mit der Vollbeendigung.[281] Um eine Klageabweisung durch Prozessurteil (§ 91 ZPO!) zu vermeiden, verbleiben dem Kläger zwei Möglichkeiten: Entweder er erklärt die Hauptsache[282] für erledigt, oder er geht vom Gesellschafts- auf den Gesellschafterprozess über. 260

277 BGHZ 54, 251 = **juris**byhemmer.

278 BGHZ 75, 182 = **juris**byhemmer.

279 BAG, NJW 1982, 1831 = **juris**byhemmer; Theil, JZ 1982, 372.

280 BGHZ 75, 182 = **juris**byhemmer.

281 BGHZ 62, 131 = **juris**byhemmer.

282 Erledigen kann sich nur die Hauptsache, nicht die Klage! Die Formulierung „Die Klage hat sich erledigt" ist unzutreffend.

(3) Erledigterklärung

Einseitige oder beidseitige Erledigterklärung

Erklärt der Kläger die Hauptsache für erledigt, kann sich der Beklagte dem anschließen (übereinstimmende Erledigterklärung, vgl. § 91a ZPO) oder widersprechen (einseitige Erledigterklärung). 261

Obwohl die Gesellschaft nicht mehr parteifähig ist, kann die Gesellschaft nach dem BGH eine Erledigterklärung abgeben.[283] Gegebenenfalls kann gegen die Gesellschaft auch ein Feststellungsurteil mit der Kostenfolge des § 91 ZPO ergehen.[284] Im Fall der einseitigen Erledigterklärung ist notfalls durch Beweisaufnahme zu klären, ob die Klage zulässig und begründet war.[285]

hemmer-Methode: Zu den beiden Arten der Erledigterklärung lesen Sie Hemmer/Wüst, ZPO I, Rn. 291 ff. und Rn. 343 ff.

(4) Übergang vom Gesellschafts- auf den Gesellschafterprozess

RG: Gesellschafter treten an Stelle der Gesellschaft als Prozesspartei

Das Reichsgericht hatte noch angenommen, dass an die Stelle der aufgelösten Handelsgesellschaft als Prozesspartei ohne weiteres die einzelnen Gesellschafter zusammen treten. 262

Es begründete seine Entscheidungen damit, dass die Gesellschafter in Wahrheit schon immer die Prozessparteien waren, allerdings bisher unter der gemeinsamen Firmenbezeichnung.[286]

h.M.: gewillkürter Parteiwechsel

Abgesehen davon, dass diese Rspr. sich nicht mit der modernen Auffassung von der Gesamthand verträgt, ist sie weder mit § 124 I HGB, noch mit § 129 IV HGB zu vereinbaren. Vielmehr ist klar zwischen dem Gesellschafts- und dem Gesellschafterprozess zu trennen. Der Übergang vom Gesellschafts- auf den Gesellschafterprozess ist daher als gewillkürter Parteiwechsel zu beurteilen.[287] 263

hemmer-Methode: Ein gesetzlicher Parteiwechsel findet dagegen statt, wenn sich alle Gesellschaftsanteile in einer Hand vereinigen. Der übrig bleibende Gesellschafter ist dann Gesamtrechtsnachfolger der Gesellschaft, da das Gesellschaftsvermögen im Wege der Anwachsung (§ 738 I S. 1 BGB analog) auf ihn übergegangen ist.
Es gelten §§ 239 ff. ZPO analog. Zum gewillkürten Parteiwechsel lesen Sie Hemmer/Wüst, ZPO I, Rn. 470 ff.

dd) Rechtskraft

Obsiegen der Gesellschaft

Wird eine Klage gegen die Gesellschaft rechtskräftig abgewiesen, so kommt die Rechtskraft dieses Urteils auch jedem Gesellschafter zugute. Dies folgt aus der Haftungsakzessorietät, § 128 HGB. 264

Unterliegen der Gesellschaft

Eine Rechtskrafterstreckung zu Lasten des Gesellschafters kann dagegen nicht ohne weiteres aus der Akzessorietät abgeleitet werden. Nach allgemeinen Grundsätzen hätte ein Urteil, das der Klage gegen eine Gesellschaft stattgibt, nur Wirkung inter partes, vgl. § 325 I ZPO.

---

283 BGH, NJW 1982, 238 = **juris**byhemmer.

284 Zwar sind die Kosten von der vollbeendeten Gesellschaft nicht beizutreiben, doch entgeht der Kläger immerhin den Kostenerstattungsansprüchen der Gesellschaft.

285 Für diesen weiteren Prozessabschnitt gilt die Gesellschaft weiter als parteifähig. Dies begründet der BGH mit den Argumenten der Gegenansicht, d.h. mit dem möglichen prozessualen Kostenerstattungsanspruch aus § 91 ZPO, vgl. BGH, WM 1986, 145 = **juris**byhemmer.

286 RGZ 64, 77 (78 f.) = **juris**byhemmer.

287 BGHZ 62, 131 = **juris**byhemmer.

Aber § 129 I HGB bezieht sich auch auf rechtskräftige Urteile (subjektive Rechtskrafterstreckung).[288] Der Gesellschafter kann das Bestehen der Verbindlichkeit daher nicht mehr bestreiten. Selbstverständlich verbleiben ihm aber seine persönlichen Einwendungen.

hemmer-Methode: Die Rechtskrafterstreckung zu Lasten des Gesellschafters ist nur gerechtfertigt, weil seine Interessen im Prozess der Gesellschaft durch deren Organe repräsentiert werden. Ein rechtskräftiges Urteil wirkt deshalb nicht gegen den ausgeschiedenen Gesellschafter (Rechtsgedanke des § 425 II BGB).

Umgekehrt gilt: Wird eine Klage gegen einen Gesellschafter rechtskräftig abgewiesen (ohne dass zunächst auch gegen die Gesellschaft geklagt wurde), steht dies einer späteren Klage gegen die Gesellschaft nicht entgegen. § 129 I HGB findet keine analoge Anwendung.[289] Bei Obsiegen kann der Gläubiger daher in das Gesellschaftsvermögen, nicht aber in das Privatvermögen des Gesellschafters vollstrecken.

2. Die Zwangsvollstreckung

a) Die BGB-Gesellschaft

Zwangsvollstreckung in das Gesellschaftsvermögen

Der Gläubiger kann in das Gesellschaftsvermögen vollstrecken, wenn er einen Vollstreckungstitel gegen alle Gesellschafter hat, § 736 ZPO. 265

hemmer-Methode: § 736 ZPO wurde als das maßgebliche Argument gegen die Parteifähigkeit der GbR verstanden. Denn was nützt es dem Gesellschaftsgläubiger, wenn er zwar gegen die GbR selbst klagen kann, er aber mit dem Urteil gegen die Gesellschaft nicht in das Gesellschaftsvermögen vollstrecken kann.
Der BGH musste sich in seiner Entscheidung zur Parteifähigkeit deshalb ausführlich mit § 736 ZPO auseinandersetzen und er gelangte zu einem Ergebnis, das in seiner Einfachheit die Fachwelt überraschte.

In seiner Entscheidung zur Rechts- und Parteifähigkeit findet der BGH einen Weg, den der Anerkennung der Parteifähigkeit scheinbar entgegenstehenden § 736 ZPO neu zu interpretieren.[290]

Zweck des § 736 ZPO

§ 736 ZPO soll verhindern, dass Privatgläubiger einzelner Gesellschafter in das Gesellschaftsvermögen vollstrecken. Darin kommt eine Ausprägung des Prinzips der gesamthänderischen Bindung des Gesellschaftsvermögens zum Ausdruck:

Der Gesetzgeber wollte erreichen,

- dass der einzelne Gesellschafter nicht über seinen Anteil am Gesellschaftsvermögen verfügen kann (§ 719 I BGB),
- dass ein Schuldner der Gesellschaft sich nicht durch Aufrechnung mit einer ihm nur gegen einen Gesellschafter zustehenden Forderung von einer Verpflichtung gegenüber der Gesellschaft befreien kann (§ 719 II BGB) und
- dass nicht ein Gläubiger nur eines Gesellschafters in das Gesamthandsvermögen vollstrecken kann (§ 736 ZPO).

288 BGHZ 3, 385 (391) = **juris**byhemmer.

289 BGH, **Life&Law 08/2011, 549 ff.** = **juris**byhemmer.

290 BGH, NJW 2001, 1056 = **Life&Law 03/2001, 216 (222 f.).**

Die Regelung in § 736 ZPO stellt insoweit das vollstreckungsrechtliche Pendant zu § 719 I BGB dar und wird treffend auch als „§ 719 III BGB" bezeichnet.[291]

hemmer-Methode: Erfassen Sie die Hintergründe! Der zweite Entwurf zum BGB enthielt in der dem heutigen § 719 BGB entsprechenden Norm zunächst noch einen zusätzlichen Absatz 3. Dieser Abs. 3 wurde aus dem zweiten Entwurf zum BGB gestrichen und später in § 736 ZPO nahezu identisch umgesetzt.
Bedenken Sie zudem, dass der historische Gesetzgeber den Streit um die Teilrechtsfähigkeit kaum vorhersehen konnte. Der Wortlaut des § 736 ZPO darf deswegen nicht auf die sprichwörtliche „Goldwaage" gelegt werden.

BGH: Urteil gegen die GbR = „Urteil gegen alle Gesellschafter"

Der BGH argumentiert, weder aus dem Wortlaut noch aus dem Zweck des § 736 ZPO folge, dass ein Urteil gegen jeden einzelnen Gesellschafter erforderlich ist. Vielmehr genüge zur Zwangsvollstreckung in das Gesellschaftsvermögen auch ein Titel gegen die Gesellschaft bürgerlichen Rechts selbst. Letztlich handele es sich bei einem gegen die Gesamtheit der gesamthänderisch verbundenen Gesellschafter als Partei ergangenen Urteil um ein Urteil „gegen alle Gesellschafter" i.S.d. § 736 ZPO.

hemmer-Methode: Diese Argumentation hat die gesamte Literatur verblüfft: Wie selbstverständlich spricht der BGH aus, was Autoren über Jahrzehnte hinweg Kopfzerbrechen bereitet hat: Ein Titel gegen die GbR sei ja nichts anderes als ein Titel „gegen alle Gesellschafter" i.S.d. § 736 ZPO!

Verbleibender Anwendungsbereich des § 736 ZPO

Es fragt sich, ob § 736 ZPO durch die Anerkennung der Parteifähigkeit der Gesellschaft nicht völlig überflüssig wird. Der BGH sieht jedoch verbleibenden eigenständigen Regelungsgehalt des § 736 ZPO:

Der Gläubiger kann nicht nur mit einem Titel gegen die Gesellschaft als Partei in das Gesellschaftsvermögen vollstrecken, sondern auch mit einem Titel gegen alle einzelnen Gesellschafter aus ihrer persönlichen Mithaftung.[292]

Die Rechtslage bei der Gesellschaft bürgerlichen Rechts weicht insoweit erheblich von der bei der OHG ab, wo gem. § 124 II HGB eine Vollstreckung in das Gesellschaftsvermögen ausschließlich mit einem gegen die Gesellschaft lautenden Titel möglich ist[293].

Gem. § 795 ZPO gilt § 736 ZPO auch für vollstreckbare Urkunden. Der BGH hat in diesem Zusammenhang bestätigt, dass eine Zwangsvollstreckung in das Gesellschaftsvermögen nicht nach einem die GbR als Schuldner ausweisenden Titel verlangt, sondern (nach wie vor) ein Titel gegen die Gesellschafter ausreicht.[294]

Problem: Vollstreckung in Grundstück der GbR

Sofern das Vermögen ein Grundstück erfasst und in dieses vollstreckt werden soll, ist jedenfalls ein Titel erforderlich, der alle im Grundbuch ausgewiesenen Gesellschafter ausweist. Bei nachträglichem Gesellschafterwechsel ist eine Titelumschreibung gem. § 727 ZPO analog erforderlich.

291 BGH, a.a.O., 223.

292 Der BGH hat dies Anfang 2008 allerdings auf den Fall begrenzt, in welchem die Gesellschafter auch tatsächlich für die Verbindlichkeiten der Gesellschaft haften. Im entsprechenden Fall schuldete die GbR die Abgabe einer Willenserklärung, gerichtet auf Einräumung einer Grunddienstbarkeit. Hier lehnt der BGH eine Haftung der Gesellschafter analog § 128 HGB (zur Recht) ab, weil nur die Gesellschaft diese Erklärung schulde. Daraus zieht der BGH dann auch die Konsequenz, dass nur bei einer Klage gegen die GbR auch die Fiktion des § 894 ZPO greifen könne, BGH, NJW 2008, 1378 ff. = **juris**byhemmer.

293 BGH, a.a.O., 223 = **juris**byhemmer.

294 BGH, **Life&Law 01/2005, 25 ff.**

§ 1148 BGB gilt aber analog für den Gesellschafterbestand, auch wenn ein Gesellschafter gestorben ist und dies zur Auflösung der GbR gem. § 727 BGB führt.[295] Eine Umschreibung des Titels analog § 727 ZPO wird daher erst dann relevant, wenn der Gesellschafterwechsel bereits im Grundbuch eingetragen wurde. Die Fortgeltung des § 1148 BGB analog über die Auflösung der GbR hinaus rechtfertigt sich daraus, dass die GbR ja als solche weiterbesteht, nur mit geändertem Zweck (Auseinandersetzung). Kritisch sieht der BGH die analoge Anwendung des § 1148 BGB erst dann an, wenn die GbR bereits auseinandergesetzt wurde.[296]

Zwangsvollstreckung in das Gesellschaftervermögen

Hat der Gläubiger keinen Titel gegen die Gesellschaft erlangt und ist er lediglich im Besitz eines Vollstreckungstitels gegen einen Gesellschafter (Gesamtschuldklage), kann er nur in dessen Privatvermögen vollstrecken.

Zu dem Privatvermögen des einzelnen Gesellschafters gehören aber auch der Gesellschaftsanteil und die übertragbaren Rechte aus dem Gesellschaftsvermögen. Insoweit bestehen folgende zwei Vollstreckungsmöglichkeiten:

Pfändung der übertragbaren Rechte aus dem Gesellschaftsverhältnis

- Pfändung der übertragbaren Rechte aus dem Gesellschaftsverhältnis (vgl. § 717 S. 2 BGB), §§ 857 I, 851, 828 ff. ZPO: Interessant ist vor allem der Gewinnanspruch oder der Anspruch auf das Auseinandersetzungsguthaben (§ 734 BGB). **266**

Pfändung des Gesellschaftsanteils

- Pfändung des Anteils am Gesellschaftsvermögen, § 859 I ZPO: **267**
  Diese Pfändung bewirkt zwar nicht, dass der Gläubiger Gesellschafter wird, doch kann dieser - sofern der Titel rechtskräftig ist - die Gesellschaft fristlos kündigen (§ 725 I BGB), um sich anschließend am Auseinandersetzungsguthaben (§ 734 BGB) zu befriedigen.

  Diese Vollstreckungsmöglichkeit ist grundsätzlich nur dem Privatgläubiger des Gesellschafters vorbehalten. Der Gesellschaftsgläubiger muss zunächst versuchen, sich aus dem Gesellschaftsvermögen zu befriedigen.

b) Die Personenhandelsgesellschaften

Zwangsvollstreckung in das Gesellschaftsvermögen

Der Gläubiger benötigt einen Vollstreckungstitel gegen die OHG, um **268**
in das Gesellschaftsvermögen zu vollstrecken, § 124 II HGB. Ein Titel gegen alle Gesellschafter ist im Gegensatz zur BGB-Gesellschaft nicht ausreichend.

Zwangsvollstreckung in das Gesellschaftervermögen

Um in das Privatvermögen eines Gesellschafters aufgrund seiner Gesellschafterhaftung zu vollstrecken, bedarf es eines gegen den Gesellschafter selbst gerichteten Titels, § 129 IV HGB. Der Gläubiger kann zum einen den Gesellschaftsanteil, § 859 I ZPO, oder einzelne Ansprüche i.S.d. § 717 S. 2 BGB (über §§ 105, 161 II HGB anwendbar) gem. §§ 857 I, 850, 828 ff. ZPO pfänden. Die Kündigungsmöglichkeit gem. § 135 HGB (Parallelvorschrift zu § 725 BGB) gilt nur für den Privatgläubiger.

hemmer-Methode: Lesen Sie zur Pfändung von Anteilen an Gesamthandsgemeinschaften Hemmer/Wüst, ZPO II, Rn. 203 ff.
Wiederholen Sie an dieser Stelle die Wiederholungs- und Vertiefungsfragen 14 - 115.

---

295 BGH, NZG 2016, 107 = jurisbyhemmer.

296 BGH, NJW 2011, 1449. Auch in dem aktuellen Urteil (NZG 2016) lässt der BGH die Frage jedoch ausdrücklich offen. Ein vergleichbares Problem ergibt sich im Hinblick auf die Reichweite der Vermutungswirkung des § 899a BGB. Gilt der Inhalt des Grundbuchs auch dann noch als richtig, wenn es die GbR selbst schon gar nicht mehr gibt, d.h. wird auch deren Existenz vermutet? Bislang ist diese Frage leider ungeklärt.

§ 3 DAS INNENVERHÄLTNIS

A) Das Gesellschaftsvermögen

I. Die Zuordnung des Gesellschaftsvermögens

Gesellschaften bilden regelmäßig Gesellschaftsvermögen

Entsteht eine Gesellschaft als juristische Person oder als Gesamthand, so entsteht auch eine selbstständige Vermögensmasse (Gesellschaftsvermögen). Das Vorhandensein eines Gesellschaftsvermögens gehört allerdings nicht zwingend zum Begriff des Gesellschaftsrechts. Auch reine Innengesellschaften wie die BGB-Innengesellschaft oder die stille Gesellschaft, die kein Gesellschaftsvermögen bilden, sind Gesellschaften, nur eben keine Gesamthandsgemeinschaften. 269

Drei Vermögenszuordnungsprinzipien

Sofern die Gesellschaft ein Gesellschaftsvermögen bildet, muss dieses der Gesellschaft bzw. den Gesellschaftern irgendwie zugeordnet werden, wie generell Objekte des Rechtsverkehrs einem Rechtssubjekt zugeordnet werden müssen (⇨ Sachenrecht). Es bestehen für die Zuordnung von Vermögensgütern an mehrere Personen drei Möglichkeiten: Die Personen bilden eine juristische Person, eine Gesamthandsgemeinschaft oder eine Bruchteilsgemeinschaft. 270

hemmer-Methode: Die Begriffe Bruchteils- und Gesamthandsgemeinschaft bleiben für viele Juristen über das Assessorexamen hinaus ein Mysterium, geschweige denn, dass sie die dahinterstehenden zivilrechtlichen Grundfragen verstanden haben. Da es sich hierbei wirklich um Grundfragen handelt, sollten Sie sich damit einmal - zumindest in diesem Skript - beschäftigt haben, zumal die praktische Bedeutung nicht zu unterschätzen ist: Als Notar müssen Sie z.B. rechtlichen Laien erklären können, was es für sie konkret bedeutet, Miteigentümer eines Grundstückes zu sein.

1. Die juristische Person

Juristische Person ist Zuordnungssubjekt des Gesellschaftsvermögens

Soweit eine Personenvereinigung eine juristische Person bildet, also eine eigene Rechtspersönlichkeit besitzt, ist diese Zuordnung unproblematisch: Die juristische Person ist eine von ihren Mitgliedern losgelöste Person (Trennungsprinzip) und als solche Zuordnungssubjekt des Gesellschaftsvermögens. Ihr gehört rechtlich allein das Gesellschaftsvermögen. Sie ist Trägerin der Rechte und Pflichten. 271

2. Die Bruchteils- und die Gesamthandsgemeinschaft

Vorüberlegung

Die Rechtsinstitute der Bruchteils- und Gesamthandsgemeinschaft versteht man nur, wenn man von folgender Überlegung ausgeht: Es ist denknotwendig ausgeschlossen, dass zwei Personen gleichzeitig Alleineigentum an der gleichen Sache haben. Gleichfalls kann kein Sondereigentum an realen Bruchteilen einer Sache, z.B. dem linken Kotflügel eines Pkw, bestehen (vgl. auch § 93 BGB). Bilden mehrere Personen nun keine juristische Person, muss ein Recht, wie z.B. das Eigentum, dennoch diesen Personen irgendwie zugeordnet werden. Dafür bestehen zwei Möglichkeiten: Die Personen bilden eine Bruchteils- oder eine Gesamthandsgemeinschaft. 272

a) Die Bruchteilsgemeinschaft, §§ 741 ff. BGB

hemmer-Methode: Die Bruchteilsgemeinschaft ist für das Gesellschaftsrecht in zweierlei Hinsicht von Bedeutung: Zum einen steht auch bei Gesamthandsgemeinschaften ein Recht mehreren gemeinschaftlich zu, sodass §§ 741 ff. BGB subsidiär zur Füllung von Gesetzeslücken im Gesellschaftsrecht in Betracht kommen (Hauptfall: § 744 II BGB analog[297]). Zum anderen können auch Gesellschafter bestimmte Vermögensgegenstände in Bruchteilsgemeinschaft halten. 273

Geteilte Rechtszuständigkeit bei ungeteiltem Gegenstand

Bei der Bruchteilsgemeinschaft wird das Recht an einem Gegenstand[298] in ideelle (gedachte) Bruchteile aufgespalten, vgl. § 741 BGB. Geteilt ist also die Rechtszuständigkeit, nicht aber der Gegenstand (sog. Einheitstheorie). Jeder Teilhaber hat folglich ein durch die Mitberechtigung des anderen beschränktes Recht an dem ungeteilten Gegenstand. Ein Sonderfall der Bruchteilsgemeinschaft ist das Miteigentum, vgl. §§ 1008 ff. BGB.

Bsp.: *Bilden Michael und Ralf eine Bruchteilsgemeinschaft am Eigentum eines roten Ferrari, so hat jeder je einen* ***halben Anteil am Eigentum*** *dieses Ferrari (sog. Bruchteilseigentum, §§ 1008 ff., 741 ff. BGB). Sie teilen sich demzufolge die Rechtszuständigkeit am Ferrari. Es gehört nun aber nicht etwa dem Michael die vordere und dem Ralf die hintere Hälfte des Autos. Konsequenterweise kann Michael über seinen Anteil am Eigentum gem. § 747 S. 1 BGB verfügen, nicht hingegen über den Ferrari selbst, § 747 S. 2 BGB.*

b) Die Gesamthandsgemeinschaft

Das Recht wird der Personenvereinigung im Ganzen zugeordnet

Bei der Gesamthandsgemeinschaft wird das Recht im Gegensatz zur Bruchteilsgemeinschaft nicht geteilt, sondern im Ganzen der Personenvereinigung zugeordnet. Weder der Gegenstand, noch die Rechtszuständigkeit sind geteilt. 274

Bsp. *(wie oben unter a): Bilden Michael und Ralf eine Gesamthandsgemeinschaft, wird ihnen das Eigentum am Ferrari im Ganzen zugeordnet. Folglich kann niemand ohne die Mitwirkung des anderen über den Ferrari verfügen (abgesehen von der Möglichkeit des gutgläubigen Erwerbs gem. § 932 BGB), da sie hierfür nicht die Rechtszuständigkeit besitzen. Auch die Verfügung über einen Eigentumsanteil am Auto scheidet aus, da ein solcher nicht besteht, § 719 I BGB ist insoweit missverständlich formuliert.*

Numerus clausus der Gesamthandsgemeinschaften

Gesamthandsgemeinschaften folgen dem Prinzip des numerus clausus, d.h. es gibt nur die gesetzlich geregelten Gesamthandsgemeinschaften (z.B. Gütergemeinschaft, §§ 1416 ff. BGB, Erbengemeinschaft, §§ 2032 ff. BGB, und die gesellschaftsrechtlichen Gesamthandsgemeinschaften). 275

hemmer-Methode: Ist im Klausursachverhalt nur angegeben, dass eine Sache mehreren Personen gehört, ist die Feststellung, ob Bruchteils- oder Gesamthandseigentum vorliegt, einfach zu treffen: Bildet die Personenvereinigung keine gesetzlich geregelte Gesamthandsgemeinschaft, so kann nur Bruchteilseigentum i.S.d. §§ 1008 ff., 741 ff. BGB vorliegen (Grundsatz des numerus clausus).

297 Vgl. bereits Rn. 88 ff.

298 Zum Begriff des Gegenstandes vgl. Palandt, Überbl. v. § 90 BGB, Rn. 2.

c) Die Strukturunterschiede zwischen der Bruchteils- und der Gesamthandsgemeinschaft

Gesamthandsgemeinschaften sind nicht notwendig Gesellschaften

Bruchteilsgemeinschaften (schlichte Rechtsgemeinschaften) sind keine Gesellschaften. Gesamthandsgemeinschaften können Gesellschaften sein (BGB-Gesellschaft, OHG, KG), müssen es aber nicht (z.B. Gütergemeinschaft, §§ 1416 ff. BGB, Erbengemeinschaft, §§ 2032 ff. BGB). Soweit nachstehend die Strukturunterschiede zwischen der Bruchteils- und der Gesamthandsgemeinschaft dargestellt werden, wird nur auf die gesellschaftsrechtlichen Gesamthandsgemeinschaften abgestellt. 276

Entstehung

Entstehung: 277

- Die Bruchteilsgemeinschaft entsteht regelmäßig durch Gesetz, vgl. z.B. §§ 947 f., 984 BGB, ausnahmsweise durch Vertrag beim Erwerb eines Gegenstandes durch mehrere Personen, falls darüber hinaus kein gemeinsamer Zweck verfolgt wird.
- Die Gesamthandsgemeinschaften des Gesellschaftsrechts entstehen stets durch Gesellschaftsvertrag.

Gegenstand der Berechtigung

Gegenstand der Berechtigung: 278

- Bruchteilsgemeinschaften bestehen nur an einem einzelnen Gegenstand, niemals an einem Vermögen.
- Die Gesamthandsgemeinschaften bestehen an einem Sondervermögen, das aber in Ausnahmefällen auch nur aus einem Gegenstand bestehen kann.

Berechtigung

Berechtigung: 279

- Bei der Bruchteilsgemeinschaft hat jeder Teilhaber ein durch die Mitberechtigung des anderen beschränktes Recht an dem Gegenstand, d.h. einen ideellen Anteil am Recht.
- Nach der heute herrschenden Lehre von der Teilrechtsfähigkeit ist die Gesamthand als solche Trägerin des Gesamthandsvermögens, also Zuordnungssubjekt des Gesellschaftsvermögens.

Verfügungsbefugnis

Verfügungsbefugnis: 280

- Bei der Bruchteilsgemeinschaft kann jeder Teilhaber über seinen Anteil am Recht verfügen, § 747 S. 1 BGB. Über den Gegenstand als solchen kann nur gemeinsam verfügt werden, § 747 S. 2 BGB.
- Nach § 719 I BGB kann ein Gesamthänder weder über seinen Anteil am Vermögen (Alt. 1) noch über den Anteil an den einzelnen Gegenständen (Alt. 2) verfügen.

Exkurs: Regelungsgehalt des § 719 I BGB

Lehre von der Teilrechtsfähigkeit: § 719 I BGB läuft leer

Nach der Lehre von der Teilrechtsfähigkeit geht § 719 I BGB ins Leere: Da die Gesamthand als solche der eigentliche Träger des Gesellschaftsvermögens ist, gibt es weder einen Anteil des Gesamthänders am Gesellschaftsvermögen, noch an dessen einzelnen Gegenständen. 281

Vielmehr ist von vornherein keine Rechtszuständigkeit für entsprechende Verfügungen[299] gegeben. § 719 I BGB erweist sich deshalb als korrekturbedürftig.

Exkurs Ende

Bruchteilsgemeinschaft ungeeignet zur Bildung von Sondervermögen

Das Zuordnungsprinzip der Bruchteilsgemeinschaft ist zur Bildung eines dinglich gebundenen Sondervermögens gänzlich ungeeignet, da eine Bruchteilsgemeinschaft immer nur an einem Gegenstand besteht und jeder Teilhaber über seinen Anteil frei verfügen kann. 282

Gesamthandsvermögen ist Sondervermögen

Personengesellschaften sind deshalb Gesamthandsgemeinschaften. Das Gesamthandsvermögen ist ein dinglich gebundenes Sondervermögen, das von dem Privatvermögen der Gesellschafter zu trennen ist.

II. Der Erwerb von Gesellschaftsvermögen

§ 718 BGB

Gem. § 718 BGB (ggf. i.V.m. §§ 105 III, 161 II HGB) gehören zum Gesellschaftsvermögen: 283

- Die Beiträge der Gesellschafter (§§ 705, 706 BGB) und die Ansprüche auf Beitragsleistung, § 718 I Alt. 1 BGB. Letztere werden zwar vom Wortlaut des Abs. 1 Alt. 1 nicht umfasst, doch kann der unerfüllte Anspruch nicht anders als der erfüllte Anspruch behandelt werden.
- Die durch die Geschäftsführung für die Gesellschaft erworbenen Gegenstände, insbesondere Forderungen, § 718 I Alt. 2 BGB.
- Der Surrogationserwerb, also das, was aufgrund eines zum Gesellschaftsvermögen gehörenden Rechts (z.B. Zinsen) oder als Ersatz für die Zerstörung, Beschädigung oder Entziehung eines zum Gesellschaftsvermögen gehörenden Gegenstands (z.B. Schadensersatzansprüche) erworben wird, § 718 II BGB.

§ 718 BGB ist kein Erwerbstatbestand

Die Vorschrift des § 718 I BGB ist kein selbstständiger Erwerbstatbestand. Sie setzt vielmehr voraus, dass ein eigener Erwerbstatbestand erfüllt ist.

So müssen bewegliche Sachen nach §§ 929 f. BGB, Grundstücke gem. §§ 873, 925 BGB und Forderungen gem. § 398 BGB übertragen werden. I.R.d. § 718 I Alt. 2 BGB muss der geschäftsführende Gesellschafter insbesondere im Namen der Gesellschaft handeln (Offenkundigkeitsgrundsatz), § 164 I BGB, da der Gesellschafter sonst selbst den Gegenstand erwirbt. Letzterenfalls ist er verpflichtet, der Gesellschaft das Erlangte durch Übertragung herauszugeben, §§ 713, 667 BGB.

hemmer-Methode: Handelt ein Gesellschafter in der Klausur nicht ausdrücklich im Namen der Gesellschaft, müssen Sie - zumindest gedanklich - prüfen, ob nicht ein sog. unternehmensbezogenes Geschäft vorliegt oder eine teleologische Reduktion des § 164 I S. 1 BGB geboten ist (Bargeschäft des täglichen Lebens). Lesen Sie dazu Hemmer/Wüst, BGB AT I, Rn. 219 ff. und Rn. 229 ff.

299 Palandt, § 719 BGB, Rn. 1.

§ 718 II BGB regelt dingliche Surrogation

§ 718 II BGB ordnet demgegenüber eine dingliche Surrogation zugunsten der Gesellschaft an, deren Zweck die Erhaltung des Gesellschaftsvermögens seinem Wert nach ist. Es handelt sich dabei um einen Erwerb kraft Gesetzes, d.h. der Surrogationsgegenstand tritt an die Stelle des ausgeschiedenen Gegenstandes, ohne dass es einer rechtsgeschäftlichen Übertragung bedarf. 284

hemmer-Methode: §§ 1418 II Nr. 3, 1473, 2041 BGB sind die parallelen Surrogationsvorschriften der BGB-Gesamthandsgemeinschaften Güter- und Erbengemeinschaft.

III. Das Aufrechnungsverbot des § 719 II BGB

§ 719 II BGB: keine Gegenseitigkeit

§ 719 II BGB stellt klar, dass der Schuldner nicht mit einer Forderung, die ihm gegen einen einzelnen Gesellschafter zusteht, gegen eine zum Gesellschaftsvermögen gehörende Forderung aufrechnen kann. 285

Dies ist eigentlich selbstverständlich, da es an der gem. § 387 BGB erforderlichen Gegenseitigkeit fehlt.[300]

IV. Der Schutz gutgläubiger Schuldner gem. § 720 BGB

§ 720 BGB schützt gutgläubigen Schuldner

§ 720 BGB gewährleistet den Schutz des gutgläubigen Schuldners, der an den Gesellschafter leistet, obwohl die Forderung inzwischen gem. § 718 BGB zum Gesellschaftsvermögen gehört, indem er auf §§ 406 - 408 BGB verweist. Der Surrogationserwerb des § 718 II BGB wird entgegen des Wortlauts mit umfasst.[301] 286

hemmer-Methode: Leistet der Schuldner gem. §§ 406 ff. BGB befreiend an den Gesellschafter, entsteht der Gesellschaft ein Anspruch aus § 816 II BGB gegen den Gesellschafter. Daneben sind folgende Ansprüche zumindest gedanklich anzuprüfen: §§ 280 I, 241 II; 713, 667; 681 S. 2, 667; 678; 816 I S. 1; 823 II BGB i.V.m. § 266 StGB; § 826 BGB.

B) Sozialansprüche und Sozialverpflichtungen

Sozialansprüche und Sozialverbindlichkeiten: Sicht der Gesellschaft

Bei den sich aus dem Gesellschaftsverhältnis ergebenden Ansprüchen unterscheidet man aus Sicht der Gesellschaft zwischen Sozialansprüchen und Sozialverpflichtungen. Demzufolge sind Sozialansprüche alle Ansprüche der Gesellschaft gegen einen Gesellschafter und Sozialverpflichtungen alle Verpflichtungen der Gesellschaft gegenüber einem Gesellschafter. 287

Individualanspruch und Individualverpflichtung: Sicht des Gesellschafters

Dabei entspricht der Sozialverpflichtung auf der Schuldnerseite dem Individualanspruch des Gesellschafters auf der Gläubigerseite. Umgekehrt findet der Sozialanspruch der Gläubigerin sein Gegenüber in der Individualverpflichtung des Gesellschafters. Teilweise werden terminologisch anders die Ansprüche zwischen den Gesellschaftern - je nach Sichtweise - als Individualansprüche bzw. -pflichten bezeichnet. 288

hemmer-Methode: Da Sozialansprüche und Sozialverpflichtungen ein wirksames Gesellschaftsverhältnis voraussetzen, kann inzident das Zustandekommen der Gesellschaft zu prüfen sein. Es gelten die Ausführungen, die oben in § 2 A I zur Entstehung der Gesellschaft gemacht wurden.

---

300 Vgl. nur Palandt, § 719 BGB, Rn. 5.

301 Palandt, § 720 BGB, Rn. 1.

Rechtsgrundlage ist primär der Gesellschaftsvertrag

Die Sozialansprüche und Sozialverpflichtungen ergeben sich primär aus dem Gesellschaftsvertrag, da die hierfür vorgesehenen Vorschriften in den Grenzen der §§ 134, 138 BGB meist dispositiv sind. §§ 109, 163 HGB stellen dies ausdrücklich klar. Sie kommen nur bei Fehlen entsprechender Regelungen zur Anwendung.

hemmer-Methode: Wichtig ist, dass Sie die Sozialverbindlichkeiten zu den sog. Drittgläubigerverbindlichkeiten abgrenzen können. Der Gesellschafter kann nämlich der Gesellschaft auch wie ein „normaler" Dritter gegenübertreten, ihr z.B. ein Darlehen gewähren. Der Anspruch auf Rückzahlung hat seine Grundlage dann nicht im Gesellschaftsvertrag, sondern resultiert - wie bei jedem Dritten auch - aus § 488 BGB.

Exkurs: Inhaltskontrolle bei den Gesellschaftsverträgen einer Publikums-KG

Beschränkte Rechte der Kommanditisten einer Publikums-KG

Eine über §§ 134, 138 BGB hinausgehende Inhaltskontrolle findet bei den Gesellschaftsverträgen von Publikums-Gesellschaften statt, welche in der Praxis meist in Form der GmbH & Co KG auftreten. Es handelt sich dabei um Gesellschaften, an denen eine Vielzahl von Kommanditisten beteiligt ist, die an der Gesellschaft als solcher kein anderes Interesse haben als eine möglichst Gewinn bringende Anlage ihres Kapitals. Die Publikumsgesellschaften sind im Innenverhältnis deshalb regelmäßig körperschaftlich ausgestaltet. Dementsprechend sind die Rechte der Kommanditisten (= Kapitalanleger) meist ziemlich beschränkt. 289

Kontrolle des Gesellschaftsvertrages

Aus diesem Grund haben Rechtsprechung und Literatur im Laufe der Zeit ein Sonderrecht der Publikums-KG entwickelt, um auf diese Weise einen hinreichenden Schutz der Kapitalanleger zu gewährleisten. Dieses Sonderrecht ist Ihnen schon beim Austritt eines Kommanditisten und der teleologischen Reduktion des § 708 BGB begegnet. Um die unbilligsten Auswüchse bei der Ausgestaltung des für die Rechtsbeziehungen innerhalb der Gesellschaft maßgeblichen Gesellschaftsvertrages zu verhindern, unterzieht die Rechtsprechung derartige Vereinbarungen trotz der Vorschrift des § 310 IV BGB einer an § 242 BGB orientierten richterlichen Inhaltskontrolle, die die Wertungen der §§ 305 ff. BGB aufgreift. Vertragsklauseln, die die Rechte der Kommanditisten in unzumutbarer Weise beschränken, bzw. sie unangemessen benachteiligen, sind gem. § 242 BGB unwirksam. Im Übrigen bleibt der Gesellschaftsvertrag aber wirksam (Rechtsgedanke des § 139 BGB).

Exkurs Ende

I. Die Geltendmachung der Sozialansprüche

Gesellschaft macht grds. Sozialansprüche geltend

Sozialansprüche werden grundsätzlich von der Gesellschaft, vertreten durch ihre Gesellschaftsorgane, geltend gemacht. Bei der Geltendmachung eines Sozialanspruches handelt es sich also um eine Geschäftsführungsmaßnahme, die grundsätzlich von den zur Geschäftsführung und Vertretung berechtigten Gesellschaftern vorzunehmen ist. 290

Ausnahme: actio pro socio (Gesellschafterklage)

Es kann aber auch jeder nicht geschäftsführungs- bzw. vertretungsberechtigte Gesellschafter den Sozialanspruch im eigenen Namen gegen seinen Mitgesellschafter geltend machen (sog. Gesellschafterklage, actio pro socio). 291

Da es sich um einen Anspruch der Gesellschaft handelt, kann er nur Leistung an die Gesellschaft verlangen.[302] Andernfalls wäre die Klage mangels Aktivlegitimation als unbegründet abzuweisen.

Gesetzliche Prozessstandschaft der actio pro socio

Die actio pro socio[303] ist ein Fall der gesetzlichen Prozessstandschaft, da das Klagerecht zum vertragsunabhängigen Mindestinhalt der Mitgliedschaft gehört. Nach anderer Auffassung findet die Gesellschafterklage ihre Rechtsgrundlage im Gesellschaftsvertrag.

Dies kann man damit begründen, dass sich die Gesellschafter im Gesellschaftsvertrag gegenseitig verpflichtet und die Leistungen demgemäß jedem einzelnen Mitgesellschafter versprochen haben.

Gleichwohl nimmt auch diese Ansicht kein eigenes Recht des Gesellschafters an - so aber mit gleicher Begründung die früher h.M. -, sodass sich sachlich keine Unterschiede ergeben.

Actio pro socio ist Hilfsrecht

Die actio pro socio wird jedoch durch die gesellschafterliche Treuepflicht und die Zuständigkeitsordnung in der Gesellschaft begrenzt, d.h. es muss ein hinreichender Grund für ihre Ausübung bestehen.[304]

Es handelt sich folglich um eine Hilfszuständigkeit, die erst dann eingreift, wenn die Vertretungsorgane der Gesellschaft trotz Aufforderung grundlos untätig bleiben. Eine Aufforderung ist aber dann entbehrlich, wenn sie keinen Erfolg verspricht, weil die vertretungsberechtigten Gesellschafter etwa selbst Schuldner sind.

hemmer-Methode: Die sog. Gesellschafterklage (actio pro socio) ist als gesetzliche Prozessstandschaft i.R.d. Zulässigkeit einer Klage zu prüfen. Ergibt sich im Prozess, dass zur Ausübung der actio pro socio kein hinreichender Grund gegeben ist, wird die Klage mangels Prozessführungsbefugnis durch Prozessurteil abgewiesen.

II. Die Haftung der Gesellschafter für Sozialverpflichtungen

Gesellschafter haften grds. nicht für Sozialverpflichtungen

Sozialverpflichtungen sind Gesellschaftsschulden, deren Besonderheit darin besteht, dass die Gesellschafter nicht persönlich für deren Erfüllung haften. Denn eine Haftung der Mitgesellschafter würde im Ergebnis auf eine gem. § 707 BGB unzulässige Nachschusspflicht hinauslaufen.[305] Reicht das Gesellschaftsvermögen nicht zur Befriedigung der Sozialverpflichtung aus, muss der Berechtigte warten, bis bei der Gesellschaftsauflösung sein Anspruch befriedigt bzw. bei der Verlustverteilung berücksichtigt wird, vgl. § 735 BGB. 292

***Fall:** Krösus, Arm und Reich sind Gesellschafter der Elektrogroßhandels OHG. Der Lieferant Kurzschluss hat eine Kaufpreisforderung gegen die OHG in Höhe von 7.500,- €. Da das Geschäft zur Zeit nicht besonders rosig läuft und die OHG in finanzielle Schwierigkeiten geraten ist, nimmt Kurzschluss den wohlhabenden Krösus persönlich in Anspruch. Krösus verlangt deshalb von Reich, der im Gegensatz zu Arm noch Vermögen hat, Zahlung von 5.000,- €. Mit Recht?*

I. Anspruch aus §§ 110, 128 S. 1 HGB

K könnte einen Anspruch gegen R aus §§ 110, 128 S. 1 HGB haben. Es liegt eine OHG vor und R ist Gesellschafter der OHG. Es besteht auch ein Aufwendungsersatzanspruch des K aus § 110 I Alt. 1 HGB, da K eine Schuld der Gesellschaft getilgt hat.

---

302 BGHZ 25, 47 (49 f.) = **juris**byhemmer.

303 Eine sehr lehrreiche Entscheidung zur actio pro socio (wegen unberechtigter Auszahlung) finden Sie in **Life&Law 04/2000, 237** = BGH, ZIP 2000, 136 = **juris**byhemmer.

304 Hassold, JuS 1980, 32.

305 Vgl. dazu Rn. 299.

Zwar erscheint fraglich, ob wirklich eine Aufwendung vorliegt, da unter diesen Begriff nur freiwillige Vermögensopfer fallen und K nach § 128 S. 1 HGB zur Zahlung verpflichtet war. Versteht man den Begriff der Aufwendung i.S.d. § 110 I Alt. 1 HGB aber dahin gehend, dass ein freiwilliges Vermögensopfer bereits dann gegeben ist, wenn die Leistung im Verhältnis der Gesellschaft und der Gesellschafter untereinander von der Gesellschaft erbracht werden muss, wäre diese Voraussetzung vorliegend erfüllt. Zumindest ist § 110 I Alt. 1 HGB im zugrunde liegenden Fall analog anwendbar.[306] Der Tatbestand des § 128 S. 1 HGB wäre demnach erfüllt.

Problematisch ist allerdings, dass es sich bei dem Anspruch aus § 110 HGB um eine Sozialverpflichtung handelt. Die Haftung der Gesellschafter ist für Sozialansprüche aber grundsätzlich ausgeschlossen, da eine solche Haftung auf eine gem. §§ 707, 105 III HGB unzulässige Nachschusspflicht hinauslaufen würde.

Die Aufwendung des K würde demgemäß erst i.R.d. Liquidation berücksichtigt. Demnach würde ein Anspruch des K ausscheiden.

Dieses Ergebnis ist jedoch unbillig: Für die Gesellschaftsschulden haften alle Gesellschafter gem. § 128 S. 1 HGB persönlich und gesamtschuldnerisch. Es hängt weitgehend vom Zufall ab, wen der Gläubiger zuerst in Anspruch nimmt. 293

Es kann daher nicht angehen, das volle Haftungsrisiko bis zur Liquidation auf den Gesellschafter, der in Anspruch genommen wurde, abzuwälzen. Zudem wäre einer Manipulation Tür und Tor geöffnet. Im Fall der Tilgung von Gesellschaftsschulden ist somit eine Ausnahme von dem Grundsatz, dass die Gesellschafter nicht für Sozialverpflichtungen haften, zu machen.[307]

Die gesellschafterliche Treuepflicht gebietet dem Gesellschafter in diesem Fall jedoch, primär die Gesellschaft in Anspruch zu nehmen. Die Gesellschafterhaftung ist nur subsidiär und greift erst ein, wenn von der Gesellschaft keine Befriedigung zu erlangen ist. Davon ist vorliegend aufgrund der finanziellen Schwierigkeiten der Gesellschaft auszugehen.

Selbstverständlich kann der Rückgriff des K aus §§ 128 S. 1, 110 HGB nicht in vollem Umfang bestehen, da ansonsten die auszugleichende Überbelastung nur von einem auf den anderen Mitgesellschafter verschoben würde. Vielmehr haftet jeder Gesellschafter nur pro rata, d.h. in der Höhe, die dem von ihm zu tragenden Verlustanteil entspricht. Demzufolge hätte K einen Anspruch in Höhe von 2.500,- €, vgl. § 121 III HGB. Offenbar ist aber A zahlungsunfähig, sodass von diesem keine Zahlung auf den Rückgriffsanspruch zu erwarten ist. Deshalb ist sein Verlustanteil entsprechend der jeweiligen Verlustbeteiligungen auf die übrigen Gesellschafter einschließlich des Rückgriffsnehmers zu verteilen. Infolgedessen kann K nunmehr 3.750,- € von R verlangen.

hemmer-Methode: Der Gesellschafter hat als Drittgläubiger folglich eine bessere Stellung als Gläubiger einer Sozialverpflichtung, da die Mitgesellschafter für eine Drittgläubigerforderung nicht pro rata, sondern gesamtschuldnerisch haften. Der Gesellschafter muss sich in diesem Fall nur seinen eigenen Verlustanteil abziehen lassen (§ 242 BGB). Dies rechtfertigt sich daraus, dass der Gesellschafter der Gesellschaft bei einer Drittgläubigerforderung wie ein beliebiger Dritter gegenübersteht.[308]

II. Anspruch aus § 426 I BGB

Da K als Gesamtschuldner (§ 128 S. 2 HGB) in Anspruch genommen wurde, steht ihm auch ein Anspruch aus § 426 I S. 1 BGB in Höhe von 2.500,- € gegen R zu.

306 BGHZ 37, 299 (301) = jurisbyhemmer.

307 BGHZ 37, 299 (302) (str.) = jurisbyhemmer.

308 Vgl. Rn. 162 ff.

Die Kopfteilregel des § 426 I BGB gilt zwar nur vorbehaltlich einer anderweitigen Bestimmung der Verlustanteile im Gesellschaftsvertrag, doch führt - mangels einer gesellschaftsvertraglichen Regelung - § 121 III HGB vorliegend zu dieser Regel zurück.[309] Da A ausfällt, erhöht sich der Anspruch um 1.250,- € auf 3.750,- €, § 426 I S. 2 BGB. K hätte daher auch eine Rückgriffsmöglichkeit, wenn man bei §§ 128 S. 1, 110 HGB keine Ausnahme von dem Grundsatz, dass die Gesellschafter nicht für Sozialverpflichtungen haften, gemacht hätte und folglich einen Anspruch aus §§ 128 S. 1, 110 HGB abgelehnt hätte.

Auch i.R.d. Anspruchs gebietet die gesellschafterliche Treuepflicht aber, dass der Gesellschafter zunächst versuchen muss, von der Gesellschaft Befriedigung zu erlangen. Da dies vorliegend keinen Erfolg verspricht, besteht der Anspruch aus § 426 I S. 1 BGB ohne Einschränkungen.

III. Des Weiteren geht die Kaufpreisforderung in Höhe von 3.750,- € auf K gem. § 426 II S. 1 BGB über (Legalzession), sodass K auch einen Anspruch aus §§ 433 BGB, 128 S. 1 HGB in dieser Höhe gegen R hat.

hemmer-Methode: Bei einer BGB-Gesellschaft läuft die Falllösung unter Zugrundelegung der Akzessorietätstheorie (jetzt h.M.) entsprechend.

III. Die Sozialansprüche

Es gibt folgende Sozialansprüche: 294

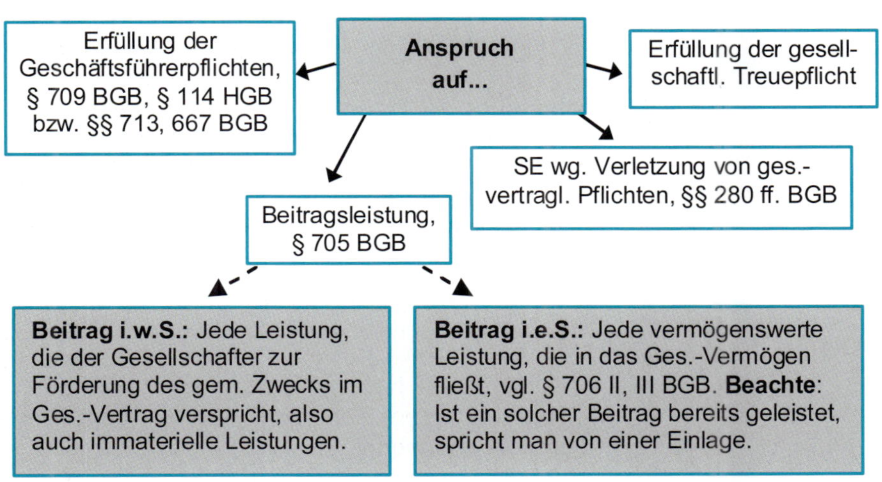

1. Der Anspruch auf Beitragsleistung, § 705 BGB

Beitrag konkretisiert Förderungspflicht

Der Anspruch auf Beitragsleistung konkretisiert bekanntlich die für den Gesellschaftsbegriff konstitutive Förderungspflicht der Gesellschafter. Grundlage des Anspruchs auf Beitragsleistung ist der Gesellschaftsvertrag. § 705 BGB wird aber üblicherweise dazu zitiert. 295

hemmer-Methode: Die Gesellschafter tragen dadurch, dass sie ihre Beiträge leisten, auch zur Bildung des Gesellschaftsvermögens bei, vgl. § 718 I Alt. 1 BGB.

309 § 121 III HGB bestimmt insoweit „nicht anderes".

a) Der Begriff des Beitrags

Beiträge im engen und im weiten Sinn

Beiträge im weiten Sinn sind alle Arten von Leistungen, die die Gesellschafter zur Förderung des gemeinsamen Zwecks im Gesellschaftsvertrag versprechen.[310] Unter diesen Beitragsbegriff fallen auch immaterielle und ideelle Leistungen. Es kommt also nicht darauf an, ob die versprochene Leistung einen Geldwert hat. Dagegen sind Beiträge im engen Sinn nur alle als Beitrag geschuldeten vermögenswerten Leistungen, die in das Gesellschaftsvermögen übergehen. § 706 II, III BGB nennt als Hauptfälle die Einbringung von Sachen und die Leistung von Diensten. 296

Beitrag und Einlage

Einlagen sind alle an die Gesellschaft geleisteten Beiträge im engen Sinn. Der Begriff des Beitrags bezieht sich demgegenüber auf den Gegenstand der Beitragsverpflichtung.[311]

b) Der Inhalt der Beitragspflicht

Beitrag ist jedes zweckfördernde Handeln

Beiträge im weiten Sinn können sein: Geldzahlungen, Übereignung von Sachen, Übertragung von Forderungen, Überlassung von Patenten, Erlass von Schulden, Dienstleistungen (§ 706 III BGB), aber auch die Zurverfügungstellung von Kenntnissen und Erfahrungen (Know-how, Kundenstamm), etc. 297

Exkurs: Die Einbringung von Sachen

Einbringung von Sachen

Die Einbringung von Sachen kann folgendermaßen erfolgen: 298

quoad dominium

- Einbringung zu Eigentum (quoad dominium). § 706 II BGB stellt hierzu zwei Auslegungsregeln auf. Nach Satz 1 geht bei vertretbaren und verbrauchbaren Sachen (§§ 91, 92 BGB) die widerlegliche Vermutung dahin, dass ihre Einbringung zu Eigentum der Gesellschaft erfolgen soll. Gleiches gilt nach Satz 2 für nicht vertretbare und nicht verbrauchbare Sachen, die nach einer nicht bloß für die Gewinnverteilung bestimmten Schätzung beizutragen sind.

quoad usum

- Einbringung zur Nutzung (quoad usum), d.h. die Sache wird der Gesellschaft zum Gebrauch (Miete, Pacht, Leihe) überlassen, aber nicht übereignet.

quoad sortem

- Einbringung dem Wert nach (quoad sortem), d.h. es findet zwar keine Übereignung statt, doch wird der Wert der Sache auf das Auseinandersetzungsguthaben des Gesellschafters angerechnet.

hemmer-Methode: Klausurrelevant ist nur die Einbringung von Sachen zu Eigentum und zur Nutzung.

Exkurs Ende

c) Die Beitragshöhe

Im Zweifel gleiche Beitragshöhe der Gesellschafter, vgl. § 706 I BGB

Enthält der Gesellschaftsvertrag - was ggf. durch Auslegung zu ermitteln ist - keine Bestimmung über die Beitragshöhe, haben die Gesellschafter im Zweifel gleich hohe Beiträge zu leisten (Auswirkung des Grundsatzes der Gleichbehandlung), § 706 I BGB. 299

310 Zum Beitragsbegriff vgl. Palandt, § 706 BGB, Rn. 1.

311 Palandt, § 706 BGB, Rn. 1.

Grds. keine Nachschusspflicht

Eine Pflicht zur Beitragserhöhung oder Ergänzung von durch Verlust geminderten Einlagen (Nachschusspflicht) besteht grundsätzlich nicht, § 707 BGB, es sei denn, sie ist im Gesellschaftsvertrag vorgesehen. Dieser Grundsatz gilt jedoch nur bis zur Auflösung der Gesellschaft bzw. dem Ausscheiden aus der Gesellschaft, danach gelten §§ 735, 739 BGB. Die Beitragserhöhung ist eine Abänderung des Gesellschaftsvertrages, sodass alle Gesellschafter zustimmen müssen.

Fall: *Dagobert, Donald und Gustav sind Gesellschafter einer OHG mit einer Einlage von jeweils 25.000,- €. Der Gesellschaftsvertrag bestimmt, dass bei Beschlussfassungen das Mehrheitsprinzip gilt. Gustav und Donald beschließen gegen die Stimme des Dagobert die Erhöhung des Gesellschaftskapitals um 15.000,- €. Die Erhöhung ist nach diesem Beschluss von den Gesellschaftern entsprechend des Verhältnisses ihrer bisherigen Einlagen aufzubringen. Donald und Gustav haben ihre Erhöhung von jeweils 5.000,- € aufgebracht. Dagobert weigert sich beharrlich, schließlich würde sonst der Pegel seines Geldspeichers etwas absinken. Mit Recht?*

Abwandlung: *Eine Kapitalerhöhung ist im Interesse der Gesellschaft erforderlich.*

Lösung:

Anspruch der OHG aus dem Gesellschaftsvertrag i.V.m. §§ 705 BGB, 105 III, 124 I HGB

Die OHG, die gem. § 124 I HGB Trägerin von Rechten und Pflichten sein kann, könnte einen Anspruch auf Zahlung von 5.000,- € gegen D aus dem Gesellschaftsvertrag i.V.m. §§ 705 BGB, 105 III HGB haben. Dieser Sozialanspruch wäre gem. §§ 125 I, 126 HGB von einem anderen Gesellschafter geltend zu machen.

Die ursprünglich vereinbarte Beitragspflicht hat D erfüllt, § 362 BGB. Da eine Nachschusspflicht während des Bestehens der Gesellschaft gem. §§ 707 BGB, 105 III HGB ausgeschlossen ist und im Gesellschaftsvertrag keine andere Regelung getroffen ist, erfordert eine Beitragserhöhung eine Änderung des Gesellschaftsvertrages. Dazu ist grundsätzlich erforderlich, dass alle Gesellschafter mitwirken, woran es wegen der Weigerung des D vorliegend fehlt.

Die Zustimmung des D wäre aber entbehrlich, wenn für Vertragsänderungen das Mehrheitsprinzip gilt. Die Gesellschafter können auch für Vertragsänderungen das Mehrheitsprinzip gesellschaftsvertraglich einführen, da § 119 I HGB abdingbar ist (Vertragsfreiheit im Innenverhältnis, § 109 HGB). Dies setzt auch § 119 II HGB ausdrücklich voraus. Zwar bestimmt der Gesellschaftsvertrag für Beschlüsse das Mehrheitsprinzip, doch ist fraglich, ob dies damit für alle Arten von Beschlüssen, also auch Vertragsänderungen, gilt. Dies ist durch Auslegung, §§ 133, 157 BGB, zu ermitteln. Die vorliegende vertragliche Regelung ordnet ohne jegliche Konkretisierung lediglich das Mehrheitsprinzip als solches an. Von einem Gesellschafter kann aber ohne ausdrückliche Erklärung nicht erwartet werden, dass er sich bei Abschluss des Gesellschaftsvertrages derart bindet, dass er den Zeitpunkt und die Höhe von Beitragserhöhungen dem Mehrheitswillen der Mitgesellschafter überlässt.[312] Die Auslegung des Gesellschaftsvertrags ergibt deshalb, dass das Mehrheitsprinzip nur für Geschäftsführungsbeschlüsse (vgl. § 116 II, III HGB) und für laufende Angelegenheiten gilt, nicht aber für Vertragsänderungen. Da mangels Zustimmung[313] des D keine Vertragsänderung erfolgt ist, besteht kein Sozialanspruch der Gesellschaft aus § 705 BGB, § 105 II HGB.

312 BGH, ZIP 2007, 1458 ff. = **juris**byhemmer.

313 BGH, ZIP 2007, 766 ff. = **juris**byhemmer; fehlt die Zustimmung, ist der Beschluss ggü. dem nicht zustimmenden Gesellschafter unwirksam, was er ggü. dem Zahlungsanspruch jederzeit geltend machen kann, auch wenn im Gesellschaftsvertrag vorrangig eine Beschlussanfechtung vorgesehen ist, BGH, NJW-RR 2009, 753 = **juris**byhemmer.

hemmer-Methode: Früher hat der BGH (unter Berufung auf Entscheidungen des Reichsgerichts) die Beschränkung einer Mehrheitsklausel auf „gewöhnliche" Geschäfte damit begründet, dass für darüber hinausreichende Geschäfte eine konkrete Bestimmung im Gesellschaftsvertrag erforderlich sei (Auslegungsgrenze).[314] Davon hat sich der BGH mittlerweile gelöst.[315] Die Ausdehnung auf andere Geschäfte kann sich daher auch aus einer allgemeinen Auslegung ableiten lassen, was z.B. bei sog. Publikumsgesellschaften naheliegt.[316] Der obige Sachverhalt ist insoweit sehr knapp gehalten. In der Klausur könnten Sie eine konkrete Benennung der Mehrheitsklauseln verlangen, um überhaupt eine am Einzelfall ausgerichtete Auslegungsarbeit vornehmen zu können.

Sollten sich im Gesellschaftsvertrag sog. Ausschlussfristen für Beschlussmängelstreitigkeiten befinden, könnte Dagobert die Einwendung der fehlenden Zustimmung auch noch nach Ablauf der entsprechenden Frist geltend machen, weil es sich schon gar nicht um einen wirksamen Beschluss handelt.[317]

Abwandlung:

Eine Erhöhung der Beitragspflicht kann auch gegen den Widerspruch eines Gesellschafters durchgeführt werden, wenn dies im Interesse der Gesellschaft, insbesondere zur Erreichung des Gesellschaftszwecks, erforderlich ist.

Allerdings haben in diesem Fall nur die zustimmenden Gesellschafter weitere Beiträge zu leisten. Es bleibt den beiden anderen vorliegend also nur die Möglichkeit, die 15.000,- € selbst aufzubringen und ihre Beiträge um jeweils 7.500,- € zu erhöhen. Dadurch verringert sich die kapitalmäßige Beteiligung des D an der Gesellschaft. Sofern sich die Rechte des Gesellschafters (Gewinnanspruch!) nach der kapitalmäßigen Beteiligung richtet, hat der D eine Schlechterstellung hinzunehmen. Dies gebietet seine gesellschafterliche Treuepflicht. Andernfalls könnte ein Gesellschafter seine Mitgesellschafter durch seinen Widerspruch zu einer Fremdfinanzierung zwingen.

d) Die Leistung der Beiträge

Die Gesellschafter erfüllen ihre Beitragspflicht, indem sie die vereinbarten Beiträge leisten, vgl. § 362 BGB. 301

aa) Probleme bei der Einbringung von Sachen zu Eigentum

(1) Die Notwendigkeit einer Übertragung

Sollen Sachen zu Eigentum der Gesellschaft eingebracht werden, müssen sie der Gesellschaft nach §§ 873, 925 bzw. §§ 929 ff. BGB übertragen werden, da § 718 I Alt. 1 BGB bekanntlich kein eigener Erwerbstatbestand ist. 302

Fall: *Hinz und Kunz sind je zur Hälfte Miteigentümer eines Grundstückes. Sie gründen eine BGB-Gesellschaft und vereinbaren formgerecht im Gesellschaftsvertrag, dass sie unter anderem ihr Grundstück in die Gesellschaft einbringen. Muss eine Eigentumsübertragung zur Erfüllung der Beitragspflicht i.S.d. § 705 BGB erfolgen?*

Abwandlung: *Hinz und Kunz haben das einzubringende Grundstück von ihrem verstorbenen Vater geerbt.*

---

314 BGH, ZIP 2007, 812 ff. = **juris**byhemmer.

315 BGH, NJW 2015, 859 ff. = **juris**byhemmer.

316 Vgl. zu weiteren Details Palandt, Vorb § 709, Rn. 11a m.w.N.

317 BGH, NZG 2007, 582 ff. = **juris**byhemmer.

Lösung:

Eine Eigentumsübertragung muss immer dann erfolgen, wenn ein Rechtssubjektwechsel herbeigeführt werden soll. Vorliegend sollen die ideell hälftigen Anteile am Grundstückseigentum auf eine Gesamthandsgemeinschaft übertragen werden. Nach der Lehre von der Teilrechtsfähigkeit ist die Gesamthand als solche Trägerin des Gesellschaftsvermögens, also ein von den Gesellschaftern zu unterscheidendes Rechtssubjekt. Folglich muss der rechtsgeschäftliche Erwerbstatbestand des § 873 BGB in der Form des § 925 BGB erfüllt werden. Die Bruchteilseigentümer H und K (vgl. § 747 S. 2 BGB) müssen das Grundstück an die aus H und K bestehende BGB-Gesamthand, vertreten durch H und K (vgl. §§ 164 I, 714, 709 I BGB), auflassen und es muss der Eigentumswechsel in das Grundbuch eingetragen werden (vgl. zur Eintragung § 47 GBO). Bei der Auflassung liegt nun zwar ein Insichgeschäft i.S.d. § 181 Alt.1 BGB vor, doch geschieht die Auflassung in Erfüllung der Verbindlichkeit aus dem Gesellschaftsvertrag, sodass § 181 Alt.1 BGB letztlich nicht eingreift. Der Gesellschaftsvertrag war auch wirksam, da die Form des § 311b I S. 1 BGB beachtet wurde.

Abwandlung:

Zwar sind an der Erbengemeinschaft (§§ 2032 ff. BGB), welche auch eine Gesamthandsgemeinschaft ist, und an der BGB-Gesamthand die identischen Personen beteiligt. Doch sind die beiden Gesamthandsgemeinschaften nicht identisch. Vielmehr stellt jedes Gesamthandsvermögen ein selbstständiges Sondervermögen mit anderer Rechtszuständigkeit dar. Folglich muss auch in diesem Fall das Grundstück gem. §§ 873, 925 BGB übertragen werden. Zu § 181 Alt. 1 BGB s.o.

hemmer-Methode: Zur Wiederholung: Übertragungsakte sind dagegen nicht erforderlich, wenn sich eine Personenhandelsgesellschaft kraft Rechtsformzwangs in eine BGB-Gesellschaft umwandelt und umgekehrt. Diese Umwandlung berührt nämlich nicht die Identität der Gesamthandsgemeinschaft. Merken Sie sich: Ein Rechtsformwechsel ist kein Rechtssubjektwechsel.

(2) Gutglaubensschutz bei Gesellschaftereinlagen

Fall: *Marusha, Bobo und Sven wollen einen echt hippen Plattenladen kleineren Umfangs aufziehen und gründen zu diesem Zweck eine BGB-Gesellschaft. Bobo soll sein High-Tech-Mischpult in die Gesellschaft einbringen.* 303

Bobo überträgt der Gesellschaft, die laut Gesellschaftsvertrag von Marusha und Sven vertreten wird, deshalb sein High-Tech-Mischpult. Nach einiger Zeit stellt sich heraus, dass das Mischpult nicht im Eigentum des Bobo stand. Er hatte sich das Mischpult lediglich von einem Freund geliehen. Hat die Gesellschaft Eigentum erworben?

Da B nicht Eigentümer des Mischpults war, könnte die GbR als solche nur gutgläubig nach §§ 929 S. 1, 932, 935 BGB Eigentum erworben haben. Eine Einigung i.S.d. § 929 S. 1 BGB zwischen B und der GbR als solcher, vertreten durch M und S (§ 164 I BGB), liegt vor.

Auch kann davon ausgegangen werden, dass eine Übergabe an die Gesellschaft, die nach richtiger Ansicht besitzfähig ist, erfolgt ist. Der Besitz wird dabei durch die zur Vertretung berechtigten Gesellschafter, die Organqualität haben, ausgeübt (sog. Organbesitz).

Fraglich ist allerdings, ob die Voraussetzungen des gutgläubigen Erwerbs, § 932 BGB, erfüllt sind. Ein Abhandenkommen i.S.d. § 935 I BGB scheidet offensichtlich aus, da der Freund des B den Besitz freiwillig aufgegeben hat. Ein gutgläubiger Erwerb gem. § 932 BGB setzt zunächst voraus, dass die Übertragung ein Verkehrsgeschäft darstellt.

Es muss sich also um ein Rechtsgeschäft handeln, bei dem auf Erwerberseite mindestens eine Person beteiligt ist, die nicht zugleich auf der Veräußererseite steht.[318] Im Fall liegt unproblematisch ein Verkehrsgeschäft vor, da bei der gebotenen wirtschaftlichen Betrachtungsweise auf der Erwerberseite zwei Personen, nämlich S und M, stehen, die nicht an der Veräußererseite beteiligt sind.

Weiterhin müsste die GbR gutgläubig i.S.d. § 932 II BGB gewesen sein. Handelt ein Vertreter, ist gem. § 166 I BGB auf seinen guten Glauben abzustellen. Dies gilt grundsätzlich auch, wenn organschaftliche Vertreter handeln. Hier waren die beiden vertretungsberechtigten Gesellschafter S und M mangels entgegenstehender Sachverhaltsangaben gutgläubig. Die Gutgläubigkeit wird außerdem gem. § 932 II BGB vermutet.

hemmer-Methode: Auf die Grundsätze der Wissenszurechnung musste in diesem Fall nicht weiter eingegangen werden, da beide Gesellschafter, die Organqualität besitzen, selbst an dem betreffenden Geschäft beteiligt sind. § 166 I BGB findet daher direkte Anwendung.

Der bösgläubige B war dagegen weder an dem Rechtsgeschäft beteiligt, noch besitzt er Organqualität, da er keine organschaftliche Vertretungsmacht besitzt. Gleichwohl könnte seine Bösgläubigkeit analog § 166 II BGB zu berücksichtigen sein. § 166 II BGB enthält vom Grundsatz des § 166 I BGB, wonach es grundsätzlich auf die Kenntnis bzw. das Kennenmüssen des Vertreters ankommt, eine Ausnahme. Danach kann sich der Vertretene nicht auf die Gutgläubigkeit des Vertreters berufen, falls der Vertreter nach Weisungen des Vertretenen gehandelt hat. Der Begriff der Weisung ist weit auszulegen.[319] Es genügt, dass der Vertretene den Vertreter zur Vornahme des Geschäfts veranlasst hat.[320] Die Veranlassung ist im Fall in der gesellschaftsvertraglichen Zusage zu sehen, das Mischpult in die Gesellschaft einzubringen, denn nur aufgrund dieser Zusage haben M und S die Übereignung vorgenommen. Problematisch ist unter Zugrundelegung der Lehre von der Teilrechtsfähigkeit freilich, dass der Vertretene die GbR als solche und nicht der einzelne Gesellschafter ist.

Zur Vermeidung von Wertungswidersprüchen erscheint es aber geboten, § 166 II BGB auf Fälle der vorliegenden Art zumindest analog anzuwenden. Denn die Gesamthand tritt nur als Personengruppe auf und bildet nicht eine von den Mitgliedern losgelöste juristische Person.

Da die Bösgläubigkeit des B analog § 166 II BGB zu berücksichtigen ist, hat die BGB-Gesamthand kein Eigentum erworben.[321]

bb) Leistungsstörungen

Leistungsstörungen gesetzlich nicht geregelt

Wie bei jeder Leistungspflicht können auch bei der Erbringung der Beiträge Leistungsstörungen auftreten. In diesen Fällen ist fraglich, welche Rechtsfolgen sich daraus ergeben, weil diese gesetzlich nicht geregelt sind. 304

Exkurs: Rechtsnatur des Gesellschaftsvertrages der Gesamthandsgemeinschaften

Doppelnatur des Gesellschaftsvertrages

Der Gesellschaftsvertrag einer Gesamthandsgemeinschaft hat eine rechtliche Doppelnatur: Er ist zum einen Schuldvertrag. Dies ergibt sich aus der systematischen Einordnung der §§ 705 ff. BGB in das besondere Schuldrecht und daraus, dass für die Gesellschafter Pflichten (§ 241 BGB) begründet werden. 305

318 Palandt, § 892 BGB, Rn. 5 - 8.

319 Palandt, § 166 BGB, Rn. 11.

320 BGHZ 38, 68 = **juris**byhemmer.

321 So im Ergebnis BGHZ 38, 68 in einem ähnlichen Fall, a.A. natürlich vertretbar = **juris**byhemmer.

Zugleich ist er auch Organisationsvertrag, weil die Vertragsparteien durch die Bildung einer neuen Gemeinschaft gemeinsame Interessen verfolgen wollen. Die Gesellschafter schaffen also auf der Grundlage des Gesellschaftsvertrages eine Organisation und begründen durch sie Vermögen und Schulden der Gesellschaft.

Reine Innengesellschaften sind bloße Schuldverhältnisse

Demgegenüber sind reine Innengesellschaften bloße Schuldverhältnisse. Sie sind keine Gesamthandsgemeinschaften und bilden demzufolge regelmäßig keine Organisation.

Exkurs Ende

Vorschriften für einseitige Leistungspflichten grds. anwendbar

Auf den Gesellschaftsvertrag als schuldrechtlichen Vertrag finden grundsätzlich die allgemeinen Regeln über Schuldverhältnisse (§§ 241 - 432 BGB), insbesondere die für einseitige Leistungspflichten geltenden §§ 241 ff. BGB, Anwendung.

Wichtig ist vor allem, dass die §§ 275 ff., 280 ff. BGB anwendbar sind. Problematisch und umstritten ist hingegen die Anwendbarkeit der §§ 320 ff. BGB im Fall der Störung einer Beitragspflicht. Sie hängt unter anderem davon ab, wie man den Begriff des gegenseitigen Vertrages auffasst.

e.A.: §§ 320 ff. BGB nicht anwendbar

Die Anwendbarkeit der §§ 320 ff. BGB wird zum Teil mit dem Argument verneint, dass diese Vorschriften bloß für Austauschverträge (z.B. Kauf) gelten. Der Gesellschaftsvertrag sei aber ein Leistungsvereinigungsvertrag, da die Gesellschafter mit ihrem Zusammenschluss nicht Leistungen austauschen, sondern diese einem gemeinsamen Zweck unterordnen. Mit dieser Zwecksetzung wäre es unvereinbar, wenn ein Gesellschafter seine Beitragsleistung von der Erbringung der anderen Beitragsleistungen abhängig machte. Daher sollen bei Leistungsstörungen nur die §§ 280 I, 241 II BGB, §§ 280 I, 241 II, 311 II BGB und ggf. die Grundsätze von der Störung der Geschäftsgrundlage, § 313 BGB, eingreifen. 306

h.M.: §§ 320 ff. BGB sind anwendbar, wenn sie passen

Nach h.M. fallen unter den Begriff des gegenseitigen Vertrages auch die Leistungsvereinigungsverträge, da die Regelung des Gesellschaftsvertrags im besonderen Schuldrecht es verbietet, nur Austauschverträge als gegenseitige Verträge i.S.d. §§ 320 ff. BGB anzuerkennen.[322] 307

Der Gegenansicht ist aber zuzugeben, dass die §§ 320 ff. BGB in erster Linie auf Austauschverträge zugeschnitten sind. Es ist daher im Einzelfall zu prüfen, ob die Besonderheiten des Gesellschaftsrechts einer Anwendung dieser Vorschriften entgegenstehen. Entscheidendes Kriterium ist insoweit, ob die Anwendung der §§ 320 ff. BGB die Erreichung des Gesellschaftszwecks gefährden würde. Im Einzelnen gilt:

- § 320 BGB ist nur dann anwendbar, wenn die Gesellschaft aus zwei Mitgliedern besteht oder alle Mitglieder nicht leisten. Ansonsten würde die Beitragsverweigerung eines Gesellschafters die Verfolgung des gemeinsamen Zwecks unmöglich machen.

  Darüber hinaus ist § 320 BGB im Verhältnis Gesellschaft/Gesellschafter anwendbar, sodass die Gesellschaft z.B. die Erfüllung von Gewinnansprüchen verweigern kann, solange der Gesellschafter seine Beiträge noch nicht geleistet hat.

322 Vgl. zu dieser Problematik Palandt, § 705, Rn. 13 m.w.N.

➲ §§ 323 ff. BGB sind nur anwendbar, wenn die Gesellschaft noch nicht in Vollzug gesetzt wurde, d.h. weder Gesellschaftsvermögen gebildet wurde, noch ein Auftreten im Rechtsverkehr erfolgt ist. Nach Invollzugsetzung wird das Rücktrittsrecht aus §§ 323, 324, 326 BGB durch das Recht zur außerordentlichen Kündigung (§ 723 I S. 2 BGB) bzw. der gerichtlichen Auflösung (§§ 133 I, 131 I Nr. 4 HGB) ersetzt, und an die Stelle des Schadensersatzanspruches wegen Nichterfüllung tritt ein Schadensersatzanspruch wegen schuldhafter Herbeiführung der Auflösung analog § 628 II BGB.

Einbringung mangelhafter Sachen

Bringt der Gesellschafter aufgrund seiner Beitragspflicht eine mangelhafte Sache ein, stellt sich das Problem der Mängelhaftung. 308

Fall: *Gesellschafter Schrott ist laut Gesellschaftsvertrag verpflichtet, seinen gebrauchten Audi Kombi in die BGB-Gesellschaft zu Eigentum einzubringen. Nachdem auch die anderen Gesellschafter ihre Beiträge geleistet haben und die Gesellschaft ihre Geschäfte begonnen hat, stellt sich heraus, dass das Fahrzeug schwere Rostschäden aufweist.*

Infolge dieses Umstandes ist das Fahrzeug um 3.500,- € weniger wert als angenommen. Welche Rechte hat die Gesellschaft, wenn Schrott eine Ausbesserung der Roststellen endgültig verweigert?

1. Die Gesellschaft könnte einen Anspruch auf Leistung der Wertdifferenz aus §§ 437 Nr. 2, 441 I, IV BGB haben. Zwar hat S seine Beitragspflicht erfüllt (§ 362 BGB), doch ist das von ihm eingebrachte Fahrzeug infolge der Rostschäden i.S.d. § 434 I BGB fehlerhaft. Nun ist die Sachmängelhaftung im Gesellschaftsrecht zwar nicht geregelt, doch finden die §§ 434 ff. BGB entsprechende Anwendung auf Verträge, die auf die Veräußerung einer Sache gegen Entgelt gerichtet sind. Dazu gehört auch ein Gesellschaftsvertrag, obwohl von Entgeltlichkeit im eigentlichen Sinn nicht gesprochen werden kann, sofern der Beitrag eines Gesellschafters in der Übereignung einer Sache besteht.[323] Dabei müssen die §§ 434 ff. BGB den Besonderheiten des Gesellschaftsvertrages angepasst werden. Im Fall der Minderung bedeutet das, dass die Gesellschaft die mangelhafte Sache behält und der Gesellschafter zum Ersatz des Minderwertes verpflichtet ist. Dies lässt sich aus einer entsprechenden Anwendung des § 441 IV S. 1 BGB schließen.

Darin liegt keine Erhöhung der Beitragspflicht, sondern der Ausgleich dafür, dass die von dem Gesellschafter erbrachte Einlage einen geringeren Wert als gesellschaftsvertraglich vorausgesetzt besitzt. § 707 BGB steht deshalb nicht entgegen.

Mit der endgültigen Verweigerung der Nachbesserung durch Schrott besteht gem. §§ 437 Nr. 2, 441 I S. 1, 323 II Nr. 1 BGB das Minderungsrecht, ohne dass die Gesellschaft eine Nachfrist gem. § 323 I BGB setzen muss. Demnach hat die Gesamthand einen Anspruch auf Zahlung von 3.500,- €, § 441 IV S. 1 BGB analog.

2. Ein Anspruch auf Neulieferung entsprechend § 439 I BGB besteht vorliegend nicht, da es sich bei einem gebrauchten Pkw um eine nicht ersetzbare Stückschuld handelt. Jedoch besteht – auch nach Verweigerung – ein Anspruch auf Nacherfüllung in Form der Nachbesserung. Die endgültige Erfüllungsverweigerung gibt der Gesellschaft nur die zusätzlichen Rechte von Minderung bzw. Rücktritt und Schadensersatz (dazu sogleich).

3. Problematisch ist, ob ein Rücktritt vom Vertrag gem. §§ 437 Nr. 2, 323, 346 BGB möglich ist, und welche Folgen für die Beitragspflicht entstehen.

Die wohl h.M.[324] nimmt hier die Möglichkeit eines Rücktritts vom Vertrag, d.h. von der Einlagevereinbarung, an. Die Verpflichtung zur Einbringung von Sachen wandelt sich dann in einen Geldanspruch auf den vollen dem Beitrag zugrundeliegenden Betrag um.

323 Palandt, § 706 Rn. 5.

324 Vgl. zu allen Ansichten MüKo, § 706 BGB, Rn. 21 ff. m.w.N.

Die Gegenansicht[325] bringt vor, dies sei für den Schuldner häufig unzumutbar. Vielmehr sei eine Vertragsanpassung hin zur Einbringung des mangelhaften Fahrzeugs zu befürworten. Sollten die übrigen Gesellschafter kein Interesse an dem mangelhaften Fahrzeug haben, so bleibe ihnen nur die Möglichkeit, die Gesellschaft nach den dafür vorgesehenen Regeln aufzulösen, also insbesondere die Kündigung der Gesellschaft aus wichtigem Grund gem. § 723 I S. 2 BGB auszusprechen.

hemmer-Methode: Für die h.M. spricht ein Vergleich mit dem Recht der GmbH: Dort ist es ganz h.M.,[326] dass durch eine Unmöglichkeit oder einen geltend gemachten Sachmangel die hinter der Sacheinlage stehende Bareinlagenverpflichtung wieder auflebt. Allerdings sind auch die Unterschiede zwischen der Beitragsleistung nach § 706 BGB und der Einlageleistung gem. § 5 GmbHG zu berücksichtigen: Das GmbHG legt großen Wert auf die Sicherung der Werthaltigkeit von Sacheinlagen, mit denen der Gesellschafter seine Stammeinlage bewirkt. Im Recht der GbR steht hinter dem Beitrag i.S.d. § 706 II BGB aber häufig keine wertmäßig bezifferte Beitragsverpflichtung, deren Aufbringung gewährleistet werden müsste.

cc) Die Pflicht zur Beitragsleistung in der fehlerhaften Gesellschaft

Beitragspflicht besteht auch bei fehlerhafter Gesellschaft grds. fort

Die Rechtsfolge der Grundsätze der fehlerhaften Gesellschaft besteht darin, dass die Gesellschaft sowohl im Innen- als auch im Außenverhältnis für die Vergangenheit als wirksam zu behandeln ist. *309*
Daher bestehen grundsätzlich auch die im Gesellschaftsvertrag vereinbarten Beitragspflichten fort. Eine Ausnahme gilt aber dann, wenn die Beitragspflicht selbst fehlerhaft ist, z.B. der Gesellschafter verpflichtet sich im schriftlichen Gesellschaftsvertrag zur Einbringung eines Grundstückes (§§ 125 S. 1, 311b I S. 1 BGB). In diesem Fall führen auch die Grundsätze der fehlerhaften Gesellschaft nicht zur Wirksamkeit des Leistungsversprechens.

Es ist dann im Wege der ergänzenden Vertragsauslegung bzw. im dispositiven Gesetzesrecht nach einer angemessenen Lösung zu suchen. Besonderheiten gelten auch im folgenden Fall:

***Fall:** Gierig, Nimmersatt und Dr. Faustus gründen eine OHG, um synthetische Diamanten nach einem von Dr. Faustus entwickelten Verfahren herzustellen und in großem Umfang zu vertreiben. Dr. Faustus soll sein Verfahren, das er entwickelt haben will, nachdem er das Perpetuum Mobile erfunden hat, in die Gesellschaft einbringen. Gierig und Nimmersatt sollen jeweils eine Einlage von 50.000,- € leisten. Zum alleinigen Geschäftsführer und Vertreter wird Dr. Faustus bestellt.*

Die Eintragung der Gesellschaft im Handelsregister erfolgt, und der Betrieb wird aufgenommen. Nach kurzer Zeit stellt sich heraus, dass das von Dr. Faustus entwickelte „Verfahren“ eine raffiniert inszenierte Täuschung ist. Daraufhin erklären Gierig und Nimmersatt aufgrund einer anwaltlichen Beratung die Anfechtung des Gesellschaftsvertrages wegen arglistiger Täuschung. Dr. Faustus verlangt trotz allem die Leistung der Einlagen an die Gesellschaft. Mit Recht?

Die OHG, welche gem. § 124 I HGB Trägerin von Rechten und Pflichten sein kann, könnte einen Anspruch gegen G und N auf Beitragsleistung aus dem Gesellschaftsvertrag i.V.m. § 705 BGB, § 105 III HGB haben. Dieser Sozialanspruch wäre von F als geschäftsführungs- und vertretungsberechtigtem Gesellschafter im Namen der Gesellschaft geltend zu machen, §§ 114 II, 125 f. HGB. Voraussetzung dieses Anspruchs wäre, dass zwischen G, N und F eine wirksame OHG entstanden ist und die Beitragspflicht wirksam vereinbart wurde.

325 MüKo, § 706 BGB, Rn. 21 ff.

326 BGHZ 45, 345 = jurisbyhemmer.

G, N und F haben sich zum Betrieb eines Handelsgewerbes zusammengeschlossen, weil der Vertrieb der Diamanten unter Absicht eines vollkaufmännischen Umfangs unter § 1 HGB fällt. Die Haftung ist auch bei keinem der Gesellschafter beschränkt und vom Vorliegen einer gemeinschaftlichen Firma ist auszugehen, da sonst keine Eintragung im Handelsregister erfolgt wäre, vgl. § 105 I HGB.

Im Innenverhältnis ist die Gesellschaft daher mit Abschluss des Gesellschaftsvertrages entstanden. Die von F geltend gemachte Beitragspflicht von G und N wurde auch im Gesellschaftsvertrag vereinbart. Aufgrund der wirksamen Anfechtung des Vertrages durch N und G gem. §§ 142 I, 123 BGB ist der Vertrag allerdings ex tunc nichtig. Der Vertrag könnte aber nach den Grundsätzen der fehlerhaften Gesellschaft für die Vergangenheit als wirksam zu behandeln sein, sodass N und G weiterhin zur Leistung der Beiträge verpflichtet wären.

Ein fehlerhafter Gesellschaftsvertrag liegt infolge der Anfechtung vor. Die Gesellschaft wurde jedenfalls durch ihr Auftreten nach außen in Vollzug gesetzt. Die Eintragung allein würde dagegen nicht ausreichen. Gewichtige Interessen der Allgemeinheit oder Individualinteressen, die der Anerkennung einer fehlerhaften OHG entgegenstehen könnten, sind auch nicht erkennbar, insbesondere sind die Interessen des arglistig Getäuschten grundsätzlich nicht vorrangig.

Folglich müssten N und G eigentlich ihre Beiträge leisten, da die fehlerhafte Gesellschaft bis zur Geltendmachung des Nichtigkeitsgrundes im Wege der Auflösungsklage, §§ 133, 131 I Nr. 4 HGB, als wirksam zu behandeln ist und im Innenverhältnis grundsätzlich das im Gesellschaftsvertrag Vereinbarte gilt. N und G könnten aber möglicherweise die Arglisteinrede, § 242 BGB, gegen die Beitragspflicht erheben.[327] Dies ist der Fall, wenn die Beitragsleistung der getäuschten Mitgesellschafter allein dem täuschenden Gesellschafter zugutekommt und der Getäuschte bei der Abwicklung keinen entsprechenden Ausgleich erwarten kann. Denn es kann nicht angehen, dass der arglistig Täuschende aus seinem vorwerfbaren Verhalten i.R.d. Auseinandersetzung auf Kosten der Getäuschten Vorteile erlangt. Soweit die Beiträge aber zur Befriedigung der Gesellschaftsgläubiger erforderlich sind und sichergestellt ist, dass die Einlage auch tatsächlich diesen zukommt, ist vom Bestehen einer (Rest-)Beitragspflicht auszugehen.

Somit kann F die Zahlung der Beiträge von N und G nur dann verlangen, wenn sie zur Befriedigung von Gesellschaftsgläubigern dienen und sichergestellt ist, dass die Einlagen nicht dem F zugutekommen. Dies ist Tatfrage.

2. Anspruch auf Erfüllung der Geschäftsführerpflichten

Pflicht zur Geschäftsführung

Die geschäftsführenden Gesellschafter sind nicht nur zur Geschäftsführung berechtigt, sondern auch verpflichtet, vgl. §§ 709 I, 712 II BGB, § 114 I HGB. 310

Herausgabeanspruch aus §§ 713, 667 BGB

Sofern der geschäftsführende Gesellschafter etwas aus der Geschäftsführung erlangt, hat er dies gem. §§ 713, 667 BGB an die Gesellschaft herauszugeben. § 718 I Alt. 2 BGB ist eben kein eigener Erwerbstatbestand.

Bsp.: *Der geschäftsführende Gesellschafter kauft für die Gesellschaft im eigenen Namen einen Computer. Diesen hat er gem. §§ 713, 667 BGB an die Gesellschaft zu übereignen. Gleiches gilt für den Fall, dass der geschäftsführende Gesellschafter eine Forderung einzieht und das Geld für sich verwendet. Daneben kommen dann noch Ansprüche aus §§ 280 I, 241 II; 678; 681 S. 1, 667; 812, 823 II BGB i.V.m. § 266 StGB, § 826 BGB in Betracht.*

327 BGHZ 26, 330 (335) = **juris**byhemmer; BGHZ 63, 338 (347) = **juris**byhemmer.

3. Anspruch auf Erfüllung der gesellschafterlichen Treuepflicht

a) Die allgemeine Treuepflicht

Grundlage und Inhalt der Treuepflicht

Die Grundlage der gesellschafterlichen Treuepflicht bildet der Gesellschaftsvertrag i.V.m. § 242 BGB (str.).[328] Die gesellschafterliche Treuepflicht gebietet dem Gesellschafter, die Interessen der Gesellschaft wahrzunehmen und alles zu unterlassen, was diese Interessen schädigt. Zudem konkretisiert sie die bestehenden Rechte und Pflichten nach Inhalt und Umfang.[329] Dabei ist aber danach zu differenzieren, ob den Gesellschaftern ein Recht im Interesse der Gesellschaft (z.B. Geschäftsführung) oder in eigenem Interesse (z.B. Gewinnanspruch) zusteht. Bei Ersterem sind die Eigeninteressen den Gesellschaftsinteressen hintanzustellen, bei Letzterem muss auf die Interessen der Gesellschaft Rücksicht genommen werden. Die Treuepflicht besteht zudem auch im Verhältnis der Gesellschafter untereinander.[330] *311*

Bsp.: *Die Existenz der Gesellschaft kann nur durch eine Vertragsänderung gerettet werden. In diesem Ausnahmefall gebietet die Treuepflicht einem Gesellschafter, der Änderung des Vertrages zuzustimmen, sofern die Vertragsänderung erforderlich und zumutbar ist.*

Rechtsfolge eines Verstoßes gegen die Treuepflicht

Die primäre Rechtsfolge[331] eines Verstoßes gegen die gesellschafterliche Treuepflicht ist die Unbeachtlichkeit der betreffenden Rechtsausübung, z.B. unberechtigter Widerspruch.[332] Soweit die Treuepflicht eine Handlungspflicht begründet, vgl. das oben genannte Beispiel, steht den Mitgesellschaftern ein Erfüllungsanspruch zu. Führt der Verstoß zu einem Schaden, so begründet das eine entsprechende Schadensersatzpflicht des Gesellschafters.[333]

b) Das Wettbewerbsverbot des § 112 HGB

Spezialgesetzliche Ausprägung der Treuepflicht

Eine besondere gesetzliche Ausgestaltung der gesellschafterlichen Treuepflicht bei den Personenhandelsgesellschaften ist das Wettbewerbsverbot des § 112 HGB. Es gilt nur für den Komplementär einer KG, § 161 II HGB, nicht aber für den Kommanditisten, § 165 HGB. Das Verbot hat seinen Grund in der Verpflichtung der Gesellschafter, den Gesellschaftszweck zu fördern, § 705 BGB, § 105 III HGB. *312*

Es würde gegen das Verbot widersprüchlichen Verhaltens (venire contra factum proprium) verstoßen, wenn sich ein Gesellschafter zur Förderung des Gesellschaftszweckes verpflichtet und zugleich diesen Zweck dadurch vereitelt bzw. gefährdet, dass er zur Gesellschaft in Wettbewerb tritt.

hemmer-Methode: Ausnahmsweise kann sich aus der allgemeinen Treuepflicht ein Wettbewerbsverbot des Kommanditisten ergeben. Dies ist dann der Fall, wenn der Gesellschaftsvertrag ihm Geschäftsführungsbefugnis und Vertretungsmacht oder sonst eine beherrschende Stellung in der Gesellschaft einräumt.

---

328 MüKo, § 705 BGB, Rn. 222; str. ist, ob die Treuepflicht eine gesellschaftsrechtliche Verdichtung des allgemeinen Grundsatzes von Treu und Glauben ist oder ob sie einen selbstständigen Inhalt des Schuldverhältnisses bildet. Dabei handelt es sich aber um einen Streit um „des Kaisers Bart".

329 Palandt, § 705, Rn. 27.

330 Vgl. dazu BGH, NZG 2003, 73 = **juris**byhemmer.

331 Vgl. zu den Rechtsfolgen MüKo, § 705 BGB, Rn. 239 f.

332 Vgl. dazu den Fall in Rn. 318 ff.

333 Vgl. Rn. 313 ff.

Der gesetzliche Regelfall geht nämlich davon aus, dass mögliche Eigeninteressen des Kommanditisten die Gesellschaftsinteressen nicht gefährden, da er keinen Einfluss auf die Geschäftsführung hat. Sofern der Kommanditist aber entgegen dieses gesetzlichen Leitbildes Einfluss auf die Gesellschaft ausüben kann, muss sich dies auch in einer gesteigerten Treuepflicht niederschlagen. Außerdem kann in den Grenzen des § 138 BGB und des § 1 GWB im Gesellschaftsvertrag ein Wettbewerbsverbot vereinbart werden.

§ 112 HGB

§ 112 HGB bestimmt, dass ein Gesellschafter - selbst wenn er von der Geschäftsführung ausgeschlossen ist - weder im Handelszweig der Gesellschaft Geschäfte machen, noch an einer gleichartigen Handelsgesellschaft als persönlich haftender Gesellschafter teilnehmen darf. Gestattet ist der Wettbewerb nur, wenn die anderen Gesellschafter einwilligen. § 112 II HGB enthält insoweit eine Vermutungsregel.

Unterlassungsanspruch

Die Gesellschaft kann gegen den Gesellschafter, der gegen das Wettbewerbsverbot verstößt, - neben den Rechten aus § 113 HGB - einen Unterlassungsanspruch geltend machen.

§ 113 HGB

Die Rechtsfolgen eines Verstoßes gegen das Wettbewerbsverbot regelt § 113 HGB. Die Gesellschaft kann wahlweise Schadensersatz verlangen oder das sog. Eintrittsrecht ausüben, § 113 I HGB. Dies geschieht durch einen Beschluss der Gesellschafter, § 113 II HGB. Dabei ist der betroffene Gesellschafter analog § 136 AktG von der Beschlussfassung ausgeschlossen.

Schadensersatz oder Eintrittsrecht

Das Eintrittsrecht ist für die Gesellschaft oft günstiger, da der Schaden regelmäßig entgangener Gewinn sein wird, der trotz § 252 BGB, § 287 ZPO sehr schwer nachzuweisen ist. Die Schadensersatzpflicht setzt zudem Verschulden (§ 708 BGB!) voraus. Das Eintrittsrecht führt aber nicht zu einer Vertragsübernahme seitens der Gesellschaft, sondern dazu, dass der Gesellschafter die im eigenen Namen geschlossenen Geschäfte für Rechnung der Gesellschaft gelten lassen muss. Demzufolge muss er die bezogene Vergütung herausgeben oder den Anspruch auf Vergütung an die Gesellschaft abtreten (§ 398 BGB).

Das Eintrittsrecht gilt über den Wortlaut des § 113 I HS 2 HGB hinaus („Geschäfte") auch bei der Beteiligung an einer gleichartigen Handelsgesellschaft.[334]

4. Anspruch auf Schadensersatz wegen Verletzung gesellschaftsvertraglicher Pflichten

§§ 280 I, 241 II BGB

Verletzt ein Gesellschafter seine Gesellschafterpflichten (z.B. die Pflicht zur ordnungsgemäßen Geschäftsführung, die Treuepflicht), können sich Ansprüche der Gesellschaft aus §§ 280 I, 241 II BGB ergeben. 313

hemmer-Methode: Ein Gesellschafter kann sich aber nicht nur gegenüber der Gesellschaft, sondern auch gegenüber einem Mitgesellschafter nach §§ 280 I, 241 II BGB schadensersatzpflichtig machen. Bsp.: Bei einem Autounfall werden der gesellschaftseigene Firmenwagen und ein Mitgesellschafter verletzt. Sowohl der verletzte Gesellschafter als auch die Gesellschaft haben einen Anspruch aus §§ 280 I, 241 II BGB[335] wegen Verletzung einer Pflicht aus dem Gesellschaftsvertrag gegen den Gesellschafter, der das Fahrzeug geführt hat.

334 BGHZ 38, 306 (311) = jurisbyhemmer.

335 Zu den Besonderheiten, die hinsichtlich des Haftungsmaßstabes im Straßenverkehr gelten, sogleich.

Grund: Der Gesellschaftsvertrag ist seiner Rechtsnatur nach auch Schuldverhältnis. Deshalb bestehen auch gegenüber den Vertragspartnern (= die Mitgesellschafter) die Schutzpflichten des § 241 II BGB, deren Verletzung zum Schadensersatz verpflichtet. Beruht der Schaden auf einer Geschäftsführungshandlung des Gesellschafters, besteht zudem ein Anspruch gegen die Gesellschaft. Diese muss sich die Handlung nach § 31 BGB analog zurechnen lassen.

a) Der Sorgfaltsmaßstab des § 708 BGB

diligentia quam in suis

Im Personengesellschaftsrecht haften die Gesellschafter bei der Erfüllung der ihnen obliegenden Verpflichtungen nur für die eigenübliche Sorgfalt (sog. diligentia quam in suis, § 277 BGB), § 708 BGB. § 708 BGB beruht auf dem Gedanken, dass sich die Gesellschafter aufgrund der engen persönlichen Zusammenarbeit so nehmen müssen, wie sie sind.[336] Schließlich haben sich die Gesellschafter auch einander ausgesucht. *314*

hemmer-Methode: Beruht die Schädigung der Gesellschaft auch auf dem Verhalten eines Drittschädigers, kann sich das Problem der gestörten Gesamtschuld stellen. Lesen Sie dazu Hemmer/Wüst, Schadensersatzrecht III, Rn. 267 ff.

Überschreitung der Geschäftsführungsbefugnis

Problematisch ist, ob § 708 BGB auch dann gilt, wenn die Pflichtverletzung in der Überschreitung der Geschäftsführungsbefugnis liegt. Das Reichsgericht vertrat den Standpunkt, dass § 708 BGB in diesem Fall entfalle, weil die Überschreitung der Geschäftsführungsbefugnis gerade keine „Erfüllung der gesellschaftlichen Verpflichtung" sei.[337] Indes gehört auch die Prüfung, ob ein Handeln innerhalb der Grenzen der Geschäftsführungsbefugnis liegt, zu den vertraglichen Pflichten der geschäftsführenden Gesellschafter. Bei dieser Prüfung ist demgemäß auch der Sorgfaltsmaßstab des § 708 BGB anzulegen. *315*

Auf das weitere Handeln ist § 708 nur dann nicht anwendbar, sofern der Gesellschafter unter Beachtung der eigenüblichen Sorgfalt die Überschreitung der Geschäftsführungsbefugnis hätte erkennen können.[338]

Kapitalistische Gesellschaften

Bei kapitalistisch ausgestalteten Gesellschaften (z.B. Publikums-KG) ist § 708 BGB infolge teleologischer Reduktion nicht anwendbar. Kapitalistische Gesellschaftsverhältnisse beruhen nämlich nicht auf einer engen persönlichen Zusammenarbeit und gegenseitigem Vertrauen, sodass der hinter § 708 BGB stehende Grundgedanke für diese Gesellschaften nicht zutrifft.[339] *316*

§ 708 BGB gilt nicht im Straßenverkehr

Ferner ist § 708 BGB nach h.M. nicht im Straßenverkehr anwendbar.[340] Der BGH begründet dies damit, dass der Straßenverkehr Risiken birgt, die ihrer Natur nach keinen Raum für individuelle Sorglosigkeit lassen. Dem wird entgegengehalten, dass mit der durch das Verkehrsstrafrecht sanktionierten Pflicht zur Anwendung aller Sorgfalt im Straßenverkehr eine zivilrechtliche Haftungsbeschränkung gegenüber bestimmten Personen sehr wohl vereinbar sei.[341] *317*

---

336 Palandt, § 708, Rn. 1.

337 RGZ 158, 302 (312).

338 Vgl. dazu Palandt, § 708, Rn. 2 m.w.N.

339 Vgl. bereits hemmer-Methode, Rn. 16.

340 BGHZ 46, 313 ff. = **juris**byhemmer; gem. OLG Bamberg (zur Problematik bei § 1664 BGB) ist dabei noch danach zu differenzieren, ob die Teilnahme am motorisierten Straßenverkehr betroffen ist oder als Fußgänger, **Life&Law 09/2012, 642 ff.**

341 Medicus, Bürgerliches Recht, Rn. 930.

b) Sonderfall: Schadensersatz wegen der Überschreitung der Geschäftsführungsbefugnis

Fall: Schnell und Altklug sind Gesellschafter der S & A-OHG, die Fräsmaschinen herstellt und vertreibt. Schnell will mit einem ausländischen Kunden einen Vertrag über die Lieferung von zwei Fräsmaschinen zum Preis von je 5.000 $ abschließen. Altklug, der jeden Tag den Wirtschaftsteil der FAZ sorgfältigst studiert, teilt dem Schnell mit, dass er mit einer Vereinbarung des Kaufpreises in Dollar wegen des damit verbundenen Währungsrisikos nicht einverstanden sei. Wenn der Dollar weiter absinke, würde die Gesellschaft nämlich unter Umständen einen Verlust machen. Trotzdem schließt Schnell in seinem unerschütterlichen Glauben an die Wirtschaftskraft der mächtigsten Nation der Welt den Kaufvertrag ab. Wie von Altklug vorhergesehen, ist der Dollar tatsächlich erheblich schneller gefallen als der Kaufpreis bezahlt wird, sodass die Gesellschaft einen Verlust erleidet. Kann die Gesellschaft den Verlust von Schnell ersetzt verlangen? 318

I. Anspruch aus §§ 280 I, 241 II BGB

Die OHG, die gem. § 124 I HGB Trägerin von Rechten und Pflichten sein kann, könnte einen Anspruch auf Schadensersatz aus §§ 280 I, 241 II BGB wegen Verletzung einer Pflicht aus dem Gesellschaftsverhältnis haben. Dies ist der Fall, wenn S schuldhaft seine Pflicht zur ordnungsgemäßen Geschäftsführung, § 114 I HGB, dadurch verletzt hat, dass er seine Geschäftsführungsbefugnis überschritten hat.

hemmer-Methode: Die Überschreitung der Geschäftsführungsbefugnis kann in gravierenden Fällen auch einen wichtigen Grund i.S.d. §§ 117, 127, 133, 140 HGB darstellen. Allerdings beeinflusst sie nicht die Wirksamkeit des Vertrages im Außenverhältnis. Die Vertretungsmacht bleibt unberührt!

Gem. § 115 I HS 1 HGB ist S grundsätzlich zur Einzelgeschäftsführung befugt. Allerdings wäre ein Beschluss sämtlicher Gesellschafter zur Vornahme des Rechtsgeschäfts erforderlich gewesen, wenn der beabsichtigte Vertragsschluss ein über den gewöhnlichen Betrieb des Handelsgewerbes hinausgehendes Geschäft dargestellt hätte, § 116 II HGB. Da der Verkauf der Fräsmaschine zum Gegenstand des Unternehmens gehört und der Umfang des abgeschlossenen Vertrages relativ gering ist, ist dies aber nicht der Fall.

Die Einzelgeschäftsführungsbefugnis des S könnte jedoch für den konkreten Vertragsabschluss deshalb entfallen sein, weil A widersprochen hat. Nach § 115 I HS 2 HGB muss eine Geschäftsführungsmaßnahme unterbleiben, wenn ein anderer geschäftsführungsberechtigter Gesellschafter widerspricht.

Als empfangsbedürftige Willenserklärung muss der Widerspruch dem Gesellschafter, der das Geschäft vornehmen möchte, zugehen (vgl. § 130 I BGB), bevor er handelt. Im Fall hat A, der gem. § 115 I HS 1 HGB zur Einzelgeschäftsführung berechtigt ist, dem Abschluss des Vertrages widersprochen. Dieser Widerspruch ist dem S auch rechtzeitig zugegangen. Die Geschäftsführungsbefugnis zum Abschluss des Kaufvertrages war somit eigentlich entfallen, sodass A mit der Vornahme des Geschäftes seine Geschäftsführungsbefugnis überschritten hat.

S hätte sich über den Widerspruch des A aber dann hinwegsetzen dürfen, wenn dieser pflichtwidrig erklärt wurde. Der Widerspruch ist seinerseits eine Maßnahme der Geschäftsführung, sodass der Widersprechende genauso an die Pflicht zur ordnungsgemäßen Geschäftsführung gebunden ist, als wenn er eine aktive Maßnahme treffen wollte. Diese Pflicht verletzt der Widersprechende aber dann, wenn sein Widerspruch nicht von dem Gesellschaftsinteresse, sondern von seinem Eigeninteresse bestimmt ist (Verstoß gegen die gesellschafterliche Treuepflicht).

Dies ist namentlich dann der Fall, wenn er der Geltendmachung eines Anspruchs gegen sich selbst widerspricht oder wenn die beabsichtigte Maßnahme zur Erhaltung des Gesellschaftsvermögens dringend erforderlich erscheint (§ 744 II BGB analog). Vorliegend war der Widerspruch des A aber berechtigt, da er gerade im Gesellschaftsinteresse ein Verlustgeschäft verhindern wollte. Folglich durfte S den Vertrag nicht abschließen. Durch den Abschluss des Vertrages hat S seine aus dem Gesellschaftsvertrag folgende Pflicht, Handlungen zu unterlassen, für die ihm die Geschäftsführungsbefugnis fehlt, verletzt.

Eine Rechtfertigung nach den Regeln der GoA kommt von vornherein nicht in Betracht, da die Verletzung gesellschaftsvertraglicher Pflichten nicht durch die quasi-vertragliche Regelung der GoA erfasst wird (str.).

S müsste des Weiteren ein Verschulden treffen. Gem. §§ 277, 708 BGB, § 105 III HGB hat er bis zur Grenze der groben Fahrlässigkeit nur für die eigenübliche Sorgfalt einzustehen. Der Streit, ob § 708 BGB auch bei einer Pflichtverletzung, die in der Überschreitung der Geschäftsführungsbefugnis besteht, anwendbar ist, muss im Fall nicht entschieden werden. Durch die Missachtung des Widerspruchs hat S seine Geschäftsführungsbefugnis jedenfalls grob fahrlässig überschritten, sodass beide Ansichten zum gleichen Ergebnis führen.

Der adäquat verursachte Schaden liegt in dem Verlust, den die Gesellschaft durch das Geschäft erlitten hat. S haftet daher auf Schadensersatz aus §§ 280 I, 241 II BGB. Gem. § 251 I BGB muss S das Wertinteresse durch Zahlung einer entsprechenden Geldsumme, deren Höhe Tatfrage ist, ersetzen.

II. Anspruch aus § 678 BGB

§ 678 BGB setzt eine GoA i.S.d. § 677 BGB und damit das Fehlen einer vertraglichen Bindung zwischen Geschäftsherrn und Geschäftsführer voraus. Der geschäftsführende Gesellschafter, der seine Geschäftsführungsbefugnis überschreitet, handelt aber nicht ohne Auftrag, sondern verletzt lediglich seine Vertragspflichten.

IV. Die Sozialverpflichtungen

1. Die Mitverwaltungsrechte und die Vermögensrechte

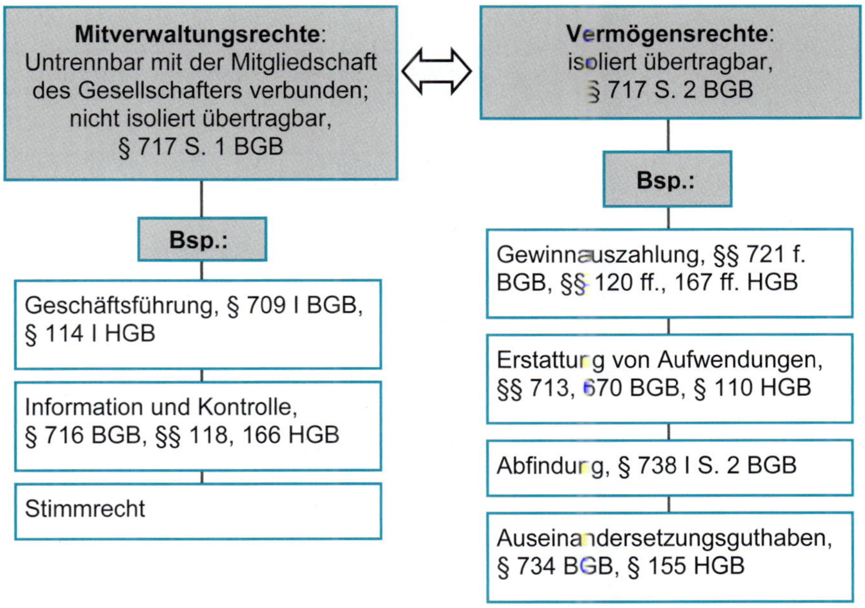

Mitverwaltungsrechte und Vermögensrechte

Bei den Sozialverpflichtungen unterscheidet man aus der Sicht der Mitglieder die Mitverwaltungsrechte und die Vermögensrechte. 319

Übertragbarkeit der Gesellschafterrechte

Die Mitverwaltungsrechte sind untrennbar mit der Mitgliedschaft des Gesellschafters verbunden und können demgemäß nicht übertragen werden (sog. Abspaltungsverbot), § 717 S. 1 BGB. Die Vermögensrechte können dagegen nach § 717 S. 2 BGB übertragen werden. § 717 BGB ist nach der modernen Gesamthandsdogmatik (Lehre von der Teilrechtsfähigkeit) freilich in zweifacher Hinsicht korrekturbedürftig:

Zum einen umfasst § 717 BGB alle sich aus dem Gesellschaftsverhältnis ergebenden Gesellschafterrechte, zum anderen stehen die Ansprüche nicht den Gesellschaftern untereinander, sondern dem Mitglied gegen die Gesellschaft zu.

Vermögensrechte

Es gibt folgende **Vermögensrechte:** 320

- Das Recht auf Gewinnauszahlung, §§ 721 f. BGB, §§ 120 ff., 167 ff. HGB
- Das Recht auf Erstattung von Aufwendungen, §§ 670, 713 BGB, § 110 HGB
- Das Recht auf Auszahlung des Abfindungsanspruchs, § 738 I S. 2 BGB
- Das Recht auf Zahlung des Auseinandersetzungsguthabens, § 734 BGB, § 155 HGB

Mitverwaltungsrechte

Es gibt folgende **Mitverwaltungsrechte:** 321

- Das Recht auf Geschäftsführung
- Informations- und Kontrollrechte
- Das Stimmrecht

2. Die Vermögensrechte

a) Das Recht auf Gewinnauszahlung

aa) Die BGB-Gesellschaft

Gesellschaftsvertrag i.V.m. §§ 721, 722 BGB

Die Pflicht zur Gewinnauszahlung ergibt sich aus dem Gesellschaftsvertrag, der auch regelmäßig die Höhe des Gewinn- und Verlustanteils ausdrücklich festlegen wird. 322

Enthält der Gesellschaftsvertrag keine derartige Bestimmung, ist der Vertrag gem. §§ 133, 157 BGB auszulegen. Kann dem Vertrag auch im Wege der (ergänzenden) Vertragsauslegung keine Regelung entnommen werden, greift § 722 I BGB ein, der einen gleichen Anteil am Gewinn und am Verlust bestimmt (Verteilung nach Köpfen). § 722 II BGB enthält eine weitere Auslegungsregel.

Der Anspruch auf die Ermittlung von Gewinn und Verlust durch Rechnungsabschluss entsteht vorbehaltlich einer anderen Regelung

- bei Gelegenheitsgesellschaften erst nach Auflösung der Gesellschaft, § 721 I BGB.
- bei Dauergesellschaften am Schluss jedes Geschäftsjahres, § 721 II BGB.

bb) Die Personenhandelsgesellschaften

§§ 120 II, 121 HGB

Bei den Personenhandelsgesellschaften wird der Gewinn und der Verlust aufgrund der Bilanz (§ 242 HGB) am Schluss jedes Geschäftsjahres ermittelt. Die Verteilung von Gewinn und Verlust richtet sich nach den abdingbaren Vorschriften der §§ 120 II, 121 HGB. 323

Sie erfolgt durch Zuschreibung des Gewinns oder Abschreibung des Verlusts am Kapitalanteil (= Rechnungsziffer, die den Wert der Beteiligung an der Gesellschaft im Verhältnis zum Anteil der anderen Gesellschafter ausdrückt) jedes einzelnen Gesellschafters, § 120 II HGB.

Der Kapitalanteil ist folglich veränderlich. Zur Berechnung vgl. § 121 I, II HGB. Der Gewinn- und Verlustanteil richtet sich im Zweifel nach Köpfen, § 121 III HGB.

Entnahmerecht gem. § 122 HGB

Da die Gewinnverteilung nach § 120 II HGB rein rechnerisch durch Zuschreibung am Kapitalanteil erfolgt, gibt § 122 HGB dem einzelnen Gesellschafter einen besonderen Anspruch auf Kapital- und Gewinnentnahmen (sog. Entnahmerecht). Das Entnahmerecht gestattet Entnahmen aus der Gesellschaftskasse von vier Prozent des letzten Kapitalanteils (§ 122 I Alt. 1 HGB) und des diesen Betrag übersteigenden gesamten Gewinnanteils des letzten Jahres, soweit dies nicht zum offenbaren Schaden der Gesellschaft gereicht (§ 122 I Alt. 2 HGB).

Gewinn- und Verlustbeteiligung des Kommanditisten

Die Beteiligung des Kommanditisten am Gewinn und Verlust ist in §§ 167 - 169 HGB geregelt. Der Kommanditist hat kein Entnahmerecht, § 169 I S. 1 BGB. Vielmehr hat er einen Anspruch auf Gewinnauszahlung, soweit sein Kapitalanteil nicht durch Verlust unter den auf die Kommanditeinlage geleisteten Beitrag herabgemindert ist oder durch die Auszahlung herabgemindert werden würde, § 169 I S. 2 HGB.

b) Das Recht auf Erstattung von Aufwendungen

aa) Die BGB-Gesellschaft

Aufwendungsersatz gem. §§ 670, 713 BGB

Aufwendungen (= freiwillige Vermögensopfer), die ein geschäftsführender Gesellschafter i.R. seiner Geschäftsführung tätigt, kann dieser nach §§ 670, 713 BGB ersetzt verlangen. 324

hemmer-Methode: Ein nicht zur Geschäftsführung befugter Gesellschafter kann unter den Voraussetzungen der berechtigten GoA, §§ 683 S. 1, 670 BGB, Ersatz seiner Aufwendungen verlangen. Dabei handelt es sich jedoch nicht um eine Sozialverpflichtung.

Ersatz für Arbeitskraft

Setzt ein Gesellschafter seine ganze Arbeitskraft zur Geschäftsführung ein, ist fraglich, ob er eine entsprechende Vergütung gem. §§ 670, 713 BGB verlangen kann.

Die Arbeitskraft stellt zwar grundsätzlich keine Aufwendung i.S.d. § 670 BGB dar, da der Auftrag ein unentgeltliches Rechtsgeschäft ist, doch ließe sich dieses Problem noch mit einer Analogie zu § 1835 III BGB in den Griff bekommen. Es fehlt jedenfalls an der zum Aufwendungsbegriff gehörenden Freiwilligkeit des Vermögensopfers, da der Gesellschafter aufgrund des Gesellschaftsvertrages zur Geschäftsführung verpflichtet ist.[342]

Einen Anspruch auf Vergütung erhält der betreffende Gesellschafter deshalb nur, wenn eine entsprechende Vereinbarung durch Vertragsänderung in den Gesellschaftsvertrag aufgenommen wird. Die Mitgesellschafter sind zu einer solchen Mitwirkung aufgrund ihrer gesellschafterlichen Treuepflicht gehalten.

hemmer-Methode: Erleidet der geschäftsführende Gesellschafter i.R. seiner Geschäftsführung Schäden, stellt sich das altbekannte Problem, ob Schäden unter den Begriff der Aufwendung als freiwilliges Vermögensopfer subsumiert werden können.

bb) Die Personenhandelsgesellschaften

Aufwendungsersatz gem. § 110 I Alt. 1 HGB

Der Gesellschafter einer Personenhandelsgesellschaft kann gem. § 110 I Alt. 1 HGB Ersatz für Aufwendungen in Gesellschaftsangelegenheiten verlangen, die er den Umständen nach für erforderlich halten darf. Dies gilt unabhängig von der Geschäftsführungsbefugnis. Eine Vergütung für Dienste gewährt auch § 110 I Alt. 1 HGB nicht.[343] Ein Vermögensopfer ist immer dann freiwillig i.S.d. § 110 I Alt. 1 HGB, wenn es im Verhältnis der Gesellschafter untereinander aus der Gesellschaftskasse hätte erbracht werden müssen. 325

hemmer-Methode: Besteht die Aufwendung in der Eingehung einer Verbindlichkeit, kann der betreffende Gesellschafter analog § 257 BGB Befreiung von der Verbindlichkeit verlangen.

Ersatz für Verluste gem. § 110 I Alt. 2 HGB

Nach § 110 I Alt. 2 HGB kann der Gesellschafter auch Ersatz für Verluste verlangen, die er unmittelbar aus der Geschäftsführung oder aus Gefahren, die mit ihr untrennbar verbunden sind, erleidet. Schäden werden daher unproblematisch nach dieser Anspruchsgrundlage ersetzt. Ein Anspruch auf Schmerzensgeld besteht aber nicht, § 253 BGB. Das Kriterium der Unmittelbarkeit erfordert, dass ein enger innerer Zusammenhang zwischen der Geschäftsführung und dem eingetretenen Verlust besteht, z.B. Geschäftsreise.

c) Das Recht auf Auszahlung des Abfindungsanspruches

Abfindungsanspruch gem. § 738 I S. 2 BGB

Bereits i.R.d. Nachfolgeprobleme beim Tod eines Gesellschafters (vgl. Rn. 205 ff.) wurde der Abfindungsanspruch aus § 738 I S. 2 BGB erwähnt. Der Abfindungsanspruch entsteht grundsätzlich mit dem Ausscheiden des Gesellschafters aus der Gesellschaft. Sinn und Zweck dieses Anspruches ist es, den Verlust des ausscheidenden Gesellschafters ausgleichen, der dadurch entsteht, dass sein Gesellschaftsanteil den übrigen Gesellschaftern gem. § 738 I S. 1 BGB anwächst. 326

hemmer-Methode: Zur Klarstellung: Bei der Übertragung der Gesellschafterstellung entsteht kein Abfindungsanspruch des Veräußerers, denn der Erwerber folgt dem Veräußerer im Wege der Sondernachfolge in den Gesellschaftsanteil nach. Eine Abwachsung gem. § 738 I S. 1 BGB findet deshalb auch nicht statt.

342 BGHZ 10, 44 (54) = jurisbyhemmer.

343 BGHZ 17, 301= jurisbyhemmer.

Fiktives Auseinandersetzungsguthaben

Demgemäß ist dem ausscheidenden Gesellschafter sein fiktives Auseinandersetzungsguthaben (§ 734 BGB) auszuzahlen, also dasjenige, was er im Fall der Liquidation erhielte, § 738 I S. 2 BGB. Dieser rein schuldrechtliche[344] Anspruch richtet sich gegen die Gesellschaft, wobei die Gesellschafter für diesen auch (subsidiär[345]) mit ihrem Privatvermögen einstandspflichtig sind.

Ausschluss des Abfindungsanspruches

§ 738 I S. 2 BGB kann durch den Gesellschaftsvertrag in den Grenzen der §§ 134, 138 I BGB modifiziert bzw. ausgeschlossen werden. Der Ausschluss des Abfindungsanspruches i.R.d. Nachfolge beim Tod eines Gesellschafters und seine Zulässigkeit wurden bereits besprochen.[346] Nichtig gem. § 138 I BGB ist dagegen der Ausschluss des Abfindungsanspruches für den Fall der Gesellschafterinsolvenz, da darin eine Vereitelung des Gläubigerzugriffes liegt. Gleiches gilt, wenn der Abfindungsanspruch beim Ausscheiden eines Gesellschafters durch Kündigung ausgeschlossen ist, denn dies würde auf eine unzulässige Knebelung hinauslaufen.

Rückgabeanspruch

Des Weiteren hat der Gesellschafter nach § 738 I S. 2 BGB einen Anspruch auf Rückgabe der Gegenstände, die er der Gesellschaft zur Nutzung eingebracht hat, nach Maßgabe des § 732 BGB.

Freistellungsanspruch

Der Gesellschafter kann auch Freistellung von den fälligen gemeinschaftlichen Schulden verlangen, § 738 I S. 2 BGB. Gem. § 738 I S. 3 BGB kann er für die noch nicht fälligen Schulden Sicherheitsleistung verlangen.

d) Das Recht auf Zahlung des Auseinandersetzungsguthabens

Anspruch auf Auseinandersetzungsguthaben setzt verbleibendes Vermögen voraus

Die Auszahlung des Auseinandersetzungsguthabens bildet den Abschluss der Liquidation. Diese Pflicht entsteht aber nur, wenn nach der Berichtigung der Gesellschaftsschulden und der Rückerstattung der Einlagen noch Gesellschaftsvermögen verbleibt. Das verbleibende Gesellschaftsvermögen ist dann unter den Gesellschaftern nach den Verhältnissen ihrer Gewinnanteile zu verteilen, § 734 BGB, § 155 HGB. 327

Exkurs: Überblick über das Liquidationsverfahren

Gesellschaftsvertragliche Regelung vorrangig

Das Verfahren der Auseinandersetzung richtet sich primär nach dem Gesellschaftsvertrag, § 731 S. 1 BGB, § 145 I HGB. Entsprechende Vereinbarungen können auch erst nach der Auflösung getroffen werden.

Liquidationsverfahren bei der BGB-Gesellschaft

Bei der BGB-Gesellschaft vollzieht sich die Liquidation in folgenden Schritten: 328

- Die schwebenden Geschäfte werden beendet, § 730 II BGB.
- Die der Gesellschaft zur Nutzung eingebrachten Gegenstände werden zurückgegeben, § 732 BGB. Dagegen besteht kein Anspruch auf Rückübereignung eingebrachter Gegenstände, denn diese gehören zum Gesellschaftsvermögen und unterliegen der Liquidation nach §§ 733, 731 S. 2, 752 ff. BGB.
- Die gemeinschaftlichen Schulden werden aus dem Gesellschaftsvermögen berichtigt, § 733 I BGB.

344 BGH, WM 2016, 1639 = **juris**byhemmer.

345 Im Detail umstritten, vgl. Palandt, § 738, Rn. 2 m.w.N.

346 Vgl. Rn. 210 f.

- Die Einlagen werden in Geld zurückerstattet, § 733 II BGB (beachte: S. 3 ist abdingbar!). Zur Berichtigung der Schulden und zur Rückerstattung der Einlagen ist das Gesellschaftsvermögen, soweit erforderlich, in Geld umzusetzen, § 733 III BGB.

- Der Überschuss wird verteilt, § 734 BGB. Reicht das Gesellschaftsvermögen nicht aus, um die Schulden zu begleichen und die Einlagen zurückzuerstatten, sind die Gesellschafter zum Nachschuss verpflichtet, § 735 BGB.

Liquidationsverfahren bei den Personenhandelsgesellschaften

Bei den Personenhandelsgesellschaften gelten gegenüber der BGB-Gesellschaft folgende Abweichungen: 329

- Die Auflösung der Gesellschaft ist von sämtlichen Gesellschaftern zur Eintragung im Handelsregister einzutragen, § 143 I HGB. Die Eintragung ist nur deklaratorisch. Bis zur Eintragung und Bekanntmachung kommen §§ 5, 15 HGB zur Anwendung.

- Die Gesellschaft behält ihre Firma, die allerdings als Liquidationsfirma zu bezeichnen ist, § 153 HGB.

- Die Liquidation wird durch die Liquidatoren durchgeführt, §§ 146 - 148 HGB.

- Die Liquidatoren haben vor allem folgende Aufgaben: Aufstellung der Bilanzen, § 154 HGB; Beendigung der laufenden Geschäfte, Einziehung der Forderungen, Umsetzung des Gesellschaftsvermögens in Geld, Befriedigung der Gläubiger (§ 149 HGB); Verteilung des Restvermögens (§ 155 HGB); Anmeldung des Erlöschens der Gesellschaft zum Handelsregister (§ 157 HGB).

Exkurs Ende

3. Die Mitverwaltungsrechte

a) Das Recht auf Geschäftsführung

Recht auf Geschäftsführung

Das wichtigste Mitverwaltungsrecht ist das Recht auf Geschäftsführung. Dies zeigt sich vor allem darin, dass es - vorbehaltlich einer anderen gesellschaftsvertraglichen Regelung - nur unter den Voraussetzungen der § 712 BGB, § 117 HGB entzogen werden kann.[347] Ein Ausschluss eines Gesellschafters von der Geschäftsführung kann aber, wie Sie bereits wissen, im Gesellschaftsvertrag vereinbart werden. In diesem Fall steht dem betreffenden Gesellschafter dieses Mitverwaltungsrecht selbstverständlich nicht zu, vgl. § 710 S. 1 BGB, § 114 II HGB. 330

b) Informations- und Kontrollrechte

§ 716 BGB, § 118 HGB

Die § 716 BGB, § 118 HGB gewähren dem einzelnen Gesellschafter unabhängig von der Geschäftsführungsbefugnis Informations- und Kontrollrechte. Diese Rechte sind besonders wichtig für einen Gesellschafter, der von der Geschäftsführung ausgeschlossen ist, denn dieser hat regelmäßig nicht den mit der Geschäftsführung verbundenen Zugang zu den gesellschaftsinternen Informationen. 331

347 Vgl. bereits Rn. 81 ff.

Die Rechte aus § 716 BGB, § 118 HGB verpflichten die Gesellschaft jedoch grundsätzlich nicht zu einem positiven Tun, sondern nur zu einem Gewährenlassen (vgl. den Wortlaut dieser Vorschriften: „unterrichten", „einsehen" und „Bilanz anfertigen").

Ausschluss der Informations- und Kontrollrechte

Die Informations- und Kontrollrechte der § 716 BGB, § 118 HGB können grundsätzlich ausgeschlossen werden. Ein Ausschluss ist aber dann unwirksam, wenn Grund zu der Annahme unredlicher Geschäftsführung besteht. Dies stellt § 118 II HGB für die Personenhandelsgesellschaften ausdrücklich klar.

Informationsrecht des Kommanditisten

Ein sehr eingeschränktes Kontrollrecht besitzt der Kommanditist, vgl. § 166 HGB, der ja auch grundsätzlich von der Geschäftsführung ausgeschlossen ist, vgl. § 164 S. 1 HS 1 HGB.

c) Das Stimmrecht

Befugnis zur Teilnahme an Willensbildung durch Beschlüsse

Das Stimmrecht ist die Befugnis des Gesellschafters, an der Willensbildung in der Gesellschaft durch Beschlüsse teilzunehmen[348] und steht grundsätzlich allen Gesellschaftern zu. 332

Der Beschluss ist ein mehrseitiges Rechtsgeschäft nicht vertraglicher Art, das durch die in der Stimmabgabe liegenden Willenserklärungen der Gesellschafter zustande kommt.[349] Das Stimmrecht wird folglich durch die Abgabe einer empfangsbedürftigen Willenserklärung ausgeübt.

Sofern dies im Gesellschaftsvertrag zugelassen ist, kann das Stimmrecht auch durch Bevollmächtigte ausgeübt werden.[350] Unzulässig ist aber eine sog. verdrängende Vollmacht, weil diese zu einer Umgehung des Abspaltungsverbotes (§ 717 S. 1 BGB) führen würde.

Gesellschafterbeschlüsse

Gesellschafterbeschlüsse sind erforderlich

- in den vom Gesellschaftsvertrag bestimmten Fällen
- zur Änderung des Gesellschaftsvertrages
- zur Auflösung der Gesellschaft, § 131 I Nr. 2 HGB
- in den gesetzlich bestimmten Fällen, vgl. § 709 BGB, §§ 113 II, 116 II, 116 III HGB
- zur Ausschließung eines Gesellschafters, § 131 III Nr. 6 HGB.

Einstimmigkeit und Mehrheitsentscheidung

Nach der gesetzlichen Ausgangslage müssen die Beschlüsse einstimmig gefasst werden (Grundsatz der Einstimmigkeit), vgl. § 709 I BGB, § 119 I HGB. Der Gesellschaftsvertrag kann aber auch bestimmen, dass die Beschlüsse mit Stimmenmehrheit gefasst werden (Mehrheitsprinzip). Diese Möglichkeit ergibt sich im Umkehrschluss aus § 709 II BGB, § 119 II HGB.

Reichweite Mehrheitsprinzip

Der Gesellschaftsvertrag kann auch für solche Gesellschaftsangelegenheiten das Mehrheitsprinzip anordnen, die über die normale Geschäftsführung hinausgehen.[351]

348 Palandt, vor § 709, Rn. 12.

349 Palandt, vor § 709, Rn. 11.

350 Palandt, vor § 709, Rn. 12.

351 Palandt, vor § 709, Rn. 1; vgl. auch oben, Rn. 299.

Sofern es jedoch um Grundlagengeschäfte geht, muss darauf geachtet werden, dass der Kernbereich[352] der Gesellschafterrechte nicht ausgehöhlt wird, d.h. es existieren unverzichtbare Gesellschafterrechte (so z.B. jenes zur außerordentlichen Kündigung gem. § 723 III BGB), die durch Mehrheitsbeschlüsse nicht ausgehöhlt werden dürfen.[353]

Einfluss der Treuepflicht

Die Treuepflicht kann im Einzelfall, insbesondere dann, wenn die Maßnahme für die Gesellschaft von existenzieller Bedeutung ist, dazu führen, dass der Gesellschafter verpflichtet ist, einer Geschäftsführungsmaßnahme oder Vertragsänderung zuzustimmen.

Mängel der Beschlussfassung

Die Abgabe der Stimme kann als Willenserklärung unwirksam sein, z.B. nach §§ 106 ff., 142 I BGB. Die Unwirksamkeit einer Stimme führt nur dann zur Unwirksamkeit des ganzen Beschlusses, wenn Einstimmigkeit erforderlich ist oder bei Mehrheitsentscheidungen diese Stimme ausschlaggebend war.

Ausschluss des Stimmrechts

Das Stimmrecht ist in folgenden Fällen ausgeschlossen:

➲ durch Gesetz in § 712 I BGB, §§ 113 II, 117, 127, 140 HGB

➲ der Gesellschafter wäre Richter in eigener Sache, z.B. bei Beschlüssen, in denen es um seine Entlastung, Befreiung von einer Verbindlichkeit oder die Geltendmachung eines Anspruches gegen ihn geht.

hemmer-Methode: Der Grundsatz, dass niemand Richter in eigener Sache sein soll, liegt auch den oben genannten gesetzlichen Ausschlussgründen zugrunde. Es handelt sich bei diesem Grundsatz um ein fundamentales Rechtsprinzip. Auf diesem Rechtsprinzip beruhen viele Vorschriften, die über das gesamte Recht verteilt sind: vgl. z.B. § 34 Alt. 2 BGB, § 136 I AktG, § 47 IV S. 1 GmbHG, § 22 Nr. 1 StPO, § 41 Nr. 1 ZPO, § 20 I Nr. 1 VwVfG.

➲ der Gesellschaftsvertrag ordnet den Ausschluss an

➲ der Beschluss betrifft die Vornahme eines Rechtsgeschäftes mit dem betreffenden Gesellschafter (str.).[354]

C) Die reinen Innengesellschaften

hemmer-Methode: Zur Wiederholung: Reine Innengesellschaften sind keine Gesamthandsgemeinschaften. Sie bilden daher kein Gesellschaftsvermögen und sind nicht teilrechtsfähig[355]. Ihnen fehlt auch eine gemeinsame Vertretung. Die Geschäfte werden vielmehr im Namen eines Gesellschafters geschlossen, der intern für Rechnung aller Gesellschafter handelt. Der Gesellschaftsvertrag einer reinen Innengesellschaft ist seiner Natur nach regelmäßig nur ein Schuldverhältnis. Die bisherigen Ausführungen zur BGB-Gesellschaft können auf die reinen Innengesellschaften aber übertragen werden, soweit nicht das Auftreten nach außen und das Gesellschaftsvermögen behandelt wurde. Im Folgenden sollen nur einige klausurrelevante Probleme dargestellt werden. 333

352 Was genau zu diesem Kernbereich gehört, ist heftig umstritten; dies insbesondere deshalb, weil der BGH seinen Bestimmtheitsgrundsatz bzgl. der Reichweite von Mehrheitsbeschlüssen aufgegeben hat (NJW 2015, 859); vgl. Palandt, Vorb § 709, Rn. 17a.

353 Palandt, § 705, Rn. 16a. Zur Frage, ob auch Erhöhungen des Beitrags (§ 707 BGB) mehrheitlich beschlossen werden können, vgl. § 707, Rn. 3. Grundsätzlich muss hier jeder Gesellschafter zustimmen. Dies kann er allerdings auch antizipiert tun, z.B. durch Zustimmung zum Mehrheitsbeschluss, wobei hier wiederum die Auslegung ergeben muss, dass ein Mehrheitsbeschluss auch für die Erhöhung der Beiträge ausreichend sein soll. Denn dies muss für den zustimmenden Gesellschafter erkennbar sein.

354 Dafür spricht die Vergleichbarkeit der Interessenkollision mit der in § 47 IV S. 2 GmbHG geregelten Problemlage.

355 Das hat der BGH in seiner Entscheidung zur Rechts- und Parteifähigkeit der GbR (bereits im Leitsatz) ausdrücklich bestätigt, BGH, NJW 2001, 1056 = **Life&Law 03/2001, 216 (217)** = **juris**byhemmer.

I. Der Rechtsbindungswille

Rechtsbindungswille bei Gelegenheitsgesellschaften problematisch

Bei den Gelegenheitsgesellschaften des täglichen Lebens stellt sich das Problem, ob sich die Beteiligten überhaupt rechtlich binden wollen (sog. Rechtsbindungswille). 334

Es handelt sich dabei regelmäßig um BGB-Innengesellschaften, z.B. gemeinsame Ferienreise, Fahrgemeinschaft, Lotto- und Totogemeinschaft, gemeinsame Ski-Tour. Der Rechtsbindungswille kann aber auch bei Dauergesellschaften problematisch sein.

Fall: *Von der Fernsehwerbung „Lieber Millionär als Irgendwer!" inspiriert, beschließen die Stammtischbrüder Harald, Egon und Peter, regelmäßig beim Samstagslotto mitzuspielen. Egon füllt die Lottoscheine auf seinen Namen aus, Harald und Peter beteiligen sich anteilig am Spieleinsatz.*

Nach einiger Zeit erfolglosen Spielens taucht Harald, der sich immer öfter jenseits der 2,0 Promille-Grenze befindet, nicht mehr am Stammtisch auf. Als nach einigen Wochen auf die von Egon gespielte Zahlenkombination ein Millionengewinn entfällt, verlangt der inzwischen ausgenüchterte Harald von Egon „seinen" Anteil an dem Gewinn. Dieser meint, das könne er vergessen, schließlich habe er sich auch nicht an dem Einsatz beteiligt.

Daraufhin bietet Harald die Nachzahlung seiner Beiträge gegen die Herausgabe „seines" Anteils am Gewinn an. Kann Harald nun seinen Anteil am Millionengewinn verlangen?

H könnte einen Anspruch auf Gewinnauszahlung aus einem Gesellschaftsvertrag i.V.m. §§ 705, 722 I BGB haben. Voraussetzung dafür ist, dass zwischen H, E und P eine BGB-Gesellschaft besteht. Da nach außen nur E aufgetreten ist - die Lottoscheine wurden auf seinen Namen ausgefüllt -, kommt insoweit nur eine BGB-Innengesellschaft in Betracht. Dazu müsste ein entsprechender Gesellschaftsvertrag geschlossen worden sein.

Der Vertragsschluss könnte in der Abrede gesehen werden, dass die drei regelmäßig mit anteiligem Einsatz am Samstagslotto teilnehmen wollen. Fraglich ist indes, wie auch sonst bei Abreden zwischen Freunden und Bekannten, ob H, E und P überhaupt eine rechtsgeschäftliche Verpflichtung eingehen wollten (sog. Rechtsbindungswille). Ob ein Rechtsbindungswille seitens der Beteiligten gegeben ist, ist durch Auslegung analog §§ 133, 157 BGB (analog deshalb, weil es zu ermitteln gilt, ob der Erklärungstatbestand einer Willenserklärung vorliegt) zu ermitteln. Zu würdigen sind alle Umstände des Einzelfalles, insbesondere die Interessenlage und die wirtschaftliche und rechtliche Bedeutung der Angelegenheit. Die finanzielle Beteiligung am Spieleinsatz spricht vorliegend ebenso für einen Rechtsbindungswillen wie Art und Dauer der Vereinbarung, die auf eine wöchentliche Teilnahme am Samstagslotto gerichtet war. Der Rechtsbindungswille ist daher gegeben.

Der vereinbarte Gesellschaftszweck - zulässig ist jeder denkbare Zweck innerhalb der Grenzen der §§ 134, 138 BGB - ist das gemeinsame wöchentliche Lottospiel. Gewollt war also eine Dauergesellschaft und nicht nur eine Gelegenheitsgesellschaft, die auf die jeweilige Ziehung beschränkt ist und dann mit jeder Ziehung neu entsteht bzw. nach jeder Ziehung infolge Zweckerreichung aufgelöst wird, § 726 BGB (sonst würde es im Fall am Gesellschaftsverhältnis fehlen). Die erforderliche Zweckförderungspflicht liegt in der Verpflichtung zur Zahlung der anteiligen Spieleinsätze.

Zwischen H, E und P ist somit eine BGB-Innengesellschaft zustande gekommen. Die Gesellschaft wurde auch nicht vor der Erzielung des Gewinns durch Kündigung, vgl. § 723 S. 1 BGB, aufgelöst. Anhaltspunkte für das Vorliegen einer zumindest konkludenten Kündigungserklärung seitens des H sind dem Sachverhalt nicht zu entnehmen, insbesondere genügt hierfür nicht die bloße Säumnis mit der Zahlung der Beiträge (anders aber, wenn H sich erkennbar geweigert hätte, die anteiligen Spieleinsätze zu leisten). Die Regelung des § 721 II BGB, nach der eine Gewinnverteilung im Zweifel erst zum Schluss eines jeden Geschäftsjahres zu erfolgen hätte, wurde durch die zwischen H, E und P getroffenen Vereinbarungen stillschweigend abbedungen.

H hat folglich einen Anspruch gegen E auf einen Anteil am Gewinn von einem Drittel, vgl. § 722 I BGB. Die genaue Höhe ist Tatfrage. Darauf, ob E die Einrede aus § 320 BGB zusteht, kommt es vorliegend nicht an, da E von sich aus die Zahlung Zug-um-Zug gegen Nachzahlung der rückständigen Beiträge anbietet. (Vorliegend bestünden gleichwohl keine Bedenken gegen die Anwendbarkeit des § 320 BGB, da hierdurch der Gesellschaftszweck nicht vereitelt würde.)

hemmer-Methode: Zu der Fallvariante, dass der geschäftsführende Gesellschafter die rechtzeitige Abgabe des Lottoscheins versäumt und dadurch den Gesellschaftern ein Millionengewinn entgeht, lesen Sie Hemmer/Wüst, BGB AT I, Rn. 79. An die Möglichkeit einer BGB-Innengesellschaft müssen Sie in der Klausur immer dann denken, wenn mehrere Personen auf ein gemeinsames Ziel hin zusammenwirken. Die Beteiligten werden meist nicht wissen, dass sie eine BGB-Innengesellschaft gegründet haben.

II. Innengesellschaften zwischen Ehegatten und den Partnern einer nichtehelichen Lebensgemeinschaft

Fall: *Die Eheleute Else und Egon Kling haben fünfzehn Jahre lang gemeinsam eine Gastwirtschaft betrieben. Der Betrieb wurde unter dem Namen von Else Kling geführt. Die anfallenden Arbeiten haben sie sich stets geteilt: Beide halfen bei der Gästebetreuung mit. Else verrichtete daneben die häuslichen Tätigkeiten und Egon die sonstigen Arbeiten. Als Egon der stetigen Unterdrückung durch seine Frau überdrüssig wurde, ließ er sich kurzerhand scheiden. Durch seine Mitarbeit ist das Vermögen von Else Kling beträchtlich gestiegen. Deshalb verlangt er einen angemessenen Ausgleich. Steht ihm ein solcher Anspruch zu, wenn die Eheleute Kling wirksam den Güterstand der Gütertrennung vereinbart hatten?* 335

Abwandlung eins: *Zwischen Else und Egon bestand nur eine nichteheliche Lebensgemeinschaft.*

Abwandlung zwei: *Die nichtehelichen Lebenspartner Else und Egon haben ein gemeinsam bewohntes Haus je zu Miteigentum. Else hat als Architektin erhebliche Planungs- und Bauüberwachungsleistungen bei der Errichtung getätigt. Nach Ende der Lebensgemeinschaft verlangt sie dafür Ausgleich.*

Lösung Ausgangsfall:

I. Ein Anspruch auf Zugewinnausgleich aus § 1378 I BGB scheidet aus, da die Eheleute den Güterstand der Gütertrennung wirksam vereinbart (vgl. §§ 1408, 1410 BGB) und damit den Zugewinnausgleich ausgeschlossen haben.

hemmer-Methode: Beachten Sie, dass bei Bestehen des gesetzlichen Güterstandes der Zugewinngemeinschaft bis 2006 nach Ansicht des BGH in der Regel eine Lösung nach Gesellschaftsrecht ausschied, da der güterrechtliche Zugewinnausgleich, §§ 1372 ff. BGB, grundsätzlich Sperrwirkung entfalten sollte (sog. Ausschließlichkeitsprinzip). Von dieser Sichtweise hat sich der BGH ausdrücklich getrennt.

Bei Vorliegen eines Gesellschaftsvertrages (dazu sogleich in der Lösung), könne keine weitere Einschränkung vorgenommen werden, da sich derlei nicht aus dem Gesetz ableiten lässt. Dann treten ggf. Ausgleichsansprüche nach Gesellschaftsrecht neben Zugewinnausgleichsansprüche.[356]

II. Auch auf § 1353 BGB lässt sich ein derartiger Ausgleichsanspruch nicht stützen.

III. Anspruch aus § 611 BGB i.V.m. § 612 BGB

Für die Annahme eines Dienstvertrages fehlt es bereits am Rechtsbindungswillen. Auch ist die Weisungsgebundenheit fraglich. Dem Sachverhalt lassen sich keine Anhaltspunkte dafür entnehmen, dass die Eheleute davon ausgingen, dass die Tätigkeit des Egon nur gegen eine entsprechende Vergütung zu erwarten sei. Daher kann auch § 612 BGB nicht eingreifen.

IV. Anspruch aus § 738 I S. 2 BGB

Egon könnte einen Anspruch aus § 738 I S. 2 BGB haben, wenn zwischen den Eheleuten eine sog. Ehegattengesellschaft bestanden hat. Da im Fall nur eine Ehegatteninnengesellschaft in Betracht kommt - die Gastwirtschaft wurde im Namen und auf Rechnung der Else geführt -, kann § 738 I S. 2 BGB nur analoge Anwendung finden, denn eine Innengesellschaft ist keine Gesamthandsgemeinschaft. Die Beteiligten sind aber untereinander schuldrechtlich so zu stellen, als läge eine Außengesellschaft vor.

Zudem setzt die unmittelbare Anwendung des § 738 I S. 2 BGB voraus, dass die Gesellschaft nach dem Ausscheiden eines Gesellschafters fortbesteht, was hier aber nicht der Fall wäre, da es eine Ein-Mann-Personengesellschaft nicht gibt. Der Anspruch setzt zunächst voraus, dass zwischen Egon und Else ein wirksamer Gesellschaftsvertrag i.S.d. § 705 BGB geschlossen wurde.

Zwar kann ein Gesellschaftsvertrag auch konkludent geschlossen werden, doch müssen für die Annahme eines entsprechenden Willens der Eheleute, der durch Auslegung zu ermitteln ist, konkrete Anhaltspunkte vorliegen. Dies ist der Fall, wenn die Eheleute abredegemäß durch beiderseitige Leistungen einen über den typischen Rahmen der ehelichen Lebensgemeinschaft hinausgehenden Zweck verfolgen, indem sie etwa durch Einsatz von Vermögenswerten und Arbeitsleistungen gemeinsam ein Vermögen aufbauen oder eine berufliche oder gewerbliche Tätigkeit gemeinsam ausüben.[357]

Dagegen genügt das bloße Bestreben, die eheliche Lebensgemeinschaft zu verwirklichen oder die Voraussetzungen dafür zu schaffen, als alleiniger Zweck nicht. Im Fall haben die Eheleute gemeinsam die Gastwirtschaft betrieben, also gemeinsam eine gewerbliche Tätigkeit ausgeübt.

Die Mitarbeit des Egon war auch nicht auf abhängige Tätigkeiten beschränkt, sondern seiner Frau gleichgeordnet (ansonsten käme nur ein Arbeitsvertrag, aber kein Gesellschaftsvertrag in Betracht). Die Mitarbeit des Egon ging zudem deutlich über das nach §§ 1353, 1360 BGB gebotene Maß hinaus, sodass der Zweck nicht nur in der Verwirklichung der ehelichen Lebensgemeinschaft lag. Zwischen den Eheleuten wurde folglich ein konkludenter Gesellschaftsvertrag geschlossen. Durch ihre beiderseitigen Arbeitsleistungen haben die Eheleute auch den Gesellschaftszweck gefördert.

---

356 BGH, **Life&Law 08/2006, 528 ff.**; allerdings wird sich dieses Nebeneinander der Ausgleichssysteme in aller Regel nicht auswirken, weil der Ausgleichsberechtigte wegen seines Ausgleichsanspruchs ein höheres Endvermögen hat, der Verpflichtete ein geringeres. Lesen Sie bei Interesse dazu in der Kommentierung der Entscheidung in der **Life&Law** a.a.O.

357 BGH, NJW 1974, 2278 = **juris**byhemmer.

hemmer-Methode: Die höchstrichterliche Rechtsprechung zieht bei Ehegatten den verfolgten Zweck als Auslegungskriterium heran, um zu ermitteln, ob ein konkludenter Gesellschaftsvertrag geschlossen wurde. Keine Probleme ergeben sich demzufolge, wenn die Ehegatten ausdrücklich einen Gesellschaftsvertrag schließen.

Mit der Scheidung - darin ist entweder eine konkludente Vertragsaufhebung (§§ 241 I, 311 I BGB) oder die Kündigung eines Teils (§ 723 BGB) zu sehen - wurde die Gesellschaft aufgelöst und zugleich vollbeendet, da bei einer Innengesellschaft mangels Gesellschaftsvermögens keine Liquidation stattfindet. Aus diesem Grund scheidet auch § 734 BGB als Anspruchsgrundlage von vornherein aus, da sie nur auf Gesamthandsgesellschaften, aber nicht auf reine Innengesellschaften passt.

§ 733 II S. 3 BGB, auf den § 738 I S. 2 BGB Bezug nimmt, war i.R.d. Vereinbarungen zwischen den Ehegatten stillschweigend abbedungen (ansonsten würde Egon leer ausgehen, da sich seine Beiträge auf Dienstleistungen beschränkten). Der Anspruch besteht somit dem Grunde nach, die Höhe ist Tatfrage.

hemmer-Methode: Der BGH neigt in seiner Rechtsprechung der „gesellschaftsrechtlichen Lösung“ zu. Die Abgrenzung zwischen einer ehebezogenen unbenannten Zuwendung und der Annahme einer Ehegatteninnengesellschaft hat laut BGH[358] nach dem mit der Vermögensleistung verfolgten Zweck zu erfolgen: Eine ehebezogene Zuwendung liegt vor, wenn ein Ehegatte dem anderen Vermögenswerte um der Ehe willen und als Beitrag zur Verwirklichung und Ausgestaltung, Erhaltung oder Sicherung der ehelichen Lebensgemeinschaft zukommen lässt. Dagegen liegt eine Ehegatteninnengesellschaft nahe, wenn das Ziel der Vermögensbildung im Vordergrund steht und erhebliche Vermögenswerte geschaffen werden. Merken Sie sich als „Sound“: Bei ehebedingten Zuwendungen steht die „persönliche Bindung“ im Vordergrund, bei Vermögensleistungen in einer Ehegatteninnengesellschaft die „Vermögensbildung“. Lesen Sie zur Vertiefung: BGH, Life&Law 01/2000, 18.

V. Ein Anspruch aus Wegfall der Geschäftsgrundlage (§ 242 BGB) kommt nicht mehr in Betracht, da die gesellschaftsvertragliche Regelung vorrangig ist.

VI. Ansprüche aus §§ 812 ff. BGB scheiden gleichfalls aus, da der Gesellschaftsvertrag Rechtsgrund für die von Herrn K erbrachten Dienstbzw. Arbeitsleistungen ist.

Lösung Abwandlung eins:

hemmer-Methode: Der Ausgleich lief bislang bei einer nichtehelichen Lebensgemeinschaft nach anderen Grundsätzen ab, als der Ausgleich in einer ehelichen Lebensgemeinschaft. Hier hat der BGH im Jahr 2008 seine Rechtsprechung entscheidend geändert, vgl. Sie dazu die folgenden Anmerkungen![359]

I. Anspruch aus § 1378 I BGB analog

Eine Analogie zu § 1378 I BGB scheidet mangels einer vergleichbaren Interessenlage aus. Die Partner einer nichtehelichen Lebensgemeinschaft bringen durch die Ablehnung einer Eheschließung regelmäßig zum Ausdruck, dass sie ihr Zusammenleben insgesamt keiner rechtlichen Ordnung unterwerfen wollen.

358 BGH, NJW 1999, 2962 = **Life&Law 01/2000, 18 (20)** = **juris**byhemmer.

359 BGH, **Life&Law 11/2008, 719 ff.**

II. Anspruch aus § 1298 I S. 1 BGB direkt bzw. analog

Der Anspruch aus § 1298 I S. 1 BGB scheitert daran, dass Egon seine Dienstleistungen nicht im Hinblick auf eine spätere Eheschließung erbracht hat, sondern um die bestehende nichteheliche Lebensgemeinschaft zu verwirklichen. Auch eine analoge Anwendung scheidet aus oben genannten Gründen aus.

III. Anspruch aus § 738 I S. 2 BGB analog

Fraglich ist, unter welchen Voraussetzungen eine BGB-Innengesellschaft zwischen den Partnern einer nichtehelichen Lebensgemeinschaft anzunehmen ist. Die nichteheliche Lebensgemeinschaft wird von dem Grundsatz beherrscht, dass die von den Partnern zur Verwirklichung ihrer Gemeinschaft erbrachten Leistungen nicht gegeneinander auf- oder untereinander abgerechnet werden, sondern ersatzlos von demjenigen erbracht werden, der dazu gerade in der Lage ist.[360]

Deshalb ist im Regelfall die Anwendung der gesellschaftsrechtlichen Ausgleichsregeln abzulehnen. Selbstverständlich ist es den Partnern einer nichtehelichen Lebensgemeinschaft nicht verwehrt, einen ausdrücklichen Gesellschaftsvertrag zu schließen, wenn sie einen über das bloße Zusammenleben hinausgehenden Zweck verfolgen. Ein ausdrücklicher Vertrag wurde im zugrunde liegenden Fall aber nicht geschlossen. Hier allerdings gingen die Leistungen über einen Beitrag zur Verwirklichung ihrer Lebensgemeinschaft hinaus, sodass es doch gerechtfertigt schiene, von einem konkludenten Gesellschaftsvertrag auszugehen.

Bislang hatte der BGH Gesellschaftsrecht häufig aus Billigkeitsgründen nur auf der Rechtsfolgenseite angewandt, ohne auf Tatbestandsseite einen zumindest konkludenten Vertragsschluss anzunehmen. Die §§ 730 ff. BGB wurden in diesen Fällen auf das Verhältnis der Beteiligten nur analog angewandt. Mittlerweile verlangt der BGH auch bei der nichtehelichen Lebensgemeinschaft zumindest einen konkludenten Vertragsschluss.[361]

Der Gesellschaftszweck muss dabei nicht zwingend über Tisch und Bett hinausgehen. Denn nichteheliche Lebenspartner sind ja anders als Ehegatten nicht bereits gesetzlich verpflichtet, eine Lebensgemeinschaft herzustellen und sich gegenseitig Unterhalt zu gewähren.[362]

Voraussetzung für die Anwendung der §§ 730 ff. BGB ist, dass beide Partner durch gemeinschaftliche Leistungen einen Vermögensgegenstand erworben (also kein allgemeiner Vermögensausgleich!) und dabei die Absicht verfolgt haben, einen gemeinschaftlichen Wert zu schaffen, der von ihnen nicht nur gemeinsam genutzt werden, sondern ihnen nach ihrer Vorstellung auch gemeinsam gehören sollte.[363]

Wenn es sich um wesentliche Beiträge handelt, die ein Partner leistet, reicht dies nach neuester Rechtsprechung des BGH indes nicht aus, um die nach den obigen Grundsätzen erforderliche Absicht, einen gemeinschaftlichen Wert schaffen zu wollen, zu ersetzen. Vielmehr ist dies im Einzelfall nur ein Anhaltspunkt, aus dem auf das Vorliegen der Absicht geschlossen werden kann.[364]

Nach einer Gesamtwürdigung haben die beiden wohl nicht nur einen Vermögensgegenstand (wie z.B. eine Eigentumswohnung) erworben, sondern eine gemeinsame wirtschaftliche Existenz geschaffen, die über die Lebensgemeinschaft hinausging. Die analoge Anwendung des § 738 I S. 2 BGB erscheint daher gerechtfertigt, sodass Egon wie im Ausgangsfall ein entsprechender Ausgleichsanspruch zusteht.

360 BGHZ 77, 55 (58) = **juris**byhemmer.

361 BGH, **Life&Law 08/2006, 528 ff.** = **juris**byhemmer.

362 BGH, **Life&Law 04/2008, 227 (230)** = **juris**byhemmer.

363 BGHZ 77, 55 (58) = **juris**byhemmer; BGHZ 84, 388 = **juris**byhemmer.

364 BGH, **Life&Law 11/2003, 760 ff.** = **juris**byhemmer.

Lösung Abwandlung zwei:

I. Hier scheidet nach den Grundsätzen des BGH ein Ausgleich nach Gesellschaftsrecht aus, weil es wohl am erforderlichen Gesellschaftszweck fehlt. Denn der Grund für die Anschaffung des Hauses beschränkt sich auf die nichteheliche Lebensgemeinschaft als solche, bei der rechtliche Bindungen ja gerade nicht gewollt sind.

hemmer-Methode: Diesen Ansatz des BGH könnte man auch kritisieren, da der BGH bei der nichtehelichen Lebensgemeinschaft ja gerade keinen über „Tisch und Bett" hinausgehenden Zweck verlangt (vgl. Lösung Abwandlung eins), an dieser Stelle aber die Anforderungen wiederum sehr hoch schraubt.

II. Fraglich ist, ob eine Lösung über § 313 I BGB in Betracht kommt. Bei Eheleuten geht der BGH seit jeher davon aus, dass um der Ehe willen bedingte Zuwendungen auf Grund eines „familienrechtlichen" Kooperationsvertrages sui generis erbracht werden.

Diese Grundsätze wurden vom BGH bei der nichtehelichen Lebensgemeinschaft stets mit dem Argument abgelehnt, dass es einen vergleichbaren Kooperationsvertrag nicht gebe, da man sich ja nicht rechtlich binden wolle.

Mittlerweile hat der BGH seine Rechtsprechung ausdrücklich aufgegeben. Damit schließt sich der BGH dem Großteil der Literatur an, welche eine Lösung über § 313 I BGB schon immer gefordert hat, weil ein Ausgleichsbedürfnis bestehe, wenn bei einem Partner über die Beendigung der Lebensgemeinschaft hinaus ein Vermögensvorteil verbleibe, der durch erhebliche Leistungen des anderen Partners „verursacht" wurde.[365]

hemmer-Methode: Vergleichen Sie zu den Details der Entscheidung zu § 313 BGB die Fundstelle in der Life&Law 11/2008, 719 ff. Die komplette Darstellung der Thematik würde den Rahmen eines Gesellschaftsrechtsskripts sprengen.

Hat der gemeinschaftsbezogenen Zuwendung allerdings die Vorstellung zugrunde gelegen, die Lebensgemeinschaft werde Bestand haben, entfällt die Geschäftsgrundlage nicht dadurch, dass die Lebensgemeinschaft durch den Tod des Zuwendenden ein natürliches Ende gefunden hat.[366]

III. Die fehlerhafte Innengesellschaft

Die Anwendung der Grundsätze über die fehlerhafte Gesellschaft auf reine Innengesellschaften ist umstritten. 336

Grundsätze über die fehlerhafte Gesellschaft auf Innengesellschaften anwendbar

Nach einer Ansicht verdienen nur Außengesellschaften Bestandsschutz, da reine Innengesellschaften als solche nicht am Rechtsverkehr teilnehmen.[367]

Diese Ansicht verkennt, dass die Lehre von der fehlerhaften Gesellschaft nicht nur dem Verkehrsschutz, sondern auch dem Bestandsschutz im Innenverhältnis dient. Die Grundsätze über die fehlerhafte Gesellschaft sind daher auch auf reine Innengesellschaften anzuwenden.[368]

365 Coester, JZ 2008, 315 ff.

366 BGHZ 55, 5 = **juris**byhemmer; BGH, WM 2007; in diesen Fällen wird in der Regel auch ein Anspruch aus § 812 I S. 2 Alt. 2 BGB ausscheiden, weil der Zweck einer langfristigen Partizipation erreicht worden sein wird.

367 MüKo, § 705 BGB, Rn. 276, 358 f.

368 BGHZ 55, 5 = **juris**byhemmer; BGH, WM 2007, 1117.

Dies wurde vom BGH mehrfach bestätigt für die stille Gesellschaft, also eine handelsrechtliche Form der Innengesellschaften (vgl. dazu die Rn. 337 ff.):

Sachverhalt[369]: *Die R AG, deren sämtliche Aktien von ihrem vormaligen Alleinvorstand A gehalten werden, befasste sich mit dem Erwerb und der Verwertung von Kapitalanlagen, Unternehmensbeteiligungen und Immobilien. Das dafür erforderliche Kapital brachte sie durch den Abschluss zahlreicher stiller Gesellschaftsverträge auf. Nach dem jeweils zu Grunde liegenden „Vertrag über eine Beteiligung als atypisch stiller Gesellschafter" hatte der Anleger eine Einlage als Einmalzahlung oder in monatlichen Raten zu erbringen. Weiter war vorgesehen, dass die stillen Gesellschafter im Innenverhältnis an dem Vermögen der R AG so beteiligt sein sollten, als ob es ihnen und der Beklagten gemeinsam gehören würde, und dass den stillen Gesellschaftern der Gewinn im Wesentlichen entsprechend der Höhe ihrer Einlagen und dem Grundkapital der Beklagten zustehen sollte – nach Abzug eines Vorwegbetrages i.H.v. 6 % zu Gunsten der R AG.*

Ferner sollten die stillen Gesellschafter nach dem gleichen Schlüssel an etwaigen Verlusten beteiligt sein, allerdings nur bis zur Höhe ihrer jeweiligen Einlage. Bei einer Beendigung der stillen Gesellschaft sollte eine Auseinandersetzung stattfinden, bei der die Vermögenswerte einschließlich des Geschäftswerts des Unternehmens unter Auflösung stiller Reserven mit dem Verkehrswert zu berücksichtigen sein sollten.

Am 22.11. unterzeichnete B während des Besuchs eines Vermittlers einen „Zeichnungsschein" zum Abschluss eines Gesellschaftsvertrages i.H.v. 15.000,- €, nebst einem Agio. Erst danach erhielt er einen mit „Präsentation" überschriebenen Prospekt der R AG, welcher jedoch sehr unvollständige Informationen über die Beteiligung enthält.

B verlangt von der R AG die Rückzahlung der Einlage, weil der Vertrag wegen Verstoßes gegen § 32 KWG gem. § 134 BGB nichtig sei. Hilfsweise erklärte er die Kündigung der Gesellschaft wegen mangelhafter Aufklärung über die Nachteile und Risiken der Kapitalanlage.

Wie ist die Rechtslage?

Schadensersatz aus §§ 280 I, 241 II, 311 II BGB?

A könnte ein Anspruch auf Schadensersatz aufgrund der Verletzung einer vorvertraglichen Aufklärungspflicht gem. den §§ 280 I, 311 II, 241 II BGB zustehen.

I. Schuldverhältnis

Schuldverhältnis

Dies setzt zunächst das Bestehen eines vorvertraglichen Schuldverhältnisses voraus. Gem. § 311 II Nr. 1 BGB entsteht ein vorvertragliches Schuldverhältnis durch die Aufnahme von Vertragsverhandlungen. Hier wurde B von einem Vermittler der R AG zur Vermittlung eines Vertrages über eine Beteiligung an der R AG aufgesucht. Mithin ist wegen der Aufnahme von Vertragsverhandlungen von dem Bestehen eines Schuldverhältnisses auszugehen.

II. Pflichtverletzung

Pflichtverletzung

Die R AG müsste eine Pflicht innerhalb dieses Schuldverhältnisses verletzt haben. Das vorvertragliche Schuldverhältnis begründet Pflichten gem. § 241 II BGB. Die R AG müsste eine solche Pflicht verletzt haben.

In Betracht kommt eine Verletzung einer Aufklärungspflicht. Die R AG hat B möglicherweise nicht über die Risiken, Dauerhaftigkeit und die Entnahmemöglichkeiten i.R. seiner Anlage aufgeklärt.

Grundsätzlich besteht keine allgemeine Aufklärungspflicht. Jeder Vertragspartner muss sich über die Vor- und Nachteile eines Vertragsabschlusses selbst informieren.

369 Nach BGH, ZIP 2004, 1707 f. = **juris**byhemmer.

Bei dem Erwerb von Kapitalanlagen sind aber die Informationsmöglichkeiten des Anlegers oftmals sehr eingeschränkt. Demgegenüber stehen der Kapitalanlagegesellschaft bzw. deren Vermittlern notwendige Informationen zur Verfügung.

Deshalb muss nach der ständigen Rechtsprechung des BGH einem Anleger für seine Beitrittsentscheidung ein zutreffendes Bild über das Beteiligungsobjekt vermittelt werden, d.h. er muss über alle Umstände, die für seine Anlageentscheidung von wesentlicher Bedeutung sind oder sein können, insbesondere über die mit der angebotenen speziellen Beteiligungsform verbundenen Nachteile und Risiken, zutreffend, verständlich und vollständig aufgeklärt werden.

Hier ist B weder durch den Prospekt noch durch die Angaben der R AG zutreffend über das Beteiligungsobjekt informiert worden. Mithin liegt eine Pflichtverletzung der R AG vor.

III. Vertretenmüssen

Vertretenmüssen

Die R AG müsste die Pflichtverletzung gem. § 280 I S. 2 BGB zu vertreten haben. Gem. § 278 BGB hat die R AG auch für Pflichtverletzungen ihrer Erfüllungsgehilfen einzustehen.

Die für die R AG handelnden Vermittler sind als deren Erfüllungsgehilfen anzusehen. Es ist davon auszugehen, dass die R AG die Vermutung des Vertretenmüssens nach § 280 I S. 2 BGB nicht widerlegen kann.

IV. Rechtsfolge

Rechtsfolge

Die R AG hat somit gem. §§ 249 ff. BGB dem B alle ihm aufgrund der Pflichtverletzung entstanden Schäden zu ersetzen. Die fehlerhafte Aufklärung ist nach der Lebenserfahrung auch ursächlich für die Anlageentscheidung geworden. Damit ist B so zu stellen, wie er stehen würde, wenn er den Vertrag nicht abgeschlossen hätte.

Ein Schaden könnte aber deshalb entfallen, weil die Investition tatsächlich werthaltig war. Vorliegend beruht aber der Schaden auf den Nachteilen und Risiken des von der R AG angebotenen Anlagemodells, die sich nicht auf die von ihr getätigten Investitionen, sondern auf die Art der Vertragsgestaltung (langfristige Vertragsbindung, Unbestimmtheit der Anlagestrategie, ungünstige Entnahmemöglichkeiten) i.R.d. stillen Gesellschaften beziehen.

In dieser langjährigen Bindung mit ungünstigen Entnahmemöglichkeiten liegt ein Schaden, da der B über sein eingesetztes Kapital nahezu nicht verfügen kann. Dies gilt umso mehr, als die Anlagestrategie der R AG unbestimmt und damit unvorhersehbar ist.

Anspruch auf SE grds. (+)

Somit besteht grundsätzlich ein Anspruch auf Schadensersatz.

V. Einschränkung über Grundsätze der fehlerhaften Gesellschaft

Einschränkung über Grds. der fehlerhaften Gesellschaft?

Möglicherweise ist der Anspruch auf Schadensersatz aber durch die Grundsätze der fehlerhaften Gesellschaft einzuschränken.

Bei einer fehlerhaften Gesellschaft sind unmittelbare Schadensersatzansprüche grundsätzlich ausgeschlossen. Anstelle des Schadensersatzanspruches wird dem Gesellschafter lediglich ein Recht zur Kündigung aus wichtigem Grund und als Folge der Kündigung ein Anspruch auf das Auseinandersetzungsguthaben eingeräumt.

1. Begründung für die Beschränkung

Grundsätzlich führt eine mangelhafte schuldrechtliche Grundlage zu Bereicherungsansprüchen und zu Ansprüchen aus §§ 311 II, 241 II, 280 I BGB. In bestimmten Fällen ist aber diese Rückabwicklung nicht interessengerecht.

Insbesondere eine Gesellschaft kann oftmals aus tatsächlichen Gründen nicht für die Vergangenheit rückgängig gemacht werden. Zudem stehen oftmals die schutzwürdigen Interessen der Gesellschaftsgläubiger einer Rückabwicklung über das Bereicherungsrecht entgegen.

Daher wird bei in Vollzug gesetzten Gesellschaften die Rückabwicklung über das Bereicherungsrecht ausgeschlossen, die Gesellschaft also für die Vergangenheit als wirksam behandelt und der Gesellschafter auf ein Recht zur Kündigung aus wichtigem Grund verwiesen.

2. Anwendbarkeit auf den Fall

Fraglich ist, ob die Grundsätze der fehlerhaften Gesellschaft auch auf die vorliegende stille Gesellschaft anzuwenden sind. Möglicherweise erfordert die Interessenlage hier keine Anwendung dieser Grundsätze.

a) Reine Innengesellschaft

Kennzeichnend für die stille Gesellschaft ist, dass diese kein Gesellschaftsvermögen bildet. Das „Gesellschaftsvermögen" ist alleine dem Kaufmann zugeordnet. Der stille Gesellschafter erhält lediglich einen schuldrechtlichen Anspruch gegen den Kaufmann.

Die stille Gesellschaft tritt als solche nicht auf, gegenüber Dritten ist nur der Kaufmann tätig. Daher ist die stille Gesellschaft nicht teilrechtsfähig und nicht parteifähig. Es handelt sich um eine reine Innengesellschaft.

Nach BGH grds. auch anwendbar auf stille Gesellschaft

Der BGH hat aber die Grundsätze über die fehlerhafte Gesellschaft auch auf reine Innengesellschaften angewendet. Zur Begründung wird ausgeführt, dass nicht nur die schutzwürdigen Interessen der Gesellschaftsgläubiger, sondern auch die Interessen der Mitgesellschafter beachtet werden müssen. Der nach außen handelnde Gesellschafter wäre sonst zu großen Risiken ausgesetzt.

Zudem können sich auch bei einer Innengesellschaft die typischen tatsächlichen Probleme bei der Rückabwicklung stellen. Mithin sind die Grundsätze der fehlerhaften Gesellschaft auch auf die Innengesellschaft anwendbar.

b) Besonderheit bei der stillen Gesellschaft: Reines Zwei-Personen-Verhältnis

P.: Lage im konkreten Fall?

Bei einer stillen Gesellschaft sind aber grundsätzlich nur zwei Person beteiligt, der Kaufmann (hier: die R AG) und der stille Gesellschafter (hier: B).

Zudem hat die R AG den B im Wege des Schadensersatzes so zu stellen, als wenn er die Investition in die R AG nie getätigt hat, s.o.

Hier gründet der stille Gesellschafter zusammen mit dem Kaufmann eine neue Gesellschaft. Die Rechtsbeziehungen erschöpfen sich in denen zu dem Vertragspartner.

Keine schutzwürdigen Interessen Dritter bei Rückabwicklung im Zweipersonenverhältnis

Schutzwürdige Interessen Dritter (Gesellschaftsgläubiger und Mitgesellschafter) stehen einer Rückabwicklung nicht entgegen. Gegner des Schadensersatzanspruches ist nicht eine Außengesellschaft sondern der Inhaber des Handelsgeschäfts und Initiator des Anlagemodells.

Dementsprechend stehen einem Schadensersatz keine schutzwürdigen Interessen entgegen. Daher sind Grundsätze der fehlerhaften Gesellschaft nicht anzuwenden.

VI. Ergebnis

Da der Schadensersatzanspruch nicht über die Grundsätze der fehlerhaften Gesellschaft eingeschränkt sind, kann der Schadensersatzanspruch geltend gemacht werden. B kann von der R AG Rückzahlung der Einlage abzüglich der Entnahmen fordern.

IV. Die stille Gesellschaft

1. Die Abgrenzung zum partiarischen Rechtsverhältnis

hemmer-Methode: Das Problem der Abgrenzung zum partiarischen Rechtsverhältnis kann sich auch bei der BGB-Innengesellschaft stellen. Regelmäßig wird es aber bei der stillen Gesellschaft relevant. 337

Fall: *Dagobert gewährt seinem Neffen Donald ein Darlehen von 25.000,- €, das dieser zum Aufbau eines Schnellimbisses verwenden soll. Als großzügiger Onkel beansprucht er dafür auch keine Zinsen, jedoch soll Donald ihn mit 20 Prozent am Gewinn beteiligen. Haben Dagobert und Donald eine Gesellschaft gegründet?*

In Betracht kommt nur eine stille Gesellschaft i.S.d. §§ 230 ff. HGB, da eine mögliche Gesellschaft nach außen als solche nicht hervortritt und der Betrieb eines Schnellimbisses ein Handelsgewerbe gem. § 1 II HGB darstellt. Die stille Gesellschaft ist zwar eine handelsrechtliche Sonderform der BGB-Innengesellschaft, aber anders als eine Personenhandelsgesellschaft betreibt sie nicht selbst ein Handelsgewerbe, vgl. § 230 I HGB („das ein anderer betreibt"). Wie jede Gesellschaft setzt auch die Entstehung der stillen Gesellschaft den Abschluss eines Gesellschaftsvertrages voraus.

Fraglich ist allein, ob der zwischen den beiden geschlossene Vertrag als Gesellschaftsvertrag einzuordnen ist. Insoweit ist problematisch, ob die beiden einen gemeinsamen Zweck verfolgen.

An dieser Stelle ist zum sog. partiarischen Rechtsverhältnis, das hier in Form des partiarischen Darlehens (daneben sind z.B. noch partiarische Arbeits- und Pachtverträge möglich) vorliegen könnte, abzugrenzen. Das partiarische Rechtsverhältnis zeichnet sich dadurch aus, dass eine Gewinnbeteiligung vereinbart ist, aber gerade kein gemeinsamer Zweck verfolgt wird.[370]

Die Unterscheidung nach dem gemeinsamen Zweck ist aber nur von geringem Wert, da jede Gewinnbeteiligung ein gemeinsames Interesse am Prosperieren des Unternehmens schafft.

Die zwischen Dagobert und Donald getroffene Vereinbarung ist daher unter Würdigung aller Umstände des Einzelfalles gem. §§ 133, 157 BGB auszulegen. Die Bezeichnung der Parteien hat dabei nur indizielle Bedeutung (Gedanke der falsa demonstratio non nocet). Gegen ein Gesellschaftsverhältnis spricht im Fall, dass nichts dafür ersichtlich ist, dass der Zweck der Gewinnerzielung vertraglich vereinbart wurde. Vielmehr sollte es Donald, der auf eigene Verantwortung und eigene Rechnung handelt, überlassen bleiben, auf welche Art und Weise er den Gewinn erzielt. Auch wurden Dagobert keine Kontrollrechte, vgl. § 233 HGB, eingeräumt. Als weiteres Indiz kann hier auch das Fehlen einer Verlustbeteiligung gewertet werden.

Allerdings ist dieses Indiz schwach, da die Verlustbeteiligung in der Gesellschaft ausgeschlossen werden kann, § 231 II HS 1 HGB. Mangels einer vertraglich vereinbarten gemeinsamen Zweckverfolgung liegt kein Gesellschaftsvertrag vor, sondern ein partiarisches Darlehen. Zwischen Dagobert und Donald liegt somit kein stilles Gesellschaftsverhältnis vor.

hemmer-Methode: Bei einem partiarischen Rechtsverhältnis wird das Recht des betreffenden Austauschvertrages zugrunde gelegt. Die Ähnlichkeit zum Gesellschaftsverhältnis kann aber zur Folge haben, dass eine analoge Anwendung gesellschaftsrechtlicher Vorschriften geboten ist. So ist insbesondere an eine analoge Anwendung des § 233 I HGB zu denken.

370 Ein partiarischer Vertrag lässt sich als Typenverschmelzungsvertrag qualifizieren, bestehend aus gesellschafts- und austauschvertraglichen Elementen, wobei das Austauschelement führend ist.

2. Die Besonderheiten der stillen Gesellschaft im Überblick

Sonderform der BGB-Innengesellschaft

Die stille Gesellschaft ist eine handelsrechtliche Sonderform der BGB-Innengesellschaft, aber keine Handelsgesellschaft: Aus den in dem Betrieb geschlossenen Geschäften wird allein der Inhaber berechtigt und verpflichtet, § 230 II HGB. Es gibt daher weder Gesellschaftsschulden noch eine gesellschaftsrechtliche Haftung des stillen Gesellschafters. Eine Haftung des stillen Gesellschafters ist nur bei Vorliegen eines besonderen Verpflichtungsgrundes (z.B. Schuldbeitritt, Bürgschaft) möglich. 338

hemmer-Methode: Gläubiger des Geschäftsinhabers können aber im Wege der Zwangsvollstreckung gegen diesen dessen Anspruch gegen den stillen Gesellschafter auf Leistung der Einlage pfänden, sofern der Stille diesen Anspruch noch nicht erfüllt hat.

a) Die Entstehung

Vertrag zwischen dem Geschäftsinhaber und dem Stillen

Die stille Gesellschaft setzt einen Gesellschaftsvertrag zwischen zwei Personen, dem Inhaber des Handelsgeschäftes und dem Stillen, voraus. Der Inhaber des Handelsgeschäftes muss Kaufmann sein, § 230 I HGB. 339

Die Kaufleute kraft Rechtsform (AG, KGaA, GmbH) können aber nur dann einen stillen Gesellschafter aufnehmen, wenn sie tatsächlich ein Handelsgewerbe betreiben. Stiller Gesellschafter kann jeder, sogar eine Erbengemeinschaft sein.[371] Beteiligen sich mehrere Stille an dem Handelsgewerbe, bestehen ebenso viele stille Gesellschaften wie stille Gesellschafter.

hemmer-Methode: Der Gesellschaftsvertrag ist grundsätzlich formfrei. Eine Ausnahme gilt nur dann, wenn der stille Gesellschafter ein formbedürftiges Leistungsversprechen abgibt. Daneben soll die Überbewertung der Einlage des Stillen, wenn sie sich nach dem Parteiwillen als unentgeltliche Zuwendung des Inhabers an den Stillen darstellt, nach Ansicht des BGH zur Formbedürftigkeit des Gesellschaftsvertrages nach § 518 I BGB[372] führen.
Die Literatur sieht demgegenüber die Mitgliedschaft in der stillen Gesellschaft als Schenkungsgegenstand an. Dies hat zur Folge, dass schon mit Abschluss des Gesellschaftsvertrages Heilung nach § 518 II BGB eintritt.

Zweck und Zweckförderung

Gemeinsamer Zweck des Vertrages muss die Beteiligung des Stillen am Betrieb des Handelsgewerbes des Inhabers sein.

Der Inhaber fördert diesen Zweck dadurch, dass er das Handelsgewerbe betreibt, der Stille durch die Leistung einer Vermögenseinlage, vgl. § 230 I HGB. Die stille Gesellschaft entsteht mit Abschluss des Gesellschaftsvertrages bzw. dem darin vereinbarten Zeitpunkt.

hemmer-Methode: Verliert der Inhaber des Geschäftes seine Kaufmannseigenschaft, wandelt sich die stille Gesellschaft kraft Gesetzes in eine BGB-Innengesellschaft um.

Genehmigungserfordernis gem. § 1822 Nr. 3 BGB

Soll stiller Gesellschafter eine in der Geschäftsfähigkeit beschränkte Person werden, ist hinsichtlich des Erfordernisses einer vormundschaftsgerichtlichen Genehmigung gem. § 1822 Nr. 3 BGB wie folgt zu differenzieren:[373]

371 RGZ 126, 386.
372 BGH, WM 1974, 945.
373 BGH, NJW 1957, 672 = **juris**byhemmer; OLG Hamm, BB 1974, 294 = **juris**byhemmer; das Argument, dass nur der Inhaber das Gewerbe betreibt, ist vordergründig.

- ➲ Kein Genehmigungserfordernis, wenn die Person sich nur zu einer einmaligen Kapitalbeteiligung verpflichtet und von der Geschäftsführung (bei Beteiligung an der Geschäftsführung liegt eine atypische stille Gesellschaft vor) und vom Verlust ausgeschlossen ist.

- ➲ Dagegen ist eine Genehmigung erforderlich, wenn eine atypische stille Gesellschaft vorliegt oder die Person am Verlust beteiligt ist (gem. § 231 I HGB die Regel) bzw. zu Nachschüssen verpflichtet ist.

b) Die Rechte und Pflichten der Gesellschafter

Stiller Gesellschafter	**Inhaber des Handelsgeschäfts**
Einlagepflicht, § 230 I HGB	Grds. alleinige(s) Geschäftsführungspflicht und -recht
Kontrollpflicht, § 233 HGB	Kein Recht, das Unternehmen ohne Zustimmung des Stillen zu veräußern bzw. aufzugeben
Gewinn- bzw. Verlustbeteiligung, § 231 HGB	Gesellschafterliche Treuepflicht
Kündigungsrecht, § 234 I HGB, § 723 BGB	
Gesellschafterliche Treuepflicht	

hemmer-Methode: Soweit der Gesellschaftsvertrag und §§ 230 ff. HGB keine Regelungen enthalten, ist subsidiär auf §§ 705 ff. BGB zurückzugreifen, soweit diese nicht durch die besondere Natur der stillen Gesellschaft als reine Innengesellschaft unpassend sind. 340

Rechte und Pflichten des Inhabers

Der Inhaber des Handelsgewerbes ist verpflichtet, sein Handelsgewerbe im eigenen Namen, aber intern für Rechnung der stillen Gesellschaft zu betreiben. Er ist allein geschäftsführungsberechtigt (Ausnahme: atypische stille Gesellschaft). Er muss den Betrieb in den Grenzen halten, die bei gleichartigen und mit gleichen Betriebsmitteln ausgestatteten Unternehmen üblich sind, und darf nicht ohne die Zustimmung des Stillen den Betrieb veräußern bzw. aufgeben.[374] Bei einem Verstoß gegen diese Pflicht macht er sich schadensersatzpflichtig (§ 708 BGB!) und der Stille hat ein Recht zur Kündigung aus wichtigem Grund, § 723 I BGB, § 234 I S. 2 HGB.

Rechte und Pflichten des Stillen

Der stille Gesellschafter hat die vereinbarte Einlage in das Vermögen des Inhabers zu leisten, § 230 I HGB. Als Einlage kommen nicht nur Geld, sondern auch z.B. Sachen und Forderungen in Betracht. Die Einlage wird durch die Vornahme der entsprechenden sachenrechtlichen Übertragungsakte geleistet. Er hat das Kontrollrecht aus § 233 HGB, das ähnlich wie das Kontrollrecht des Kommanditisten aus § 166 HGB beschränkt ist.

374 BGH, WM 1974, 945.

Treuepflicht

Beide Gesellschafter haben (selbstverständlich) die gesellschafterliche Treuepflicht zu beachten.

Verteilung von Gewinn und Verlust

Die Verteilung von Gewinn und Verlust richtet sich unter dem Vorbehalt einer anderen gesellschaftsvertraglichen Regelung nach §§ 231, 232 HGB.

c) Die Auflösung

Auflösungsgründe

Die Auflösungsgründe sind in § 234 HGB geregelt. Zu beachten ist, 341
dass die Gesellschaft nicht durch den Tod des stillen Gesellschafters aufgelöst wird, § 234 II HGB, und dass durch die Verweisung des § 234 I S. 1 HGB auf § 132 HGB die ordentliche Kündigung nach § 723 I S. 1 BGB ausgeschlossen ist. Anders als bei der KG wird die stille Gesellschaft nach dem Tod des stillen Gesellschafters mit der Erbengemeinschaft als solcher fortgesetzt. Wie immer gilt, dass der Gesellschaftsvertrag andere Regelungen treffen kann.

Auflösung ist zugleich Vollbeendigung

Auflösung bedeutet bei der stillen Gesellschaft - wie auch bei der BGB-Innengesellschaft - zugleich ihre Vollbeendigung. Eine Liquidation findet mangels Gesellschaftsvermögens nicht statt.[375] Mit der Auflösung entsteht vielmehr ein schuldrechtlicher Anspruch des stillen Gesellschafters gegen den Geschäftsinhaber auf Auszahlung seines Guthabens, das stets in Geld auszuzahlen ist, § 235 HGB. Bei den schwebenden Geschäften nimmt der stille Gesellschafter am Gewinn und am Verlust teil, § 235 II HGB.

Wiederholen Sie an dieser Stelle die Wiederholungs- und Vertiefungsfragen 116 - 157.

375 BGH, WM 2016, 511 = **juris**byhemmer.

2. TEIL: RECHT DER KÖRPERSCHAFTEN

§ 4 DIE ORGANISATIONSFORM DER KÖRPERSCHAFT

hemmer-Methode: Grundlegende Unterschiede herausarbeiten! Wiederholen Sie die Übersicht zu den Personengesellschaften und Körperschaften in Rn. 8 ff. jetzt nochmals, dann sind Ihnen wesentliche Grundsätze des Rechts der Körperschaften bereits vertraut!

Körperschaften weitgehend verselbstständigt

Die Körperschaften weisen in unterschiedlichem Ausmaß das wesentliche Merkmal körperschaftlicher Struktur auf, nämlich die weitgehende rechtliche Verselbstständigung des Zusammenschlusses mehrerer Personen. Anders als bei den Personengesellschaften kommt hier nämlich dem Schicksal des einzelnen Mitglieds keine entscheidende Bedeutung zu - was hier zählt, ist allein die Gesamtheit der Mitglieder: Der Einzelne tritt hinter das Ganze zurück. 342

Konsequenzen der Verselbstständigung

Konsequente Folge der zunehmenden rechtlichen Verselbstständigung ist zugleich, dass der Zusammenschluss mehrerer Personen eines höheren Grades an Organisation bedarf: Die Körperschaft benötigt einen Organisationsakt, eine Satzung, die ihr Funktionieren nach innen und außen regelt. Zwingend erforderlich wird auch die Bestellung bestimmter Organe, die für das juristische Gebilde „Körperschaft“ handeln. Denn im Unterschied zu den Personengesellschaften, deren „geborene“ Organe stets Gesellschafter sind, müssen die Körperschaften ihre Handlungsträger (= Organe) erst erhalten (Grundsatz der Drittorganschaft). Am eindrucksvollsten dokumentiert sich die Verselbstständigung aber zweifellos darin, dass die Körperschaft im Rechtsverkehr unter einem eigenen Gesamtnamen auftritt und grundsätzlich einer eigenständigen und alleinigen Haftung für ihr Handeln unterliegt.

hemmer-Methode: Bei den Körperschaften gilt das sog. Trennungsprinzip, d.h. es ist zwischen der Körperschaft, die eine eigene Rechtspersönlichkeit besitzt, und ihren Mitgliedern rechtlich zu trennen. Diese Trennung zeigt sich vor allem darin, dass die Mitglieder nicht für die Verbindlichkeiten der Körperschaft haften. Eine Haftung der Mitglieder ist nur ausnahmsweise in den Fällen des sog. Durchgriffs (§ 242 BGB) gegeben. Die Durchgriffshaftung ist für den Pflichtfachbereich aber nicht relevant.
Wiederholen Sie an dieser Stelle die Wiederholungs- und Vertiefungsfrage 158 und zudem 1 - 13 (§ 1 Einleitung)!

§ 5 DER RECHTSFÄHIGE VEREIN

Verein = körperschaftlich verfasste Vereinigung

Der Verein i.S.d. BGB lässt sich beschreiben als ein auf Dauer angelegter Zusammenschluss von Personen zur Verwirklichung eines gemeinsamen Zwecks mit körperschaftlicher Verfassung.[376] Dabei unterscheidet das Gesetz selbst zwischen zwei grundlegenden Formen von Vereinen, nämlich zwischen dem rechtsfähigen (§§ 21 ff. BGB und §§ 55 ff. BGB) und dem nicht rechtsfähigen Verein (§ 54 BGB). Die Richtigkeit des allgemeinen Vereinsbegriffs erschließt sich zunächst allerdings bloß für den rechtsfähigen Verein: Denn nur bei diesem wird die für körperschaftliche Strukturen entscheidende rechtliche Verselbstständigung dadurch augenfällig, dass der organisierte Zusammenschluss von Personen selbst mit eigener Rechtspersönlichkeit ausgestattet wird. Der rechtsfähige Verein bildet eine juristische Person des Privatrechts, die als eigener Rechtsträger am Rechtsverkehr teilnimmt und selbst Inhaber von Rechten und Pflichten wird. 343

I. Erlangung der Rechtsfähigkeit

Rechtsfähigkeit

Da aber ein solches Auftreten als eigenständiges Zuordnungssubjekt von Rechten und Pflichten im Rechtsverkehr zunächst nur für den rechtsfähigen Verein unproblematisch ist, drängt sich ganz zwangsläufig die Frage auf, wann und unter welchen Voraussetzungen einem Verein eine derartige Rechtsfähigkeit zuerkannt wird. Diese Frage lässt sich jedoch nicht für alle Vereine einheitlich beantworten. Das Gesetz differenziert vielmehr insbesondere anhand der von den Vereinen mit ihrer Vereinstätigkeit verfolgten Zwecke. 344

1. Der Idealverein 345

Idealverein: nur Eintragung nötig

Wenige Probleme zeigen sich dabei auf den ersten Blick bei den so genannten Idealvereinen: Nach § 21 BGB erlangt nämlich ein solcher Verein, dessen Zweck nicht auf einen wirtschaftlichen Geschäftsbetrieb gerichtet ist, seine Rechtsfähigkeit automatisch mit der Eintragung in das beim zuständigen Amtsgericht geführte Vereinsregister.[377] Auf diese Eintragung wiederum besteht ein Anspruch, sofern ein Idealverein nur die in den §§ 55 ff. BGB geregelten Mindestvoraussetzungen erfüllt. Die wichtigsten dieser Mindestvoraussetzungen sind die bei der Gründung nötige Mindestmitgliederzahl von sieben Mitgliedern (§ 56 BGB)[378] und das Vorliegen einer Satzung, welche wenigstens den Zweck, den Namen und den Sitz des Vereins enthalten und die Absicht zur Eintragung des Vereins erkennen lassen muss (§ 57 BGB). Im Klartext bedeutet das, dass aufgrund der in den §§ 21 ff. BGB und §§ 55 ff. BGB vorgesehenen Verfahrensweise, welche man auch als System der Normativbestimmungen bezeichnet, die Erlangung der Rechtsfähigkeit für Idealvereine regelmäßig ohne größere Schwierigkeiten durch bloße Durchführung des Eintragungsverfahrens möglich ist. Endet dieses Verfahren mit der Eintragung des Vereins, so erlangt der Verein nicht nur seine eigene Rechtspersönlichkeit, sondern erhält zugleich entsprechend § 65 BGB den Namenszusatz „eingetragener Verein" (e.V.).

---

376 Palandt, Einf. v. § 21 BGB, Rn. 14.

377 Die Zuständigkeit ergibt sich dabei aus den §§ 55 und 24 BGB, zuständig ist also das Amtsgericht am Vereinssitz. Zum Elektronischen Vereinsregister vgl. § 55a BGB.

378 Beachten Sie, dass die Mitgliederzahl später bis auf drei absinken kann, ehe gem. § 73 BGB eine Entziehung der Rechtsfähigkeit erfolgt.

hemmer-Methode: Wichtige Signalwörter kennen! Taucht in einem Sachverhalt ein Verein auf, der in seinem Namen zu Recht das Kürzel „e.V." führt, dann muss Ihnen auf Anhieb klar sein, dass es sich dabei um einen rechtsfähigen Verein handelt!
Entscheidend für die Frage der Rechtsfähigkeit ist nämlich allein die Tatsache der Eintragung! Aus diesem Grunde können Sie auch die Fragen zu den Voraussetzungen einer Eintragung in Ihrer Klausur regelmäßig vernachlässigen! Größere Klausurrelevanz besitzt die Frage, welche Rechtsnatur eigentlich einem eintragungsfähigen Verein bis zum Zeitpunkt seiner Eintragung zukommt. Hierbei handelt es sich um die Problematik des so genannten Vorvereins, welche den bei der später zu behandelnden Vor-GmbH auftauchenden Rechtsfragen entspricht (vgl. Rn. 399 ff.).

kein wirtschaftlicher Geschäftsbetrieb

Das in der Praxis bedeutsamste Problem stellt sich für Vereine bei der Frage nach der Möglichkeit der Erlangung von Rechtsfähigkeit regelmäßig ohnehin bereits an ganz anderer Stelle: Die größten Schwierigkeiten tauchen nämlich häufig schon dann auf, wenn es zu entscheiden gilt, ob der Zweck eines Vereins tatsächlich nicht auf einen wirtschaftlichen Geschäftsbetrieb ausgerichtet ist. Nach einer häufig verwendeten Faustformel ist dies nur dann der Fall, wenn ein Verein zumindest nicht im Hauptzweck wie ein Unternehmer am Wirtschafts- und Rechtsverkehr teilnimmt.[379] Ein wirtschaftlicher Geschäftsbetrieb bildet nach h.M. dann den Hauptzweck des Vereins, wenn mit Hilfe einer nach außen gerichteten, planmäßigen und dauernden Tätigkeit Gewinne erzielt werden sollen, die dem Verein selbst oder seinen Mitgliedern in irgendeiner Weise zufließen sollen. Durch eine wirtschaftliche Betätigung, die dem eigentlichen ideellen Vereinszweck untergeordnet ist, wird ein Verein allerdings noch nicht zu einem wirtschaftlichen Verein (sog. Nebenzweckprivileg; bekanntes und umstrittenes Beispiel ist der ADAC).

2. Der wirtschaftliche Verein

wirtschaftlicher Verein: staatliche Verleihung

Wesentlich komplizierter ist die Erlangung von Rechtsfähigkeit für wirtschaftliche Vereine: Da der Gesetzgeber deren Ausbreitung unter Kontrolle halten wollte, machte er für sie i.R.e. Konzessionssystems die Rechtsfähigkeit gem. § 22 BGB von einem besonderen staatlichen Verleihungsakt abhängig. Diese Verleihung erfolgt in der Praxis äußerst selten, weil die Rechtsform des Vereins für eine auf wirtschaftliche Ziele gerichtete Tätigkeit subsidiär bleiben soll. Hierfür hat der Gesetzgeber schließlich in erster Linie die unterschiedlichen Kapitalgesellschaften wie GmbH, AG und eG als geeignetere Organisationsformen zur Verfügung gestellt, bei denen durch zwingende gesetzliche Vorschriften der Gläubiger- (z.B. Mindestkapital) und Mitgliederschutz (z.B. Minderheitsrechte) sichergestellt sind. Praktisch kommt daher den wirtschaftlichen Vereinen nahezu kaum Bedeutung zu. 346

rechtsfähiger Verein als Grundform aller Körperschaften

Der praktischen Relevanz entsprechend soll daher im Folgenden primär der rechtsfähige Idealverein Gegenstand der Darstellung sein.

379 Zu diesen Abgrenzungsschwierigkeiten vgl. Medicus, Allgemeiner Teil des BGB, Rn. 1111 f.; Palandt, § 21 BGB, Rn. 2 ff.

II. Das Außenverhältnis

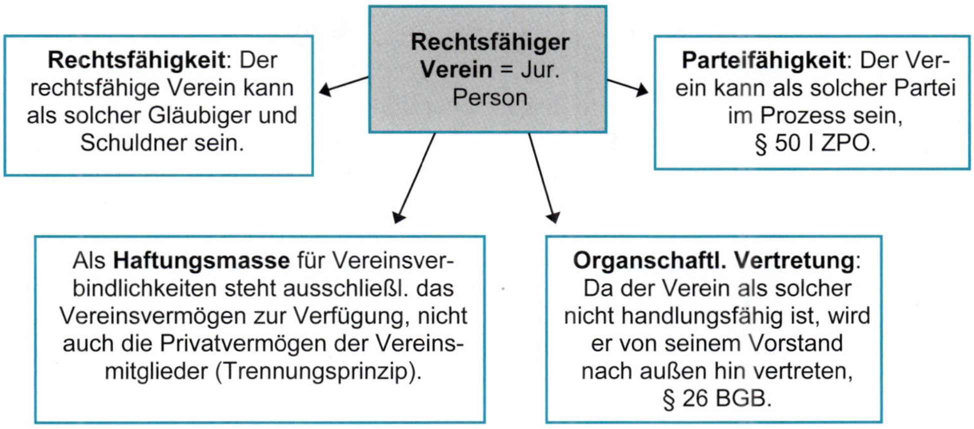

Zuallererst sei an dieser Stelle noch einmal festgehalten, dass der 347
rechtsfähige Verein als juristische Person des Privatrechts den natürlichen Personen insoweit entspricht, als er wie diese in der Lage ist, selbstständig am Rechtsverkehr teilzunehmen: Er kann also selbst Partei vertraglicher Vereinbarungen werden, Gläubiger oder Schuldner gesetzlicher Ansprüche sein und vor Gerichten im eigenen Namen klagen und verklagt werden (§ 50 ZPO).

Vereinsvermögen als Haftungsmasse

Nach alledem versteht es sich auch beinahe von selbst, dass dem Gläubiger eines Anspruchs gegenüber dem Rechtssubjekt „e.V." als Haftungsmasse ausschließlich das vom Verein gehaltene Vereinsvermögen zur Verfügung steht. Das mag für einen solchen Gläubiger zwar im Einzelfall zu Unbilligkeiten führen, da das Vereinsvermögen sehr gering sein kann und das Gesetz das Vorhandensein einer ausreichenden Haftungsmasse nicht verbindlich vorschreibt. Dennoch muss der Durchgriff auf das Privatvermögen einzelner Mitglieder grundsätzlich versagt bleiben. Ein solcher Durchgriff wäre mit dem Wesen des eingetragenen Vereins als juristischer Person nicht zu vereinbaren.[380] Der Gesetzgeber sah dies dadurch gerechtfertigt, dass man bei nichtwirtschaftlichen Vereinen nicht mit all zu umfangreichen, risikoreichen Geschäften zu rechnen habe.

Zurechnungsprobleme

Wie bei den Personengesellschaften stellen sich auch bei dem eingetragenen Verein Zurechnungsprobleme. Die juristische Person ist nämlich bloß ein rechtliches Gebilde, das als solches noch nicht in der Lage ist, selbst zu handeln. Die juristische Person ist gewissermaßen ein Körper ohne Gliedmaßen! Aktiv am Rechtsleben teilnehmen kann sie im Ergebnis allein durch Handlungen natürlicher Personen, welche der juristischen Person - um im Bild zu bleiben - ihren Arm leihen. Ähnlich wie vergleichbare Fälle des Handelns für einen anderen wirft auch dieses Handeln einer natürlichen Person als verlängerter Arm einer juristischen Person klassische Fragen der Zurechnung auf: Soweit es dabei um rechtsgeschäftliches Handeln geht, ergibt sich vor allem das Problem, durch wen und in welcher Weise der eingetragene Verein im Rechtsverkehr nach außen vertreten wird. In allen anderen Fällen stellt sich hingegen die Frage, in welchem Umfang ein Verein für das Verhalten der für ihn handelnden natürlichen Personen haftbar gemacht werden kann.

380 Hopt/Hehl, Rn. 127 ff.; ein Durchgriff käme ganz ausnahmsweise nur dann in Betracht, wenn die Rechtsform der juristischen Person rechtsmissbräuchlich verwendet wurde und/oder die Berufung auf ihre rechtliche Selbständigkeit gegen Treu und Glauben verstößt (§ 242 BGB).

1. Die Vertretung

Vertretung durch den Vorstand

Das organisierte Gebilde eines eingetragenen Vereins setzt sich zusammen aus verschiedenen organisatorischen Untereinheiten, den sogenannten Organen. Das zur Vertretung nach außen berufene Organ ist der nach § 26 BGB zwingend vorgeschriebene Vorstand. Trotz des missverständlichen Wortlauts des § 26 I S. 2 BGB vertritt der Vorstand den Verein dabei nicht als gesetzlicher Vertreter. Es handelt sich vielmehr um einen Fall organschaftlicher Vertretung. Dogmatisch ist das Handeln des Vorstands also kein Handeln für den Verein im Sinn gesetzlicher Vertretung, sondern das Handeln des Vereins selbst.[381] Trotz dieses dogmatischen Unterschieds ähnelt die organschaftliche Vertretung allerdings dem Handeln eines gesetzlichen Vertreters derart, dass sich die Vorschriften der §§ 164 und 166 BGB durchaus auch beim Auftreten eines Organs im Rechtsverkehr zitieren lassen.[382] *348*

a) Der Umfang der Vertretungsmacht

an sich umfassende, aber beschränkbare Vertretungsmacht

Dem Leitbild organschaftlicher Vertretung entsprechend ist die Vertretungsmacht des Vorstands dem Grunde nach unbeschränkt. Der Vorstand vertritt den Verein gerichtlich und außergerichtlich in allen Angelegenheiten. *349*

Dieser Grundsatz unterliegt nur zwei allgemeinen Einschränkungen: Zum einen kann der Vorstand den Verein bei solchen Geschäften nicht wirksam vertreten, die auch für Dritte erkennbar völlig außerhalb des Vereinszwecks liegen.[383] Zum anderen läuft die Vertretungsmacht dort leer, wo der Vorstand in die Befugnisse anderer Organe eingreift, sich also insbesondere Geschäfte anmaßt, die das Grundverhältnis des Vereins betreffen und daher nach § 32 BGB der Mitgliederversammlung des Vereins vorbehalten bleiben sollen.

Diese umfassende Vertretungsmacht des Vorstands kann freilich gem. § 26 I S. 3 BGB durchaus auch mit Wirkung nach außen beschränkt werden. Vorgenommen werden muss eine solche Beschränkung stets i.R.d. Vereinssatzung, der von der Mitgliederversammlung zu beschließenden Verfassung des Vereins (§ 25 BGB). Bei einem im Vereinsregister eingetragenen Verein kann eine Beschränkung der Vertretungsmacht außerdem erst dann Außenwirkung entfalten, wenn sie entweder im Register eingetragen oder dem Vertragspartner bekannt ist. Insoweit kommt auch dem Vereinsregister nach den Bestimmungen der §§ 70, 68 BGB eine negative Publizität zu. In keinem Fall möglich ist es im Übrigen, dem Vorstand die Vertretungsmacht zur Gänze zu entziehen[384]

hemmer-Methode: Der Begriff der negativen Publizität ist Ihnen bereits aus § 15 I HGB vertraut! Im Vereinsrecht greift eine entsprechende negative Publizität bei Nichteintragung von Vorstandsänderungen und Beschränkungen der Vertretungsmacht. Das ermöglicht es dem Klausurersteller, altbekannte Fragen zur Rechtsfigur der negativen Publizität in einem unbekannten Rechtsgebiet abzuprüfen!

381 Palandt, § 26 BGB, Rn. 2; derselbe dogmatische Ansatz gilt i.Ü. auch für die besonderen Vertreter, welche gem. § 30 BGB in der Vereinssatzung als zusätzliches Vertretungsorgan vorgesehen werden können; andererseits können die Vertretungsorgane selbstverständlich jederzeit nach allgemeinen Regeln anderen Personen rechtsgeschäftliche Vertretungsmacht erteilen.

382 Palandt, Einführung vor § 164 BGB, Rn. 5a.

383 Dies ist nicht unumstritten, vgl. K. Schmidt, § 24 III 2 c; gleichwohl wird in diesen Fällen regelmäßig ein evidenter Missbrauch der Vertretungsmacht vorliegen, sodass beide Ansichten meist zum gleichen Ergebnis gelangen.

384 Palandt, § 26 BGB, Rn. 5.

Beachten Sie an dieser Stelle aber zugleich, dass das Vereinsregister keinerlei positive Publizität kennt. Eine dem § 15 III HGB entsprechende Vorschrift fehlt hier gerade.

b) Der mehrgliedrige Vorstand

Aktivvertretung bei mehrköpfigem Vorstand

Besondere Schwierigkeiten ergaben sich früher bei der Aktivvertretung, wenn das Organ Vorstand nicht mehr aus einer einzigen Person besteht. Es war umstritten, ob der Vorstand dann nach Mehrheit entscheidet, Einzel- oder Gesamtvertretung besteht. Schon nach früher h.M. galt das Mehrheitsprinzip. 350

Durch § 26 II S. 1 BGB ist dieses Problem gelöst worden (VereinsRÄndG, Inkraftgetreten am 30.09.2009). 351

2. Die Haftung

Zurechnung nach § 31 BGB

Die für Fragen der Zurechnung im Vereinsrecht maßgebliche Norm ist § 31 BGB. 352

Diese Vorschrift beruht auf dem Gedanken, dass es einem rechtsfähigen Verein als eigenständigem Rechtsträger nicht möglich sein darf, sich aus der Verantwortung für das Handeln der von ihm eingesetzten und für ihn auftretenden Organe zu stehlen. Aus diesem Grund rechnet § 31 BGB dem Verein das Handeln seiner verfassungsmäßig berufenen Vertreter als eigenes zu. In Befolgung dieses Grundgedankens hat der Gesetzgeber die Haftungszurechnung über § 31 BGB im Außenverhältnis gegenüber Dritten gem. § 40 BGB als unabdingbar ausgestaltet. Gleichermaßen konsequent ist es dann aber auch, eine Zurechnung nach § 31 BGB in möglichst weitem Umfang vorzunehmen, um eigenständigen rechtsfähigen oder zumindest teilrechtsfähigen Rechtssubjekten die bei Einschaltung von Hilfspersonen stets drohende Flucht aus der eigenen Verantwortung möglichst weitgehend zu verwehren.

hemmer-Methode: § 31 BGB ist eine der zentralen Zurechnungsvorschriften des BGB! Anders als § 831 BGB stellt sie keine haftungsbegründende Norm für vermutetes eigenes Verschulden dar, sondern rechnet dem rechtsfähigen Verein das schuldhafte Verhalten seiner Organe als eigenes zu! In § 31 BGB kommt dabei der allgemeine Gedanke der Organtheorie am deutlichsten zum Ausdruck! Diesem hinter § 31 BGB stehenden Gedanken entsprechend findet die Vorschrift, wie Sie bereits wissen, schon längst nicht mehr bloß im Vereinsrecht Anwendung, sondern bei allen juristischen Personen und auch bei den Personengesellschaften! Deshalb sind Ihnen viele Probleme aus dem Bereich des § 31 BGB schon bekannt! Dies gilt vor allem für die Fragen der Wissenszusammenrechnung innerhalb eines mehrgliedrigen Organs (vgl. hierzu oben Rn. 107 ff.)!
Machen Sie sich an dieser Stelle nur noch einmal kurz klar, dass § 31 BGB dem § 278 BGB insoweit ähnelt, als es auch hier um eine Zurechnung von Verschulden geht, dass § 31 BGB jedoch im Ergebnis zu einer wesentlich umfassenderen Zurechnung führt! Im Übrigen sei folgend nur noch auf einige im Vereinsrecht besonders bedeutsame Zweifelsfragen des § 31 BGB eingegangen!

Vor allem zwei Punkte werden im Hinblick auf die Zurechnungsnorm des § 31 BGB im Bereich des Vereinsrechts immer wieder diskutiert:

a) Der sachliche Umfang der Zurechnung

deliktisches Fehlverhalten

Der Wortlaut dieser Vorschrift spricht zunächst von einer Verantwortlichkeit nur bezüglich solcher Schäden, die ein Organ des Vereins „durch eine in Ausführung der ihm zustehenden Verrichtungen begangene, zum Schadensersatz verpflichtende Handlung" verursacht hat. Unproblematisch ist eine Zurechnung zunächst also nur bei einem deliktischen Fehlverhalten von Organen: In diesen Fällen kommen für den Geschädigten gegenüber dem Verein zweifelsohne Ansprüche aus §§ 823 ff. BGB i.V.m. § 31 BGB in Betracht. 353

hemmer-Methode: Klassische Stolpersteine kennen! Ein durchaus häufiger Fehler ist die Prüfung von Ansprüchen gegenüber einem Verein aus § 831 BGB unter Anknüpfung an ein Fehlverhalten des Vorstands! Mit diesem kapitalen Fehlgriff offenbart der Klausurbearbeiter, dass er den grundlegenden Unterschied zwischen dem Vorstand als Organ des Vereins und einem Verrichtungsgehilfen als weisungsgebundener Hilfsperson nicht verstanden hat! Ansprüche gegen einen Verein aus § 831 BGB kommen folglich nur dann ernsthaft in Frage, wenn gerade nicht der Vorstand oder ein ähnliches Organ selbst gehandelt hat, sondern eine andere, weisungsgebundene Hilfsperson! Kommen Sie einmal in die Verlegenheit, einen Fall bearbeiten zu müssen, in dem eine solche Hilfsperson als Verrichtungsgehilfe des Vereins auftritt, ist § 831 BGB zusammen mit § 31 BGB zu prüfen, da § 831 BGB eine Haftung für vermutetes eigenes Verschulden statuiert. 354

Dieses Verschulden kann aber nur ein Verschulden eines Organs sein, das dem Verein wiederum über § 31 BGB als eigenes Verschulden zuzurechnen ist, denn der Verrichtungsgehilfe wird durch den Vorstand als organschaftlichen Vertreter des Vereins ausgewählt, ist diesem gegenüber weisungsgebunden und wird von diesem überwacht.

str.: § 31 BGB im vertraglichen Bereich

Bei allen anderen, nichtdeliktischen Ersatzpflichten wird die Anwendbarkeit des § 31 BGB hingegen immer wieder bestritten.[385] Mit dem hinter der Vorschrift stehenden allgemeinen Rechtsgedanken sind solche Zweifel allerdings kaum zu vereinbaren. Eine umfassende Zurechnung des Verhaltens von Repräsentanten eines Vereins wird nämlich nur dann gewährleistet, wenn sich der Verein grundsätzlich alle zum Schadensersatz verpflichtenden Handlungen zurechnen lassen muss, und zwar unabhängig davon, auf welchen Gründen eine Ersatzpflicht beruht. Ein Verzicht auf die Anwendung des § 31 BGB bei gleichzeitigem Abstellen auf die in Sonderbeziehungen ansonsten geltende allgemeine Zurechnungsnorm des § 278 BGB würde es dem Verein nämlich zuletzt ermöglichen, sich für das Fehlverhalten seiner Organe nach § 278 S. 2 BGB vollständig freizuzeichnen. Sieht man jedoch im Handeln der Organe dogmatisch richtig das Handeln des Vereins selbst, so muss der allgemeine Grundsatz des § 276 III BGB Berücksichtigung finden, wonach eine Haftung für eigenen Vorsatz nicht von vornherein ausgeschlossen werden kann. 355

Nach diesen Überlegungen muss der Rückgriff auf die in § 278 BGB enthaltene weite Freizeichnungsmöglichkeit im Vereinsrecht ausgeschlossen bleiben. Richtig ist es vielmehr, die umfassende Zurechnungsnorm des § 31 BGB auch bei der Verletzung aller vertraglichen (§ 241 BGB) und quasi-vertraglichen (§§ 311 II, III, 241 II BGB) Pflichten anzuwenden. Ebenfalls anwendbar ist § 31 BGB dementsprechend bei Ansprüchen aus §§ 122, 311a II BGB sowie im Ergebnis bei schuldlosen zum Schadensersatz verpflichtenden Handlungen (z.B. §§ 228, 904 BGB, § 7 StVG).[386]

385 Vgl. etwa Medicus, BR, Rn. 779.

386 Vgl. etwa Palandt, § 278 BGB, Rn. 5, 6 m.w.N.

in Ausführung der zustehenden Verrichtung

Einigkeit besteht demgegenüber wieder darüber, dass sich ein Verein in jedem Fall nur dasjenige Verhalten seiner Organe zurechnen lassen muss, welches diese in Ausübung der ihnen zustehenden Verrichtungen an den Tag legen. Es muss also zwischen der schädigenden Handlung eines Organs und dem ihm zugewiesenen Aufgabenkreis ein sachlicher Zusammenhang bestehen. Das Organ muss gewissermaßen „amtlich" tätig geworden sein. Eine Schädigung, die bloß zufällig in einem örtlichen und zeitlichen Zusammenhang mit einer Amtshandlung steht und somit bloß bei Gelegenheit einer Amtshandlung geschieht, erfüllt dieses Kriterium nicht.[387] 356

hemmer-Methode: Das Begriffspaar „in Ausführung" bzw. „in Ausübung" einerseits und „bei Gelegenheit" andererseits ist Ihnen bereits aus dem Bereich des § 278 BGB und des § 831 BGB geläufig! Dieselbe Abgrenzung taucht auch bei § 31 BGB auf! Sie können also auch hier wieder auf Bekanntes zurückgreifen! Klarmachen sollten Sie sich an dieser Stelle allerdings, dass es für die Frage, ob ein Organ in Ausübung seiner Verrichtung tätig geworden ist, im Bereich der umfassenden Zurechnungsnorm des § 31 BGB nicht darauf ankommt, ob dieses Organ für seine Handlung auch Vertretungsmacht hatte! § 31 BGB findet vielmehr sehr häufig gerade dann Anwendung, wenn ein Organ seine Vertretungsmacht überschritten hat, ohne sich mit seinem Verhalten so weit von seinem Aufgabenkreis entfernt zu haben, dass auch für Außenstehende deutlich erkennbar jeder Zusammenhang zu diesem Aufgabenkreis fehlt!

b) Der persönliche Anwendungsbereich

anwendbar auf Personen in bedeutsamer Funktion

In persönlicher Hinsicht unmittelbar anwendbar ist § 31 BGB dem Gesetzeswortlaut nach nur auf den Vorstand als Gesamtorgan, auf einzelne Vorstandsmitglieder und auf andere verfassungsmäßig berufene Vertreter. Zu letzteren zählen aber nicht etwa bloß die besonderen Vertreter i.S.v. § 30 BGB, sondern nach der durch Rspr. und Literatur vorgenommenen weiten Auslegung alle Personen, denen durch die allgemeine Betriebsregelung und Handhabung innerhalb des Vereins bedeutsame wesensmäßige Funktionen zur selbstständigen und eigenverantwortlichen Erledigung zugewiesen wurden.[388] Diese weite Auslegung entspricht einmal mehr dem allgemeinen Rechtsgedanken, dass eine juristische Person für das Verhalten ihrer Repräsentanten möglichst umfassend zur Verantwortung gezogen werden soll. Aus demselben Grund darf es daher auch keine Rolle spielen, ob die Tätigkeit der betreffenden Person als solche in der Vereinssatzung selbst vorgesehen ist und ob die Person für eine derartige Tätigkeit rechtsgeschäftliche Vertretungsmacht besitzt. Demzufolge genügt es für die Begründung einer Haftung des Vereins bereits, wenn sich aus einem mehrköpfigen Organ nur eine Person fehlerhaft verhält und das selbst dann, wenn dieses Organ an sich nur gesamtvertretungsberechtigt ist. 357

Lehre vom Organisationsmangel

Als einzige Chance zur Vermeidung einer eigenen Haftung verblieb dem Verein daher zunächst nunmehr die Möglichkeit, die für ihn wesensmäßigen Funktionen auf Hilfspersonen zu übertragen, welche gerade nicht eigenverantwortlich, sondern weisungsgebunden tätig werden und daher nicht unter § 31 BGB fallen, sondern unter § 831 BGB. Aber auch dieses Schlupfloch hat die Rechtsprechung geschlossen: Durch die so genannte Lehre vom Organisationsmangel hat sie nämlich den Vereinen die Pflicht auferlegt, den Gesamtbereich der Vereinstätigkeiten in einer Weise zu organisieren, die sicherstellt, dass für alle bedeutsamen Aufgaben ein verfassungsmäßiger Vertreter zuständig ist, welcher die maßgeblichen Entscheidungen selbst trifft. 358

387 BGH, NJW 1980, 115 = **juris**byhemmer; BGHZ 98, 151 = **juris**byhemmer.

388 BGHZ 49, 21 = **juris**byhemmer; die Literatur stimmt diesem Ansatz weitgehend zu, wendet aber § 31 BGB in solchen Fällen mit Vertretern ohne satzungsmäßiger Rechtsstellung nur entsprechend an; vgl. Palandt, § 31 BGB, Rn. 8; Medicus, BR, Rn. 793.

Erfüllt der Verein diese Organisationspflicht nicht, so trifft ihn ein Organisationsverschulden. Er muss sich dann so behandeln lassen, als wäre der tatsächlich eingesetzte Verrichtungsgehilfe in Wirklichkeit ein verfassungsmäßiger Vertreter.[389] Als Ergebnis lässt sich also festhalten: Der Verein haftet ohne jede Entlastungsmöglichkeit für alle Funktionsträger und Bedienstete, denen er einen wichtigen Aufgabenbereich übertragen hat.[390]

hemmer-Methode: Richtige Einordnung! Die Erweiterung des Anwendungsbereiches des § 31 BGB auf sog. Repräsentanten und die Lehre vom Organisationsmangel betreffen Erweiterungen des allgemeinen Deliktsrechts, um die Exkulpationsmöglichkeit des § 831 I S. 2 BGB zu umgehen. Mit der gesellschaftsrechtlichen Zurechnung des Verschuldens des Vorstandes als Organ hat dies nichts zu tun!

Vereinsrecht in der Klausur

Alle soeben erörterten Probleme des Außenverhältnisses lassen sich ohne Schwierigkeiten in den ganz normalen Klausuraufbau einfügen. Dies demonstriert anschaulich auch der folgende 359

Beispielsfall: *Der Verein „Kerpener Bruchpiloten" e.V. hat es sich zum Ziel gesetzt, seine Mitglieder, die amateurmäßig Autorennsport betreiben, in ihrem Hobby zu unterstützen. Diesem Vereinszweck entsprechend und zugleich in der guten alten Tradition der „Vereinsmeierei" veranstaltet der Verein in erster Linie feuchtfröhliche Vereinsabende, welche dem fachspezifischen Erfahrungsaustausch unter den Mitgliedern ebenso dienen sollen wie dem geselligen Beisammensein.*

Gelegentlich wagt man sich auch an die Organisation kleinerer Schaurennen, welche es den Mitgliedern ermöglichen sollen, selbst Erfahrungen im Kampf gegen die Uhr zu gewinnen und Motorsport hautnah zu erleben. Diesen Bedürfnissen entsprechend weist die Vereinskasse selten mehr als den für eine Jahresration Bier erforderlichen Betrag auf.

Der Vorstand des Vereins besteht aus Micha (M), Ralf (R) und Schatzmeister Heinz-Harald (H). Für den 26.01., den Tag des ersten Rennens der diesjährigen Formel 1-Saison, war eine der monatlichen Vorstandssitzungen anberaumt worden. Da in der vom Vorsitzenden verschickten Ladung als Tagesordnungspunkt lediglich die Veranstaltung eines Rennens aufgeführt war, und er dahinter nur eines der vereinsüblichen Wald- und Wiesenrennen vermutete, hielt H seine Anwesenheit hierbei für entbehrlich. Er meinte, es sei demgegenüber wesentlich nützlicher, den nationalen Formel 1-Heroen unmittelbar an der Rennstrecke moralischen Beistand zu leisten und begab sich daher ins sonnige Spanien, den Ort des diesjährigen Formel 1-Showdowns.

M und R ließen sich allerdings durch die Abwesenheit des H nicht aufhalten. Dabei wussten sie zwar sehr wohl, dass sich ihr Verein nur dem Amateursport verschrieben hatte, rechneten also auch damit, dass sie keine über diesen Bereich hinausgehenden Befugnisse haben.

Da sie andererseits der Meinung waren, angesichts des derzeitigen Booms im Motorsportbereich müsse man den eigenen Mitgliedern einmal so richtig etwas bieten, beschlossen sie in brüderlicher Einstimmigkeit, für das nächste Vereinsrennen einen echten Profi zu engagieren. Besonders geeignet erschien ihnen dafür Jacques V. (V), ein Nachwuchsfahrer, welcher bereits durch einige gute Resultate in der Formel 3 auf sich aufmerksam gemacht hatte und unter Insidern als aufstrebender Stern am Motorsporthimmel gehandelt wurde. Als Gage hielten sie angesichts der explodierenden Fahrergehälter im gesamten Motorsportbereich einen Betrag von 10.000,- € für angemessen. Den H setzten M und R von ihrem Beschluss nur in der Weise in Kenntnis, dass sie ihm mitteilten, man werde für das am übernächsten Sonntag stattfindende Rennen auch den V einladen.

389 RGZ 157, 235; BGH, NJW 1980, 2810 = jurisbyhemmer.

390 Palandt, § 31 BGB, Rn. 8.

Sofort setzte sich M im Einvernehmen mit R mit V in Verbindung. Angesichts der in Aussicht gestellten Summe, die er für seinen exklusiven Lebensstil gut gebrauchen konnte, sagte V dem M seine Teilnahme am Rennen spontan und voller Begeisterung zu.

Am Renntag selbst allerdings fühlte sich V nicht recht in Form: Infolge einer feuchtfröhlichen Siegesfeier am Vorabend war er noch reichlich übermüdet, und so beschloss er angesichts der schlechten Witterungsverhältnisse und seiner eigenen, infolge Müdigkeit verlangsamten Reaktionszeiten, sich in Befolgung aristotelischer Lebensweisheiten stets möglichst nahe an der Fahrbahnmitte aufzuhalten. Der anhaltende Dauerregen an diesem Tag hatte außerdem dazu geführt, dass der Publikumsbesuch weit hinter den Erwartungen zurückgeblieben war, sodass sich V, der einen Massenansturm von (häufig weiblichen) Fans gewöhnt war, auch nicht recht motivieren konnte. Die Verkettung dieser unglücklichen Umstände führte schließlich dazu, dass V die Zuschauer maßlos enttäuschte, die Wind und Wetter getrotzt hatten, um ihn live zu erleben. Im Gegensatz zu M, der das Rennen um eine Kinnlänge gegenüber der Konkurrenz gewann, landete V nämlich nur im Mittelfeld. Einige der teilnehmenden Amateurfahrer hatten die Gunst der Stunde genutzt und V einmal gezeigt, was eine Harke ist.

Unmittelbar nach dem Rennen wollte V die erlittene Schmach möglichst rasch vergessen und sich angenehmeren Dingen zuwenden. Er begab sich daher in das Organisationsbüro und forderte von dem dort anwesenden H die Bezahlung der vereinbarten 10.000,- €. Angesichts dieser dreisten Forderung kippt H beinahe aus seinem Drehstuhl. Als er seine Fassung wiedergewonnen hat, macht er geltend, dass er von dem „Engagement" des V nichts gewusst habe. Daher könne der Verein gar nicht an diese Vereinbarungen gebunden sein. Außerdem umfasse die Vertretungsmacht des Vorstands schon von vornherein nicht die Verpflichtung eines Profirennfahrers und die Bezahlung einer solch hohen Gage.

Schließlich gebe die nur spärlich gefüllte Vereinskasse einen solchen exorbitanten Betrag gar nicht her. Tatsächlich war im Vereinsregister eingetragen, dass der Vorstand den Verein i.R.d. amateurmäßigen Betriebes vertreten dürfe.

Außerdem müsse auch aufgrund des schlechten Wetters am Renntag, des mangelnden Zuschauerzuspruchs und vor allem des unmotivierten Auftretens und katastrophalen Abschneidens des V die Ausbezahlung des vereinbarten Betrages in voller Höhe ausgeschlossen sein.

V sieht das naturgemäß ganz anders: Er ist sich keiner Schuld bewusst, da man schließlich auch einem Profi menschliche Schwächen zugestehen müsse. Selbst er könne gelegentlich einen schlechten Tag haben. Die Verhältnisse innerhalb des Vereins gingen ihn ohnehin nichts an, er wolle jetzt nur endlich seine Kohle sehen. Als sich H jedoch weiterhin standhaft weigert, wird es V zu bunt. Er meint, die ganze Geschichte langweile ihn, er werde sie jetzt seinem Anwalt übergeben, weil dieser ganze juristische Kram ohnehin nur etwas für Weicheier und Bürohengste sei. Er jedenfalls wolle sich damit nicht herumärgern.

Beantworten Sie als Anwalt des V folgende Frage: Kann V vom e.V. die Zahlung von 10.000,- € verlangen?

Lösung: 360

I. V würde gegen den e.V. ein Anspruch auf Bezahlung von 10.000,- € dann zustehen, wenn ein solcher Anspruch durch vertragliche Vereinbarung wirksam begründet worden ist.

1. Unabhängig von der Frage, ob man die zwischen V und M getroffene Vereinbarung als Dienstvertrag (§§ 611, 614 BGB) oder als Werkvertrag (§ 631 BGB) zu qualifizieren hat, besteht der fragliche Primäranspruch auf Bezahlung der vereinbarten Vergütung dem e.V. gegenüber nur dann, wenn dieser durch das Handeln des M wirksam verpflichtet wurde.

2. Die von M abgegebene Willenserklärung würde dem e.V. allerdings nur dann entsprechend § 164 BGB zugerechnet, wenn die Voraussetzungen wirksamer Vertretung vorlägen. Da sich aus den Umständen hinreichend deutlich ergibt, dass als Vertragspartner nur der e.V. selbst in Betracht kommen sollte, hängt die Frage der Wirksamkeit der Vertretung durch M davon ab, inwieweit M bei Abgabe seiner Erklärungen mit entsprechender Vertretungsmacht ausgestattet war.

a) Gem. § 26 I S. 2 BGB wird der Verein durch den Vorstand vertreten. Es handelt sich dabei um eine umfassende organschaftliche Vertretung. Grundsätzlich wird der e.V. also durch alle von seinem Vorstand getätigten Geschäfte gebunden.

b) Hier könnte sich allerdings etwas anderes deshalb ergeben, weil das Vorstandsmitglied H bei der Beschlussfassung über die Einladung des V nicht beteiligt war. Zwar war den Vorschriften der §§ 28, 32 I S. 3 BGB insoweit Genüge getan, als ein Beschluss mit der Mehrheit der erschienenen Vorstandsmitglieder gefasst wurde. Problematisch erscheint freilich, dass in der Ladung zu der betreffenden Vorstandssitzung als Tagesordnungspunkt lediglich ganz allgemein die Veranstaltung eines Rennens angegeben war, nicht jedoch die Einladung des V.

aa) Die Angabe der Tagesordnungspunkte muss nämlich so genau sein, dass die Vorstandsmitglieder über die Notwendigkeit ihrer Teilnahme an der Sitzung entscheiden und sich auf die Angelegenheit vorbereiten können. Ein Verstoß gegen dieses formelle Erfordernis hat an sich die Nichtigkeit des Beschlusses zur Folge (§§ 28, 32 I S. 2 BGB).

bb) Letztlich bedarf diese Frage an dieser Stelle keiner Entscheidung, da die vorstandsinterne Beschlussfassung über die Einladung des V von der Frage der wirksamen Verpflichtung des e.V. im Außenverhältnis genauestens zu unterscheiden ist. Probleme der ordnungsgemäßen Beschlussfassung sind dabei eindeutig dem Innenverhältnis zuzuordnen. Auf das Außenverhältnis schlagen sie grundsätzlich nicht durch.

c) Beachtlich könnten die Einwände des H aber insoweit sein, als er geltend macht, er selbst sei beim Abschluss des Vertrages mit V gar nicht dabei gewesen und außerdem habe angesichts des vom e.V. verfolgten Vereinszwecks das profihaften Bedingungen entsprechende Engagement des V von vornherein außerhalb der Organmacht und damit der Vertretungsmacht des Vorstandes gelegen.

Denn tatsächlich bleibt das Vorliegen wirksamer Vertretung zunächst dadurch fraglich, dass im Verhältnis zu V nicht der gesamte Vorstand des e.V. aufgetreten ist, sondern nur M mit Billigung des R. Im Vereinsrecht gilt jedoch das Prinzip der Mehrheitsvertretung, vgl. § 26 II S. 1 BGB, so dass die Vertretung insoweit ordnungsgemäß erfolgte.

d) Allerdings ist fraglich, ob die organschaftliche Vertretungsmacht des M das Engagement des V umfasst.

aa) Grundsätzlich ist die Vertretungsmacht des Vorstands zwar unbeschränkt. Zugleich ist aber anerkannt, dass sie sich von vornherein nicht auf solche Geschäfte erstreckt, die auch für Dritte erkennbar ganz außerhalb des Vereinszwecks liegen. Da es im konkreten Fall allerdings um die Teilnahme eines Motorsportlers an einem von einem Motorsportverein veranstalteten Rennen ging, kommt diese Einschränkung nicht zum Tragen.

bb) Es könnte jedoch die Vertretungsmacht des Vorstands durch die Satzung entsprechend § 26 I S. 3 BGB mit Wirkung gegenüber Dritten eingeschränkt sein. Entsprechend der Eintragungen ins Vereinsregister betreibt der Verein ausschließlich amateurmäßigen Motorsport und darf auch der Vorstand ausdrücklich nur in diesem Rahmen tätig werden. Eine Auslegung dieser Bestimmungen ergibt unproblematisch, dass der Abschluss eines Vertrags über 10.000,- € mit einem Motorsportprofi anders als die Gewährung einer geringen Unkostenpauschale hiervon nicht mehr gedeckt ist.

Mit der erfolgten Eintragung der Beschränkung der Vertretungsmacht wirkt diese entsprechend §§ 64 und 70 BGB i.V.m. § 68 BGB unabhängig davon im Rechtsverkehr, ob der Vertragspartner die Beschränkung der Vertretungsmacht tatsächlich kannte oder nicht.

3. Im Ergebnis liegt daher mangels ausreichender Vertretungsmacht des M keine wirksame organschaftliche Vertretung vor. Da auch später keine wirksame Genehmigung nach § 177 I BGB erteilt wurde, wofür hier angesichts des über den Vereinszweck hinausgehenden Geschäftsgegenstands die Mitgliederversammlung zuständig gewesen wäre, entfällt das Vorliegen einer wirksamen vertraglichen Vereinbarung zwischen dem e.V. und V. Ein Erfüllungsanspruch des V auf Bezahlung von 10.000,- € kommt daher nicht in Betracht.

hemmer-Methode: Richtige Gewichtung der Klausur! Die organschaftliche Vertretung des Vereins ist die Zentralproblematik der Klausur! Sie muss deshalb ausführlich behandelt werden!

II. Zu untersuchen ist weiter, ob sich ein auf Bezahlung von 10.000,- € gerichteter Anspruch des V gegenüber dem e.V. aus § 179 I BGB i.V.m. § 31 BGB ergeben kann.

§ 179 BGB gibt aber gerade keinen Anspruch gegen den Vertretenen, sondern soll ausschließlich den Vertreter treffen. Eine Umleitung der Haftung auf den Verein gem. § 31 BGB würde daher dem Sinn und Zweck der Vorschrift widersprechen.

III. Ein Anspruch des V gegen den Verein könnte sich jedoch aus § 280 I BGB i.V.m. §§ 311 II, 241 II BGB i.V.m. § 31 BGB ergeben.

1. Als unproblematisch erscheint dabei zunächst das Vorliegen einer rechtswidrigen und schuldhaften Pflichtverletzung des Vereins. Denn das Fehlverhalten des Vorstands wird dem e.V. nach § 31 BGB zugerechnet. Der M ist nämlich insoweit auch „in Ausführung der ihm zustehenden Verrichtungen" tätig geworden. Hierfür ist eben nicht erforderlich, dass das Organ bei einer ihm ausdrücklich zugewiesenen Aufgabe i.R. seiner Befugnisse handelt. Es genügt vielmehr jedes in amtlicher Eigenschaft vorgenommene Handeln. Die Pflichtverletzung des M besteht darin, dass er V die Bezahlung von 10.000,- € versprochen hatte, obwohl er damit rechnen musste, dass er laut Satzung hierzu nicht die erforderliche Vertretungsmacht besaß (§ 179 I BGB).

2. Trotzdem muss eine Haftung des Vereins aus § 280 I BGB i.V.m. §§ 311 II, 241 II BGB i.V.m. § 31 BGB entfallen: Eine derartige quasivertragliche Haftung ließe ansonsten die oben entwickelte, dem Schutz des Vereins dienende Haftungsbeschränkung vollständig ins Leere laufen.

Das von der Rechtsprechung entwickelte Institut der c.i.c., das jetzt in § 311 II BGB gesetzlich verankert ist, soll nicht zur Aufrechterhaltung gescheiterter Verträge dienen und darf sich nicht zur gesetzlichen Regelung des § 179 BGB in Widerspruch setzen. Würde man V einen Anspruch aus § 280 I BGB i.V.m. §§ 311 II, 241 II BGB zuerkennen, mittels dessen er vom e.V. die Bezahlung von 10.000,- € verlangen könnte, so würde die Beschränkung der Vertretungsmacht wiederum jede Wirkung verlieren.

3. Eine andere Bewertung wäre deshalb nur dann angemessen, wenn der Vorstand bei Überschreiten seiner Vertretungsmacht zugleich eine unerlaubte Handlung begangen hätte. Für ein solches deliktisches Fehlverhalten hätte der Verein entsprechend § 823 BGB i.V.m. § 31 BGB Verantwortung zu übernehmen.

Erst in einem solchen Fall tritt der Wertungswiderspruch zum Vertragsrecht zurück. Da aber für deliktische Schadensersatzansprüche im konkreten Fall keine Anhaltspunkte ersichtlich sind, kann V keinen Anspruch gegen den Verein geltend machen.

IV. In Betracht kommt daher letztlich allein ein Bereicherungsanspruch des V aus §§ 812 I S. 1 Alt. 2, 818 II BGB i.V.m. § 632 BGB bzw. § 612 BGB im Hinblick auf die von ihm bereits erbrachten Leistungen.

1. Fraglich ist dabei zunächst, ob der e.V. überhaupt etwas erlangt hat.

Daran könnte man in erster Linie deswegen zweifeln, weil das profihafte Engagement des V außerhalb des Zuschnitts des Vereins lag und es sich insoweit um so genannte Luxusaufwendungen handeln könnte. Würde man bereits bei der Frage der Bereicherung auf das Vorhandensein ersparter Aufwendungen abstellen, so würde es möglicherweise bereits an jeder Bereicherung fehlen.

Gegen diese Auffassung spricht allerdings, dass es sich bei der Frage nach der Ersparnis von Aufwendungen erst um ein Problem der Ent- und nicht der Bereicherung handelt. „Etwas“ erlangt ist vielmehr jeder vermögenswerte Vorteil und damit auch die erlangte Fahrleistung.

2. Diesen vermögenswerten Vorteil hat der e.V. auch durch Leistung des V ohne Rechtsgrund erlangt.

3. Da eine Herausgabe der Fahrleistung in natura nicht möglich ist, kann nur Wertersatz geleistet werden (§ 818 II BGB). Zu ersetzen wäre dabei wohl die üblicherweise zu zahlende Fahrergage (§§ 612, 632 BGB).

Zu prüfen ist allerdings, inwieweit von diesem üblicherweise zu zahlenden Entgelt Abzüge zugunsten des Vereins gemacht werden müssen:

aa) Zum einen wäre ein solcher Abzug denkbar im Hinblick auf die von V tatsächlich erbrachten Fahrleistungen: Ganz unabhängig davon, ob die angestrebte vertragliche Beziehung als Werkvertrag oder als Dienstvertrag zu qualifizieren gewesen wäre, hätte die Schlechtleistung des V in jedem Fall bei der Vergütung Berücksichtigung gefunden. Im Werkvertrag i.R.d. Minderung (§§ 634 Nr. 3, 638 BGB), im Dienstvertrag über den Umweg eines Schadensersatzanspruchs des e.V. gegen V aus §§ 280 I, 241 II BGB. Da aber ein Bereicherungsanspruch ohnehin nur insoweit bestehen soll, als beim Bereicherten wirklich eine Bereicherung vorhanden ist, kann der Verein die Schlechtleistung in jedem Fall i.R.d. § 818 III BGB geltend machen.

bb) § 818 III BGB könnte aber auch insoweit zur Anwendung kommen, als es sich bei den Leistungen des V um Luxusaufwendungen handelt, die außerhalb der normalen Aufwendungen des Vereins liegen. Das Engagement des V geht bei weitem über den üblichen Geschäftsbetrieb des Vereins hinaus, sodass sich der Verein keinerlei eigene Aufwendungen erspart hat. Im Ergebnis ist der e.V. also vollständig entreichert.

4. Allerdings könnte sich der e.V. auf diese Entreicherung nach § 818 III BGB dann nicht berufen, wenn sein zuständiges Vertretungsorgan bösgläubig gewesen ist und diese Bösgläubigkeit dem Verein i.R.d. § 819 I BGB zuzurechnen wäre.

Die Kenntnis seiner Organe wird dem Verein zumindest entsprechend § 166 I BGB zugerechnet. Jedoch ist für die verschärfte Haftung aus § 819 BGB positive Rechtsfolgenkenntnis erforderlich, die bei M und R wohl nicht vorlag. Eine fahrlässige Unkenntnis und Bösgläubigkeit i.S.d. § 932 II BGB genügen jedenfalls nicht.

5. Letztlich darf der Anspruch aus § 812 BGB aber ohnehin nicht durch Begründung einer vertragsähnlichen Haftung zu einer Umgehung der in den §§ 177 ff. BGB enthaltenen Wertungen führen. Diese Wertungen müssen stärker sein als die bereicherungsrechtliche Haftung. Auch bereicherungsrechtliche Ansprüche müssen folglich entfallen.

V. Im Endergebnis stehen dem V daher gegen den e.V. als solchen keinerlei Ansprüche auf Bezahlung des geforderten Betrages zu.

III. Das Innenverhältnis

Unterscheidung Außen- und Innenverhältnis

Obwohl der rechtsfähige Verein als juristische Person selbstständig und unter eigenem Namen am Rechtsverkehr teilnimmt, bleibt er trotzdem dem Grunde nach eine sich aus mehreren Einzelpersonen zusammensetzende Personengesamtheit. Da aber auch diese den Verein bildenden Einzelpersonen zueinander und zum Verein selbst in Rechtsbeziehungen stehen, kennt auch das Vereinsrecht durchaus Probleme des Innenverhältnisses. 361

1. Die Vereinssatzung

Verfassung des Vereins

Geregelt wird die für die Binnenorganisation eines Vereins maßgebliche Grundordnung vor allem in der von den Vereinsgründern beschlossenen Vereinssatzung. Diese Satzung bildet gem. § 25 BGB die Verfassung des Vereins. Infolge der grundgesetzlich garantierten Vereinsautonomie besteht bei der Festlegung des Satzungsinhalts weitgehend Gestaltungsfreiheit. Neben den allgemeinen Grenzen der §§ 134, 138 und 826 BGB müssen grundsätzlich nur die in § 40 BGB aufgeführten zwingenden Vorschriften des Vereinsrechts beachtet werden. 362

Rechtsnatur der Satzung

Besonders interessant ist die Rechtsnatur derartiger Vereinssatzungen: Zunächst wird die Satzung nämlich wie jeder andere Gesellschaftsvertrag auch als mehrseitiger, grundsätzlich formfreier[391] Vertrag zwischen den Vereinsgründern geschlossen. Andererseits ist es jedoch gerade eines der wesentlichen Kennzeichen juristischer Personen, dass sie in ihrem Bestand unabhängig sind von den einzelnen Mitgliedern. Da freilich neu eintretende Mitglieder im Sinne einer einheitlichen Organisation des ganzen Vereins der geltenden Satzung gleichermaßen unterstehen müssen wie die Altmitglieder, muss sich die Vereinssatzung gewissermaßen von den Personen der Vereinsgründer lösen. Sie entfaltet daher zumindest nach der Entstehung der juristischen Person Rechtswirkungen, die der einer Rechtsnorm ähneln.[392] Ganz unabhängig von allen theoretischen Streitfragen besteht dabei im Ergebnis weitgehend Einigkeit, dass man infolge der geschilderten Besonderheit auf Vereinssatzungen die Vorschriften über Rechtsgeschäfte nicht ohne weiteres anwenden kann: So dürfen Satzungsbestimmungen beispielsweise nicht entsprechend des Empfängerhorizonts einzelner Mitglieder jeweils unterschiedlich ausgelegt werden, wie das bei konsequenter Anwendung der §§ 133, 157 BGB der Fall wäre. Richtig ist vielmehr eine am Vereinszweck und den berechtigten Interessen aller Mitglieder orientierte, einheitliche Auslegung.[393] Auch ist wegen der Bedeutung der Satzung als Grundordnung des Vereins regelmäßig nicht gewollt, dass die Unwirksamkeit einzelner Satzungsbestimmungen zur Unwirksamkeit der ganzen Satzung führt. § 139 BGB ist insoweit unanwendbar.[394] Schließlich werden Vereinssatzungen im Bedarfsfall von den Gerichten einer der Normenkontrolle durchaus ähnelnden Inhaltskontrolle anhand der §§ 242, 315 BGB unterzogen.[395] 363

---

391 De facto ist allerdings beim rechtsfähigen Idealverein die Schriftform erforderlich im Hinblick auf die Anmeldungsvoraussetzung des § 59 Nr. 1 BGB.

392 Aus dieser Konfliktsituation resultiert der theoretische Streit darüber, ob man die Satzung mit der Vertragstheorie dennoch als Vertrag qualifiziert oder mit der Normentheorie als Rechtsnorm; vorherrschend ist mittlerweile eine vermittelnde Ansicht, die der Vereinssatzung im Gründungsstadium Vertragsqualität beimisst, später jedoch Normenqualität; vgl. Palandt, § 25, Rn. 3.

393 Palandt, § 25 BGB, Rn. 4.

394 BGHZ 47, 180 = **juris**byhemmer.

395 Palandt, § 25 BGB, Rn. 9.

2. Die Mitgliedschaft

Die Einzelpersonen, aus denen sich ein rechtsfähiger Verein zusammensetzt, bezeichnet man als seine Mitglieder. Die Mitgliedschaft ist somit die Gesamtheit der Rechtsbeziehungen, in denen das Mitglied zu seinem Verein steht. 364

a) Der Erwerb und der Verlust der Mitgliedschaft

Gründungsbeteiligung oder Beitritt

Mitglied eines Vereins wird man entweder durch die Beteiligung an der Gründung oder durch einen späteren Beitritt zum Verein. Rechtstechnisch handelt es sich auch bei einem solchen Beitritt nicht um eine einseitige Willenserklärung, sondern um einen Vertrag zwischen dem Verein und dem aufzunehmenden Mitglied.[396] Grundsätzlich ist die Aufnahme neuer Mitglieder in das Belieben des Vereins gestellt, er kann also die Aufnahme neuer Mitglieder in seiner Satzung (§ 58 Nr. 1 BGB) von frei gewählten Voraussetzungen abhängig machen. Ein Aufnahmezwang kommt nur in Ausnahmefällen in Betracht, nämlich dann, wenn der Verein eine erhebliche wirtschaftliche oder soziale Machtstellung innehat und das abgelehnte Mitglied ein schwer wiegendes Interesse an der Mitgliedschaft besitzt. 365

Dann genügt es freilich bereits, wenn die Ablehnung als solche im Vergleich zu den bereits aufgenommenen Mitgliedern eine ungerechtfertigte und unbillige Benachteiligung des abgelehnten Bewerbers darstellt.[397]

Beendigung der Mitgliedschaft

Beendet wird die Mitgliedschaft mit der Auflösung des Vereins, mit dem Tod des Mitglieds, mit seinem zwangsweisen Ausschluss, der allerdings mangels genauer Regelung in der Satzung nur aus wichtigem Grund möglich ist, sowie vor allem mit dem freiwilligen Austritt i.S.v. § 39 BGB. Da ein solcher Austritt nicht unzumutbar erschwert werden soll, darf für ihn maximal eine Kündigungsfrist von zwei Jahren vorgesehen werden. 366

b) Das Wesen der Mitgliedschaft

personal geprägte Gesamtheit von Rechtsbeziehungen

Die alle Rechte und Pflichten des Mitglieds umfassende Mitgliedschaft beruht auf der organisatorischen Eingliederung der Einzelperson in den Verein und stellt daher ein personal geprägtes Rechtsverhältnis dar. Als höchstpersönliches Recht ist sie bei Fehlen einer abweichenden Regelung weder übertragbar noch vererblich. Auch die Mitgliedschaftsrechte, welche sich in organschaftliche Rechte wie z.B. Stimm- und Wahlrecht einerseits und Wertrechte wie das Recht zur Benutzung der Vereinseinrichtungen[398] andererseits unterteilen lassen, müssen nach der dispositiven Vorschrift des § 38 S. 2 BGB grundsätzlich persönlich ausgeübt werden. 367

396 Palandt, § 38 BGB, Rn. 4.

397 BGHZ 63, 285 = **juris**byhemmer; 93, 152 = **juris**byhemmer.

398 Beachten Sie, dass die Vereinsmitgliedschaft grundsätzlich nicht mit einem Anteil am Vereinsvermögen verbunden ist.

Rechte

- Teilnahme an der Vereinsverwaltung mit Stimmrecht
- aktives/passives Wahlrecht zu Vereinsämtern
- Benutzung von Sachen, die vom Verein zum Gebrauch bestimmt sind
- sonstige in der Satzung vorgesehene Rechte
- Treuepflicht des Vereins

Pflichten

- Beitragsleistung
- Teilnahme an Vereinsveranstaltungen/-versammlungen
- Übernahme von Vereinsämtern
- Treuepflicht

Mitgliedschaft = **Sonderrechtsbeziehung** ⇨ Zw. Verein und Mitglied sind (in beiden Richtungen) Ansprüche aus §§ 280 I, 241 II BGB mögl.! **Außerdem**: Mitgliedschaft = sonstiges Recht i.S.d. § 823 BGB.

c) Die Ansprüche zwischen Mitglied und Verein

Haftung wegen Verletzung mitgliedschaftlicher Pflichten

Nach alledem begründet die Mitgliedschaft in jedem Fall eine be- 368
sondere Rechtsbeziehung zwischen Verein und Mitglied, die zur Begründung von Sorgfaltspflichten gem. § 241 II BGB genügt: Verletzt also ein Mitglied seine mitgliedschaftlichen Pflichten in schuldhafter Weise, so kann es vom Verein gem. §§ 280 I, 241 II BGB wegen Verletzung des mitgliedschaftlichen Rechtsverhältnisses in Anspruch genommen werden.[399] Umgekehrt stehen ihm seinerseits Ansprüche gegen den Verein zu, wenn dieser die Mitgliedschaftsrechte verletzt.

absolut geschütztes Rechtsgut gemäß § 823 I BGB

Der besondere personenrechtliche Charakter der Mitgliedschaft er- 369
hebt sie außerdem in den Rang eines sonstigen Rechts i.S.v. § 823 I BGB, sodass auch deliktische Schadensersatzansprüche in Betracht gezogen werden können.[400] Bei der Prüfung derartiger Ansprüche von einzelnen Mitgliedern gegenüber dem rechtsfähigen Verein gilt es immer Folgendes zu bedenken: Natürlich wird auch in diesen Rechtsbeziehungen der Verein durch seinen Vorstand vertreten und muss sich das Fehlverhalten seiner Organe über § 31 BGB zurechnen lassen. Andererseits ist aber das Vereinsmitglied anders als außenstehende Dritte in die Vereinsorganisation miteinbezogen und daher weniger schutzbedürftig. Aus diesem Grund soll es beispielsweise möglich sein, dass ein Verein seine Haftung gegenüber Mitgliedern stärker beschränkt, als das im Verhältnis zu Außenstehenden zulässig wäre.[401]

hemmer-Methode: Knifflige Fallgestaltungen lösen! Die Ansprüche eines Mitglieds gegenüber dem Verein eignen sich besonders gut für Klausuren, weil man bei ihnen die an sich auf das Außenverhältnis zugeschnittenen Zurechnungsprobleme der §§ 26 und 31 BGB mit Problemen des Innenverhältnisses verbinden kann!

399 Die Rechtsprechung spricht in derartigen Fällen vorsichtig davon, dass diese Haftung der pVV „ähnelt"; geprüft werden derartige Ansprüche aber genauso wie diejenigen aus §§ 280 I, 241 II BGB.

400 BGHZ 110, 327 = **juris**byhemmer.

401 Vgl. Palandt, § 31 BGB, Rn. 1 und 12.

Beispielsfall:

Beispielsfall

Käpt'n Blaubär (B), Segelsportler aus Leidenschaft, ist Mitglied des Yachtclubs „Geld wie Heu“ e.V. Er ließ unter großem finanziellen und zeitlichen Aufwand ein wettbewerbsfähiges Boot für die äußerst selten gesegelte Schärenkreuzer-Klasse anfertigen, um dort endlich einmal sportliche Meriten zu verdienen. Kurz nach dem Stapellauf änderte sein Verein die für die Schiffe dieser Klasse maßgeblichen Richtlinien. In die Satzung eingefügt wurde eine Übergangsbestimmung, nach der auch die entsprechend den alten Regeln erbauten Schiffe weiterhin in der Schärenkreuzer-Klasse starten durften.

Diese Zusatzregelung war allerdings dem Hein Blöd (H), dem einzigen Vorstand des Yachtclubs, entgangen. Aus diesem Grunde verwehrte er B wiederholt die Teilnahme an der vereinseigenen Regatta „Rund um den Bodensee“ mit der Begründung, das Boot des B entspräche nicht dem Reglement. Durch die verweigerte Teilnahme entgeht B eine Antrittsprämie i.H.v. 750,- €.

Hat B Ansprüche gegen den Verein?

1. Ein solcher Anspruch des B könnte sich zunächst aus §§ 280 I, 241 II BGB i.V.m. § 31 BGB wegen Verletzung des Mitgliedschaftsverhältnisses ergeben.

Eines der wichtigsten aus der Mitgliedschaft des B folgenden Rechte ist sein Recht auf Schutz und Förderung seiner Interessen als Eigner eines Segelbootes und auf Teilnahme an den vereinseigenen Veranstaltungen. Die auf unzureichender Regelkenntnis des Vorstands beruhende Verweigerung einer Teilnahme an der vereinseigenen Regatta in der Schärenkreuzer-Klasse verletzt diese Mitgliedschaftsrechte des B. Da sich der Verein aber das Verschulden seines Vorstands über § 31 BGB zurechnen lassen muss, haftet der Verein dem B gem. §§ 280 I, 241 II BGB für den entstandenen Schaden.

2. Wesentlich problematischer ist demgegenüber die Frage des Bestehens deliktischer Schadensersatzansprüche. Denn schließlich ist B ein reiner Vermögensschaden entstanden. Das Vermögen als solches wird aber durch § 823 I BGB nicht geschützt, Ansprüche aus § 823 II BGB oder § 826 BGB kommen jedoch ersichtlich nicht in Betracht.

Zu beachten ist freilich Folgendes: Das Mitgliedschaftsrecht vermittelt dem Vereinsmitglied ein Bündel von Rechten und Pflichten. Es ist daher durchaus mit anderen absolut geschützten Rechtsgütern vergleichbar. Dementsprechend wird die Mitgliedschaft heute allgemein als sonstiges Recht i.S.v. § 823 I BGB angesehen. Dieses Mitgliedschaftsrecht hat der Vorstand H durch seine Teilnahmeverweigerung gegenüber B zumindest fahrlässig verletzt. Deshalb besteht auch aus § 823 I BGB dem Grunde nach ein Anspruch auf Ersatz des entstandenen Schadens (str., nach a.A. greift § 823 BGB im Verhältnis zum Verein nur dann ein, wenn die Substanz der Mitgliedschaft betroffen ist).

3. Die Organe des Vereins

Um handlungsfähig zu sein, benötigt jeder rechtsfähige Verein eigene Organe. Von zentraler Bedeutung und daher auch gesetzlich zwingend vorgeschrieben sind dabei die Mitgliederversammlung (§ 32 BGB) und der Vorstand (§ 26 BGB). 370

hemmer-Methode: Während die Personengesellschaften als Organe nur die Gesellschafter kennen, die sowohl für die Willensbildung als auch für den Vollzug des gebildeten Willens zuständig sind, teilen Körperschaften diese Funktionen auf verschiedene Organe auf.

So sind beim Verein die Mitgliederversammlung für die Willensbildung und der Vorstand für den Vollzug des von der Mitgliederversammlung gebildeten Willens zuständig.[402] Diese Aufteilung beruht auf dem erforderlichen höheren Organisationsgrad der Körperschaften.

a) Die Mitgliederversammlung

Grundlagenkompetenz

Gewissermaßen das oberste Organ eines Vereins ist stets die Versammlung seiner Mitglieder. Sie entscheidet die für den Verein grundlegenden Fragen, indem sie die Vereinssatzung beschließt (§ 33 BGB), den Vorstand bestellt und überwacht (§ 27 BGB i.V.m. §§ 664 ff. BGB) und über eine etwaige Auflösung des Vereins bestimmt (§ 41 BGB). Auch im Übrigen ist die Mitgliederversammlung immer dann zuständig, wenn nicht durch das Gesetz oder die Satzung die Zuständigkeit anderer Organe vorgesehen ist (§ 32 BGB). Dabei können die Kompetenzen der Mitgliederversammlung in einer Vereinssatzung durchaus auch beschränkt werden, unzulässig ist allerdings ihre völlige Beschneidung.[403] Die Mitgliederversammlung ist also eigentlich das zur Willensbildung des Vereins berufene Organ. Gebildet wird dieser Wille durch Mehrheitsbeschlüsse, wobei es nach den gesetzlichen Vorschriften allein auf die Mehrheit der anwesenden Mitglieder ankommt. Lediglich bei Satzungsänderungen oder Vereinsauflösung ist nach den §§ 33 bzw. 41 BGB grundsätzlich eine qualifizierte Mehrheit von drei Vierteln der erschienenen Mitglieder erforderlich.[404] 371

b) Der Vorstand

Handlungsorgan

Ist die Mitgliederversammlung primär zuständig für die interne Willensbildung des Vereins, so ist es Hauptaufgabe des Vorstands, für den Verein nach außen zu handeln. Der Vorstand ist also gewissermaßen das Handlungsorgan des Vereins. 372

Bestellung und Abberufung

Bestellt werden die Vorstandsmitglieder i.R.e. einseitigen empfangsbedürftigen Rechtsgeschäfts durch die Mitgliederversammlung. Anders als bei den Personengesellschaften können dabei nach dem für juristische Personen charakteristischen Grundsatz der Drittorganschaft durchaus auch Nichtmitglieder in den Vorstand berufen werden. Die organschaftliche Stellung als Vorstand ist nach § 27 II BGB grundsätzlich frei widerruflich, ohne dass damit zugleich automatisch die Beendigung eines mit dem Vorstandsmitglied geschlossenen Dienstvertrages verbunden wäre.

Rechte und Pflichten

Nach den §§ 26 und 27 BGB nimmt der Vorstand die gesamte Vertretung des Vereins im Rechtsverkehr und zugleich alle damit verbundenen Tätigkeiten wahr. Wie sich der Umfang seiner Befugnis zum Tätigwerden konkret gestaltet, bestimmt sich im Übrigen entweder nach den Regelungen in der Satzung oder entsprechend der Beschlüsse der Mitgliederversammlung. Die Rechtsbeziehungen zwischen Verein und Vorstand regeln sich dabei in allen Fällen, in denen der Vorstand für den Verein tätig wird, nach dem in § 27 III S. 1 BGB in Bezug genommenen Auftragsrecht.

402 Die AG kennt zudem noch ein drittes Organ, den Aufsichtsrat, der den Vorstand kontrollieren soll (Kontrollorgan).

403 Möglich und bei Großvereinen durchaus üblich ist allerdings die Einrichtung einer von der Mitgliederversammlung zu wählenden Delegiertenversammlung, die dann die Entscheidungsbefugnisse der Mitgliederversammlung an deren Stelle wahrnimmt.

404 Bei Änderung des Vereinszwecks oder der Rechtsform ist sogar Einstimmigkeit nötig; vgl. § 33 I S. 2 BGB.

Daraus ergeben sich insbesondere die folgenden klausurrelevanten Konstellationen:

Der Vorstand hat alles, was er i.R. seiner Geschäftsbesorgung erlangt, nach § 27 III S. 1 BGB i.V.m. § 667 BGB an den Verein herauszugeben.

Im Gegenzug erhält er für die von ihm i.R.d. Geschäftsbesorgung getätigten Aufwendungen nach § 27 III S. 1 BGB i.V.m. § 670 BGB Aufwendungsersatz. Im Übrigen ist die Tätigkeit mangels abweichender Regelungen in der Satzung unentgeltlich, § 27 III S. 2 BGB. Daher wäre die Entgegennahme einer Vergütung ohne satzungsrechtliche Grundlage eine Pflichtverletzung.[405]

hemmer-Methode: Ungewöhnliche Fallaufhänger kennen! § 27 III BGB enthält eine äußerst examensrelevante Verweisung! Über das weniger bekannte Vereinsrecht gelangt man nämlich auf diesem Weg in bewährte Klausurkonstellationen! So lässt sich beispielsweise auch i.R.d. Vereinsrechts das bekannte Problem erörtern, inwieweit von dem Anspruch auf Aufwendungsersatz nach § 670 BGB auch die so genannten Zufallsschäden umfasst werden! Denkbar wären auch Fälle, in denen Schadensersatzansprüche eines Vereins gegenüber einem ehrenamtlichen Vorstandsmitglied gem. § 280 I BGB zu diskutieren wären! Dabei wäre dann aber § 31a I S. 1 BGB zu berücksichtigen, der die Haftung im Innenverhältnis auf Vorsatz und grobe Fahrlässigkeit beschränkt.[406] Dadurch soll ehrenamtliches Engagement gestärkt werden.

IV. Exkurs: Der nicht rechtsfähige Verein

Dem rechtsfähigen Verein als Gegenbegriff gegenüberzustellen ist an dieser Stelle noch kurz der nicht rechtsfähige Verein. 373

1. Anwendbare Rechtsvorschriften

historischer Hintergrund

Diesem rechtlichen Gebilde hat der Gesetzgeber in § 54 BGB nur eine einzige Bestimmung gewidmet, welche ihrerseits auf das Recht der GbR, also auf die §§ 705 ff. BGB, verweist. Diese Verweisung lässt sich nunmehr historisch verstehen: Durch die Anwendung der Regelungen für die GbR wollte der Gesetzgeber die Rechtsform des nicht rechtsfähigen Vereins möglichst unpraktikabel und unattraktiv ausgestalten, um möglichst alle Vereine in die Rechtsfähigkeit und damit unter staatliche Kontrolle zu zwingen. Auf diese Weise sollte eine unkontrollierte Ausbreitung von politisch oder sozial engagierten nichtrechtsfähigen Vereinen verhindert werden.[407] 374

unpassende Verweisung

Da das damals angestrebte Ziel in der Zwischenzeit überholt ist, wird der Blick frei für die rechtlichen Gegebenheiten. Diese machen jedoch deutlich, dass die Verweisung des § 54 S. 1 BGB völlig verfehlt ist. Die auf die GbR als Grundtyp aller Personengesellschaften zugeschnittenen Regelungen der §§ 705 ff. BGB können auf einen nicht rechtsfähigen Verein nicht passen. Denn mag dem nicht rechtsfähigen Verein auch die Eigenschaft als juristischer Person fehlen, so hat er dennoch körperschaftliche Organisationsstrukturen, die sich von denen der Personengesellschaften grundlegend unterscheiden. Auch der nichtrechtsfähige Verein kennt nämlich regelmäßig Organe wie Mitgliederversammlung und Vorstand. Vor allem aber sind auch nichtrechtsfähige Vereine üblicherweise auf einen wechselnden Mitgliederbestand ausgelegt.

405 Palandt, § 27, Rn. 5 m.w.N.

406 Palandt, § 31a, Rn. 4.

407 Vgl. Medicus, AT, Rn. 1142.

weitgehende Anwendung des Vereinsrechts

Konsequenterweise wird daher die Vorschrift des § 54 S. 1 BGB von Rechtsprechung und Literatur entgegen ihres ausdrücklichen Wortlauts korrigierend ausgelegt:

Auch auf den nicht rechtsfähigen Idealverein[408] finden folglich die §§ 21 ff. BGB Anwendung, soweit sie nicht gerade ausdrücklich auf die Rechtsfähigkeit abstellen.[409] Dafür spricht vor allem der Gesichtspunkt der verfassungskonformen Auslegung. Der ursprüngliche Zweck des § 54 BGB ist mit Art. 9 GG, unter dessen Schutz der nichtrechtsfähige Verein seit Geltung des Grundgesetzes steht, nicht vereinbar. Das BGB muss für ihn daher eine seiner Struktur adäquate rechtliche Ausgestaltung bereitstellen und darf ihn nicht zu Kontrollzwecken einer offensichtlich sachwidrigen Regelung unterwerfen.[410]

2. Die fehlende Rechtsfähigkeit

Alleiniger Unterschied zum rechtsfähigen Verein bleibt somit das grundsätzliche Fehlen der durch Eintragung erreichbaren Rechtsfähigkeit. 375

a) Die materielle Rechtsfähigkeit

Die weit überwiegende Meinung bejaht entgegen dem Namen „nichtrechtsfähiger" Verein die materielle Rechtsfähigkeit. Die Gegenauffassung ist allein wegen § 50 II ZPO (s.u.) überholt.

Damit steht dem nicht eingetragenen Verein ebenso wie der BGB-Gesellschaft Teilrechtsfähigkeit zu.[411] Dies ist überzeugend, da der nicht eingetragene Verein wie die GbR eine Gesamthand ist und noch stärker als diese organisatorisch und strukturell von seinen Mitgliedern getrennt ist. Die Tatsache, dass der Verein für erbfähig gehalten wird und er gem. § 11 I InsO insolvenzfähig ist, bestärkt diese Auffassung. Aus den Rechtsgeschäften, die im Namen des Vereins abgeschlossen werden, wird also der Verein selber verpflichtet.

In dieser Konsequenz ist auch von der Grundbuchfähigkeit auszugehen.[412] Allerdings hat der BGH diesbezüglich (konsequenterweise) die analoge Anwendung des § 47 II GBO bejaht, d.h. eine Eintragung des Vereins setzt die Benennung aller seiner Mitglieder voraus.[413] Faktisch führt dies aufgrund der in der Regel großen Mitgliederzahl dazu, dass eine Eintragung nicht praktikabel ist. Daher wird einem nicht eingetragenen Verein nichts anderes übrig bleiben, als Grund und Boden treuhänderisch von Dritten halten zu lassen.

b) Die prozessuale Parteifähigkeit

volle passive Parteifähigkeit

Wesentlich geringer sind die Unterschiede mittlerweile im Bereich des Prozessrechts. Dies liegt zum einen daran, dass die nicht rechtsfähigen Vereine gem. §§ 50 II und 735 ZPO schon seit jeher passiv partei- und vollstreckungsfähig waren. Die Durchsetzung von Rechten gegenüber diesen Vereinen sollte eben schon immer möglichst einfach gehalten werden. 377

408 Für den wirtschaftlichen Verein besteht dagegen ein entsprechendes Bedürfnis nicht, da etwa die Kapitalgesellschaftsformen zur Verfügung stehen.

409 Vgl. Palandt, § 54, Rn. 1.

410 Palandt, § 54 BGB, Rn. 1.

411 K. Schmidt, NJW 2001, 1002, Palandt, § 54, Rn. 7.

412 Palandt, § 54, Rn. 8.

413 BGH, **Life&Law 10/2016, 685 ff.** = **juris**byhemmer.

teilweise aktive Parteifähigkeit

Die aktive Parteifähigkeit war lange Zeit umstritten. Partiell gab es schon länger eine Anerkennung durch den Gesetzgeber.

So gibt es mit den § 3 PartG, § 10 ArbGG und § 61 Nr. 2 VwGO einige wichtige Spezialvorschriften, in denen nichtrechtsfähige Vereine unter bestimmten Voraussetzungen ausdrücklich als aktiv parteifähig angesehen werden. Aus diesen Tendenzen wurde teilweise eine allgemeine Rechtsentwicklung abgelesen, welche die aktive Parteifähigkeit für alle nichtrechtsfähigen Vereine anerkennt. Die Rechtsprechung allerdings lehnte diesen Schritt bislang immer ab. Lediglich den Gewerkschaften gestand sie aufgrund der verfassungsrechtlichen Besonderheiten (Art. 9 III GG) in vollem Umfang die Möglichkeit zu, i.R.e. Prozesses Kläger zu sein.[414] 378

Der BGH hatte diese partielle Sichtweise sodann aber aufgegeben und die generelle aktive Parteifähigkeit des nichtrechtsfähigen Vereins bejaht.[415]

Der Gesetzgeber hat diese Diskussion durch die seit 30.09.2009 in § 50 II ZPO bejahte aktive Parteifähigkeit beendet.

3. Die Haftung im Außenverhältnis

Während die Binnenorganisation eines nichtrechtsfähigen Vereins meist der eines rechtsfähigen Vereins sehr stark angeglichen ist, ergeben sich im Hinblick auf die Außenhaftung eines solchen nicht rechtsfähigen Vereins immer wieder besondere Probleme: 379

a) Die Handelndenhaftung[416]

zusätzliche Haftung der Handelnden

Eine dieser Besonderheiten besteht in der von § 54 S. 2 BGB angeordneten persönlichen Haftung aller Personen, die für den Verein nach außen hin Rechtsgeschäfte vornehmen. Es handelt sich um eine zum Schutze des Rechtsverkehrs eingerichtete zusätzliche Haftung, die also gerade auch in den Fällen zum Tragen kommt, in denen der Handelnde durch sein Auftreten den nichtrechtsfähigen Verein als solchen wirksam verpflichtet hat. Sie umfasst dabei sowohl Primär- als auch Sekundäransprüche und ist in Inhalt und Umfang an den gegen den Verein selbst gerichteten Ansprüchen orientiert.[417] Beim sog. Vorverein, der ab dem Satzungsbeschluss bis zur Eintragung besteht, wenn der Verein die Eintragung anstrebt und die satzungsmäßigen Voraussetzungen dafür geschaffen hat, geht die h.M. davon aus, dass die Handelndenhaftung erlischt, wenn der Verein eingetragen worden ist. Ab diesem Zeitpunkt haftet nur noch das Vereinsvermögen. Dies gilt auch dann, wenn der Vertragsschluss vor Eintragung erfolgte. 380

b) Die Haftung der Mitglieder

Gesamthandsvermögen

Bei der Prüfung von Ansprüchen gegen den nichtrechtsfähigen Verein selbst ergeben sich die folgenden Besonderheiten: 381

414 BGHZ 50, 328.; BGHZ 109, 17.

415 BGH, **Life&Law 03/2008, 206 f.**

416 Vgl. dazu BGH, **Life&Law 11/2003, 741 ff.**; es muss sich um ein wirkliches Drittgeschäft handeln. Dieses liegt nicht vor, wenn ein Rechtsgeschäft mit einem Vereinsmitglied vorgenommen wird, das einen Bezug zur Mitgliedschaft aufweist.

417 Palandt, § 54 BGB, Rn. 13; beachten Sie, dass diese Vorschrift nach § 37 PartG für politische Parteien nicht gilt.

Geht man mit der überzeugenden Ansicht heute davon aus, dass Ansprüche gegen den Verein selbst bestehen können, stellt sich die Frage, welche Konsequenz dies für die Haftung der Mitglieder hat. Würde man § 54 S. 1 BGB hier wörtlich nehmen, müsste man eine Haftung wie bei den Gesellschaftern einer GbR bejahen (h.M.: § 128 HGB analog).

Wegen der grundlegenden Unterschiede zwischen GbR und nichtrechtsfähigem Verein ist mit Rechtsprechung und h.L. eine ähnliche Haftung der Mitglieder des Vereins aber abzulehnen.

Ansatzpunkt dafür ist die Tatsache, dass ein in einen Verein eintretendes Mitglied nie den Willen hat, mit dem Privatvermögen für Verbindlichkeiten des Vereins zu haften. Dies gilt für den nichtrechtsfähigen Verein genauso wie für den rechtsfähigen. Dies ist v.a. aber auch für jeden Vertragspartner alleine durch die Bezeichnung als „Verein" klar erkennbar.

Eine solche Haftungsbeschränkung entfällt zwar regelmäßig, wenn es sich um einen wirtschaftlichen, nichtrechtsfähigen Verein handelt.[418] Fraglich ist, wie aber für einen Idealverein argumentiert werden kann.

konkludente Beschränkung der Vertretungsmacht auf Vereinsvermögen

Im Bereich des rechtsgeschäftlichen Handelns wird dieses Ziel erreicht, indem man die Vertretungsmacht des Vorstands dahingehend beschränkt, dass er die Vereinsmitglieder allein hinsichtlich ihres Anteils am Vereinsvermögen gesamtschuldnerisch binden können soll. Eine solche Beschränkung der organschaftlichen Vertretungsmacht wird heute zutreffend selbst in den Fällen angenommen, in denen die Vereinssatzung keine ausdrückliche Regelung enthält. Man entnimmt sie der Satzung dann durch ergänzende Auslegung i.V.m. der Verkehrssitte.[419]

bei Anwendung der Akzessorietätstheorie

Wollte man wegen der Verweisung des § 54 BGB so weit gehen und die inzwischen vom BGH auf die GbR für anwendbar erklärte Akzessorietätstheorie auch hier für maßgeblich halten, so dürfte man dennoch grds. zu keiner Haftung kommen. Dann müsste man im Auftreten für den Verein eine Abbedingung der Haftung der Mitglieder erblicken, was individualvertraglich unproblematisch möglich wäre. 382

Zumindest bei den nichtrechtsfähigen Idealvereinen, d.h. den nicht auf einen wirtschaftlichen Zweck gerichteten Vereinen, ist also die Haftung im Ergebnis grundsätzlich stets auf das Vereinsvermögen beschränkt.

hemmer-Methode: Wichtige Querverbindungen aufzeigen!
Die Verweisung in § 54 S. 1 BGB führt also im Ergebnis für nichtrechtsfähige Idealvereine zur „GbR-mbH" (vgl. dazu Rn. 137 ff.). Zumindest beim nichtrechtsfähigen Idealverein darf der Rechtsverkehr von vornherein nicht auf eine persönliche Haftung der Mitglieder vertrauen! Dementsprechend sind auch die Voraussetzungen für einen Ausschluss der persönlichen Haftung beim nichtrechtsfähigen Verein weit weniger streng zu handhaben als bei der eigentlichen „GbR-mbH"!
Wiederholen Sie an dieser Stelle die Wiederholungs- und Vertiefungsfragen 159 – 169.

418 Palandt, § 54 BGB, Rn. 12; BGH, NJW 2001, 748 = jurisbyhemmer.

419 Medicus, AT, Rn. 1154; Palandt, § 54 BGB, Rn. 12.

§ 6 DIE GMBH

I. Allgemeines

GmbH ist juristische Person

Die bereits Ende des letzten Jahrhunderts eingeführte Gesellschaft mit beschränkter Haftung (GmbH) sollte nach dem Willen des Gesetzgebers die für kleinere und mittelständische Betriebe passende Rechtsform werden. Dementsprechend hat sie sich auch tatsächlich im Laufe der Zeit zu der am weitesten verbreiteten Form der Kapitalgesellschaften entwickelt. 383

Gem. § 13 I GmbHG ist jede GmbH juristische Person und daher selbst Zuordnungssubjekt von Rechten und Pflichten.

GmbH ist Formkaufmann

Zugleich ist jede im Handelsregister eingetragene GmbH nach § 13 III GmbHG i.V.m. § 6 HGB unabhängig von Größe und Geschäftsgegenstand Formkaufmann. Auf die GmbH können daher stets sämtliche für Kaufleute geltende Vorschriften Anwendung finden. Das ist an dieser Stelle besonders zu beachten, da eine GmbH, anders als OHG und KG, keineswegs notwendig auf den Betrieb eines Handelsgewerbes gerichtet sein muss.[420] Eine GmbH kann man vielmehr zur Verfolgung jedes gesetzlich zulässigen Zwecks gründen. 384

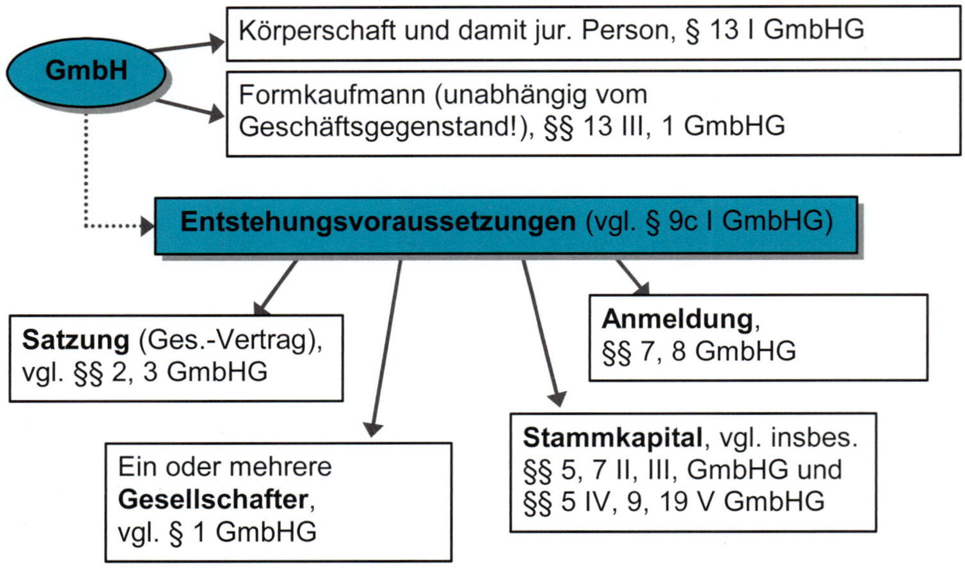

II. Die Gründung der GmbH

Eintragung ins Handelsregister

Ähnlich wie beim rechtsfähigen Idealverein ist auch bei der GmbH die Entstehung als juristische Person geknüpft an die Eintragung in ein öffentliches Register, in diesem Fall an die Eintragung ins Handelsregister (§ 11 I GmbHG). Diese Eintragung wiederum erfolgt nur, wenn bestimmte Gründungsvoraussetzungen und ein bestimmtes Gründungsverfahren eingehalten werden. 385

420 Zum Wesen der GmbH vgl. auch Kübler, § 17 I.

1. Die Entstehungsvoraussetzungen

a) Die Satzung

Inhalt der Satzung

Wie jede andere Gesellschaft benötigt auch die GmbH zur Regelung ihrer Verfassung einen eigenen Gesellschaftsvertrag. Bei der GmbH spricht man dabei wie beim Verein von einer Satzung.[421] Eine solche Satzung muss gem. § 2 I GmbHG zwingend in notarieller Form errichtet werden.[422] 386

§ 2 Ia GmbHG: Benutzung von Musterprotokollen zur Vereinfachung

Es wurde zwar im Rahmen des am 01. November 2008 in Kraft getretenen MoMiG[423] diskutiert, dieses Erfordernis einzuschränken, was aber aus Gründen der Schutzwürdigkeit der Gesellschafter verworfen wurde. Quasi als Ausgleich wird die Gründung einer Standardgesellschaft aber dadurch erleichtert, dass man sich sog. Blankomusterprotokolle bedienen kann, die dem GmbHG beigefügt sind. Das setzt aber voraus, dass höchstens drei Gesellschafter beteiligt sind und nur ein Geschäftsführer bestellt wird, § 2 Ia GmbHG. Diese Regelung ist insbesondere mit Kostenersparnissen verbunden, weil eine komplizierte Ausgestaltung eines Vertrages unterbleiben darf.

Inhaltlich besteht demgegenüber eine sehr weitgehende Gestaltungsfreiheit.[424] Lediglich der in § 3 I GmbHG vorgeschriebene Mindestinhalt muss in jeder Satzung enthalten sein: Unentbehrlich sind also Regelungen betreffend die nach den Grundsätzen des § 4 GmbHG zu bildende Firma, den Sitz der Gesellschaft, den Gegenstand ihres Unternehmens, das Stammkapital und die von den einzelnen Gesellschaftern auf das Stammkapital zu leistenden Stammeinlagen.

b) Die Gesellschafter

keine Mindestzahl von Gründern

Die GmbH zählt als solche zu den Gesellschaften i.w.S. und besteht daher auch dem Grunde nach aus einer Mehrheit von Personen. Im Normalfall werden an der Gründung einer solchen Gesellschaft mindestens zwei natürliche oder juristische Personen beteiligt sein, die durch den Beschluss über die Satzung eine Vor-GmbH ins Leben rufen. Allerdings bleibt eine GmbH auch dann überlebensfähig, wenn sie nunmehr einen einzigen Gesellschafter hat. Um eine derartige Ein-Mann-GmbH zu erreichen, wurden früher zahlreiche Strohmann-Gründungen vorgenommen; gegründet wurde die Gesellschaft also durch zwei Gesellschafter, wobei eine der beteiligten Personen unverzüglich nach der Gründung aus der Gesellschaft ausschied. Um diesen Umweg entbehrlich zu machen, hat in der Zwischenzeit der Gesetzgeber die Ein-Mann-Gründung in § 1 GmbHG ausdrücklich zugelassen. 387

c) Das Stammkapital

Mindeststammkapital 25.000,- €

Von entscheidender Bedeutung sind im Bereich des GmbH-Rechts allerdings vor allem die Regelungen betreffend das Gesellschaftsvermögen, welches bei der GmbH Stammkapital genannt wird. 388

---

421 Auch im Hinblick auf die Rechtsnatur dieser Satzung gilt das beim Verein Gesagte, vgl. Rn. 362 f.

422 Zur näheren Einordnung des Gesellschaftsvertrages Rowedder, GmbHG, § 2, Rn. 2 ff.

423 Gesetz zur Modernisierung des GmbH-Rechts und zur Bekämpfung von Missbräuchen.

424 Vgl. Hueck, GftsR, § 21 I 1 d.

Die Beschränkung der Haftung auf das Gesellschaftsvermögen macht es nämlich im Interesse des Rechtsverkehrs unerlässlich, für eine hinreichende Ausstattung der Gesellschaft mit eigenem Vermögen zu sorgen. Dementsprechend wird durch § 5 I GmbHG ein Mindeststammkapital von 25.000,- € vorgeschrieben.[425]

hemmer-Methode: Fachterminologie richtig verwenden! Großer Wert wird bei der Korrektur von Klausuren auf den richtigen Gebrauch der juristischen Fachsprache gelegt! Beachten Sie daher, dass man bei der GmbH von Stammkapital spricht (§§ 3 I Nr. 3, 5 I GmbHG), bei Aktiengesellschaften hingegen von Grundkapital (§ 6 AktG)!

Stammeinlagen

Gebildet wird das Stammkapital aus der Summe der von den einzelnen Gesellschaftern zu erbringenden Einlageleistungen (§ 5 III S. 2 GmbHG). 389

Tatsächlich erbracht werden können die Einlagen dann in zwei verschiedenen Formen, nämlich entweder als Bar- oder als Sacheinlage: Unproblematisch ist dabei die Bareinlage, da hier einfach der entsprechende Geldbetrag an die Gesellschaft zu zahlen ist. Bei einer Erbringung in anderer Weise drängt sich hingegen immer die Frage nach der Werthaltigkeit der eingebrachten Gegenstände auf. Aus diesem Grund stellt auch § 5 IV GmbHG für die Sacheinlagen zusätzliche Anforderungen auf.

Mindesteinzahlungen

Die bloße Übernahme von Einlagepflichten durch die Gründungsgesellschafter erschien dem Gesetzgeber freilich noch nicht als ausreichend, um auch tatsächlich eine hinreichende Ausstattung der Gesellschaft mit verwertbarem eigenem Vermögen zu gewährleisten. 390

Er hat demzufolge in § 7 II GmbHG verbindlich vorgeschrieben, dass einer zu gründenden Gesellschaft auf jeden Geschäftsanteil noch vor ihrer Anmeldung zum Handelsregister ein bestimmter Mindestumfang des Nennbetrages zur Verfügung gestellt sein muss: Sacheinlagen müssen schon zu diesem Zeitpunkt vollständig erbracht sein, § 7 III GmbHG, für Bareinlagen genügt eine Mindesteinzahlung von einem Viertel. Insgesamt muss dabei bereits ein Betrag in Höhe von wenigstens 12.500,- € vorhanden sein, § 7 II S. 2 GmbHG.

d) Die Anmeldung

Anmeldung durch Geschäftsführer

Schließlich setzt die Eintragung einer GmbH ins Handelsregister noch eine ordnungsgemäße Anmeldung i.S.d. §§ 7 und 8 GmbHG voraus. Da diese Anmeldung wichtige Angaben betreffend die Geschäftsführer der Gesellschaft zu beinhalten hat (vgl. § 8 I Nr. 2, II - V GmbHG), müssen die Geschäftsführer bereits vor der Anmeldung wirksam bestellt sein. Weggefallen ist seit 1. November 2008 ersatzlos § 8 I Nr. 6 GmbHG, sodass keine Genehmigungsurkunden (z.B. für Bauträger die gewerberechtliche Erlaubnis) mehr eingereicht werden müssen. Das beschleunigt letztlich die Eintragung erheblich.[426] 391

425 Pläne, das Stammkapital auf 10.000,- € herabzusetzen, wurden letztlich vor dem Hintergrund der Einfügung der Unternehmergesellschaft verworfen, vgl. dazu Rn. 421a.

426 Im Zusammenspiel mit dem Anfang 2007 in Kraft getretenen Gesetz über elektronische Handelsregister (EHUG) wird damit eine immense Verkürzung erreicht, die auch deshalb wichtig ist, weil sich so der Vorhaftungszeitraum faktisch verkürzt, vgl. dazu sogleich Rn. 392 ff.

Erst bei Vorliegen aller genannten Entstehungsvoraussetzungen, die das Registergericht anhand von § 9c GmbHG prüft, wird die Gesellschaft ins Handelsregister eingetragen.

2. Die Probleme der Vorgesellschaft

Angesichts der Vielfalt der von der GmbH einzuhaltenden Entstehungsvoraussetzungen ist es leicht einsichtig, dass sich die Gründung einer solchen Gesellschaft nicht in einem einzigen Akt erledigt. Sie gliedert sich vielmehr in unterschiedliche Phasen, die durch zwei bedeutsame Ereignisse voneinander getrennt werden: 392

Zeitpunkt der Errichtung

Zunächst wird die GmbH durch den formgültigen Abschluss des Gesellschaftsvertrages errichtet: Schon mit diesem Ereignis werden die Grundlagen der künftigen Gesellschaft festgelegt.

Als juristische Person endgültig entstanden ist die GmbH freilich erst nach erfolgter Eintragung ins Handelsregister, § 11 I GmbHG.

In chronologischer Abfolge lassen sich daher folgende Etappen einer GmbH-Gründung erkennen: Zunächst besteht eine sog. Vorgründungsgesellschaft, bei der es sich regelmäßig um eine GbR handelt, deren Zweck allein auf die Gründung einer GmbH gerichtet ist und die daher üblicherweise mit dem Beschluss über den Gesellschaftsvertrag der GmbH infolge Zweckerreichung (§ 726 BGB) endet. Besteht ausnahmsweise bereits zu diesem Zeitpunkt der Gesellschaftszweck in dem Betrieb eines Handelsgewerbes i.S.d. § 1 II HGB, so handelt es sich bei der Vorgründungsgesellschaft um eine OHG i.S.d. § 105 HGB.[427] Mit dem formgültigen Satzungsbeschluss der GmbH entsteht eine so genannte Vorgesellschaft (Vor-GmbH), die ihrerseits nach erfolgter Eintragung von der eigentlichen GmbH abgelöst wird.

hemmer-Methode: Wichtige Parallelen aufzeigen! Die zeitliche Abfolge Vorgründungsgesellschaft - Vorgesellschaft - Körperschaft gilt nicht nur bei der GmbH, sondern entsprechend auch bei allen anderen Körperschaften! Die hier dargestellten Grundsätze sind also auf den Verein und die Aktiengesellschaft ohne weiteres übertragbar!

Von besonderem Interesse ist dabei stets das rechtliche Schicksal der so genannten Vorgesellschaften. Denn nicht selten beteiligen sich bereits diese Vorgesellschaften als unmittelbare Vorstufe zur GmbH eigenständig am Rechtsverkehr, indem sie vorbereitende Geschäfte für die GmbH tätigen oder darüber hinaus sogar den Geschäftsbetrieb der GmbH selbst aufnehmen.

a) Die Rechtsnatur

Vereinigung sui generis

Besondere Schwierigkeiten bereitet vor allem die rechtliche Einordnung derartiger Vorgesellschaften. Denn einerseits sind sie noch keine juristischen Personen, andererseits lassen sie sich angesichts ihrer bereits unverkennbaren körperschaftlichen Strukturen auch in das System der Personengesellschaften nicht recht einordnen. 393

Weitgehende Anwendbarkeit des GmbH-Rechts

Letztlich bleibt keine andere sinnvolle Möglichkeit, als die Vorgesellschaften als Organisationen eigener Art zu qualifizieren.

427 Wenn z.B. ein in die spätere GmbH einzubringendes Unternehmen gemeinsam geführt wird.

Diese Organisationen werden bereits nach den gesetzlichen oder gesellschaftsvertraglichen Vorschriften, die auch für die spätere GmbH selbst vorgesehen sind, behandelt. Dass sie in einer irgendwie gearteten Weise Rechtsträger sein können müssen, zeigt § 7 II S. 1 GmbHG, da sonst nicht erklärbar wäre, wie die Einlagen an die im Werden begriffene Gesellschaft geleistet und somit übereignet werden können. Unanwendbar bleiben aber naturgemäß solche Regelungen, welche explizit auf die der Vor-GmbH noch fehlende Eintragung abstellen. Um ihr eine Teilnahme am Rechtsverkehr zu erleichtern, wird die Vor-GmbH auch schon als grundbuch- und firmenrechtsfähig angesehen.[428] Schließlich wird ihr die aktive[429] und passive Parteifähigkeit sowie die Insolvenzfähigkeit[430] zuerkannt.

b) Das Gesellschaftsvermögen

Gesamthandsgemeinschaft

Da die Stammeinlagen der GmbH-Gesellschafter zumindest teilweise zu einem Zeitpunkt erbracht werden müssen, in welchem noch nicht die GmbH als solche besteht, sondern bloß eine Vor-GmbH, entsteht bereits in dieser Phase ein Gesellschaftsvermögen. Dieses Vermögen ist bereits der Vor-GmbH zuzuordnen.[431] 394

c) Die Vertretung

Vertretung durch Geschäftsführer

Lässt man eine Teilnahme der Vor-GmbH am Rechtsverkehr zu, so stellt sich zwangsläufig die Frage, welche Personen zu Handlungen für eine solche Vorgesellschaft berechtigt sein sollen. Als Vertretungsorgane der Vor-GmbH in Betracht kommen letztlich nur die Geschäftsführer, welche auch nach der Eintragung der GmbH zur umfassenden Vertretung nach außen berufen sind (§ 35 GmbHG). Fraglich bleibt allerdings, ob die Vertretungsmacht der Geschäftsführer für die Vor-GmbH denselben unbeschränkten Umfang haben muss wie für die GmbH. 395

beschränkte organschaftliche Vertretungsmacht

Maßgeblich bestimmt werden sollte der Umfang der Vertretungsmacht an sich nämlich vor allem durch den Zweck der vertretenen Organisation. Vor der Eintragung der GmbH ins Handelsregister besteht zudem noch kein echter Bedarf nach Schutz des Rechtsverkehrs durch unbeschränkte Vertretungsmacht i.S.v. §§ 35 I, 37 II GmbHG. Zutreffend wird daher in solchen Fällen der Umfang der organschaftlichen Vertretungsmacht auf die mit der Gründung unmittelbar in Zusammenhang stehenden Geschäfte beschränkt.

Daneben bleibt es den Gesellschaftern selbstverständlich unbenommen, den Geschäftsführern zusätzlich rechtsgeschäftlich weiter gehende Vollmachten zu erteilen, was regelmäßig bzgl. weiterer unternehmensbezogener Geschäfte in Form konkludenter Bevollmächtigungen anzunehmen ist. Anders ist dies jedenfalls dann, wenn die Vor-GmbH bereits ein Unternehmen betreibt bzw. ein solches an sie als Sacheinlage geleistet wurde. Hier wäre eine andere als eine unbeschränkte Vertretungsmacht dem Interesse der Gesellschaft abträglich und dem Rechtsverkehr gefährlich.

---

428 BGH, NJW-RR 2004, 258 = **juris**byhemmer.

429 Vgl. Sie hierzu die Entscheidung des BGH vom 28.11.1997, NJW 1998, 1079 = **juris**byhemmer, dargestellt in **Life&Law 06/1998, 371** mit ausführlichem hemmer-background zur Vorgesellschaft.

430 BGH, NJW-RR 2004, 258 = **juris**byhemmer.

431 Vgl. Rowedder, § 11 GmbHG, Rn. 59.

d) Die Haftung für Verbindlichkeiten

Haftung bei der Vor-GmbH

Bei ihrer selbstständigen Teilnahme am Rechtsverkehr erwirbt die Vor-GmbH jedoch nicht bloß Rechte, sondern geht sehr häufig schon in diesem frühen Stadium wirksame Verbindlichkeiten ein. Dadurch stellt sich zwangsläufig die Frage, wer für diese Verbindlichkeiten zu haften hat: Als Haftungssubjekte in Betracht kommen zum einen die Vor-GmbH selbst bzw. später die GmbH als ihre Nachfolgerin, zum anderen aber die Gründungsgesellschafter persönlich oder zumindest die für die Vor-GmbH unmittelbar handelnden Personen. 396

Die Frage nach der Haftung der Vor-GmbH stellt dabei allerdings nur eine spezielle Ausformung der für das GmbH-Recht ganz entscheidenden allgemeinen Fragestellung dar, nämlich der Frage nach dem auf die GmbH anwendbaren Haftungsregime. Die Beantwortung dieser Frage und damit zugleich auch der Frage nach der Haftung innerhalb der Vor-GmbH soll im Folgenden zusammengefasst dargestellt werden.

III. Die Haftung innerhalb des GmbH-Rechts

früher: Vorbelastungsverbot

Früher wurde die Haftungsverfassung des GmbH-Rechts maßgeblich bestimmt von dem Grundsatz des so genannten Vorbelastungsverbots:[432] Danach ließ die Rechtsprechung die GmbH lediglich in die Rechte der ihr vorausgehenden Vor-GmbH eintreten und daneben in solche Verbindlichkeiten, die mit der Gesellschaftsgründung unmittelbar im Zusammenhang standen. Bei allen sonstigen Verbindlichkeiten hingegen hielt sie einen Übergang von der Vor-GmbH auf die GmbH für ausgeschlossen. Damit wurde in den Haftungsverhältnissen eine klare Zäsur zwischen Vor-GmbH und GmbH erreicht. Die von der Vor-GmbH i.R. ihrer Teilnahme am allgemeinen Rechtsverkehr begründeten Schulden verblieben bei ihr, die GmbH haftete grundsätzlich nur für die von ihr selbst begründeten Schulden. Durch diese Rechtsprechung sollte verhindert werden, dass das Stammkapital als wirtschaftliche Grundlage der GmbH durch Verbindlichkeiten aus der Tätigkeit der Vor-GmbH aufgezehrt wird (Unversehrtheitsgrundsatz). 397

heute: umfassender Übergang von Rechten und Pflichten

Andererseits war diese Rechtsprechung natürlich einer Teilnahme von Vorgesellschaften am Rechtsverkehr in starkem Maße hinderlich. Da sich der Gedanke der Erhaltung des Stammkapitals durchaus auch auf anderen Wegen erreichen lässt, wurde der Grundsatz des Vorbelastungsverbots inzwischen aufgegeben und ein allgemeiner Übergang sämtlicher Verbindlichkeiten von der Vor-GmbH auf die GmbH zugelassen.[433] 398

Trotzdem kommt aber natürlich der Handelsregistereintragung für das rechtliche Schicksal der Vor-GmbH und die Entstehung der GmbH (§ 11 II GmbHG) noch immer entscheidende Bedeutung zu. Demzufolge muss nunmehr zwischen drei verschiedenen Haftungskategorien differenziert werden: Zum einen der Haftung im Stadium der Vor-GmbH, zum anderen nach erfolgter Eintragung zwischen der Haftung für Verbindlichkeiten, die noch durch die Tätigkeit der Vor-GmbH begründet wurden, und den erst durch die GmbH selbst eingegangenen Verbindlichkeiten.

---

432 BGHZ 45, 342 = **juris**byhemmer; BGHZ 65, 38 = **juris**byhemmer.

433 BGHZ 80, 129 f. = **juris**byhemmer.

1. Die Haftung vor der Eintragung der GmbH

Vor erfolgter Eintragung und damit vor ihrer wirksamen Entstehung kann jedenfalls auf die GmbH selbst als Haftungssubjekt noch nicht zurückgegriffen werden. 399

a) Die Haftung der Vor-GmbH

Gesellschaftsvermögen der Vor-GmbH

Angesichts der weitgehenden Verselbstständigung der Vor-GmbH ist selbstverständlich zum einen die Inanspruchnahme der Vor-GmbH selbst denkbar. Haftungsmasse ist insoweit das den Gründungsgesellschaftern in ihrer gesamthänderischen Verbundenheit zustehende Gesellschaftsvermögen. Gerade im Gründungsstadium ist dieses Gesellschaftsvermögen allerdings oft noch nicht besonders gut ausgestattet. In diesem Fall müssen andere Haftungssubjekte in den Vordergrund treten. 400

b) Die Handelndenhaftung

Handelndenhaftung aus § 11 II GmbHG

Diesem Bedürfnis nach weiteren, etwaigen Gläubigern zur Verfügung stehenden Haftungssubjekten hat der Gesetzgeber ursprünglich selbst durch die Einrichtung der Handelndenhaftung gem. § 11 II GmbHG Rechnung getragen. Nach dieser Vorschrift haften alle Personen, die vor der Eintragung für die Gesellschaft gehandelt haben, persönlich und solidarisch. Ursprünglich stammt diese Regelung aus einer Zeit, in der man die Vor-GmbH als solche noch überhaupt nicht als taugliches Haftungssubjekt angesehen hatte. Da heute eine völlig andere Sicht der Haftungsverhältnisse innerhalb der Vor-GmbH anzutreffen ist, verliert § 11 II GmbHG immer mehr an Bedeutung. Auch die Rechtsprechung trägt zu diesem Bedeutungsverlust bei, indem sie als „Handelnde" im Sinn dieser Vorschrift nunmehr solche Personen ansieht, die entweder als oder zumindest wie Vertretungsorgane der Vorgesellschaft nach außen aufgetreten sind.[434] 401

c) Die Haftung der Gründungsgesellschafter

persönliche Haftung der Gründer

Besonders umstritten ist schließlich die Frage, inwieweit die Gründer einer GmbH vor erfolgter Eintragung mit ihrem persönlichen Vermögen für die Geschäfte haftbar gemacht werden können, die mit ihrer Zustimmung aufgenommen worden sind. 402

Während ein Teil der Literatur die auf das Gesellschaftsvermögen der Vor-GmbH beschränkte Haftung für ausreichend hält und eine darüber hinausgehende persönliche Gesellschafterhaftung vollständig ablehnt, sehen andere im Interesse der Gesellschaftsgläubiger den Bedarf nach einer unbeschränkten persönlichen Haftung aller Gesellschafter.[435]

Kompromisslösungen

Im Ergebnis vermag freilich keine der beiden Extrempositionen zu überzeugen: Die vollständige Ablehnung einer persönlichen Haftung ließe für den Rechtsverkehr jedes Rechtsgeschäft mit einer Vor-GmbH zu einem unkalkulierbaren Risiko werden, da in diesem Stadium die vollständige Aufbringung des Gesellschaftsvermögens noch keineswegs ausreichend sichergestellt ist. Diese Ansicht führt letztlich zu einer Vorwirkung des § 13 II GmbHG, die allein mit einem entsprechenden Willen der Gesellschafter zu begründen wäre.

434 BGHZ 47, 25; 80, 135 = **juris**byhemmer.

435 Zum Streitstand umfassend Rowedder, § 11 GmbHG, Rn. 91 ff.

Das widerspricht jedoch § 11 I GmbHG und dem anerkannten Grundsatz, dass umfassende Haftungsausschlüsse einer gesetzlichen Grundlage bedürfen, da die unbeschränkte Haftung bei unternehmerischer Tätigkeit den Regelfall darstellt. Die Annahme einer im Außenverhältnis gegenüber Dritten bestehenden unbeschränkten persönlichen Haftung eines jeden Gründungsgesellschafters wäre zwar eine diesem Grundsatz entsprechende Haftung, doch könnte hier entgegnet werden, dass der Charakter als gesamtschuldnerische Außenhaftung den einzelnen Gesellschafter durch die mögliche Inanspruchnahme auf die volle Summe zu sehr zugunsten der Gläubiger belastet, die hierdurch einen unverdienten Vorteil erhielten.

beschränkte Außenhaftung

Sachgerecht könnte eine vermittelnde Lösung sein. Dies haben auch die Rechtsprechung und überwiegende Teile des Schrifttums erkannt und sind daher zunächst folgenden Weg gegangen:

Zwar ließ man eine unmittelbare Haftung der Gründer im Außenverhältnis zu, beschränkte diese aber zugleich auf die Höhe der von dem jeweiligen Gründungsgesellschafter übernommenen Stammeinlageverpflichtung. Für die Einlageverpflichtungen der übrigen Gesellschafter haftete er zudem nach dem Rechtsgedanken des § 24 GmbHG subsidiär. Sobald und soweit die Einlagen tatsächlich erbracht waren, schied die persönliche Außenhaftung aus.

Dem Grunde nach beruht diese Lösung auf einer Analogie zu § 171 HGB. Trotz der fehlenden Handelsregistereintragung wird dem Rechtsverkehr bereits ein Verzicht auf eine unbeschränkte Haftung der Gesellschafter aufgenötigt. Gerechtfertigt wird dies vor allem mit dem Argument, dass durch das Auftreten eines Geschäftsführers für eine Vor-GmbH nach außen hinreichend erkennbar werde, dass die Gesellschafter nur beschränkt haften wollen.[436] In diesem beschränkten Umfang sollte den Gläubigern aber zumindest eine unmittelbare und gesamtschuldnerische Außenhaftung der Gesellschafter verbleiben, um die Durchsetzung der Haftungsansprüche nicht noch weiter zu erschweren.

unbeschränkte Innenhaftung = Verlustdeckungshaftung

Gegen die Richtigkeit dieses Ansatzes lassen sich allerdings zahlreiche Argumente anführen. Besonders einsichtig ist vor allem, dass nicht erklärt werden kann, wie sich die gegenüber der Gesellschaft bestehende Einlageschuld in eine Haftung gegenüber den Gläubigern, dogmatisch also etwas grundlegend anderes, verwandeln soll und kann.

Weiterhin knüpft das Gesetz selbst das Eingreifen der Haftungsbeschränkung eindeutig erst an die Tatsache der Eintragung ins Handelsregister. Ohne gesetzlichen oder ausdrücklichen vertraglichen Rechtfertigungsgrund kann aber der im Handelsrecht allgemein geltende Grundsatz unbeschränkter Haftung bei unternehmerischer Tätigkeit nicht durchbrochen werden. Ein solcher Grund ist hier nicht ersichtlich. Allein der Wille der Gründer vermag jedenfalls den Eingriff in den Verkehrsschutz nicht zu rechtfertigen.

Auch die Rechtsprechung beschreitet deshalb mittlerweile einen anderen Weg: Sie lässt die Gesellschafter einer Vor-GmbH, die einer Aufnahme des Geschäftsbetriebs zugestimmt haben, für die dabei begründeten Verbindlichkeiten der Gesellschaft unbeschränkt haften, betrachtet diese Haftung jedoch als reine Innenhaftung.[437]

---

436 BGHZ 65, 382 = **juris**byhemmer.

437 BGH, NJW 1997, 1507 = **juris**byhemmer; kritisch Altmeppen, NJW 1997, 1509 = **juris**byhemmer.

Eine solche als Verlustdeckungshaftung bezeichnete Haftung bedeutet im Klartext, dass sich die Gläubiger einer Vor-GmbH nicht unmittelbar an einzelne Gründungsgesellschafter halten können, sondern nur an die Vor-GmbH selbst. Erst die Gesellschaft hat ihrerseits gegen ihre Gründungsgesellschafter gerichtete Ansprüche auf den anteiligen Ausgleich der bereits eingetretenen Anlaufverluste.[438] Diesen Anspruch der Gesellschaft können die Gläubiger, wenn sie einen Titel gegen die Gesellschaft erstritten haben, nach §§ 829, 835 ZPO pfänden und verwerten. Durch diese Lösung werden alle beteiligten Interessen ausreichend berücksichtigt: Die Gläubiger einerseits erhalten ausreichend Haftungsmasse, die Gesellschafter andererseits werden nach außen keiner unbegrenzten gesamtschuldnerischen Haftung unterworfen, sondern bloß einer anteiligen Verlustdeckungshaftung im Innenverhältnis.

Ausnahme: sog. unechte Vorgesellschaft und Vermögenslosigkeit

Auch die Rechtsprechung macht von diesem Grundsatz der Innenhaftung zwei Ausnahmen: Sie lässt die Außenhaftung der Gesellschafter zu, wenn die Gesellschaft vermögenslos[439] ist oder die Gesellschafter die Vor-GmbH als werbende Gesellschaft weiter betreiben, obwohl die Eintragung ins Handelsregister nicht mehr ernsthaft beabsichtigt wird.[440] Der Personenzusammenschluss kann dann nicht mehr als Durchgangsstadium zur GmbH angesehen werden. Er unterliegt vielmehr dem Recht der BGB-Gesellschaft oder der OHG.

hemmer-Methode: Kein Auswendiglernen von Theorien! Die Haftung innerhalb der Vor-GmbH ist ein heftig umstrittener Problemkreis! Sie brauchen dabei keineswegs möglichst viele Theorien auswendig zu lernen, um sie in der Klausur herunterbeten zu können! In Pflichtfachklausuren des Ersten Staatsexamens gibt es nämlich auch an dieser Stelle keine richtigen und falschen Lösungen! Wichtig ist vielmehr, dass Sie Ihre Lösung klar strukturieren, verschiedene Ansätze darstellen und dann mit eigenen Argumenten zu einer vertretbaren Lösung gelangen!
Auch dabei gilt wieder: Haben Sie die denkbaren Extrempositionen einmal dargestellt, so führt Sie eine „Links-Rechts-Mitte-Argumentation“ zu einem sinnvollen Ergebnis!

2. Die Haftung nach der Eintragung der GmbH

Eintragung als Zäsur

Nach erfolgter Handelsregistereintragung tritt die GmbH als eigenständige Rechtspersönlichkeit ganz in den Vordergrund. Die hinter der Gesellschaft stehenden Personen verlieren demgegenüber zunehmend an Bedeutung. Im Hinblick auf die Haftungsverteilung zwischen den unterschiedlichen Haftungssubjekten muss aber nochmals unterschieden werden: 403

a) Die vor der Eintragung begründeten Verbindlichkeiten

Für Verbindlichkeiten, die bereits im Stadium der Vor-GmbH begründet wurden, kann der Schutzmantel der GmbH seine Wirkung nämlich trotz Eintragung noch nicht in vollem Umfang entfalten. Denn gerade in dieser Phase besteht die große Gefahr, dass das Stammkapital der Gesellschaft bereits durch die von der Vor-GmbH getätigten Geschäfte vollständig ausgehöhlt ist. 404

438 Die Gläubiger können diese Binnenansprüche der Vor-GmbH gegen die Gesellschafter selbstverständlich durch Pfändung für sich selbst verwerten.

439 BAG, ZIP 2000, 1546 = **Life&Law 12/2000, 864** = **juris**byhemmer.

440 BAG, NJW 1997, 3331; BFH, ZIP 1998, 1149: **beide Entscheidungen** = **juris**byhemmer; BGH, **Life&Law 04/2003, 238 ff.** = **juris**byhemmer.

aa) Die Haftung der GmbH

umfassende Haftung der GmbH

Zwar werden Vor-GmbH und GmbH mittlerweile ganz allgemein als identische Gebilde angesehen, die sich nur in einem unterschiedlichen Entwicklungsstadium befinden.[441] Die logische Konsequenz hieraus ist der Eintritt der GmbH in alle Rechte und Pflichten der Vor-GmbH bei gleichzeitigem Entfallen der Haftung der Vorgesellschaft.[442] Der bloße Fortbestand der Haftung bei der GmbH als solcher genügt freilich den Gläubigerinteressen nur dann, wenn das Stammkapital dieser Gesellschaft auch tatsächlich noch vorhanden ist. In allen anderen Fällen muss an zusätzliche Lösungen gedacht werden. 405

bb) Die Handelndenhaftung

Unanwendbarkeit infolge Subsidiarität

Ein theoretisch denkbarer Ansatz wäre dabei dem Wortlaut des Gesetzes nach auch in diesem Stadium noch die Handelndenhaftung aus § 11 II GmbHG. Diese Haftung soll allerdings ihrem Sinn und Zweck entsprechend nur subsidiär zum Tragen kommen. Nach der Registereintragung steht die GmbH selbst für alle Verbindlichkeiten der Vor-GmbH gerade. Für eine Anwendung des § 11 II GmbHG ist folglich kein Platz mehr.[443] 406

cc) Die Haftung der Gesellschafter

Allgemeine Differenzhaftung

Der Gefahr einer Aushöhlung des nach erfolgter Registereintragung als alleinige Haftungsmasse zur Verfügung stehenden Stammkapitals durch die Verbindlichkeiten der Vor-GmbH wird auf andere Weise vorgebeugt: Die Rechtsprechung hat unter weitgehender Zustimmung des Schrifttums die so genannte allgemeine Differenz- oder Vorbelastungshaftung entwickelt.[444] 407

Danach sind die Gründungsgesellschafter persönlich der GmbH gegenüber verpflichtet, für einen vollen Ausgleich der durch das noch vorhandene Gesellschaftsvermögen nicht gedeckten Fehlbeträge des Stammkapitals zu sorgen. Auch die Differenzhaftung ist ihrem Wesen nach also eine auf den Ausgleich einer Unterbilanz gerichtete, unbeschränkte Innenhaftung und entspricht somit der bis zur Eintragung geltenden Verlustdeckungshaftung.

Wie bei der Verlustdeckungshaftung haften auch hier die einzelnen Gesellschafter nur anteilig und gegebenenfalls als Ausfallschuldner nach § 24 GmbHG. Der entscheidende Unterschied liegt demnach allein im Entstehungszeitpunkt: Mit der Eintragung der GmbH ins Handelsregister erlischt die Verlustdeckungshaftung und entsteht zugleich die Differenzhaftung.

hemmer-Methode: Wichtige Parallelen aufzeigen! Im Ergebnis besteht mittlerweile also ein weitgehender Gleichlauf zwischen der Haftung der Gründungsgesellschafter vor und nach der Eintragung! Auch das ist ein Argument für die Richtigkeit der Annahme einer unbeschränkten Innenhaftung bereits vor Eintragung! Zu Recht wurde nämlich früher immer wieder der auffällige Wertungswiderspruch kritisiert, dass vor Eintragung eine beschränkte Gründerhaftung eingreifen sollte, während nach der Eintragung eine unbeschränkte Haftung gegeben wäre! Für Sie bedeutet dieser Gleichlauf: Haben Sie die Grundsätze der Unterbilanzhaftung einmal verstanden, können Sie sie ohne Mühe sowohl auf die Vor-GmbH als auch auf die GmbH anwenden!

441 Weitere Nachweise zum Streitstand bei Scholz,§ 11 GmbHG, Rn. 133.

442 Für Gesamtsrechtsnachfolge etwa Kübler, § 24 II 3 c.

443 BGHZ 76, 323 = **juris**byhemmer.

444 BGHZ 80, 129 ff. = **juris**byhemmer.

Verhältnis zu §§ 9 ff. GmbHG

Die allgemeine Differenzhaftung besteht im Übrigen neben den gesetzlich geregelten Spezialfällen aus §§ 9, 9a und b GmbHG. Anders als diese besonderen Haftungstatbestände ist die Differenzhaftung nämlich verschuldensunabhängig und auf den Ausgleich sämtlicher bis zur Eintragung der Gesellschaft aufgelaufenen Vorbelastungen gerichtet. Die §§ 9 ff. GmbHG begründen hingegen Ansprüche der Gesellschaft gegen solche Geschäftsführer und Gesellschafter, die schuldhaft dazu beigetragen haben, dass das tatsächlich vorhandene Stammkapital der Gesellschaft im Zeitpunkt ihrer Anmeldung nicht den angemeldeten Umfang erreicht. 408

b) Die nach der Eintragung begründeten Verbindlichkeiten

Begründet die GmbH schließlich erst nach ihrer Eintragung selbst eigene Verbindlichkeiten, so stellt sich das Haftungsregime als weitgehend unproblematisch dar. 409

aa) Die Haftung der GmbH

GmbH-Haftung und Kapitalerhaltung

Für derartige Verbindlichkeiten haftet gem. § 13 II GmbHG allein die GmbH mit ihrem Gesellschaftsvermögen. Gerade diese Haftungsbeschränkung auf das eingetragene Stammkapital macht schließlich das Wesen der GmbH aus. Wer mit einer GmbH Geschäfte schließt, muss insoweit wissen, worauf er sich einlässt. Nach alledem kann der Gesetzgeber zum Schutz des Rechtsverkehrs nicht mehr tun, als dafür zu sorgen, dass das eingetragene Stammkapital den Gläubigern auch wirklich zur Verfügung steht. Dementsprechend hat er nicht bloß die bereits oben angesprochenen Regelungen der Kapitalaufbringung eingeführt, sondern in den §§ 30, 31 GmbHG zugleich auch Vorschriften zur Kapitalerhaltung. 410

bb) Die Haftung von Geschäftsführern und Gesellschaftern

kein Durchgriff auf andere Personen

Eine Mithaftung anderer Personen für die von der GmbH selbst begründeten Verbindlichkeiten besteht daneben grundsätzlich nicht: § 11 II GmbHG ist nicht mehr einschlägig und auch ein Durchgriff auf das persönliche Vermögen der Gesellschafter kommt regelmäßig nicht in Betracht.[445] 411

§ 311 III BGB

Von außen stehenden Dritten in Anspruch genommen werden können die Repräsentanten der Gesellschaft also höchstens nach allgemeinen Regeln für ein eigenes Fehlverhalten. Zu denken ist dabei in erster Linie an Ansprüche aus §§ 280 I, 311 III, 241 II BGB unter dem Gesichtspunkt der Eigenhaftung des Vertreters wegen Inanspruchnahme besonderen persönlichen Vertrauens oder wegen eines unmittelbaren wirtschaftlichen Eigeninteresses. Allein die Tatsache einer maßgeblichen Beteiligung an der Gesellschaft genügt dabei allerdings nicht zur Begründung eines solchen Eigeninteresses.[446]

Deliktische Haftung

Denkbar bleiben gegen einen sich deliktisch verhaltenden Geschäftsführer immer auch Schadensersatzansprüche aus den §§ 823 ff. BGB.[447]

445 Ausnahmen zu diesem Grundsatz kommen nur in Extremfällen in Betracht, nämlich dann, wenn eine Berufung auf die Trennung von Gesellschafts- und Privatvermögen als Rechtsmissbrauch erscheinen würde.

446 BGH, NJW 1994, 2220 = **juris**byhemmer.

447 Beachten Sie dabei allerdings, dass § 43 II GmbHG kein Schutzgesetz i.S.v. § 823 II BGB darstellt.

Problem: Verdoppelung der Haftung?

Dabei ist aber darauf zu achten, dass das Organhandeln über § 31 BGB ja bereits zu einer deliktischen Haftung der Gesellschaft selbst führt. Problematisch ist, ob daneben die Haftung des Gesellschafters selbst treten kann.[448]

Der BGH nimmt beispielsweise bei an die GmbH unter verlängertem Eigentumsvorbehalt gelieferter Ware eine Garantenpflicht des Geschäftsführers an, dafür Sorge zu tragen, dass der verlängerte Eigentumsvorbehalt durch Vereinbarung von Abtretungsverboten, § 399 BGB, nicht ausgehöhlt wird. Wird die Ware an einen Abnehmer unter Vereinbarung eines Abtretungsverbotes sodann veräußert bzw. verbaut (§ 946 BGB) und kommt es daher zum Eigentumsverlust ohne Zugriffsmöglichkeit auf den Abnehmer, sei der Geschäftsführer verantwortlich für den aus der Eigentumsverletzung entstandenen Schaden. Begründung: Verletzung einer Garantenpflicht, die der Geschäftsführer gegenüber der Gesellschaft hat.

Das ist insbesondere deshalb problematisch, weil gerade § 43 GmbHG kein Schutzgesetz i.S.d. § 823 II BGB darstellt. Mit obiger Begründung führt dann das Innenverhältnis zwischen Geschäftsführer und Gesellschaft doch wieder zu einer Außenwirkung.

§ 823 II BGB

Neben der Haftung aus § 823 I BGB ist immer auch an Schutzgesetzverletzungen zu denken, § 823 II BGB. Anerkannt sind hier u.a. die Straftatbestände der §§ 263, 266 StGB. In der Praxis von besonderer Bedeutung ist ein Verstoß gegen § 15a I InsO. Denn bei Insolvenz der GmbH ist letztlich die Haftung des Geschäftsführers die einzig verbleibende „Hoffnung“. Die Insolvenzantragspflicht hat Drittschutz, weil regelmäßig Dritte aus der Verletzung Schäden erleiden. Sei es, dass bei rechtzeitiger Anzeige die Quote höher gewesen wäre, sei es, dass bei Kenntnis der Sachlage überhaupt kein Vertrag mehr mit der GmbH geschlossen worden wäre.

§ 826 BGB

In diesem Zusammenhang kann auch die Haftung aus § 826 BGB in Betracht kommen, wenn die Vermögenssituation wider besseres Wissen besser als tatsächlich bestehend angegeben wird und eine Schädigung billigend in Kauf genommen wird.

Hier wird allerdings in der Regel bereits eine Haftung aus § 823 II BGB i.V.m. § 15a I InsO greifen, sodass dem keine eigenständige Bedeutung beikommt.

Auch wenn es um risikobehaftete Geschäfte mit geschäftlich unerfahrenen Vertragspartnern geht, ist an § 826 BGB zu denken, wenn der Geschäftsführer diese „ins Messer laufen lässt“, ohne über die Risiken aufzuklären.

§ 179 BGB analog

In der Rechtsprechung anerkannt ist eine analoge Anwendung des § 179 I BGB in den Fällen, in denen der Geschäftsführer nicht klarstellt, dass der Vertretene eine GmbH ist.[449] Eine direkte Anwendung kommt nicht in Betracht, weil er ja mit Vertretungsmacht agiert, § 35 GmbHG. Der Geschäftspartner ist aber vergleichbar schutzwürdig, weil er faktisch (!) keinen vollen Anspruch hat, von dem er aufgrund des Auftretens für ein voll haftendes Rechtssubjekt aber ausgegangen ist.

---

448 Verkehrssicherungspflichten i.R.d. Produzentenhaftung treffen z.B. nur die GmbH als Hersteller. Der Geschäftsführer persönlich kann bei Verletzung nicht deliktisch in Anspruch genommen werden. Anders wird dies z.T. dann gesehen, wenn der Geschäftsführer die Gefahren persönlich beherrscht, etwa weil der Geschäftsführer willentlich diese Aufgabe innerhalb der Gesellschaft übernommen hat. Allerdings ist zu berücksichtigen, dass die Gefahrbeherrschung zumindest auch zu der Pflicht zur ordnungsgemäßen Geschäftsführung gehört. Die Verletzung solcher Pflichten soll aber grundsätzlich nur relevant für die Frage des Regresses der Gesellschaft gegenüber dem Geschäftsführer sein und keine Außenwirkung haben. Eine deliktische Haftung daran anzuknüpfen, würde die Außenwirkung letztlich durch die Hintertür wieder einführen.

449 BGH, ZIP 2007, 908 ff. = **juris**byhemmer.

Diese Rechtsprechung gilt auch dann, wenn der Geschäftsführer einer UG als solcher einer „normalen“ GmbH auftritt.[450]

Beispielsfall

Beispielsfall zur Haftung des Geschäftsführers: 412

Linda (L) und Rudi (R) wollen die „Tulpen aus Amsterdam“-GmbH mit einem Stammkapital von 25.000,- € gründen. Nach notarieller Beurkundung des Gesellschaftsvertrags zahlt L ihre Stammeinlage i.H.v. 12.500,- € voll ein, während R lediglich 6.250,- € einzahlt. Um sich möglichst rasch den für einen erfolgreichen Start erforderlichen guten Namen zu machen, beschließen L und R, noch vor der Eintragung der GmbH eine umfangreiche Werbekampagne zu starten.

Nach dem Motto „Klotzen statt Kleckern“ gibt die zur Geschäftsführerin bestellte L mit Zustimmung des R bei dem überregional tätigen Zeitschriftenverlag „Gruner und Springer“ (V) im Namen der in Gründung befindlichen GmbH ein ganzseitiges Inserat zum Preis von 15.000,- € in Auftrag.

Von wem kann V vor der Eintragung der GmbH Zahlung verlangen? An wen muss er sich nach erfolgter Eintragung halten?

A) Die Rechtslage vor der Eintragung der GmbH

Prüft man die Rechtslage vor Eintragung der GmbH ins Handelsregister, so kommen als Anspruchsgegner des V in Betracht die in Gründung befindliche „Tulpen aus Amsterdam“-GmbH sowie die daran beteiligten natürlichen Personen, also L und R:

I. Anspruch gegen die Vor-GmbH aus § 631 BGB

1. Ein Anspruch des V auf Bezahlung der Inseratskosten könnte sich aus § 631 BGB ergeben. Da aufgrund der vertraglichen Vereinbarungen die Veröffentlichung der bestellten Anzeige geschuldet war, handelt es sich bei diesem Vertrag um einen Werkvertrag.

2. Fraglich ist vor der Eintragung der GmbH jedoch der Anspruchsgegner eines solchen Zahlungsanspruchs:

a) Zwischen der Errichtung der GmbH und ihrer Eintragung im Handelsregister existiert bereits eine so genannte Vorgesellschaft. Dabei handelt es sich um eine Vereinigung sui generis, auf die bereits GmbH-Recht Anwendung finden kann, soweit es nicht die Eintragung voraussetzt. Insbesondere kann die Vor-GmbH bereits eigene Verbindlichkeiten eingehen.

b) L hat hier ausdrücklich im Namen der in Gründung befindlichen GmbH gehandelt. Eine wirksame Verpflichtung der Vor-GmbH wäre daher entsprechend § 164 BGB gegeben, wenn die Vertretungsmacht der L den Abschluss eines entsprechenden Geschäfts umfassen würde. Zwar ist die Frage der organschaftlichen Vertretungsmacht im Bereich der Vor-GmbH nicht unumstritten, doch kommt es auf diesen Streit im konkreten Fall nicht an, da der Mitgesellschafter R mit dem Abschluss des Geschäfts ausdrücklich einverstanden war. Unabhängig von den Voraussetzungen des § 35 GmbHG konnte sich L also zumindest auf eine konkludent erteilte Vollmacht seitens des R stützen.

3. Im Ergebnis ist daher die Vor-GmbH aus § 631 BGB zur Bezahlung von 15.000,- € verpflichtet. Sie haftet für diese Verbindlichkeit mit ihrem Gesellschaftsvermögen, welches vor der Handelsregistereintragung bereits der Vor-GmbH zusteht.

Fraglich ist allerdings, ob neben der Haftung der Vor-GmbH noch andere Haftungssubjekte in Betracht kommen.

450 BGH, **Life & Law 11/2012, 779 ff.**

II. Ansprüche des V gegen R

1. Im Hinblick auf den R kommt hingegen ein Anspruch aus Handelndenhaftung nicht in Frage. Handelnder in diesem Sinn ist nämlich immer nur derjenige, der im Rechtsverkehr nach außen als oder wie ein Vertretungsorgan der Gesellschaft auftritt. Diese Voraussetzung trifft auf R nicht zu, da seine Zustimmung zur Geschäftsaufnahme lediglich intern erklärt wurde.

2. Zu prüfen bleibt allerdings, inwieweit R persönlich in seiner Rolle als Gründungsgesellschafter für die Verbindlichkeiten haftet, die aus der von ihm selbst befürworteten Geschäftstätigkeit der Vor-GmbH herrühren:

a) Insbesondere die Interessen der Gläubiger könnten dafür sprechen, neben der Haftung der Vor-GmbH auch eine persönliche Haftung der Gründer vorzusehen, um für ausreichend Haftungsmasse zu sorgen. Denn das Bestehen unmittelbarer Ansprüche gegen die Gründungsgesellschafter erleichtert den Gläubigern die Durchsetzung ihrer Rechte nicht unerheblich.

Unter Bezugnahme auf die oben dargestellten Grundsätze muss richtigerweise eine anteilige Innenhaftung angenommen werden.

Auf diesem Weg wird für einen angemessenen Ausgleich aller beteiligten Interessen gesorgt und gleichzeitig die Einheitlichkeit des innerhalb der GmbH geltenden Haftungsregimes hergestellt.

b) Im Ergebnis hat V daher nach richtiger Ansicht keinen unmittelbaren Anspruch gegenüber R. Im Rahmen einer Verlustdeckungshaftung ist R vielmehr nur der Gesellschaft gegenüber und anteilig neben L zum Ausgleich der bis zur Eintragung der GmbH aufgelaufenen Verluste verpflichtet.

III. Ansprüche des V gegen L

1. Zunächst könnte L als Gesellschaftsgründerin auch persönlich für die Verbindlichkeiten der Vor-GmbH aus § 631 BGB einzustehen haben. Hier ist die Rechtslage mit der bzgl. der Haftung des R identisch. Ein Anspruch ist danach nicht gegeben.

2. Ein Anspruch des V gegen L auf Bezahlung von 15.000,- € besteht allerdings gem. § 11 II GmbHG: Da L bereits vor der Eintragung der Gesellschaft nach außen als deren Geschäftsführerin aufgetreten ist, haftet sie persönlich unbeschränkt neben der Gesellschaft.

B) Die Rechtslage nach erfolgter Eintragung 413

Fraglich ist, was sich an den vorstehend beschriebenen Haftungsverhältnissen nach erfolgter Eintragung ändert.

I. Anspruch des V aus § 631 BGB gegen die GmbH

1. Mit der Eintragung ins Handelsregister entsteht die GmbH als eigener Rechtsträger (§§ 11 I, 13 I GmbHG). Als Haftungsmasse steht daher grundsätzlich nunmehr das Gesellschaftsvermögen zur Verfügung (§ 13 II GmbHG).

2. Problematisch erscheint allerdings, inwieweit die GmbH auch für solche Verbindlichkeiten haftet, die noch i.R.d. Geschäftstätigkeit der Vor-GmbH begründet wurden. Während man früher von dem so genannten Vorbelastungsverbot ausging, nach dem die GmbH nur die mit ihrer Gründung unmittelbar in Zusammenhang stehenden Verbindlichkeiten übernahm, während die sonstigen Verbindlichkeiten bei der Vor-GmbH verblieben, stellt man heute die Identität zwischen Vor-GmbH und GmbH in den Vordergrund. Dementsprechend haftet die GmbH also auch für sämtliche von der Vor-GmbH begründeten Schulden.

3. Im Ergebnis besteht daher ein auf Bezahlung der Inseratskosten gerichteter Anspruch des V gegen die GmbH gem. § 631 BGB.

II. Ansprüche des V gegen L

1. Zu denken wäre im Verhältnis zur L insbesondere wieder an einen Anspruch aus § 11 II GmbHG. Denn immerhin ist L vor der Eintragung der GmbH als Geschäftsführerin im Rechtsverkehr aufgetreten. Die Handelndenhaftung kommt aber nach ihrem Sinn und Zweck nur subsidiär zur Geltung. Da nach erfolgter Eintragung die GmbH selbst als primäres Haftungssubjekt zur Verfügung steht, entfällt der Bedarf nach einer zusätzlichen Haftung aus § 11 II GmbHG. Dementsprechend kann V die L nicht aus dieser Vorschrift in Anspruch nehmen.

2. Fraglich bleibt allerdings, inwieweit L in ihrer Eigenschaft als Gesellschafterin in Anspruch genommen werden kann.

a) Grundsätzlich können sich die Gesellschafter einer GmbH auf den Schutz des § 13 II GmbHG berufen. Bedenklich erscheint allerdings, dass das als Haftungsfond zur Verfügung gestellte Stammkapital im Zeitpunkt der Registereintragung bereits durch Verbindlichkeiten ausgehöhlt sein kann, die noch die Vor-GmbH i.R. ihrer Geschäftstätigkeit begründet hat. Im Interesse der Gesellschaftsgläubiger muss hierfür ein entsprechender Ausgleich vorgesehen werden.

b) Dieser Ausgleich kann nach den Wertungen des GmbH-Rechts nicht durch unmittelbare Ansprüche der Drittgläubiger gegenüber den Gesellschaftern persönlich erreicht werden. Es muss vielmehr für einen ausreichenden Binnenausgleich der entstandenen Anlaufverluste gesorgt werden. Eben dieser interne Verlustausgleich ist das Ziel der allgemeinen Differenzhaftung, nach welcher die Gründer einer GmbH der Gesellschaft gegenüber zum anteiligen Ausgleich der bis zur Eintragung entstandenen Vorbelastungen verpflichtet sind.

3. Entsprechend dieser Grundsätze hat V also L gegenüber keine unmittelbaren eigenen Ansprüche.

III. Ansprüche des V gegen R

Nach dem oben Gesagten können dem V im konkreten Fall auch gegenüber R persönlich keine unmittelbaren Ansprüche zustehen.

IV. Das Außenverhältnis

Ab dem Zeitpunkt ihrer Eintragung werden der GmbH im Rechtsverkehr nach außen eigenständige Rechte und Pflichten zugeordnet. Auch die GmbH kann aber im Ergebnis nur durch die Handlungen natürlicher Personen am Rechtsverkehr teilnehmen, die ihr als eigene zugerechnet werden müssen.

1. Die Vertretung

organschaftliche Vertretung durch Geschäftsführer

Das zur gerichtlichen und außergerichtlichen Vertretung im Rechtsverkehr berufene Organ der GmbH ist gem. § 35 GmbHG der Geschäftsführer. Nach § 6 I GmbHG kann eine Gesellschaft auch mehrere Geschäftsführer haben. 414

Regelt in solchen Fällen die Satzung nichts anderes, so besteht entsprechend § 35 II GmbHG Gesamtvertretungsbefugnis. Lediglich zur Entgegennahme von Willenserklärungen ist jeder Geschäftsführer schon von Gesetzes wegen allein befugt.

Die organschaftliche Vertretungsbefugnis der Geschäftsführung ist im Übrigen nach § 37 II GmbHG im Außenverhältnis nicht beschränkbar.

hemmer-Methode: Hier müssen Sie also wieder an die Grundsätze vom Missbrauch der Vertretungsmacht denken, denn Sie treffen auf die typische Konstellation der nach außen unbeschränkbaren Vertretungsmacht, vgl. § 37 I, II GmbHG (lesen!).

2. Die Verschuldenszurechnung

Zurechnung nach § 31 BGB

Sofern es nicht um die Zurechnung von Willenserklärungen geht, ist auch im GmbH-Recht § 31 BGB die maßgebliche Zurechnungsnorm. Die GmbH haftet für ein Fehlverhalten ihrer Organe folglich nach außen ohne die Möglichkeit zum Entlastungsbeweis. 415

V. Das Innenverhältnis

Begriff des Geschäftsanteils

1. Die Rechte und Pflichten der Gesellschafter

Pflichten der Gesellschafter

- ⇨ Erbringung der übernommenen Stammeinlage, § 19 GmbHG
- ⇨ Nebenpflichten aus dem Gesellschaftsvertrag, § 3 II GmbHG
- ⇨ Ausfallhaftung, § 24 GmbHG
- ⇨ Treuepflicht ggü. Gesellschaft und (insbesondere bei personalistisch strukturierten GmbHen) auch ggü. Mitgesellschaftern

Rechte der Gesellschafter

- ⇨ Teilnahme an Ges.-Versammlungen
- ⇨ Stimmrecht, § 47 GmbHG
- ⇨ Minderheiten- und Auskunftsrechte, §§ 50, 51a, 61 II, 66 II GmbHG
- ⇨ Gewinnbeteiligung, § 29 GmbHG
- ⇨ Liquidationserlös, § 72 GmbHG
- ⇨ Bezugsrecht, § 186 I AktG analog

Die Struktur der GmbH setzt sich zusammen aus einem oder mehreren Gesellschaftern. Die Gesellschaftsbeteiligung als solche, also die Gesamtheit der Rechtsbeziehungen zwischen dem einzelnen Gesellschafter und der Gesellschaft, bezeichnet man im GmbH-Recht als Geschäftsanteil.[451] 416

Die wichtigste Verpflichtung eines jeden Gesellschafters ist gem. § 19 GmbHG die Erbringung der übernommenen eigenen Stammeinlage. Für die Erfüllung dieser Pflicht haftet ein Gesellschafter auch noch nach wirksamer Abtretung seines Geschäftsanteils (§ 22 GmbHG). Für die Erbringung der Stammeinlagen durch die anderen Gesellschafter muss schließlich jeder Gesellschafter nach § 24 GmbHG eine subsidiäre Ausfallhaftung übernehmen.

Die bedeutendsten Gesellschafterrechte sind demgegenüber die Möglichkeit zur Teilnahme an den Gesellschafterversammlungen, die Minderheiten- und Auskunftsrechte der §§ 50, 51a, 61 II und 66 II GmbHG sowie vor allem das Recht auf Beteiligung an den Gewinnen der GmbH und an einem etwaigen durch Liquidation der Gesellschaft erzielten Erlös.

451 Im Ergebnis entspricht dieser Begriff der Mitgliedschaft beim Verein; die Stammeinlage ist im Unterschied zum Geschäftsanteil lediglich der ziffernmäßig festgelegte Beitrag zum Stammkapital.

2. Die Organe der GmbH

Maßgeblichkeit der Satzung

Im Übrigen regelt sich das Innenverhältnis der GmbH in erster Linie nach den im Gesellschaftsvertrag getroffenen Bestimmungen. Das Gesetz selbst gibt nur ganz wenige zwingende Strukturen vor. Unerlässlich sind allerdings mindestens zwei unterschiedliche Organe, nämlich die Gesellschafterversammlung und der bzw. die Geschäftsführer.[452] 417

a) Die Gesellschafterversammlung

Grundlagenentscheidungen

Nach dem gesetzlichen Leitbild bestimmt die Versammlung sämtlicher Gesellschafter die Grundlagen des Gesellschaftsverhältnisses (§§ 48 i.V.m. 46 GmbHG). So obliegen der Gesellschafterversammlung insbesondere die Bestellung, Kontrolle und Abberufung der Geschäftsführer. 418

Satzungsänderungen

Auch Beschlüsse über Änderungen der Gesellschaftssatzung, die wegen ihrer besonderen Bedeutung nach § 53 II S. 1 GmbHG stets notarieller Beurkundung bedürfen, können nur von der Gesellschafterversammlung selbst getroffen werden. Erforderlich ist dabei eine Mehrheit von mindestens drei Vierteln der abgegebenen Stimmen (§ 53 II S. 1 GmbHG). Wirksam werden derartige Satzungsänderungen im Übrigen nach § 54 III GmbHG erst mit ihrer Eintragung ins Handelsregister.

grds. einfache Mehrheitsbeschlüsse

Abgesehen von den für Satzungsänderungen geltenden Besonderheiten handelt die Gesellschaft entsprechend §§ 49 und 50 GmbHG entweder durch die Geschäftsführer oder auch durch eine von mindestens 10 % der Gesellschafter einzuberufende Gesellschafterversammlung mittels formlos gültiger und mit einfacher Mehrheit zu fassender Beschlüsse (§ 47 GmbHG).

b) Der Geschäftsführer

Die laufende Verwaltung innerhalb der Gesellschaft obliegt demgegenüber der Geschäftsführung.

aa) Die Bestellung und Abberufung

Bestellung

Bestellt werden der bzw. die Geschäftsführer entweder unmittelbar i.R.d. Gesellschaftsvertrages (§ 6 III GmbHG) oder durch einen eigenständigen Gesellschafterbeschluss gem. § 46 Nr. 5 GmbHG. Geschäftsführer können entsprechend § 6 II GmbHG ausschließlich unbeschränkt geschäftsfähige natürliche Personen werden.[453] Nicht erforderlich ist hingegen, dass der Geschäftsführer aus dem Kreis der Gesellschafter stammt, vielmehr ist auch bei der GmbH eine Fremdorganschaft ausdrücklich zulässig (§ 6 III GmbHG). 419

Abberufung

Abberufen werden der bzw. die Geschäftsführer ebenfalls durch Beschluss der Gesellschafter, wobei dieser Beschluss nach § 38 GmbHG grundsätzlich jederzeit möglich ist. Auch der Geschäftsführer selbst kann sein Amt jederzeit niederlegen.

---

452 Daneben sind fakultativ noch andere Organe möglich, wie insbesondere Aufsichtsrat oder Beirat.

453 Außerdem darf es sich dabei nicht um Insolvenzstraftäter (bzw. sonstige Straftaten, vgl. Wortlaut) oder unter Berufsverbot stehende Personen handeln, § 6 II GmbHG.

Unterschied zw. körperschaftlichem Akt und schuldrechtlichem Verhältnis

Sowohl der Akt der Bestellung als auch die Abberufung müssen dabei stets strikt von dem zwischen der GmbH und der Person des Geschäftsführers zusätzlich vorliegenden dienstvertraglichen Verhältnis (§§ 611 ff. BGB) unterschieden werden. Erstere regeln als körperschaftliche Akte ausschließlich die Frage der organschaftlichen Kompetenzen, Letztere hingegen die schuldrechtlichen Beziehungen zwischen GmbH und Geschäftsführer. Dabei sind beide Rechtsverhältnisse in ihren Voraussetzungen grundsätzlich unabhängig voneinander zu beurteilen. 420

hemmer-Methode: Wichtige Schnittstellen kennen! An dieser Stelle können in einer gesellschaftsrechtlichen Klausur Probleme des Dienstvertrages (§§ 611 ff. BGB) eingebaut sein! Beachten Sie dabei, dass die Abberufung als Geschäftsführer ohne jede Voraussetzung möglich ist, während eine außerordentliche Kündigung des Dienstvertrages an die Voraussetzungen des § 626 BGB gebunden ist! Grundsätzlich sind die Organe einer juristischen Person aufgrund ihrer Leitungsbefugnisse keine Arbeitnehmer!
Es können jedoch bestimmte arbeitsrechtliche Schutzvorschriften auf sie entsprechende Anwendung finden! Das gilt zumindest dann, wenn der Geschäftsführer nicht zugleich Gesellschafter ist!

bb) Die Verantwortlichkeit gegenüber der GmbH

Anspruch aus § 43 II GmbHG

Die Geschäftsführer sind nach § 35 GmbHG nicht bloß zur Vertretung der Gesellschaft nach außen berufen, sondern führen auch nach innen die Geschäfte der Gesellschaft. Im Innenverhältnis kann diese Befugnis durch die Satzung oder auch durch einzelne Gesellschafterbeschlüsse beschränkt werden, vgl. § 37 I GmbHG. Auch im Übrigen unterliegen die Geschäftsführer der Kontrolle der Gesellschafterversammlung (§ 46 Nr. 6 GmbHG). Schließlich haftet jeder Geschäftsführer der GmbH gegenüber nach § 43 GmbHG für die Anwendung der Sorgfalt eines ordentlichen Geschäftsmannes. Verletzt er diese Pflichten, so macht er sich der Gesellschaft gegenüber aus § 43 II GmbHG schadensersatzpflichtig. 421

Wiederholen Sie an dieser Stelle die Wiederholungs- und Vertiefungsfragen 170 – 182.

VI. Die Übertragung von Anteilen

Gutgläubiger Erwerb von Anteilen möglich

An dieser Stelle soll noch kurz auf eine wesentliche Änderung des GmbHG durch das MoMiG hingewiesen werden. 421a

Im BGB ist der gutgläubige Erwerb von Rechten ausgeschlossen, abgesehen von den Ausnahmen der §§ 405, 2366 BGB. Im GmbHG ist nun gem. § 16 III GmbHG eine wichtige Ausnahme hinzugetreten, die auch dem Examenskandidaten bekannt sein sollte, der sich nicht schwerpunktmäßig mit dem Gesellschaftsrecht beschäftigt.

In formaler Hinsicht verlangt die Übertragung von Anteilen an der GmbH – und damit auch der gutgläubige Erwerb – nach der notariellen Beurkundung, § 15 III GmbHG. Anknüpfungspunkt für den guten Glauben ist eine vom Geschäftsführer aktuell zu haltende und beim Registergericht einzureichende Gesellschafterliste, §§ 16 III, 40 GmbHG.

Wie beim Recht der beweglichen Sachen schadet dem Erwerber bereits grobe Fahrlässigkeit, § 16 III S. 3 GmbHG (bei Grundstücken ist der Maßstab positive Kenntnis! Vgl. § 892 I BGB). Ein gutgläubiger Erwerb scheidet - wie bei Grundstücken - dann aus, wenn beim Registergericht ein Widerspruch gegen die Richtigkeit der Eintragung des Veräußerers eingelegt wurde.

hemmer-Methode: Achtung! Der gutgläubige Erwerb setzt voraus, dass es den GmbH-Anteil überhaupt gibt! Sollten also im Gründungsstadium derart schwere Fehler begangen worden sein, dass die Gesellschaft gar nicht zur Entstehung gelangt ist, wird der Rechtsverkehr nicht geschützt! Des Weiteren muss beachtet werden, dass es einen lastenfreien Erwerb von Anteilen nicht gibt, weil es insoweit bereits an einer Eintragungsfähigkeit in der Gesellschafterliste fehlt. Zur Absicherung von Krediten sind Anteile an einer GmbH daher wenig geeignet.

VII. Die Unternehmergesellschaft

UG als Reaktion auf Limited

Der EuGH[454] hat eine Konkurrenzsituation mit der europäischen Li- 421b
mited hervorgerufen, welche gegenüber der deutschen GmbH den Vorteil hat, dass sie bereits mit einem britischen Pfund Stammkapital gegründet werden kann.

§ 5a I, II GmbHG

- Stammkapital geringer als gem. § 5 I GmbHG, d.h. 1 bis 24.999 € (Gründungsvereinfachung)
- Zwingende Bezeichnung als „Unternehmergesellschaft (haftungsbeschränkt)“ oder „UG (haftungsbeschränkt)“
- Entg. § 7 II GmbHG keine Eintragg. vor vollst. Einlageleistung
- Keine Sacheinlagen, § 5a II S. 2 GmbHG

Verhältnis zur GmbH

- Keine eigene Form, nur „Variante der GmbH“, d.h. bei Vorliegen der Voraussetzungen unmittelbare Geltung der GmbHG-Regelungen
- Besondere Rücklagenpflicht, § 5a III GmbHG
- Nur i.R.e. Erstgründung möglich
- Umwandlung in „normale“ GmbH automatisch gem. § 5a V GmbHG

Der Gesetzgeber hat darauf mit der Einführung der Unternehmergesellschaft (UG) reagiert, § 5a GmbHG. Diese ist eine Unterform der GmbH, für die im Grundsatz die obigen Ausführungen gelten, soweit nichts Besonderes geregelt ist.

Ein Euro Stammkapital, § 5a I GmbHG

Die Hauptbesonderheit besteht darin, dass sie bereits mit einem Euro Stammkapital gegründet werden kann, §§ 5a I, 5 II GmbHG.

Aber: Ansparpflicht

Da durch die Regelung nur die Gründung erleichtert werden soll, besteht für die erzielten Gewinne eine Ansparpflicht: Ein Viertel der jährlich anfallenden Gewinne darf gem. § 5a III, V GmbHG nicht an diese ausgeschüttet, sondern muss als Rücklage im Gesellschaftsvermögen belassen werden. Diese Pflicht endet erst, wenn auf diese Weise 25.000,- € Stammkapital erreicht sind, und die UG dann quasi zu einer „normalen“ GmbH erstarkt ist.

Schutz des Rechtsverkehrs: bestimmte Firmierung erforderlich

Bis dahin muss zum Schutze des Rechtsverkehrs eine besondere Firmierung erfolgen. Die Unternehmergesellschaft darf nicht einfach unter dem Kürzel GmbH firmieren, sie muss als „UG haftungsbeschränkt“ auftreten, § 5a I GmbHG. Es ist auch keine Abkürzung dieser Bezeichnung erlaubt.

hemmer-Methode: Wenn Sie diese Besonderheiten berücksichtigen, müssen Sie sich in der Klausur keine Sorgen machen, denn - wie bereits erwähnt- gilt im Übrigen GmbH-Recht. Die UG ist juristische Person, § 13 I GmbHG, gilt als Handelsgesellschaft im Sinne des HGB, § 13 III GmbHG usw.

454 NJW 2003, 1461 ff.

3. TEIL: KOMBINIERTE GESELLSCHAFTSFORMEN

Verbindungen von Körperschaften und Personengesellschaften

Bereits seit der Einführung wissen Sie, dass Personengesellschaften und Körperschaften nicht unbedingt so ausgestaltet werden müssen, wie ihr gesetzliches Leitbild dies vorsieht. So ist die Publikums-KG im Innenverhältnis stark an die Organisation einer Körperschaft angenähert. Man spricht in diesen Fällen, in denen die Realstruktur einer Gesellschaft von ihrer gesetzlichen Idealstruktur abweicht, von sog. atypischen Gestaltungen. Möglich sind aber auch rechtsformübergreifende Strukturen, d.h. man kombiniert die Rechtsform einer Personengesellschaft mit der einer Körperschaft. Die mit Abstand wichtigste dieser Kombinationsformen ist die so genannte GmbH & Co KG.[455] Dieser Typus hat in der Praxis weite Verbreitung gefunden, da er Vorteile der KG mit den Vorteilen der GmbH verbindet. Dabei sind die früher besonders relevanten steuerlichen Gesichtspunkte heute eher in den Hintergrund getreten. Von ausschlaggebender Bedeutung ist hingegen oft der Wunsch, sowohl die für die KG geltenden geringeren Anforderungen an Buchhaltung und Bilanzierung[456] für sich in Anspruch zu nehmen als auch die nur bei der GmbH gewährte Zulässigkeit von Fremdorganschaft und vollständiger Haftungsbeschränkung. *422*

hemmer-Methode: Klausurrelevante Problemstrukturen kennen! Nicht nur wegen ihrer praktischen Bedeutung eignet sich die GmbH & Co KG besonders gut für Examensklausuren! Für den Klausurersteller noch wesentlich wichtiger ist, dass man bei dieser Gesellschaftsform Grundprobleme aus dem Bereich des GmbH-Rechts, die Ihnen geläufig sein müssen, ohne Schwierigkeiten mit Detailfragen aus dem KG-Recht verknüpfen kann! Vor derartigen Fallgestaltungen brauchen Sie keinen unnötigen Respekt zu haben! Sie müssen lediglich in der Lage sein, das rechtliche Gebilde richtig in seine einzelnen Bestandteile zu zerlegen!

Anhand des Beispiels der GmbH & Co KG sollen im Folgenden nun auch die wichtigsten Grundsätze zu den kombinierten Gesellschaftsformen dargestellt werden.

I. Die Gesellschaftsstruktur

GmbH & Co KG = Personengesellschaft

Im Ergebnis verbirgt sich hinter dem Begriff der GmbH & Co KG nichts anderes als eine KG, an welcher eine GmbH als Gesellschafterin beteiligt ist. *423*

KG als Grundstruktur

Eine solche Aufnahme einer GmbH als eigenständiges Rechtssubjekt in den Gesellschafterkreis einer Personengesellschaft ist nach allgemeinen Grundsätzen unproblematisch zulässig. Theoretisch denkbar sind dabei die unterschiedlichsten Beteiligungsverhältnisse. Im Hinblick auf das mit der Wahl dieses Gesellschaftstyps angestrebte Ziel der vollständigen Haftungsbeschränkung wird allerdings de facto überwiegend die folgende Gestaltung gewählt: Eine oder mehrere Personen gründen als Gesellschafter zunächst eine GmbH. Diese GmbH wird dann zum alleinigen Komplementär der KG bestimmt, während der bzw. die Gesellschafter der GmbH die Rolle der Kommanditisten übernehmen.

455 Die GmbH & Co KG ist keineswegs die einzig denkbare Kombinationsform, praktisch lassen sich nahezu alle Personengesellschaften und Körperschaften miteinander verbinden; insbesondere können auch Personengesellschaften Gesellschafter einer Körperschaft sein.

456 Seit dem Kapitalgesellschaften & Co Richtliniengesetz vom 24.02.2000 unterfallen jedoch gem. § 264a HGB grds. (§ 246b HGB) auch Personengesellschaften, bei denen kein persönlich haftender Gesellschafter eine natürliche Person ist, den Bilanzierungsregeln der §§ 264 ff. HGB.

Man spricht in derartigen Fällen von einer so genannten personenidentischen GmbH & Co KG, da sich der Kreis der Gesellschafter von GmbH und KG aus denselben Personen zusammensetzt.[457] Bei dieser Gestaltung werden die Vorteile der GmbH & Co KG besonders evident: Während nämlich die Kommanditisten nach Erbringung ihrer Haftungseinlagen keine persönliche Haftung mehr zu befürchten brauchen, steht dem Rechtsverkehr als an sich unbeschränkt haftender Gesellschafter der KG nur die GmbH zur Verfügung, bei der die Haftung wiederum gem. § 13 II GmbHG auf das Gesellschaftsvermögen beschränkt bleibt.

Angesichts der geschilderten Grundstruktur der GmbH & Co KG ist jede Gesellschaft nach ihren Regeln zu behandeln. Für die im Vordergrund stehende, das Unternehmen betreibende KG gilt dementsprechend das KG-Recht. So ist die GmbH & Co KG also insbesondere keine juristische Person. Sie bleibt vielmehr dem Grunde nach weiter Personenhandelsgesellschaft.[458]

hemmer-Methode: Grundstrukturen deutlich machen! Sobald in einem Ihnen zur Bearbeitung vorgelegten Fall eine GmbH & Co KG auftaucht, sollten Sie in Ihrem eigenen Interesse und im Interesse des Korrektors vorab immer klarstellen, dass es sich dabei prinzipiell um eine gewöhnliche Kommanditgesellschaft handelt, auf die in erster Linie die §§ 161 ff. HGB i.V.m. §§ 105 ff. HGB Anwendung finden. Auf diese Weise geben Sie nämlich von Anfang an sich und dem Korrektor eine klare Linie für die folgende Prüfung vor!

Haftungsverhältnisse ähnlich wie bei juristischen Personen

Die Kombination der Haftungsbeschränkungen aus dem Recht von KG und GmbH nähert vom wirtschaftlichen Ergebnis aus betrachtet die Haftungsverhältnisse innerhalb der GmbH & Co KG sehr stark den ansonsten nur bei juristischen Personen vorzufindenden Haftungsverhältnissen an. Insbesondere Gründe des Gläubigerschutzes können es daher erforderlich machen, bestimmte Vorschriften des GmbH-Rechts auch hier entsprechend anzuwenden. Diesem Bedürfnis trägt der Gesetzgeber selbst durch die Vorschriften der §§ 19 II und 177a HGB Rechnung.[459]

II. Das Außenverhältnis

Unter Berücksichtigung der besonderen rechtlichen Struktur der GmbH & Co KG lassen sich die meisten der bei dieser Gesellschaftsform auftretenden Probleme bereits durch konsequente Anwendung der einschlägigen Normen lösen. 424

1. Die Vertretung der GmbH & Co KG

Vertretung durch Komplementär

So ergibt sich beispielsweise zwangsläufig, dass die GmbH & Co KG wie jede andere KG auch im Rechtsverkehr nach außen gem. § 161 II HGB i.V.m. § 125 HGB durch ihre Komplementäre vertreten wird. Ist einziger Komplementär eine GmbH, so ist zur organschaftlichen Vertretung der KG eben diese GmbH berufen. 425

Vertretung der Komplementär-GmbH

Da jedoch die GmbH als solche wiederum nach außen grundsätzlich nur durch ihre Vertretungsorgane, also die Geschäftsführer, handeln kann, treten im Rechtsverkehr für die KG praktisch diese Geschäftsführer der GmbH auf.

457 Näher dazu Baumbach/Hopt, Anh. § 177a HGB, Rn. 7; es gibt selbstverständlich auch nicht personenidentische GmbH & Co KG; denkbar ist auch eine so genannte Einheitsgesellschaft, bei der die Anteile der Komplementär-GmbH wieder von der KG selbst gehalten werden; vgl. § 172 VI HGB.

458 Baumbach/Hopt, Anh. § 177a HGB, Rn. 1.

459 Eine entsprechende Vorschrift gilt für die GmbH & Co OHG; vgl. § 130a HGB.

Es handelt sich dabei nicht um eine unmittelbare organschaftliche Vertretung der KG durch die Person des GmbH-Geschäftsführers, sondern um eine zweistufige Vertretung, bei der der Geschäftsführer der GmbH die KG nur mittelbar - gleichsam durch die GmbH hindurch - vertritt.

Vertretung durch Kommanditisten und Fremdorganschaft

Erst diese Zweistufigkeit der Vertretungsverhältnisse ermöglicht es vom praktischen Ergebnis her, einen Kommanditisten trotz der zwingenden Vorschrift des § 170 HGB mit der Befugnis zur umfassenden Vertretung der KG auszustatten; § 170 HGB verbietet nämlich nur die unmittelbare organschaftliche Vertretung durch den Kommanditisten, nicht aber sein Tätigwerden als Organ einer Komplementär-GmbH. Auf demselben Weg gelangt man schließlich mittelbar auch zur Zulässigkeit einer Fremdorganschaft im Bereich der KG: Nur die unmittelbaren Vertretungsorgane von Personengesellschaften müssen sich nämlich aus dem Gesellschafterkreis selbst rekrutieren.

hemmer-Methode: Klare Gliederung der Falldarstellung! Der Korrektor eines Falles, in dem eine GmbH & Co KG auftaucht, will sehen, dass die Klausurbearbeiter die Zweistufigkeit dieses gesellschaftsrechtlichen Gebildes durchschaut haben! Zeigen Sie ihm dies deutlich durch eine klare Gliederung! Machen Sie also in erster Linie deutlich, dass die organschaftliche Vertretung innerhalb der KG gem. §§ 161 II, 125 HGB allein der juristischen Person „GmbH“ zusteht. In einem darauf folgenden zweiten Schritt können Sie dann anhand von § 35 GmbHG die Vertretungsverhältnisse innerhalb der Komplementär-GmbH klären!

2. Die Haftung

a) Die Haftungssubjekte

Haftung der GmbH und der Kommanditisten

Gläubigern einer KG steht als Haftungsmasse für Verbindlichkeiten der Gesellschaft in erster Linie das persönliche Vermögen des Komplementärs zur Verfügung. Da bei der GmbH & Co KG persönlich haftender Gesellschafter eine GmbH ist, hat ein Gläubiger in derartigen Fällen lediglich Zugriff auf das Gesellschaftsvermögen dieser GmbH. Die persönliche Haftung der GmbH mit diesem Gesellschaftsvermögen richtet sich dabei nach den allgemeinen Grundsätzen des GmbH-Rechts. 426

Die neben die Haftung des Komplementärs tretende Haftung der Kommanditisten regelt sich grds. auch in diesem Bereich entsprechend der §§ 171 ff. HGB, sodass ihre Haftung im Außenverhältnis erlischt, sobald die Einlagen erbracht sind. Besonderheiten ergeben sich lediglich aus den bereits oben erwähnten Kapitalerhaltungsvorschriften der § 177a HGB i.V.m. §§ 125a, 130a HGB.

Weiter gehende Ansprüche gegen einzelne Gesellschafter oder Geschäftsführer kommen demgegenüber nach allgemeinen Grundsätzen nur ausnahmsweise in Betracht.

Ein Sonderproblem besteht hinsichtlich der Kommanditistenhaftung gem. § 176 I S. 1 HGB. Typischerweise gibt es bei der GmbH & Co KG keine natürlichen Personen, die voll haften, d.h. natürliche Personen finden sich grundsätzlich nur auf Kommanditistenseite. Fraglich ist daher, ob der Rechtsverkehr schutzwürdig ist im Vertrauen darauf, bei einer natürlichen Person handele es sich um einen Komplementär.

Dieses Vertrauen liegt ja der Haftung aus § 176 I S. 1 HGB zugrunde, wenn dem Rechtsverkehr die Stellung als Kommanditist nicht bekannt ist. Das OLG Frankfurt geht davon aus, dass dem Rechtsverkehr mit dem Auftreten als GmbH & Co KG hinreichend deutlich gemacht werde, dass es keine natürlichen Personen gibt, die persönlich haften. Andernfalls würde man anders firmieren, weil man dann nicht dazu verpflichtet wäre, als GmbH & Co KG zu firmieren, vgl. § 19 I HGB.[460]

b) Die Verschuldenszurechnung

Zurechnung nach § 31 BGB

Beinahe selbstverständlich ist zuletzt die Feststellung, dass auch die GmbH & Co KG für das Fehlverhalten ihrer Organe entsprechend § 31 BGB ohne Exkulpationsmöglichkeit haftbar gemacht wird. 427

Da die Anwendung dieser Vorschrift mittlerweile sowohl im Bereich der Körperschaften als auch im Bereich der Personenhandelsgesellschaften weitgehend anerkannt ist, lässt sich diese Feststellung nicht mehr ernsthaft in Zweifel ziehen. Schuldhaftes Handeln des GmbH-Geschäftsführers beim Tätigwerden für die KG wird also zunächst der GmbH über § 31 BGB zugerechnet, dann wiederum „deren" Verhalten über § 31 BGB der KG.

III. Das Innenverhältnis

grundsätzlich Recht der KG, aber große Flexibilität

Auch im Innenverhältnis der GmbH & Co KG können sich natürlich zahlreiche Konflikte zwischen Grundprinzipien des Rechts der KG und der GmbH ergeben. Allerdings führt dies wegen der sowohl für den Gesellschaftsvertrag der KG als auch für die Satzung der GmbH geltenden weitgehenden Gestaltungsfreiheit i.d.R. selten zu echten Problemen. Das Innenverhältnis lässt sich eben den jeweiligen praktischen Bedürfnissen entsprechend ausgestalten. 428

Dem Grunde nach bestimmt sich aber natürlich auch das Innenverhältnis der GmbH & Co KG nach den für Kommanditgesellschaften geltenden Vorschriften. Zur Geschäftsführung berufen ist daher von Gesetzes wegen an sich wieder die Komplementär-GmbH (§§ 161 II, 114 HGB) und innerhalb dieser die von ihr bestellten Geschäftsführer.

Besondere Schwierigkeiten können sich dabei vor allem aus folgendem Aspekt ergeben: Unmittelbar angestellt sind die Geschäftsführer allein bei der GmbH. Die Gesellschafterversammlung der GmbH ist ihnen gegenüber weisungsbefugt. Die KG als solche und ihre übrigen Gesellschafter sind hingegen in diese Rechtsbeziehungen nicht direkt eingebunden. Dementsprechend besteht zum einen die Gefahr, dass die Gesellschafter der KG durch das Leerlaufen etwaiger Rechte aus §§ 164, 117 und 127 HGB keinen ausreichenden Einfluss mehr auf die Geschicke ihrer Gesellschaft nehmen können. Dieser Gefahr kann man entweder durch Zuhilfenahme einer gesellschaftlichen Treuepflicht auf Seiten der GmbH begegnen, welche damit verpflichtet wäre, ungeeignete Geschäftsführer abzuberufen, oder durch eine analoge Anwendung der Vorschriften aus §§ 117 und 127 HGB auf das Verhältnis zwischen Kommanditisten und GmbH-Geschäftsführern.[461]

460 OLG Frankfurt/Main, **Life&Law 12/2007, 797 ff.**

461 Vgl. hierzu auch Baumbach/Hopt, Anh. § 177a HGB, Rn. 26.

Eine weitere Gefahr besteht darin, dass die KG die GmbH-Geschäftsführer mangels Bestehens vertraglicher Beziehungen für bei der Geschäftsführung verursachte Vermögensschäden nicht in Anspruch nehmen kann. Um diese Lücke zu schließen, bezieht man die KG in den Schutzbereich des Anstellungsvertrages zwischen GmbH und Geschäftsführern mit ein und wendet mit diesem Argument letztlich § 43 II GmbHG zugunsten der KG analog an.[462]

Wiederholen Sie an dieser Stelle die Wiederholungs- und Vertiefungsfragen 183 – 187. Arbeiten Sie zudem, damit sich Ihr Wissen vertieft, die nächsten Tage ganz in Ruhe die gesamten Wiederholungs- und Vertiefungsfragen noch einmal durch!

462 BGH, WM 1981, 440 = **juris**byhemmer.

WIEDERHOLUNGSFRAGEN ... Rn.

§ 1 Einführung

1. Teil: Recht der Personengesellschaften

§ 2 Das Außenverhältnis

3. Teil: Kombinierte Gesellschaftsformen

Die Zahlen verweisen auf die Randnummern des Skripts

A

B

D

E

F

G

H

I

J

K

L

M

N

O

P

hemmer/wüst Verlagsgesellschaft mbH
Mergentheimer Str. 44 / 97082 Würzburg
Tel.: 09 31 /7 97 82 38 / Fax: 09 31/7 97 82 40
Internet: www.hemmer-shop.de

REIHE INTELLIGENTES LERNEN

ISBN 978-3-86193

Grundwissen für Anfangssemester

ISBN 978-3-86193	Titel	Auflage/Jahr/Euro
W10 (-460-8)	BGB-AT Theorieband zu den wicht. Fällen	8.A/16 · 9,90
W11 (-481-3)	SchuldR-AT Theorieband zu den wicht. Fällen	7.A/16 · 9,90
W12 (-457-8)	SchuldR-BT I Theorieband zu den wicht. Fällen	7.A/16 · 9,90
W13 (-399-1)	SchuldR-BT II Theoriebd. zu den wicht. Fällen	6.A/15 · 9,90
W14 (-357-1)	Sachenrecht I Theorieband zu den wicht. Fällen	6.A/15 · 9,90
W15 (-455-4)	Sachenrecht II Theorieband zu den wicht. Fällen	6.A/16 · 9,90
W20 (-525-4)	Strafrecht AT Theorieband zu den wicht. Fällen	7.A/16 · 9,90
W21 (-301-4)	Strafrecht BT Theorieband zu den wicht. Fällen	5.A/14 · 9,90
W30 (-545-2)	StaatsR Theorieband zu den wicht. Fällen	7.A/17 · 9,90
W31 (-523-0)	VerwaltungsR Theorieband zu den wicht. Fällen	7.A/16 · 9,90

Die wichtigsten Fälle

ISBN 978-3-86193	Titel	Auflage/Jahr/Euro
F0 (-198-0)	**Sonderband:** Der Streit- und Meinungsstand im neuen Schuldrecht	5.A/13 · 14,80
F1 (-493-6)	76 Fälle - BGB AT	9.A/16 · 12,80
F2 (-386-1)	55 Fälle - Schuldrecht AT	9.A/15 · 12,80
F3 (-456-1)	51 Fälle - Schuldrecht BT - Kauf/WerkV	9.A/16 · 12,80
F4 (-518-6)	42 Fälle - GoA/Bereicherungsrecht	9.A/16 · 12,80
F5 (-345-8)	45 Fälle - Deliktsrecht	7.A/14 · 12,80
F6 (-517-9)	44 Fälle - Verwaltungsrecht	9.A/16 · 12,80
F25 (-400-4)	30 Fälle - Verwaltungsrecht BT Bayern	4.A/15 · 12,80
F7 (-453-0)	32 Fälle - Staatsrecht	10.A/16 · 12,80
F8 (-510-0)	34 Fälle - Strafrecht AT	10.A/16 · 12,80
F9 (-551-3)	44 Fälle Strafrecht BT I - Vermögensd.	10.A/17 · 12,80
F10 (-377-9)	44 Fälle Strafrecht BT II - Nicht-Vermögensd.	8.A/15 · 12,80
F11 (-461-5)	50 Fälle - Sachenrecht I	8.A/16 · 12,80
F12 (-494-3)	43 Fälle - Sachenrecht II - ImmobiliarSR	9.A/16 · 12,80
F13 (-567-4)	40 Fälle - ZPO I - Erkenntnisverfahren	8.A/17 · 12,80
F14 (-485-1)	25 Fälle - ZPO II - ZwangsvollstreckungsV	7.A/16 · 12,80
F15 (-423-3)	35 Fälle - Handelsrecht	7.A/15 · 12,80
F16 (-506-3)	36 Fälle - Erbrecht	7.A/16 · 12,80
F17 (-489-9)	26 Fälle - Familienrecht	8.A/16 · 12,80
F18 (-416-5)	32 Fälle - Gesellschaftsrecht	6.A/15 · 12,80
F19 (-515-5)	39 Fälle - Arbeitsrecht	7.A/16 · 12,80
F20 (-533-9)	35 Fälle - Strafprozessrecht	6.A/16 · 12,80
F21 (-428-8)	23 Fälle - Europarecht	5.A/15 · 12,80
F22 (-422-6)	10 Fälle - Musterkl. Examen ZivilR	7.A/15 · 14,80
F23 (-475-2)	10 Fälle - Musterkl. Examen StrafR	6.A/16 · 14,80
F24 (-391-5)	8 Fälle - Musterkl. Examen SteuerR	8.A/15 · 14,80

Skripten Basics (110)

ISBN 978-3-86193	Titel	Auflage/Jahr/Euro
/1 (-448-6)	Zivilrecht I - BGB AT u.vertragl. SchuldV	10.A/16 · 16,90
/2 (-454-7)	Zivilrecht II - Sachenrecht/gesetzl. SV	8.A/16 · 16,90
/3 (-442-4)	Zivilrecht III - FamilienR/ErbR	8.A/15 · 16,90
/4 (-364-9)	Zivilrecht IV - ZivilprozessR	8.A/15 · 16,90
/5 (-486-8)	Zivilrecht V - Handels-/GesellschR	8.A/16 · 16,90
/6 (-522-3)	Zivilrecht VI - ArbeitsR	6.A/16 · 16,90
I (-542-1)	Strafrecht	7.A/17 · 16,90
II/1 (-268-0)	Öffentliches Recht I -VerfassR/StaatsHR	6.A/14 · 16,90
II/2 (-388-5)	Öffentliches Recht II - VerwaltungsR	7.A/15 · 16,90
V (-403-5)	Steuerrecht - EstG & AO	9.A/15 · 16,90
V (-512-4)	Europarecht	9.A/16 · 16,90

ISBN 978-3-86193

Skripten Zivilrecht (120)

ISBN 978-3-86193	Titel	Auflage/Jahr/Euro
1 (-415-8)	BGB-AT I, Ensteh.d.Primäranspruchs	14.A/15 · 19,90
2 (-479-0)	BGB-AT II, Scheitern des Primäranspr.	14.A/16 · 19,90
3 (-343-4)	BGB-AT III, Erlösch.d. Primäranspruchs	13.A/14 · 19,90
4 (-278-9)	Schadensersatzrecht I	8.A/14 · 19,90
5 (-492-9)	Schadensersatzrecht II	7.A/16 · 19,90
6 (-532-2)	Schadensersatzrecht III (§§ 249 ff.)	12.A/17 · 19,90
7 (-342-7)	Verbraucherschutzrecht	4.A/14 · 19,90
51 (-443-1)	Schuldrecht AT	10.A/15 · 19,90
52 (-359-5)	Schuldrecht BT I	9.A/15 · 19,90
53 (-563-6)	Schuldrecht BT II	10.A/17 · 19,90
8 (-519-3)	Bereicherungsrecht	15.A/16 · 19,90
9 (-321-2)	Deliktsrecht I	12.A/14 · 19,90
10 (-203-1)	Deliktsrecht II	9.A/13 · 19,90
11 (-447-9)	Sachenrecht I	13.A/15 · 19,90
12 (-465-3)	Sachenrecht II	11.A/16 · 19,90
12A (-378-6)	Sachenrecht III	12.A/15 · 19,90
13 (-564-3)	Kreditsicherungsrecht	12.A/17 · 19,90
14 (-483-7)	Familienrecht	13.A/16 · 19,90
15 (-459-2)	Erbrecht	13.A/16 · 19,90
16 (-313-7)	Zivilprozessrecht I	12.A/14 · 19,90
17 (-317-5)	Zivilprozessrecht II	11.A/14 · 19,90
18 (-433-2)	Arbeitsrecht	15.A/15 · 19,90
19A (-462-2)	Handelsrecht	11.A/16 · 19,90
19B (-360-1)	Gesellschaftsrecht	13.A/15 · 19,90
31 (-450-9)	Herausgabeansprüche	7.A/16 · 19,90
32 (-254-3)	Rückgriffsansprüche	7.A/13 · 19,90

Skripten Strafrecht (120)

ISBN 978-3-86193	Titel	Auflage/Jahr/Euro
20 (-511-7)	Strafrecht AT I	13.A/16 · 19,90
21 (-385-4)	Strafrecht AT II	12.A/15 · 19,90
22 (-355-7)	Strafrecht BT I	12.A/14 · 19,90
23 (-392-2)	Strafrecht BT II	12.A/15 · 19,90
30 (-374-8)	Strafprozessordnung	11.A/15 · 19,90

Skripten Öffentliches Recht (120/130)

ISBN 978-3-86193	Titel	Auflage/Jahr/Euro
24 (-478-3)	Verwaltungsrecht I	13.A/16 · 19,90
25 (-380-9)	Verwaltungsrecht II	12.A/15 · 19,90
26 (-347-2)	Verwaltungsrecht III	12.A/14 · 19,90
27 (-524-7)	Staatsrecht I	12.A/16 · 19,90
28 (-287-1)	Staatsrecht II	9.A/14 · 19,90
29 (-463-9)	Europarecht	12.A/16 · 19,90
40 (-335-9)	Staatshaftungsrecht	4.A/14 · 19,90
33 (-369-4)	Baurecht/Bayern	11.A/15 · 19,90
33 (-505-6)	Baurecht/Nordrhein-Westfalen	9.A/16 · 19,90
33 (-435-6)	Baurecht/Baden-Württembg.	4.A/15 · 19,90
33 (-331-1)	Baurecht/Hessen	2.A/14 · 19,90
33 (-847-0)	Baurecht/Saarland	1.A/08 · 19,90
34 (-327-4)	Polizeirecht Bayern	10.A/14 · 19,90
34 (-097-6)	Polizei- u. Ordnungsrecht/NRW	5.A/12 · 19,90
34 (-432-5)	Polizeirecht/Baden-Württembg.	4.A/15 · 19,90
34 (-417-2)	Polizei- u. Ordnungsrecht/Hessen	2.A/15 · 19,90
34 (-028-0)	Polizei- u. Ordnungsrecht/Rheinl.-Pfalz	1.A/11 · 19,90
34 (-877-7)	Polizei- u. Sicherheitsrecht/Saarland	1.A/09 · 19,90
35 (-371-7)	Kommunalrecht/Bayern	10.A/15 · 19,90
35 (-076-1)	Kommunalrecht/NRW	8.A/11 · 19,90
35 (-541-4)	Kommunalrecht/Baden-Württembg.	5.A/17 · 19,90

hemmer/wüst Verlagsgesellschaft mbH
Mergentheimer Str. 44 / 97082 Würzburg
Tel.: 09 31 /7 97 82 38 / Fax: 09 31/7 97 82 40
Internet: www.hemmer-shop.de

REIHE INTELLIGENTES LERNEN

ISBN 978-3-86193

Nr.	ISBN	Titel	Auflage/Jahr/Euro
		Lexikon/Definitionen	
D1	(-288-8)	Definitionen Strafrecht - schnell gemerkt	4.A/14 · 19,90
D2	(-065-5)	Legal terms für Juristen - Fachwörterbuch Englisch - Deutsch	1.A/11 · 19,90
		Skripten Schwerpunkt (120)	
P1	(-429-5)	Kriminologie	7.A/15 · 21,90
P2	(-245-1)	Völkerrecht	8.A/13 · 21,90
P4	(-349-6)	Kapitalgesellschaftsrecht	5.A/14 · 21,90
P7	(-243-7)	Rechtsgeschichte I	3.A/13 · 21,90
P8	(-119-5)	Rechtsgeschichte II	2.A/12 · 21,90
P11	(-085-3)	Rechts- und Staatsphilosophie sowie Rechtssoziologie	2.A/11 · 21,90
P12	(-183-6)	Insolvenzrecht	3.A/12 · 21,90
		Skripten Steuerrecht (120)	
42	(-528-5)	Abgabenordnung	9.A/16 · 21,90
43	(-267-3)	Einkommensteuerrecht	8.A/14 · 21,90
		Skripten für BWL´er, WiWi & Steuerberater	
W1	(-430-1)	PrivatR f. BWL'er, WiWi & Steuerberat	8.A/15 · 19,90
W2	(-102-7)	Ö-Recht f. BWL'er, WiWi & Steuerberat	4.A/12 · 19,90
W3	(-480-9)	Musterkl. für's Vordiplom PrivatR	2.A/04 · 19,90
W4	(-197-6)	Musterkl. für's Vordiplom Ö-R	1.A/00 · 19,90
WF1	(-472-1)	Die 74 wicht. Fälle (BGB AT, SchuldR AT/BT)	5.A/16 · 19,90
WF2	(-247-5)	Die 44 wicht. Fälle (GoA, BerR, GesR, ...)	2.A/13 · 19,90
		Skripten Fachbegriffe & Erläuterungen	
G1	(-146-1)	Mikroökonomie & Makroökonomie	1.A/12 · 19,90
G2	(-147-8)	Buchführung/Jahresabschl./Rechnungsw.	1.A/12 · 19,90
G6	(-151-5)	HandelsR/GesellschaftsR/WirtschaftsR	1.A/12 · 19,90
G7	(-152-2)	Öffentl. Recht/EuropaR/VölkerR	1.A/12 · 19,90
		Basics Karteikarten	
BK1	(-329-8)	Basics - Zivilrecht	6.A/14 · 16,90
BK2	(-441-7)	Basics - Strafrecht	4.A/15 · 16,90
BK3	(-320-5)	Basics - Öffentliches Recht	4.A/14 · 16,90
		Karteikarten Zivilrecht	
KK1	(-408-0)	BGB-AT I	9.A/15 · 16,90
KK2	(-496-7)	BGB-AT II	8.A/16 · 16,90
KK3	(-539-1)	Schuldrecht AT I	10.A/17 · 16,90
KK4	(-507-0)	Schuldrecht AT II	8.A/16 · 16,90
KK5	(-476-9)	Schuldrecht BT I (Kauf-u.WerkVR)	8.A/16 · 16,90
KK6	(-480-6)	Schuldrecht BT II	7.A/16 · 16,90
KK7	(-464-6)	Arbeitsrecht	5.A/16 · 16,90
KK8	(-413-4)	Bereicherungsrecht	7.A/15 · 16,90
KK9	(-531-5)	Deliktsrecht	7.A/16 · 16,90
KK11	(-484-4)	Sachenrecht I	9.A/16 · 16,90
KK12	(-482-0)	Sachenrecht II	8.A/16 · 16,90
KK13	(-495-0)	Kreditsicherungsrecht	4.A/16 · 16,90
KK14	(-336-6)	Familienrecht	4.A/14 · 16,90
KK15	(-188-1)	Erbrecht	4.A/13 · 16,90
KK16	(-566-7)	ZPO I	7.A/17 · 16,90
KK17	(-491-2)	ZPO II	6.A/16 · 16,90
KK18	(-358-8)	Handelsrecht	5.A/14 · 16,90
KK19	(-383-0)	Gesellschaftsrecht	6.A/15 · 16,90

ISBN 978-3-86193

Nr.	ISBN	Titel	Auflage/Jahr/
		Die Shorties (Minikarteikarten) inkl. Box	
SH1	(-498-1)	**Box 1:** BGB AT, Schuldrecht AT	9.A/16 · 2
SH2/I	(-326-7)	**Box 2/1:** vertragliches Schuldrecht	5.A/14 · 2
SH2/II	(-514-8)	**Box 2/2:** gesetzliches Schuldrecht	6.A/16 · 2
SH3	(-405-9)	**Box 3:** Sachenrecht, ErbR, FamR	7.A/15 · 2
SH4	(-368-7)	**Box 4:** ZPO I/II, GesellschaftsR, HGB	6.A/15 · 2
SH5	(-446-2)	**Box 5:** Strafrecht	9.A/15 · 2
SH6	(-537-7)	**Box 6:** Grundrecht, StaatsOrgR, BauR, u.a.	8.A/17 · 2
SH7	(-534-6)	**Box 7:** EuropaR, StaatshaftungsR	1.A/16 · 2
SH8	(-513-1)	**Box 8:** ArbeitsR, StPO	1.A/16 · 2
		Karteikarten Strafrecht	
KK20	(-540-7)	Strafrecht AT I	9.A/17 · 1
KK21	(-376-2)	Strafrecht-AT II	8.A/15 · 1
KK22	(-488-2)	Strafrecht-BT I	9.A/16 · 1
KK23	(-410-3)	Strafrecht-BT II	8.A/15 · 1
KK24	(-409-7)	StPO	6.A/15 · 1
		Karteikarten Öffentliches Recht	
KK25	(-538-4)	Verwaltungsrecht I	9.A/17 · 1
KK26	(-348-9)	Verwaltungsrecht II	6.A/14 · 1
KK27	(-352-6)	Verwaltungsrecht III	6.A/14 · 1
KK28	(-389-2)	Staats- u. Verfassungsrecht	9.A/15 · 1
KK29	(-470-7)	Europarecht	4.A/16 · 1
		Überblickskarteikarten	
ÜK I	(-477-6)	BGB im Überblick I	12.A/16 · 3
ÜK II	(-536-0)	BGB im Überblick II (Nebengebiete)	8.A/17 · 3
ÜK III	(-469-1)	StrafR im Überblick	9.A/16 · 3
ÜK IV	(-467-7)	Öffentl.-R im Überblick	10.A/16 · 1
ÜK V	(-487-5)	Öffentl.-R im Überblick II Bayern	8.A/16 · 1
ÜK VI	(-468-4)	Öffentl.-R im Überblick II NRW	3.A/16 · 1
ÜK VII	(-242-0)	Europarecht	5.A/13 · 1
		Assessor-Basics/Theoriebände (410)	
A IV	(-401-1)	Die zivilrechtl. Anwaltsklausur/Teil 1	11.A/15 · 1
A VII	(-543-8)	Das Zivilurteil	12.A/17 · 1
A VIII	(-270-3)	Die Strafrechtskl. im Assessorexamen	7.A/14 · 1
A IX	(-412-7)	Die Assessorklausur Öffentl. Recht	6.A/15 · 1
		Assessor-Basics/Klausurentraining	
A I	(-471-4)	Zivilurteile	17.A/16 · 1
A II	(-535-3)	Arbeitsrecht	15.A/17 · 1
A III	(-411-0)	Strafrecht	12.A/15 · 1
A V	(-396-0)	Zivilrechtl. Anwaltsklausuren/Teil 2	11.A/15 · 1
A VI	(-390-8)	Öff.rechtl. u. strafrechtl.Anwaltskl.	6.A/15 · 1
		Assessorkarteikarten	
AK I	(-353-3)	Zivilprozessrecht im Überblick	6.A/14 · 1
AK II	(-516-2)	Strafprozessrecht im Überblick	8.A/16 · 1
AK III	(-384-7)	Öffentliches Recht im Überblick	5.A/15 · 1
AK IV	(-195-9)	Familien- und Erbrecht im Überblick	2.A/13 · 1

hemmer/wüst Verlagsgesellschaft mbH
Mergentheimer Str. 44 / 97082 Würzburg
Tel.: 09 31 /7 97 82 38 / Fax: 09 31/7 97 82 40
Internet: www.hemmer-shop.de

Sonderartikel

		Euro
	Lernkarteikartenbox (28.01)	
.B ______	Die praktische Lernbox für die Karteikarten	1,99
810 ______	Din A4, 80 Blatt 10er Pack	17,50
1 ______	**Der Referendar (70.01)** 24 Monate zwischen Genie und Wahnsinn (Format A6)	9,80
2 ______	**Der Rechtsanwalt (70.02)** Meine größten Rein-) Fälle (Format A6)	9,80
3 ______	**Der Jurist (70.03)** Ein Lehrbuch für Leader (Format A6)	9,80
5 ______	**Coach dich! (70.05)** Psychologischer Ratgeber	19,80
6 ______	**Lebendiges Reden (70.06)** Psychologischer Ratgeber inkl. Audio-CD	21,80
7 ______	**NLP für Einsteiger (71.01)** Psychologischer Ratgeber	12,80
8 ______	**Prüfungen als Herausforderung (70.08)** Psychologischer Ratgeber	14,80
______	**Wiederholungsmappe (75.01)** Intelligentes Lernen inkl. Handbuch und Kurzskript	9,90
______	**Ordner hemmer.group (88.20)** Ringbuchmappe für Einlagen, DIN A4	2,50
-200-0) ______	**Die wahren Paradiese** - 15 traumhafte Gärten Gebunden (Hardcover) mit Schutzumschlag, 208 Seiten (275 x 255 mm)	39,80
-500-1) ______	**Vom „Baumeland" zum Traumgarten** **Ein ländlicher Garten mit mediterranem Charme** Gebunden (Hardcover) mit Schutzumschlag, 180 Seiten (275 x 255 mm) - 1. Auflage Mai 2016	34,80

Ein Buch über den eigenen Garten
Die intensive Beschäftigung mit dem Thema Garten seit mehr als zwanzig Jahren, all die Tätigkeiten im Jahreslauf, das Erleben der Natur und die Erfahrungen, die ich gemacht habe, fließen in dieses Werk über unseren Garten ein. Es werden sowohl die Entstehung der Gartenanlage als auch die vier Jahreszeiten mit den dazugehörenden Aufgaben im Garten beschrieben.

Life&Law

		Euro
______	Einzelheft der Life&LAW	6,80
AboLL ______	Abonnement der Life&LAW Life&Law 3 Monate kostenfrei, danach erhalten Sie die Life&Law zum Preis von	5,80
LLJ ______	Life&LAW Jahrgangsband 1999 - 2015	
______	bitte Jahrgang eintragen	je 50,00
LLJ14 ______	Life&LAW Jahrgangsband 2016	80,00
LLE ______	Einband für Life&LAW Jahrgang	je 6,00

Die AnwaltsBasics

978-3-9813969-0-4 ______	**Die AnwaltsBasics Erbrecht** 1. Auflage, November 2010, 429 S.	39,90
978-3-9813969-5-9 ______	**Die AnwaltsBasics Mediation** erweiterte 2. Auflage, November 2013, 237 S.	23,90

Endsumme:

Lieferung erfolgt in aktueller Auflage

Kundennummer D

Prüfen Sie in Ruhe zuhause!
Alle Produkte dürfen innerhalb von 14 Tagen an den Verlag (Originalzustand) zurückgeschickt werden. Es wird ein uneingeschränktes gesetzliches Rückgaberecht gewährt. Hinweis: Der Besteller trägt bei einem Bestellwert bis 40 Euro die Kosten der Rücksendung. Über 40 Euro Bestellwert trägt er ebenfalls die Kosten, wenn zum Zeitpunkt der Rückgabe noch keine (An-) Zahlung geleistet wurde.

Die Lieferung erfolgt (ausschließlich innerhalb Deutschlands) versandkostenfrei an Ihre angegebene Adresse.
Ich weiß, dass meine Bestellung nur bearbeitet wird, wenn ich zum Einzug ermächtige. Bestellungen auf Rechnung können nicht berücksichtigt werden.
Bei fehlerhaften oder unleserlichen Angaben, sowie einer Rücklastschrift aufgrund Nichtdeckung meines Kontos wird der branchenübliche Schaden in Rechnung gestellt. Der Kunde ist berechtigt, diesem Pauschalbetrag den Nachweis entgegenzuhalten, dass nur ein geringerer Schaden entstanden ist. Die Lieferung erfolgt unter Eigentumsvorbehalt.

Name: ______________________ Vorname: ______________________

Adresse: ____

Telefon: ______________________ e-mail-adresse: ______________________

Buchen Sie die Endsumme von meinem Konto ab:

Konto-Nr.: ______________________ Bankleitzahl: ______________________

Bank: ______________________ BIC: ______________________

IAN: | | | | | | | | | | | | | | | | | | | | | | | |

Ort, Datum: ______________________ Unterschrift: ______________________